구술로 본 한국현대사와 군

"이 저서는 2015년 대한민국 교육부와 한국학중앙연구원(한국학진흥사업단)의 구술자료아카이브구축(현대한국구술사연구)의 지원을 받아 수행된 연구임 (AKS-2015-OHA-1240003)"

구술로 본 한국현대사와 군

초판 1쇄 발행 2020년 12월 24일

지은이	정용욱, 노영기, 오제연, 김보영, 이동원, 김도민, 김수향, 류기현, 박수현, 송재경
펴낸이	윤관백
펴낸곳	도서출판 선인
등 록	제5-77호(1998.11.4)
주 소	서울시 마포구 마포대로 4다길 4 곳마루빌딩 1층
전 화	02)718-6252/6257
팩 스	02)718-6253
E-mail	sunin72@chol.com

정가 40,000원
ISBN 979-11-6068-421-6 94900
ISBN 979-11-6068-418-6 (세트)

· 잘못된 책은 바꾸어 드립니다.

간행사

한국의 구술사는 1980년대 출발하여 1990년대 도약기를 거쳤고, 2000년대 이후 비약적인 성장을 이루어왔습니다. 십여 년 전 만해도 낯설던 '구술사'라는 용어가 이제 학계에서는 물론 일반 국민들 사이에서도 익숙해졌습니다. 다양한 연구 분야에서 구술사 방법론을 적용하고 있으며, 많은 기관에서 구술사 관련 사업들을 발주하고 있습니다. 뿐만 아니라 여러 기관에 구술사 관련 아카이브를 만들고 있으니, 지난 몇 십 년 간의 구술사 분야의 발전은 상전벽해(桑田碧海)라고 해도 손색이 없을 정도입니다.

그러나 이러한 발전과정에서도 고민이 없지 않았습니다. 학계에서는 수많은 구술 자료를 체계적으로 관리하고 활용할 아카이브가 필요하다는 지적이 있었고, 이에 따라 2009년 4월부터 한국학중앙연구원에서는 "현대한국구술사연구사업"을 시작했습니다. 이렇게 시작된 "현대한국구술사연구사업"은 10년이라는 장기 계획을 통해 영상 자료 중심의 수집, 체계적인 관리와 보존, 서비스 기능을 갖춘 아카이브를 구축한다는 점에서 많은 주목을 받았습니다. 그 결과 491명의 구술자로부터 3,368여 시간의 구술 자료가 수집되었고, 이 자료들은 현재 아날로그와 디지털로 보존되고 있으며, 학계와 국민들이 활용할 수 있도록 온라인 아카이브를 통해 제공되고 있습니다.

'현대한국구술사연구사업'은 총 5개 연구단으로 구성되어 진행되었습니다. 4개 분야의 연구팀에서 자료를 수집하고, 1개의 아카이브구축팀에서 관리하고 서비스하는 형태입니다. '정당정치' 분야(과제명: "세대로 본 역동의 한국정당정치사 – 산업화·민주화 세대의 증언")는 명지대 연구단에서, '현대사와 군' 분야(과제명: "한국 현대사와 군")는 서울대 연구단, '경제외교' 분야(과제명: "고도성장기(1960~70년대) 경제외교사 구술아카이브 구축")는 한국외대 연구단, '종교와 민주화' 분야(과제명: "현대 한국사 발전의 내면적 동력을 찾아서 – 민주화와 산업화를 이끈 종교인 구술자료 수집과 연구")는 한신대 연구단이 맡았으며, 아카이브 구축(과제명: 현대한국구술자료관구축연구)은 한국학중앙연구원에서 진행했습니다.

이번에 간행되는 "현대한국구술사연구 총서"는 지난 10년간의 연구사업을 총괄해 본 것입니다. 각 연구단별로 한 권씩 모두 5권으로 묶었습니다. 10년의 연구사업과 수많은 구술 자료들을 5권의 책에 모두 담아내기에는 한계가 있을 수밖에 없지만, 전체 연구사업을 조망하고 각각의 주제에 따른 구술 자료들의 특성을 드러낼 수 있도록 노력했습니다.

본 총서는 현대한국의 역사를 구술 자료를 통해 다시 조망했다는데 의미가 있습니다. 10년이라는 장기 사업을 통해 각 주제별로 한국 현대사의 주요 인물들의 경험과 기억을 담았고, 이 자료들을 바탕으로 한국 현대사의 주요 대목을 다시 구성해 보았습니다. 명지대의 정치분야 구술은 총 3부로 우선 정치인의 내면과 인식의 세계를 정치엘리트의 근대화론과 집단기억, 통일인식과 행위 양상, 구술자의 정서와 구술 내용의 상호관계 등으로 풀어냈고, 더불어 정치공간에서의 구조와 행위를 파악하기 위해 '직업정치인'의 등장과 정치적 기회구조, 정당정치 변화의 순간들, 그리고 정계입문의 경로와 정치적 입장 선택의 변수 등을 다채롭고 흥미롭게 정리했습니다. 다음으로 한국군의 기억에 대한 구술자료를 연구한 서울대 연구단에서는 창군에서 베트남전, 그리고 한국 정치변동에서 군의 역할, 식민지 시기이후 한국전쟁에 이르는 창군 이후 군의 경험, 베트남 전쟁 시기 작전권 협상, 한국기업의 베트남 진출, 한국군의 일상생활, 그리고 윤필용 사건, 하나회, 자주국방, 그리고 군의 해외유학 경험에 대한 흥미로운 구술 자료들을 촘촘하게 연구했습니다. 세 번째로 경제외교분야 인물들의 구술 자료를 연구한 한국외국어대학의 경우, 1960년대 경제개발계획 시기 외자도입, 한일협정, 과학기술개발 등 초기적 상황, 중화학공업화 시기 정책결정 및 제철, 조선, 자동차 등 각 산업에서 정책 결정 등에 대해 분야별로 다채롭게 당시 경험을 재구성했습니다. 네 번째로 종교와 민주화 분야를 연구한 한신대 연구단에서는 군사독재 시기, 5·18 광주민주화운동에서 1987년 민주화, 그리고 그 이후로 시기를 구분해서 종교인의 민주화 운동에 연루되었던 도시산업선교회, 민중불교운동, 5·18과 한국교회, 민중교회운동, 1980년대 민주화운동에 참여했던 목회자, 그리고 1990년대 이후 기독교 시민운동, 일본군 위안부운동, 종단개혁 등 흥미진진한 구술 자료를 역사로 풀어냈습니다. 끝으로 구술 자료를 집적, 서비스한 한국학중앙연구원 연구단은 먼저 현대한국구술자료관 구축의 역사와 특징을 현대한국구술자료관 구축 연구의 내용 및 수집 자료의 특성 등을 중심으로 살피고, 다음으로 실제 10년간 구술아카이브 구축의 전 과정을 자료관 관리 규정의 특징과 구술 자료 생산 과정에서 자료관의 역할, 아카이브 관리시스템 특성과 의의, 그리고 아카이브 서비스 시스템 특성과 의의 등으로 나누어 살펴보았습니다. 마지막으로 현대한국구술자료관의 활용 방향과 전망에서는 지속적으로 논쟁이 되는 구술기록의 저작권 문제와 구술기록의 수집과 활용 과정에서의 윤리적·법적 쟁점들을 구체적으로 정리하고, 끝으로 국내외 구술아카이브에 대한 시론적 평가에 근거해서 향후 아카이브를 활용한 연구의 전망 및 풀어야 할 숙제에 대해 다루었습니다. 이는 이후 발전적으로 구축될 구술사 아카이브에 적지 않은 도움이 될 것으로 생각됩니다.

지난 10년간 자료를 수집하고 정리한 각 연구단의 연구자들에게 감사드립니다. 아울러 구술 자료의 수집 뿐만 아니라 이번 총서에 옥고를 주신 필진 여러분께도 감사드립니다. 또한 10년동안 지원을 아끼지 않았던 교육부와 한국학중앙연구원, 한국학진흥사업단에도 이 지면을 빌어 감사드립니다. 이번 총서와 수집된 구술 자료가 한국의 현대사에 대한 보다 다양하고 풍부한 연구를 하는데 기여하기를 바랍니다. 감사합니다.

명지대 연구책임자　김익한

서울대 연구책임자　정용욱

한국외대 연구책임자　반병률

한신대 연구책임자　연규홍

한국학중앙연구원 연구책임자　김　원

"구술로 본 한국현대사와 군" 발간에 부쳐

　서울대학교 규장각한국학연구원 현대한국구술사연구사업단은 "한국현대사와 군"이라는 주제로 2009년부터 2019년까지 10년에 걸쳐 구술채록과 구술사 연구를 진행했다. 탈식민, 분단과 전쟁, 군사독재와 민주화, 급격한 산업화와 도시화, 경제성장 등이 복잡하게 교차한 한국현대사의 전개 과정 속에서 군은 한국의 안보뿐만 아니라 정치, 외교, 경제, 사회 등 모든 분야에 걸쳐 큰 영향을 끼쳤다. 그러나 한국현대사에 끼친 군의 영향력에 비해 한국 역사학계에서 군의 역할과 활동에 대한 논의는 그리 활발한 편이 아니었고, 이를 규명하기 위한 자료 수집 역시 그리 활발한 편이 아니었다. 특히 군에 몸 담았던 인사들이 격변의 한국현대사 속에서 고비마다 중요한 역할을 했음에도 불구하고, 그들의 활동 경험과 육성을 체계적으로 남기려는 노력이 학계나 군 모두 구술사 분야에서 군인들의 활동 경험을 조직적으로 채록한 것은 국방부가 편찬한 베트남전쟁 증언 자료집 정도였다. 군이라는 집단의 특수한 조직적 성격을 감안해야겠지만 군인들의 증언을 체계적으로 수집, 정리하려는 노력을 우리 사회가 거의 기울이지 않았던 셈이다.

　본 사업단이 "한국현대사와 군"이라는 주제의 구술사 수집과 연구에 나선 것은 한국현대사 연구 자체의 심화를 위해서, 또 한국현대사에서 군의 역할을 역사적으로 이해하기 위해서 군과 관련된 인사들의 증언을 체계적으로 수집하는 것이 필요하고, 또 시급하다는 것을 참여자들이 모두 공감하였기 때문이다. 지난 10여 년간 본 사업단은 100명이 넘는 군 관련 인물들의 증언을 수집하여 모두 933시간 분량의 구술 자료(동영상·음성 파일, 녹취록 등)를 생산하였고, 이 작업에 연인원 30명에 가까운 연구자들이 매달렸다. 구술에 참여한 증언자들은 주로 1920~30년대에 태어난 분들이었고, 이제 인생의 말년에 자신들의 생애사와 군 관련 활동 경험을 역사적 자료로 남길 수 있게 되었다. 이들이 남긴 구술은 향후 한국군과 한국현대사 연구를 위한 소중한 자료원(資料源)이 될 것이다.

본 사업단의 구술 채록은 생애사 구술 방식을 원칙으로 했기 때문에 특정 사건·인물에 대한 증언이나 견해를 청취하는 데 머물지 않았고, 구술자의 출생부터 학창시절, 군 생활 및 전역 이후까지 그들의 삶 전체를 담았다. 생애사 구술 방식을 채택한 것은 군 출신 인물들이 겪은 다양한 한국현대사의 경험들을 모두 포착하기 위해서였다. 그런 면에서 이 사업을 통해서 생산한 자료들은 한국현대사에서 민군 관계를 살펴볼 때 다른 어느 자료보다 시사적일 것이고, 또 함의하는 바도 클 것이다. 한 사람의 구술자와 평균 면담시간이 9시간에 달했고 한두 차례 면담으로 끝나는 경우도 있었지만 일곱 번 이상의 만남이 필요한 경우도 있었다. 면접 과정에서 구술자와 쌓은 상호신뢰 덕분에 참여 연구자들이 짧게는 하루에서 길게는 몇 달이 걸리는 어려운 과정을 버틸 수 있었다. 그 과정에서 그간 잘 알려지지 않았던 사실을 청취할 수 있었으며, 공식 역사와는 결이 다른 다양한 개인의 역사를 남길 수 있었다. 참고로 본 사업을 통해 생산된 동영상·음성 파일 및 녹취록 등 모든 구술자료는 한국학중앙연구원의 현대한국구술자료관(mkoha.aks.ac.kr)이 구축해놓은 '구술자료 아카이브'에서 누구든지 인터넷상으로 접속하여 확인할 수 있다.

본 사업단은 "한국현대사와 군"이라는 방대한 주제의 구술 채록 사업을 10년간 크게 3단계로 나누어 진행했다.

　1단계는 2009년 4월부터 2012년 3월까지 3년간 '한국군의 창설과 한국전쟁'이라는 주제 하에 관련 인사들의 증언을 수집했다. 초창기 한국군의 조직적 발전의 특성을 반영하여 육군을 중심으로 하되 해군, 공군, 해병대, 문관 출신 인사들을 증언 수집 대상에 포함시켰다. 초창기 군 관련 생존 인물들이 많이 남아 있지 않은 상황에서 군 내부 동향이나 해당 주제와 관련한 주요 사안들을 증언해줄 수 있는 구술자를 확보하는 것조차 그리 쉽지 않았지만 구술자들의 적극적인 호응과 도움으로 귀중한 증언을 다량 확보할 수 있었다. 인사·정보·작전·군수뿐 아니라 군의(軍醫)·포병 등 여러 병과 출신자들의 구술을 두루 채록했고, 구술자들의 계급 또한 대장부터 소년병에 이르기까지 다양했으며, 여성 구술자와 민간인 구술자도 있었다.

　2단계는 '베트남전쟁과 한국군'을 주제로 2012년 4월부터 2015년 3월까지 관련 구술을 수집·정리했다. 베트남전쟁 참전 당시 영관급, 위관급 장교들을 위주로 면담을 진행했으며 구술자들의 베트남전쟁 참전 전후 삶의 궤적도 살펴보기 위해 1단계와 마찬가지로 생애사 구술 방식을 취했다. 2단계 구술자 중 32명은 베트남전쟁에 직접 참전했고, 1명은 주월한국대사관에서 근무했으며, 1명은 국내에서 베트남전쟁 관련 업무를 수행했던 경험을 가지고 있다. 2단계에서도 구술자 가운데 육군 출신이 가장 많은 수를 차지했으나, 육군 이외에 해군, 해병대, 공군 출신 인사들의 증언을 두루 수집했고, 병과 또한 인사·정보·작전·군수 등을 두루 포괄할 수 있도록 구술자들을 선정했다.

　3단계는 2015년 4월부터 2018년 3월까지 3년에 걸쳐 '한국군과 정치·사회 변동'이라는 주제로 군부 통치가 이루어졌던 1960~1980년대 한국 사회의 변화에 군이 어떤 영향을 끼쳤는지를 규명하는 데 초점을 맞추어 구술 자료를 수집했다. 우선 박정희 군사독재 정권이 붕괴된 뒤 전두환 등을 중심으로 한 신군부가 정권을 장악하는 데 결정적 역할을 했던 12·12 사건, 박정희 정권 내부의 권력 구조와 군부 내 동향을 이해하는 데 중요한 하나회 관련 인물들의 증언을 수집했다. 또 주요 군 인사들의 미국 및 독일 유학 경험, 자주국방, 군제개혁, 유신사무관 제도 등 1960년대 이후 군 내부의 조직적 발전은 물론 한국 사회에서 민군 관계를 이해하는 데 필요한 소주제들을 설정하고, 그와 관련된 인사들의 구술을 채록했다. 이 단계에서도 구술자가 주로 육사 출신인 점을 보완하기 위해 비육사 출신과 민간 연구원, 육사 출신으로 공무원 사회로 전직한 인물들을 고르게 섭외했으며, 하나회로 분류되는 인사들과 비(非)하나회 또는 반(反)하나회 인사들까지 고루 망라했다.

본 사업단은 사업 기간 내내 단계별로 해당 주제와 관련한 구술 자료인 동영상·음성 파일, 녹취록 등의 생산과 편집, 정리, 인터넷 탑재 등에 주력하였지만 동시에 수집한 자료를 학계에 소개하기 위한 노력도 게을리 하지 않았다. 각 단계별로 해당 단계가 마무리되는 마지막 3년차에 외부 연구자들을 초청하여 본 사업단이 생산하고 정리한 구술 자료들에 대한 1차적 분석 결과를 소개하는 학술발표회를 개최하였다. 세 차례에 걸친 발표회는 기존 학계에 미처 공개되지 않았던 사실들을 소개하거나, 수집된 자료들을 통해 기존의 연구사를 비판적으로 재검토하며 새로운 연구 전망을 모색하는 자리가 되었고, 학계로부터 큰 호응을 얻었다. 나아가 이 발표문들이 본서의 토대가 되었다. 마지막 10년차에 해당하는 2018년 4월부터 2019년 3월까지는 연구사업 전체를 총괄하는 총서 발간을 준비하며 사업을 마무리했다.

본 사업단이 10년간 수행한 연구를 정리한 본서는 크게 구술자료를 소개하는 1부와 구술자료를 활용하여 연구한 성과를 담은 2,3,4부로 구성되어 있다. 먼저 1부 1장은 사업단이 수집한 10년간의 전체 구술 자료 현황을 수량과 통계를 중심으로 시각화하고, 그 특성을 분석했다. 이어지는 세 편의 글은 수집된 구술의 자료적 가치와 성격을 개괄적으로 제시했다. 노영기의 글은 1단계에 수집한 한국전쟁 이전 한국군의 역사를 이해하는 데 도움이 될 만한 사건들과 한국전쟁 발발 전후 한국군의 동향에 관한 생생한 증언들을 담은 다채로운 내용의 면담 결과물을 소개하였다. 오제연의 글은 국방부에서 편찬한 『증언을 통해 본 베트남 전쟁과 한국군』에 수록된 증언과 본 사업단이 채록한 구술 간의 공통점과 차이점을 중심으로 2단계에서 수집한 구술 자료의 성격을 제시했다. 특히 국방부가 증언을 수집할 당시에는 기밀 또는 민감한 문제라는 이유로 미처 언급하지 못했지만 본 사업단이 수집한 구술에서 드러난 것들, 그리고 국방부의 증언집보다 구체적이고 다양한 참전의 여러 양상에 대해 소개했다. 김보영의 글은 '한국군과 정치·사회변동'이라는 주제 하에 수집된 3단계 구술 자료의 세부내용을 정치 변동과 민주화 과정에서 군의 역할, 경제적·사회적 발전 과정에서 군의 역할로 나누어 정리했다. 이처럼 1부에 실린 글들은 연구자나 일반 독자들이 사업단이 수집한 방대한 자료에 접근할 때 길잡이 역할을 해줄 것이다.

이어지는 2, 3, 4부에서는 본 사업단이 수집한 구술을 토대로 단계별 주제 하에 다양한 소주제들을 설정하고, 그 소주제들을 분석한 결과를 모아놓았다. 총 11편의 글은 단계별로 진행한 세 차례의 학술발표회에서 발표한 글을 수정·보완한 것이다.

2부에는 1단계 사업을 통해 수집한 구술 자료를 주 자료로 활용하여 서술한 세 편의 글이 들어 있다. 일제 식민지기 조선인 학병의 경험과 그들의 한국군 참여에 관한 오제연의 글, 월남인의 해방 전후 경험과 한국군 참여를 다룬 이동원의 글을 통해 그간 일본군·독립군 경험의 대비 속에 설명되었던 한국군 창설의 보다 다양한 측면을 살필 수 있을 것이다. 한편 박수현은 한국전쟁기 도미(渡美) 군사유학을 경험한 군인들의 구술에 주목하여, 창군기부터 미국과 긴밀한 연관을 맺었던 한국군의 특징을 포착했다.

3부에는 2단계 사업에서 수집·정리한 결과물들을 활용한 네 편의 글이 들어 있다. 이동원은 베트남전쟁에서 한국군과 미군의 작전권 협상을 분석했고, 김수향은 한국 기업의 베트남 진출과 활동상을 참여자들의 활동 경험과 기억에 기초해서 재현했다. 두 글은 기존 연구들이 주로 파병 과정을 중심으로 베트남전쟁기 한미군사관계를 다루거나, 베트남전쟁과 한국 경제의 관계를 '월남특수'로 통칭해 버리던 상투성을 넘어 분석 영역과 대상을 확장하는 한편 해당 사안의 구체적 전개과정을 드러냈다고 볼 수 있다. 한국군의 파월 당시 일상을 다룬 김도민의 글과 주월 한국군의 대민관계를 다룬 류기현의 글 역시 한국 학계의 베트남전쟁 연구를 확장하는 데 기여할 것이다. 두 글은 베트남전쟁 참전 군인들의 의식이나 한국군과 베트남 민중의 관계를 미시적으로 살펴볼 수 있는 기회를 제공할 뿐 아니라 베트남전쟁에 대한 우리 사회의 '기억'을 돌아볼 수 있는 기회를 제공한다.

4부에 실린 글들은 3단계에서 수집한 구술 자료를 활용하여 작성했다. '한국군과 정치·사회 변동'이라는 표제 하에 '윤필용 사건'과 하나회, 1970년 박정희 정권이 표방한 '자주국방' 정책의 실상, 한국군의 독일 유학과 미국 유학 등의 주제를 각각 다루었다. 네 편의 글 모두 기존 연구에서 미처 다루지 못했던 주제들이었고, 새로운 연구 영역을 개척했다는 데 그 의의가 크다. 김보영은 '윤필용 사건'과 하나회를 매개로 1960~70년대 군 내부 사조직의 존재 양상과 작동 방식, 한국사에서 군이 가졌던 정치적 역할, 군이 한국의 민주화에 끼친 영향 등을 종합적으로 살폈다. 송재경은 한국군 도미 유학의 내용과 성격이 시간의 흐름에 따라 변화하는 양상을 추적했다. 김도민은 1960년대 초 한국군이 처음으로 독일에 군사유학을 가게 된 경위와 그곳에서 군사유학을 마치고 귀국한 장교들이 한국군에 어떠한 영향을 주었는지 정리했다. 김수향은 미국 유학 과정에서 항공·미사일 등 첨단 기술이나 국방 정책을 수학한 이들이 1970년대 한국군의 자주국방 정책을 추진하는 인적 토대가 되었음을 구체적으로 밝혔다.

지난 10년 간 사업단의 활동 이력을 한 권의 책을 통해 드러내자니 안도감과 뿌듯함뿐 아니라 아쉬움도 함께 밀려온다. 10년이면 강산도 변한다는 데 참여 연구자들은 긴 시간 고락을 함께 하며 대과(大過)없이 무난하게 사업 목표를 달성하였다. 참여 연구자들의 헌신성과 책임감, 사업 취지에 대한 공감과 동지적 유대감, 상호 협력의 정신이 있었기에 가능했다. 구술자 숫자와 구술 시간, 수집 자료의 방대한 분량 등 객관적 지표들이 보여주는 성과도 뿌듯하지만, 사업에 참여한 연구자들 각자의 학문적 성취와 발전이 더 뿌듯하다. 전임연구원들이 교수로, 석사에서 출발한 보조연구원이 박사로, 석사과정생이 대학 강사, 연구원으로 성장했고, 더 큰 학문적 과제를 감당하기 위해 각자 관련 분야로 진출했다. 사업단에 머물며 쌓은 경험이 이들의 발전에 밑바탕이 되었으리라 짐작한다. 아쉬운 점이 있다면 애써 모은 귀중한 자료들을 보다 심화된 연구로 충분히 발전시키지 못한 것이다. 이 책은 사업단의 활동과 수집한 구술 자료의 극히 일부분을 소개한 셈인데, 수록한 글들이 암시하듯이 한국군의 역사를 정리하거나, 한국현대사에서 군의 역할, 민군관계를 이해하는 데 필요한 주요 과제들을 해명할 수 있는 증언들을 다수 포함하고 있다. 이 책에 실린 글들과 그 글들이 소개한 자료들이 학계의 보다 심화된 연구로 확장될 수 있는 날이 하루 빨리 오기를 바란다.

본 사업은 매년 또는 단계별로 구상과 기획 → 구술자 선정과 섭외 → 구술자 면접과 인터뷰 → 동영상 녹화와 음성 녹음 → 동영상과 음성 편집 → 녹취록 원고 작성 → 동영상·음성·녹취록의 인터넷 탑재 → 연도별·단계별 평가와 분석 → 단계별로 주제 탐구와 연구 논문 작성 → 결과보고서 작성 → 총서 발간 등의 순서로 진행되었다. 이 모든 절차와 과정을 맡아서 사업을 성공적으로 완수할 수 있게 해준 분들에게 감사 인사를 전하고 싶다.

노영기, 김태우 두 분이 마련한 구상과 연구계획서가 없었다면 이 사업은 빛을 보지 못했을 것이다. 김보영, 오제연, 이동원, 김도민, 김수향 학형이 사업을 효과적으로 관리해준 덕분에 과제들을 성과적으로 달성할 수 있었다. 공동연구원으로 사업 시작부터 마무리까지 함께 해주신 홍두승, 나종남 두 분 선생님께 각별한 감사의 인사를 드린다. 홍 선생님께서 연차별, 단계별 구상과 기획, 구술자 섭외 등 사업 전반에 걸쳐 실질적 도움을 주셨고, 나 선생님 역시 사업 수행에 큰 도움을 주셨다. 노영기 학형은 다른 대학으로 자리를 옮긴 후에도 연구원으로 참여하며 이 사업을 마무리할 때까지 도움의 손길을 놓지 않으셨다. 마지막 총서 발간 작업까지 함께 해준 류기현, 송재경, 이소라, 임다은, 전길수 학형에게도 고마움을 전한다. 10년간 연구 과제를 수행하는 데 지원을 아끼지 않은 한국학중앙연구원 한국학진흥사업단과 서울대학교 규장각한국학연구원에도 깊이 감사드린다. 어려운 환경에도 기꺼이 본서 출간을 맡아준 선인출판사와 편집부 여러분에게도 고마움을 전한다.

"한국현대사와 군" 구술사 연구사업단
연구책임자 정 용 욱

목 차

제 I 부
구술자료 소개

제IV부
한국군과 정치·사회 변동

제 I 부

구술자료 소개

제1장

수치와 통계로 본 구술자료 10년

김 수 향

서울대학교 규장각한국학연구원 현대한국구술사연구사업단은 '한국 현대사와 군'이라는 연구과제하에 2009년부터 2018년까지 총 10년에 걸쳐 한국군과 관련된 구술 채록을 진행했다. 한국군은 한국현대사에서 매우 중요한 집단이었지만, 국방부와 같은 군 관련 기관을 제외하면 이들 군인들의 경험을 공식적으로 기록하는 작업을 시도하지 않았다. 따라서 본 사업단의 작업은 10년에 걸친 사업 기간을 통해 백 명이상의 군인들을 직접 인터뷰했다는 점에서 이후 한국군 연구에 큰 디딤돌이 될 것이다. 이 글에서는 수치와 통계를 중심으로 사업단의 10년을 돌아보고자 한다.

우선 전체 구술 채록 사업 규모를 정리하면 다음의 〈표 1〉과 같다.[1]

---

1) 본 표의 구술 채록 현황은 구술 자료가 자료관에 이관되지 않은 구술자(전체 비공개)를 모두 포함하였다. 또한 같은 구술자를 2개년 이상의 사업 년도에 걸쳐 면담한 경우, 인터뷰가 시작된 사업 단계(연차)의 구술 인원으로만 집계하였다. 따라서 본 고의 통계와 자료관의 통계는 전체 인원 및 구술 시간에서 차이가 있음을 밝혀둔다.

<표 1> 현대 한국 구술사 연구사업단의 10년간 구술 채록 현황

단계	년차	구술 인원(명)	구술 시간(시)
1단계 (2009.4~2012.3)	1년차	8	43
	2년차	23	107
	3년차	11	86
2단계 (2012.4~2015.3)	1년차	12	119
	2년차	17	118
	3년차	10	100
3단계 (2015.4~2019.3)	1년차	9	120
	2년차	10	120
	3년차	6	80
	4년차	3	40
합계		109	933

　　본 연구단의 구술 대상 집단이 군인이었기 때문에, 전체 구술자 중 대부분은 남성이었으며 여성은 단 3명에 불과했다. 1단계에서 구술 채록한 소년병 출신 여성과 2단계에서 채록한 간호장교 2명이었다. 한편 전체 구술자 109명 중 군인으로서 전역 당시 계급이 장성인 사람은 62명이며 나머지 47명은 전쟁 중에만 군 경력이 있거나, 장성 진급 전 은퇴하였거나, 장성 진급 없이 전역한 유형으로 나눌 수 있다.

　　사업단은 1단계 3년간 42명의 구술자에게서 236시간에 해당하는 증언을 들었다. 1단계 3년간의 사업목표는 창군과 한국전쟁에 관한 중요 증언의 채록이었다. 1단계 구술자 42명의 생년 분포는 다음과 같다

　　사업단의 인터뷰 대상자는 1920년대 생이 29명으로 가장 많았다. 이는 1910년대 생의 경우 건강 문제로 인하여 인터뷰가 불가능한 경우가 많았기 때문이다.

　　1920년대 생들은 학병으로 징집된 경험을 가지고 군인이 된 1924, 25년생은 물론 해방 이후 군사영어학교 및 조선경비대 등에서 군 경력

을 시작한 이들도 있었다. 1단계 구술자를 출신 군별로 정리하면 〈그림 1〉
과 같다.

〈그림 1〉 1단계 구술자의 출신 군별 인원 통계

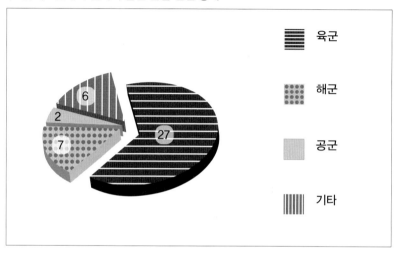

1단계 구술자들의 출신 군은 육군이 27명으로 가장 높은 비중을 차
지했다. 이는 당시 전체 한국군에서 육군의 비중이 높았던 역사적 사실
을 반영한 것이라 볼 수 있다. 해군의 경우 7명을 인터뷰하였는데, 여기
에는 해군사관학교 1기와 4기, 해병 1, 3기 출신, 해군 군의관 등이 포
함되어 있다.

특기할 사실은 1단계의 유일한 여성 구술자인 문인순의 경우 소년병이
자 해병 4기였다. 한편 기타로 분류된 출신에는 문관 출신 1명과, 학병
경험만 있을 뿐 이후 군 경력을 갖지 않은 5명이 포함된다.

〈그림 2〉1단계 구술자의 출생년도

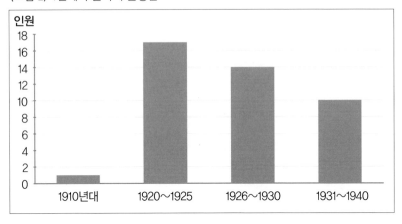

1단계 구술자의 출생지 분포도는 〈그림 3〉과 같다.

〈그림 3〉1단계 구술자의 출생지 분포

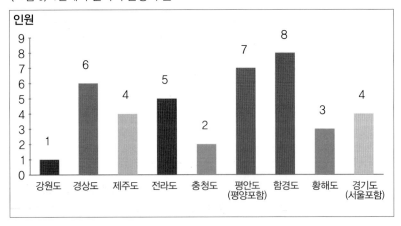

　　전체 구술자 중 절반에 육박하는 18명이 38선 이남 출신이며, 이중 15명의 구술자는 해방~한국전쟁 시기에 월남했다. 이들 월남민 중 문관

출신의 정훈장교와 국민방위군으로 차출되었던 2명을 제외하면 모두 50년대 후반, 길게는 1970년대까지 한국군 장교로 복무하며 주요 보직을 지냈다.

2단계 사업은 베트남전쟁과 한국군을 주제로 3년간 진행됐다. 39명의 구술자에게 337시간에 해당하는 증언을 들었다. 이들 중 베트남전쟁 참전자는 총 36명이었다. 2단계 사업에서 구술 채록한 구술자의 출생년대별로 분류하면 〈그림 4〉와 같다.

〈그림 4〉 2단계 구술자의 출생년도

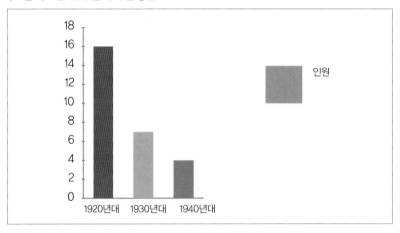

2단계 구술자의 출생년도 분포도 1단계와 크게 다르지 않았다. 1920년대 생이 총 16명으로 압도적 다수를 차지했다. 이는 1920년대 생들이 대개 정부수립기인 1948~50년에 군생활을 시작하여 베트남전쟁 시기에는 주월한국군사령부 사령관, 주월 수도사단장, 맹호·청룡·백마 등 부대의 부대장 등의 주요 보직을 거쳤기 때문이다. 2단계 사업의 구술자 중 베트남 전쟁에 참전한 36명(전체 39명)의 참전 현황은 다음 〈그림 5〉와 같다.

〈그림 5〉 2단계 구술자의 베트남 전쟁 참전시 소속 부대

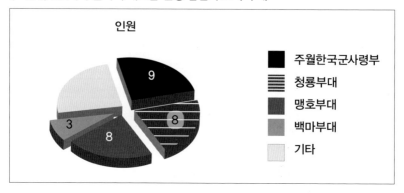

주월한국군 사령부사령관이었던 채명신과 부사령관 이훈섭을 비롯한 관리참모, 정훈부장 등이 구술대상이었다. 맹호·청룡·백마 부대에 소속되어 있었던 구술자들의 경우 부대장에서부터 참모, 소대장에 이르는 이들을 접촉하여 현지에서의 전쟁 수행에 관한 구체적인 증언을 얻을수 있었다. 기타 건설지원단장과 주월한국대사관공사, 공군지원단장은물론 2명의 여성 간호장교 등이 포함됐다.

마지막 3단계 4년간의 구술은 한국사회와 한국군이라는 주제로 진행했다. 구체적으로는 1960~80년대 한국사회의 발전에 한국군이 어떤 영향을 미쳤는지를 규명하는 것이었다. 사업단은 3단계 4년간 28명의 구술자에게 360시간에 해당하는 증언을 들었다. 앞선 1,2단계 구술 대상자들과 달리 모두 1930년 이후 출생자들이었다. 1960~80년대 활발하게 활동한 이들 28명의 구술자들이 군(국방과학연구소 포함) 복무를 마친 연도를 정리하면 다음 〈그림 6〉과 같다.

〈그림 6〉 3단계 구술자의 출생년대별 인원

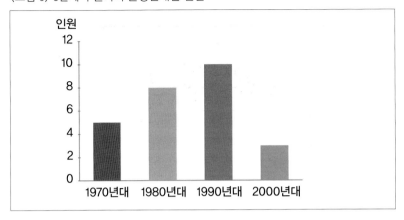

　〈그림 6〉에서 볼 수 있듯이 구술자 대부분은 1980~90년대 군 생활을 끝마친 이들이었다. 한편 3단계 구술자 28명 중 한국전쟁을 경험하지 못한 이는 23명이었고 베트남전쟁에 참전한 이들은 총 15명이었다. 1단계 및 2단계와 비교할 때 구술자들의 상당수는 실제 전쟁을 경험하지 않은 이들었다.

　3단계 연구주제가 한국사회에 미친 한국군의 영향이었던 만큼 군인 중에서도 엘리트 군인이라 분류할 수 있는 구술자들이 대부분이었다. 구술자 전체 28명 중 21명이 장성으로 군 생활을 마감했고, '별'을 달지 않았더라도 국방과학연구소장이나 대학 교수 등 한국사회 지도층이라 불릴 만한 자리에 있는 경우가 많았다. 구술자들의 출신도 다음 〈그림 7〉과 같이 육군사관학교 출신이 압도적 다수를 차지했다.

<그림 7> 3단계 구술자의 출신별 인원

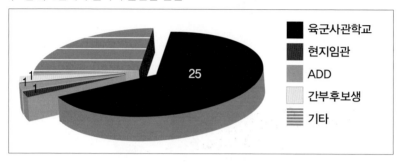

육군사관학교
현지임관
ADD
간부후보생
기타

25
1
1

3단계에서는 하나회 혹은 친하나회계로 분류되는 이들뿐 아니라 비 (非)하나회 혹은 반(反)하나회 인사들도 구술대상자였다. 하나회 계열은 대부분 정보부대(보안사·기무사·방첩대)에 근무한 경력을 가지고 있음 이 확인되었다.

이렇게 단계별로 구술자들이 지닌 특성을 살펴보았다. 그외 특기할 사실을 두 가지 짚어본다면, 우선 전체 109명의 구술자 중에서 한국전 쟁을 경험하고, 월남전에도 참전한 이는 총 32명이었다. 이들 중 대다수 인 27명이 장성으로 진급했다. 또한 전체 구술자 109명 중 최종계급이 장성인 사람은 62명. 이중에서 도미(渡美)유학을 갔다온 사람은 36명으 로, 장성 진급과 미국 군사유학은 어느 정도의 인과관계가 있었다고 추 론해볼 수 있다.

이어지는 2-4장에서는 각 단계별로 수집한 구술자료가 어떤 사료적 가치와 역사적 의미를 가지는지를 자세히 분석했다.

제2장

한국군 창설과 한국전쟁[1]

노 영 기

1. 1단계 구술사업의 목적과 대상자 선정

서울대학교 규장각한국학연구원 현대한국구술사연구사업단은 2009년 4월부터 2012년 3월까지 3년간 '한국현대사와 군'이라는 대주제 하의 10년 사업 중 그 1단계로 한국군의 창설과 한국전쟁 관련 인물들의 구술을 채록했다. 구술 대상자는 육군 대장부터 소년병까지 다양한 계급을 망라했고, 육군을 중심으로 하되 해군, 공군, 해병대, 문관 등 다양한 출신들을 만나고자 노력했다. 또한 인사·정보·작전·군수뿐 아니라 군의(軍醫)·포병 등 다양한 병과를 대상으로 구술을 채록했으며, 창군 과정 및 전쟁에 관련된 민간인 출신들까지 포함하여 구술을 채록했다. 구술자 선정에 있어서는 사업단이 자체적으로 수립한 우선순위와 원칙이 있었으나, 생존자들의 평균 연령대가 80대 중반이었고 개인 사정으로 구술을 할 수 없는 대상자도 많았기 때문에 구술이 가능한 분들부터

---

1) 이 글은 노영기의 2011년 제1단계 심포지엄 발표문을 이동원이 총서 형식에 맞춰 일부 수정한 것이다.

우선적으로 채록했다.[2]

이 글은 1단계 구술 채록 결과를 활용하여 한국군 창설 및 한국전쟁 기간에 한국군이 어떤 활동을 전개했는가를 개괄적으로 정리하여 수집 자료의 자료적 가치와 성격을 드러내고자 했다. 구술 자료를 1차 자료로 인용했으며, 중요하다고 생각되는 구술은 각주에서 직접 인용했다. 익명 을 요구한 구술자는 구술자1, 2 등으로 적었다.

2. 한국군의 창설과정

제2차 세계대전 말기 일본 제국주의는 식민지 조선에서 각종 물자와 인력을 침략전쟁에 동원했고, 강제로 일제의 전장터에 끌려갔던 많은 사 람들이 희생되었다. 이들 중에는 지원병과 학도병 등을 통해 강제로 일 본군에 동원된 청년들도 있었다. 그러나 살아남은 청년들은 일제의 패망 과 함께 일본군에서 자동 전역하여 귀국했다.

해방 직후 치안을 유지하고 군대 창설의 주역이 되겠다는 목표 아래 학병동맹·학병단·국군준비대·광복군 국내지대 등 다양한 사설 군사단 체들이 생겨났다.[3] 일제시기 군사경력자들은 건군의 주역이 되겠다며 이 러한 사설 군사단체를 조직했다. 안동준은 부산으로 귀국한 뒤 고향(충 북 괴산)에도 들리지 않고 경부선을 타고 곧바로 상경해 학병동맹에 합

---

2) 구술자들이 이미 사망했거나 와병 중이어서 성사되지 못한 경우가 있었다. 합 참의장을 지낸 유재흥(구술 거부 후 사망)과 유병현(와병), 박태준(접촉 준비 도중 사망), 김도형(육사 1기로 김창룡과 대립한 인물, 4년 전 사망), 김완룡(와 병), 공국진(김창룡 암살사건, 헌병사령관, 와병) 등이 대표적이다. 이외에도 면 담을 요청했으나 가족 반대 등을 이유로 거부하신 분들도 많았다.

3) 이중 국군준비대는 이혁기의 주도 아래 연정(연상의 형)의 집에서 만들어졌다 고 한다. 연상, 1차구술, 2011.7.20.

류했으나 정치적 성향의 차이 때문에 학병동맹에서 탈퇴해 우익 성향의 학병 출신들과 함께 학병단을 만들었다.[4] 김계원은 교회(승동교회)를 같이 다니고 학병 때 같은 부대에서 근무한 이혁기[5]의 권유로 국군준비대에 합류했다.[6]

38도선 이남에 진주한 미군은 처음부터 건국운동을 부정했고 이와 마찬가지로 건군운동도 부인했다. 진주 직후부터 미군정은 민간인들의 무장을 금지하는 각종 법령을 공포했고, 이 때문에 치안유지와 초보적인 군사훈련 등 군대 창설을 준비하던 사설군사단체의 활동 영역은 축소될 수밖에 없었다.

건군운동을 부인하면서도 미군정은 사설군사단체를 체제 내로 포섭하려고 계획했다. 미군정은 1945년 11월 13일 국방사령부를 설치하고 12월 5일 군사영어학교(이하 '군영')를 개교했는데, 군영의 개교 전에 미군정은 각 사설군사단체 대표들을 군정청에 소환하여 군영 학생들을 추천해주도록 요청했다. 연정은 군정청의 소환에 응한 뒤 군영에 입교했고,[7] 김계원은 이혁기의 추천으로 군영에 들어갔다. 학병단은 미군정에 소환되지 않았으나 직접 미군정 당국과 교섭하여 상대적으로 많은 학병

---

4) 안동준, 1차구술, 2009.12.15.

5) 이혁기. 1924. 경성제대 출신. 학병으로 징집됐다가 해방 직후 국군준비대를 창설하고 총사령이 되었다. 이후 1946년 1월 국군준비대 사건으로 미군정에 체포되어 복역하고 석방됐으나 정부 수립 직후 '혁명의용군사건'으로 수배 받았으며, 이후 행적은 분명하지 않다.

6) 난 몰랐는데 날보고 자기가 국군준비대 이걸 한데. 맡았는데 내가 군댈 교육을 안 받았기 때문에 걔는 군대 간부 후보생 교육을 안 받았거든. 지원해서 떨어졌으니까. 내가 잘 모르니까 날 보고 "계원이 너 와서 날 좀 도와다오." 내 "그래라. 나도 지금 학교 가보니까 공부도 못 하겠더라" 그럼 자기가 국군준비대 총사령관이야…. (김계원, 1차구술, 2010.7.27.)

7) 짧은 기간이었으나 연정은 김종석, 송요찬 등과 함께 군영의 기숙사에서 생활했다고 구술했다. 그는 김종석은 뛰어난 군 장교로 평가했다. 연정 구술.

단의 성원들이 군영에 입교했다.[8]

이후 미군정은 경찰을 동원해 체제 내로 포섭되지 않았던 좌익 성향의 국군준비대와 학병동맹을 강제 해산시켰고, 그 외의 단체들에도 해산 명령을 내렸다. 이 때문에 국군준비대 출신의 국방경비대원들은 입대 이후 군 정보당국의 주목을 받았다.[9]

사설군사단체 성원들 외에도 과거의 군사 경력을 인정받아 군영에 입교하는 부류도 있었다. 황헌친은 해방 직후 학교에 들어가려 했으나 학병 시절 같은 부대에서 근무했던 민병권의 권유로 군영에 입학했다.[10] 반면 과거 군대 경력이 없었던 장우주는 뛰어난 영어 실력을 인정받아 군영에 입교했으나 나이가 어리고 군대 경력이 없던 까닭에 국방경비대 사병으로 입대하여 군대 경력을 쌓았고, 그뒤 직속 상관의 추천으로 조선경비사관학교(이하 육사)를 졸업하고 국방경비대 장교로 임관했다.[11]

군영은 간단한 영어 구술시험을 치른 뒤 합격 여부를 결정하고 영어 실력에 따라 반을 편성하여 4주 동안 군사영어 위주의 교육을 시켰다. 1945년 12월 말 민간 사회에서 신탁통치안이 문제가 됐을 때 군영에도 그 영향이 미쳤다. 군영 학생들 사이에서 교육받아 무엇 하느냐 또는 계

---

8) 안동준은 학병단원들을 소개해주고 자신은 낙향하여 고향에서 학교를 설립하는 등 교육에 종사하다가 정부 수립 후 특임으로 육사를 졸업한 뒤 장교로 임관했다.(안동준, 1차구술, 2009.12.15.)

9) 김계원은 국방경비대에서 국군준비대 출신이었다는 과거 전력 때문에 정보 당국의 주목을 받기도 했다고 한다.(김계원, 1차구술, 2010.7.27.)

10) 황헌친, 1차구술, 2010.7.27.

11) 지원한 게 아니라가 군사영어학교에 갔죠. 가봤더니 그 원용덕 교장선생이 그 뭐 하는데 "야 이 영어를 어데서 이렇게 하느냐" 그런데 어 그 나이가 18이니 말이야 그 이 그래서 그게 그니까 뭐 일단 군대 좀 들어 오라구. 그래 제가 1연대 들어갔어. … 나는 그 저기 보급 그 서플라이 뷰로(Supply bureau: 군수국)에 있었는데 … 한국 국장이 그 김동영씨라고 … 그분이 국장으로 왔는데 영어도 이렇게 잘하고 해요. … 그러다가 이제 이 그 46년 그니까 에 12월 달에 날 "암만 그래도 장교는 돼야지, 안 된다"고 그러면서 그 날 그 육군 사관학교 추천을 해줬어요. … 김동영 국장이 추천허구, 또 메이저 마하시도 날 추천했어요. …(장우주, 1차구술, 2009.9.17.)

속 교육받아야 한다는 논쟁이 있었으나 민간 사회와 같은 정도의 갈등과 대립은 없었다.[12]

1946년 4월 30일 군영이 문을 닫고 5월 1일 부터는 육사가 개교했는데, 다양한 동기를 가진 청년들이 사관학교에 들어왔다. 일본군 지원병 출신 구술자1은 월남한 뒤 경력을 인정받아 육사에 입교했다. 구술자2는 해방 직후 만주군 출신들이 만든 '신경치안대(新京治安隊)'에서 사관후보생 훈련을 받던 도중 월남하여 형의 지인인 정일권의 소개로 국방경비대 제1연대(서울)와 제3연대(이리)에서 하사관으로 근무한 뒤 육사에 입교했다.[13]

육사는 1기생부터 4기생까지는 군대 경력자들을 뽑았으나 1947년에 10월 23일 입교한 5기생들부터는 민간으로까지 입교 대상을 확대했다. 그렇기에 육사 5기생 출신들 중에는 군사경력은 없으나 중학 이상 학력의 민간인들이 다수 합격했고, 5기생들은 이전 기수들과는 달리 지정된 부대에서 3개월 간 기초 군사훈련을 받은 뒤 태능의 육사에 정식 입교했다.

초창기 사관학교는 다양한 군사경력자들이 참여한 까닭에 교육과 훈련이 통일되지 않고 교범도 부족했으므로 교관과 후보생들의 경험과 기억에 의지해 교육과 훈련이 이루어졌다. 교관이나 후보생들이 일본군 교범과 미군 교범을 자체 번역하여 교재로 사용했다.[14] 그러므로 초창기 육사는 일본군 복장을 하고 구령은 통일되지 않은 채, 한국말을 사용하

---

12) 면담자: 고 군사영어학교 내에서, 학생들 사이에서 신탁통치를 둘러싸고 갈등이 없었나요? 구술자: 없었어. 정치적문제 그런 건 하나도 없었지.(황헌친, 1차구술, 2010.7.27.)
장창국은 『육사졸업생』에서 군영 내부에서 신탁통치를 둘러싼 대립이 있었던 것으로 서술했으나 사후적인 평가일 것이다.(장창국, 『육사졸업생』, 중앙일보사, 1984, 57~58쪽.)

13) 구술자2 구술.

14) 박윤진, 2차구술, 2010.2.10.

면서 일본군 교범과 미군 교범을 교재로 사용하며, 교관에 따라 통일되지 않은 군사 훈련을 하는 이상한 사관학교였다. 교육과 훈련에 비해 내무반 생활은 일본군에 가까웠다. 일본군 내무반은 상대적으로 기합과 구타가 존재하고 이부자리와 제복의 정리정돈을 강제했으며 지휘관들의 정신훈화가 강조됐는데, 이것은 군대의 내무반 생활에서도 그대로 적용됐다.

초창기 한국군은 육군과 해군만 있었던 까닭에 공군과 해병대 장교들은 육사에서 훈련을 받고 장교로 임관했다. 육사 5기생들 중에는 육사를 졸업한 뒤 공군으로 전과한 사람들이 있으며, 해병대 창설 요원들은 해사를 거쳐 다시 육사 9기로 입교해 교육받았다.[15]

미군정은 1946년 1월 15일 경기도 태능에서 국방경비대 제1연대를 창설하는 것을 시작으로 가도에 연대를 창설했다. 그러나 지역의 상황에 따라 연대 창설의 편차가 있었다. 일본군 막사나 적산이 있었던 경우 그 시설물들을 사용할 수 있었으므로 연대 창설에 크게 어려움이 없었다. 그러나 새로 창설되는 연대는 부대 시설이 없어 인근의 학교 운동장을 빌려 훈련하기도 했다. 강원도 춘천에서 창설된 8연대는 주둔지가 결정되지 않았던 까닭에 미군정의 명령을 받은 장교가 직접 현지 답사를 다녀온 뒤 각 중대의 주둔지가 결정됐으며,[16] 이런 상황은 정부 수립 후에도 지속됐다.

미군정기는 아직 국가가 만들어지지 않았으므로 군대의 위상이 분명하지 않았다. 그러므로 국방경비대와 해안경비대의 지위는 경찰을 능가하지 못했다. 상대적으로 해안경비대는 밀수 감시 등의 임무를 수행했으나 국방경비대는 초보적인 군사훈련을 실시하며 경찰을 보조하는 기구

---

15) 지금도 육사9기를 졸업한 해병대 출신들은 동기생으로 같이 모이고 있다.(김제민, 1차구술, 2011.1.6.; 이서근, 3차구술, 2011.4.14.)

16) 김점곤, 1차구술, 2010.4.7.

에 지나지 않았다. 군사훈련 이외에도 국방경비대는 비행장·철도나 미군 시설물 등의 주요 시설물을 경계하는 활동을 벌였다.

미군 고문관들이 전투훈련을 제한할 정도로 국방경비대는 불완전한 위상의 기구였으나, 분단이 가시화되자 점차 군대로 전환해갔다. 먼저, 육사의 훈련에서 그 변화가 나타났다. 5기생들이 육사에 재학 중일 때 유엔한국임시위원단이 사관학교를 방문해 후보생들의 사열을 받았고,[17] 일제 38식 소총과 99식 소총으로 훈련을 받았던 5기생들은 졸업을 앞두고 미제 M1 소총과 칼빈 소총을 보급 받아 훈련을 진행했다. 또 5기생들은 졸업하기 2주 전에 남한산성으로 1주일 간 야영훈련을 갔는데, 이곳에서 미제 신무기를 보급 받아 한국군 최초로 야외전투훈련이 실시됐다. 그 뒤 일선 부대에 미제 신무기가 보급되고 주한미군의 철수가 임박해지자 각종 병기학교가 창설되어 각 부대의 중대장급 장교들을 대상으로 그 사용법 훈련이 진행됐다.[18]

일본군과 만주군 출신들이 군 지휘부를 장악했던 까닭에 창군기의 훈련 방식은 일본군의 유산이 많았다. 교범과 훈련, 내무반 생활 등등에서 일본군의 유산이 청산되지 못한 채 지속됐다. 이 점은 육군 뿐 아니라 해병대에서도 마찬가지였다. 여순사건 직후 창설된 해병대의 주축은 만주군과[19] 일본군 해군 지원병 출신들이었다. 만주군 출신들이 해병대

---

17) 그러니께 그 대한민국이 인자 수립되느냐 안 되느냐는 국련(국제연합) 결정에 달려있다. 그 당시에 그렇게 이야기를 듣고 상당히 긴장해가지고 학교 내에, 교내에 청소를, 청소를 막 저 구석구석까지 청소를 합니다. …복도 있지 않습니까, 복도를 왔다가네, 목존데, 맥주병, 병을 가지고 이래가지고, 이렇게 문대면 인자 빤질빤질해집니다 … 그래 그걸 전부 내무반이고 다 밀어가지고 반질반질하게 만들고 말이지, 그런 기억이 있습니다. … 응, 그래 그래가지고 교사 안팎으로 청소 전부 깨끗하게 하고, 그래 인자 인자 군복도 전부 단정하게 하고, 전부 빨래도 하고, 그래 인자 이발도 하고 그래 가지고 인자, 사열 열병도 하고….(박윤진, 2차구술, 2010.2.20.)

18) 박윤진, 2차구술, 2010.2.20.

19) 초대 신현준, 2대 김석범, 3대 김대식, 4대 김성은 등이 모두 만주군 출신이다.

지휘부였으나 상륙전 경험이 없었으므로 일본군 해군 지원병 출신, 그 중에서도 일본군 해군 육전대 출신들이 해병대의 훈련을 담당했다. 이 과정에서 일본군 해군의 '15초 룰(rule)'과 해병대의 '15초 룰'이 정착됐다.[20]

군영과 사관학교를 졸업하고 임관한 장교들은 전국 각지의 부대에 배치됐다. 초창기 한국군은 모병제였으므로 장교들의 중요 임무 중 한 가지는 사병들을 모집하는 것이었다. 일반적으로 장교나 하사관들이 부대 인근의 지역들을 돌아다니며 관공서의 협조를 받아 모병을 전개했다. 그러나 제9연대는 제주도에서 사병들의 모병이 어려워지자 제9연대 장교들이 배를 타고 육지로 건너와 경남 일대를 돌며 모병했다. 당시 장교들은 군대에 들어오면 숙식이 해결되고 월급을 받을 수 있다고 선전하며 사병들을 모집했다.[21]

미군은 한국군 장교들의 도미 유학을 추진하고 또한 미군 교범을 보급시켜, 한국군에 남아있는 일본군 잔재를 청산하고 '한국군의 미국화'를 추진했다. 미국 유학생들이 돌아와 육군 보병학교 교장을 비롯한 주요 간부진을 구성해 미군 교범을 번역하고 장교들의 재교육을 진행시켰다.[22]

정부 수립 후 병력이 증가하고 병과가 나누어지자 사관학교 후보생들의 수가 늘어나고 병과별 교육이 이루어졌다. 보병학교를 비롯한 각종 병과학교가 문을 열었다. 포병학교는 인근 미군 부대로부터 지원을 받아 개교했고, 각 연대에서 선발된 요원들이 미군으로부터 3개월의 기초교육을 받은 뒤 포병부대가 창설됐다. 그리하여 한국전쟁 발발 당시 한국

---

20) 이서근 구술.

21) 구술자1 구술.

22) 황의선, 1차구술, 2010.8.10. 그러나 이것과는 상반된 구술이 있다. 학생 연대장인 최석은 원래 옹진지구전투사령관이었으나 빨갱이 누명을 쓴 직속 부하 한신을 돕다가 문책 받아 보병학교로 좌천됐다고 한다.(최순창, 3차구술, 2011.11.17.)

군에는 총 91문의 대포가 있었으나 북한 인민군의 T-34 탱크의 진격을 막을 수 없을 정도로 조악했다. 미군의 지원 아래 실시된 병과 훈련은 한국전쟁 이후에도 지속됐다. 예를 들어 한국전쟁 도중에 미국제 기관총이 보급될 경우, 한국군 병사가 인근의 미군 부대로 가서 훈련받은 뒤 원대 복귀해 실전에서 사용했다.

1949년 정월 북한군이 양양으로 남하하여 소를 끌고 가자 그에 대한 보복으로 기사문리 포격사건이 발생했다. 당시 10연대장의 명령으로 주문진 파견대에서 포격했음에도, 상부에는 북한군의 38선 침범에 대한 반격이었다고 보고됐다.[23] 또 남북한의 군대가 진주하고 38선을 둘러싼 무력충돌이 발생했음에도 불구하고, 다른 한편으로 38선 부근 마을에서는 시장이 열리고 사람들의 물물교환이 계속됐다.[24]

창설 초기 한국군에서는 좌익 성향의 군인들을 솎아내는 숙군(肅軍, red purge)이 전개됐다. 본격적인 숙군이 진행되기 전부터 과거 전력이 있는 인물들이나 특정 인물[25]에 대한 개별적인 감시가 이루어졌다. 숙군은 국방경비대 제1연대에서 김창룡이 활동하던 1947년 하반기부터 시작

---

23) 박윤진, 3차구술, 2011.2.21. 구술자는 정월로 기억했으나 양력으로는 2월이 맞을 것 같다. 다만, 구술자의 진술도 『조선전비사』에 나온 내용을 자신의 경험처럼 이야기했을 가능성이 있다.

24) 그 재밌는 게 뭔 고니 500m 이 그 북쪽에 있는데, … 그 영평천이라고 흐르고 있고 그 수입3, 수입4리라고 하는 데는 안마을이 이남, 저 38선의 경계 중간이고, 이쪽 바깥마을 마차공장 있는 데는 완전 이북이고. 그런데 이제 통제를 못하니까 이 사람들도 같은 마을이니까 일동장에도 가고, 운천장에도 가고 근데 운천장에 갔는데 … 먹을 게 있어 뭐 그냥 … 뭐 그거 어떻게 … 그러니까 망태기를 메고 운천장에 가서 닭 사다가, 닭을 사다가 이 저 일동장에, 그러니까 하루 갔다 오면 거기 30리니까 갔다 와서 자고, 그 다음 다음날에 이제 일동장에 간단 말이야. 가면 이제 여기선 뭘 사나 그러면 주로 미국 키니네. 학질이 많을 때니까 키니네.(최경일, 1차구술, 2010.7.1.)

25) 여순사건 이후 숙군 과정에서 체포되어 처형된 만주군(봉천군관학교를 졸업하고 간도특설대 장교로 복무) 출신의 최남근에 대한 미군의 감시가 이루어졌다.

됐으나 육군 정보국 주도 아래 전군 차원으로 확대된 것은 여순사건 이후부터였다. 여순사건 이후 전 부대에서 대상자를 가리지 않는 검거와 조사가 전개됐다. 관련자들에 대한 수사는 구타를 기본으로 전기고문까지 행해질 정도로 무자비했고,[26] 숙군 대상자들은 자신의 혐의가 무엇인지도 알지 못한 채 연행되어 고문당했다. 숙군 당시 처벌된 한 구술자는 휴가를 다녀온 뒤 강원도에 진주한 부대 복귀 직후 육군본부의 소환명령에 따라 서울로 출두하자 곧바로 정보국에 체포되어 수사를 받았다. 기소된 관련자들의 처벌 수위를 결정하는 군법회의는 채 몇 분도 걸리지 않았다.[27] 한 구술자는 당시 군내 남로당 조직의 최고 책임자는 육군

---

26) 박정희도 숙군 과정에서 육군정보국 소속 이한진(육사 5기 출신)으로부터 전기고문을 당했으며 1961년 5·16이후 이한진은 박정희를 찾아와서 돈을 받아갔다고 한다.
그것도 내 동기지만 나쁜 놈이죠. 박정희 장군을 데려다가 취조하고 고문하고 그런 놈이야. 저기 아무리 자기 직접 구대장이 아니더라도 우리 사관학교 다닐 때 구대장인데 그걸 어떻게 고문을 하겠어요? 그 자식이 저 양반 전기로 고문하고 그렇게 당했어요. 근데 나중에, 한진이가 나중에 눈도 멀어지고 그래 이렇게 장님마냥 다니고. 그래서 이 양반이 찾아오면. 보통 놈 같으면 찾아오지도 못하지. 찾아오면 날 보고 돈 좀 해주라고. 그래 내가 돈 여러 번 해주면서 아 그 놈한테 당한 것도 있는데 뭘 돈을 계속 해주라고 하느냐고. 이다음에 오면 나한테 밀으라고. 나한테 가라고. 그래 내가 여러 번 줘가지고 그랬는데.(김재춘, 1차구술, 2009.11.26.)

27) 구술자: 그러니까 절차가 정상적으로 하지 않고 대량적으로 하니까. 피고 인자 검찰관이나 법무관이 있어가지고 이름 쭉 부르고 죄상 누구누구 전부 국가보안법 몇 호 위반.
면담자: 국방경비법이요.
구술자: 국가보안법 위반, 국방경비법 위반. 군법이 형법이지. 그 위반으로 그걸 했다고 고발하면 재판관이 말이여, 그 인자 조사 날짜 한 기록을 갖다가 누구누구는 몇 년 몇 년 판결을 하고 끝난다고.
면담자: 최후진술이나 뭐 물어보는 거는 없었어요?
구술자: 어?
면담자: 재판장이 피고들 할 말이 없냐.
구술자: 그런 거는 기억이 없어요. 그 당시에 전부 불안하고.
면담자: 변호인은 없었어요? 관선변호인.
구술자: 변호인은 없어요.
면담자: 그러면은 선생님 그 때 재판할 때 보통 시간은 얼마나 걸리는 거에요?
구술자: 몇 분간이죠.

중령 김종석이며, 그가 모든 책임을 떠안고 처형당했다고 증언했다.[28]

서대문형무소에 장교와 사병으로 분리되어 한 방에 5명씩 수감됐으며, 서적의 반입이 허락됐다. 한국전쟁이 발발하고 북한의 인민군이 서울을 점령하자 서대문형무소가 파옥되고 수감자들은 석방됐는데, 석방자들 중에는 과거 숙군으로 처벌된 수감자들도 있었다. 숙군의 핵심 부서인 육군본부 정보국은 그 활동에 걸맞게 많은 예산을 사용했다. 정보국 건물은 명동에 있었으며 활동과 규모가 커지자 남산에 건물을 새로 만들었고 정보국 1년 예산이 1개 사단의 1년 예산보다 많았다고 한다.[29]

3. 한국전쟁

1950년 6월 25일 이전부터 북한의 남침 징후를 한국군에서도 파악하고 있었다는 구술이 있다. 4월경부터 육군본부 참모회의에 북한군의 동향이 심상치 않다는 정보 보고가 올라왔으며 이러한 정보는 미 군사고문단(KMAG)에 전달했으나 무시됐다고 한다.[30]

면담자: 몇 분이요?
구술자: 어.
면담자: 그걸로 그냥 수십 명을.
구술자: 그래, 10분 될까 말까.(박윤진, 3차구술, 2010.2.21.)

28) 구술자2 구술.

29) 김재춘, 2차구술, 2009.12.2.

30) 구술자: 그야 뭐 우리가, 저 매주 저 참모회의를 하거든? 일반참모회의를. … 5월 부터 참모회의에 정보당국에서 이북의 움직임이 수상치 않다. …응. 수상치 않다. 수상치 않다. 그래서 그게 또 이제 미군한테도 저저 정보교환으로 다 가고. 그리고 이북에는 전차도 있는거 같다. 움직이니까. 항공기 같은 것도 많은 거 같다. 전부 다 미군한테 다 갔지. 그렇지만 미군이 어느 정도 그걸 평가를 했는지 그건 모르지. 하지만 우리는 하여간 뭐 귀에 못이 백이도록, 우리가 그거. 그

그러나 전방 부대에서 근무하던 장교들의 구술은 군 최고위층의 구술과는 차이가 있었다. 제1사단 제18연대에서 근무하던 구술자2는 6월 25일 장교들의 체력장이 있었으며 전날 육사 졸업 후 처음으로 동기생들의 모임이 있어 밤늦게까지 술을 마셨다고 한다.[31] 육군 보병학교 교관 황의선은 일요일인 6월 25일 아침 부인과 관악산을 등반하던 도중 비상나팔 소리를 듣고 귀대했다. 개성의 제1사단에서 근무하던 최순창은 개성의 수양부모 댁을 방문했다가 6월 25일 아침이 되어서야 북한군의 남침 사실을 알고 부대로 귀환했다. 한 사단의 참모이던 구술자1은 고등군사반 교육을 받던 도중 부대 복귀를 알리는 방송을 듣고 부대로 복귀했다.

한국전쟁 초기 한국군의 상황은 아수라장, 야단법석 그 자체였다. 휴가나 외출을 나갔던 병사들은 부대 복귀를 권유하는 국방부 정훈국의 방송을 듣고 허겁지겁 귀대한 직후라서 전선의 상황을 파악하지도 못한 채 투입됐고, 이 때문에 군인들은 제대로 전투를 치르지 못했을 뿐 아니라 때로는 포로가 되기도 했다. 시흥의 보병학교 1개 대대 병력을 이끌고 김포지구에 투입된 황의선은 한밤중에 북한군의 정보를 알지 못한 채 인민군 1개 사단 병력과 정면에서 전투를 치렀고,[32] 최순창은 한강을 건너려던 도중 이미 진주한 북한 인민군의 포로가 됐으나 이후 북한으로

때 우리가 뭐 능력이 없으니까 비행기 맹글 능력도 없고 탱크 맹글 능력도 없고 말뿐이지. 그리고 또 미군이 이제 말하는 것은 한국지형은 전차전에 적합지 않다고 하고서, 우리가 암만 달라고 해도 주지도 않았지. 뭐 요청은 많이 했지만 주지도 않았지. … 5월이 아니지, 내, 우리가 4월달에 미국 갔으니까 그 전이지. … 대비라는 게 글쎄 뭐, 우리가 뭐 저 보병밖에 없으니까 무기를 줘야 말이지. 미군이 무기를 안주지.(황헌친, 4차구술, 2009.12.16.)

31) 거기서 6월 25일 날은 우리 장교들의 체력 테스트를 하게 돼있었어요. 그래 하게 됐는데 비가 와서 안 하게 되었지. 그 전날에는 우리 동기생 처음 동기생회의를 했는데 술을 망탕 먹고 그래서 "아고 비와서 잘 됐다" 했는데 전쟁이 났다 해서 소집해서 우리가 제일 먼저 갔는데.

32) 황의선, 1차구술, 2010.8.10.

이송 도중에 탈출해 북한의 후방에서 반공 활동을 벌였다.[33]

한국전쟁이 발발한 직후 한국군이 계속 패퇴하고 부대 재편을 하는 과정에서 즉결처분이 이루어지기도 했다. 한 구술자는, 한 부대장이 병사들의 후퇴를 막고 부대를 재편하려고 부하들을 즉결처분하기도 했다고 한 증언했다.[34]

전황이 악화되자 군 수뇌부는 육사 재학 중이던 생도들까지 전선에 투입했다. 당시 사관후보생들은 대대를 편성해 포천으로 나가라는 명령을 받고 전선에 배치됐다. 대대장은 육사 구대장이던 조암 중령이었으나 전투 도중에 사라져 손관도 부대대장이 지휘했다.[35]

현역 군인들은 전쟁이 발발한 직후 곧바로 귀대하여 전투에 참가했으나 민간인들은 전쟁이 발발한 사실을 전혀 알지 못했다. 국방부는 당시 언론을 검열, 통제했을 뿐 아니라 국방부 정훈국(국장: 이선근)은 보도과를 통해서만 전투 상황을 알렸다. 오히려 국방부 정훈국은 전쟁 발발 사실을 제때에 제대로 국민들에게 전달하지 않고 더 나아가 사실 자체를 왜곡했다. 6월 25일 정오 국방부 정훈국은 국장 명의의 담화문을 발표했다. 국방부 정훈국은, 38도선 전역-옹진 전역으로부터 개성, 장단, 의정부, 동두천, 춘천, 강릉 등지-에서 북한군의 기습 남침이 있었으나 국군 부대가 적절하게 작전을 수행하고 있으며 북한군이 전차까지 출동

33) 최순창, 3차구술, 2011.11.3.

34) … 전부 그 뭐 근데 워낙 후퇴 못 하게 하는 거는 도저히 안 되구 병력을 많이 그 탱크 밀려 오구 막 이렇게 재편성 하는 거야 전부. 재편성 하는 거였어. … 수원에서 부대를 재편성했어. 거기서도 ○○○씨가 즉결처분하기 시작했어. 그때는 즉결처분이 그 군법회의 없이 사람 죽일 수 있는 거야.(장우주, 1차구술, 2009.9.17.)

35) 장정렬, 1차구술, 2010.11.13. 그 뒤 조암 중령은 대구의 육군본부에 나타나 북한 인민군이 낫다는 식의 이야기를 하자 정보 장교에게 총살당했다고 한다. 이와 다른 증언으로는 군법회의에 회부되어 총살되었다고 한다. 여하튼, 학병단 출신으로 군영을 거쳐 한국전쟁 당시 육사 교관이던 조암 중령은 부역혐의로 군법회의에 회부되어 총살됐다. 훗날 정일권은 그의 죽음을 아쉬워했다.

시켰지만 국군의 대전차포에 격퇴당하고 있다고 발표했다.[36] 게다가 언론은 국군이 해주로 입성했다는 식의 거짓 기사를 내보냈다. 이 때문에 서울 시민들은 전쟁이 발발했다는 사실을 알지 못했고, 38도선 인근에 거주하던 사람들이 피난 오는 모습을 보면서도 이전에도 발생했던 38도선 충돌 정도로 생각했다. 그러나 점점 포 소리가 가까워지자 전쟁이 발발하고 국군이 패배하고 있다는 사실을 알 수 있었다.[37]

이승만 대통령이 후방으로 제일 먼저 도망가고, 뒤이어 정부도 수도 포기를 결정하고 피난가자 많은 문제가 발생했다. 심지어 한국은행 지하에 보관 중이던 금괴마저 후송할 계획조차 없었다. 한국은행 간부진이 부랴부랴 국방부 3국에 요청해 헌병을 동원하여 해군 함정에 싣고 후송할 수 있었다.[38]

북한이 점령한 서울에서 학생들은 동원의 주요 대상이었다. 월남민이자 중학생이던 최경일과 임상빈은 의용군에 징발됐으나 탈출했다. 이것은 남한도 마찬가지였다. 6월 25일 오전 경무대를 방문한 주한미대사 무초와 만난 자리에서 이승만 대통령은 이 사태(한국전쟁)를 오랫동안 자신이 경고해왔으며, 필요하다면 여성과 아이들이 돌과 몽둥이를 들고 전투에 나서도록 하겠다는 생각을 밝혔다.[39] 각 학교의 학도호국단을 통해 소집령이 내려지고 교련 교관이던 체육교사나 현역장교들이 학생들의 입

---

36) 국방부 정훈국, 「이선근 정훈국장의 담화 발표」 1950.6.25. 정오.(국방부 정훈국, 『한국전란 1년지』, 1951, C 3~4쪽.

37) 해주까지는 몰라도, 고 다음날인지 의정부 뭐 포 소리가 뿡뿡 나는데 의정부도 다 물리치고 있다, 동요하지 말고 가만히 있어라. 방송 들었⋯얘기 들었죠. 뭐, 그냥 삐라는 아니지만 막 스피카로 안무하더라구요. 그러고 있다, 27일 날 되니까 이제 27일 날 되니까 피난을 갔어, 애들하고. 얘기 ⋯ 저 우리 동생들하고 갓난애 업고 한 뭐 한 이(2)킬로쯤 가다가 돌아왔어. 애들 울고 비는 오고 그래가지고 돌아와서 있었어요⋯.(임상빈, 1차구술, 2010.5.19.)

38) 장우주, 1차구술, 2009.9.17.

39) 국방부 군사편찬연구소, 『한국전쟁자료총서』26권, 1998, 3쪽; 당시 이승만 대통령의 태도는 김동춘, 『전쟁과 사회』, 돌베개, 2000, 69~70쪽을 참고.

대를 독려했다. 이 과정에서 학생들에게 제2차 세계대전이 발발하자 참전하여 나라를 구한 영국 학생들의 사례가 빈번하게 이야기됐다.[40) 당시 초기 전투에서 패배하고 해체 위기에 몰렸던 7사단의 모병 양상도 비슷했다. 재편된 사단은 3개 지역에 연대본부를 설치하고 학생들을 위주로 신병을 모집해 전선에 투입했다. 신병들은 2주간의 훈련을 받은 뒤 곧바로 전투에 투입됐다.[41) 대구에서는 대한청년단 단원들에게 피난민들을 징발하라는 명령이 내려졌고, 그리하여 처음에는 피난민들에서 나중에는 대한청년단 단원들까지 동원됐다.[42)

중학생들을 대상으로 한 모병은 인천상륙작전 이후에도 계속됐다. 북진에 나설 병력이 부족해지자 정부와 군은 중학생들까지 모병했다. 이들은 특별한 훈련도 없이 징발되어 북진하는 부대에 합류했는데, 트럭에 실려 불과 하루 만에 서울에서 평남 안주에 이를 정도로 빠른 속도였다.[43) 인천상륙작전이 성공하고 북진이 실행되자 미국은 북한 지역에서

---

40) 문인순, 1차구술, 2010.4.14., 최경일, 1차구술, 2010.7.1., 임상빈, 1차구술, 2010.5.19.

41) 그 부대가 없어진 것도 있지만은, 에~ 이제 그 남은 병력들은 다른 데 보충이 돼버리고 없어져버렸어요. 그래서 그 7사단을 편성할라고 이제 전주로 내려갔는데 1개 연대는 구포, 1개 연대는 진주, 1개 연대는 전주, 이 3개 연대가 사단 아닙니까? 이렇게 해서 이제 현지에서 젊은 학생들을 위주로 해서 … 구술자: 주로 학생들이에요. 그래서 말하자면 구포, 진주, 전주에서 학생들을 이렇게 말하자면 모병을 한 거죠.(황의선, 2차구술, 2010.8.18.)

42) 이돈석, 1차구술, 2012.1.19.

43) 구술자: 아냐. 모병 했으니까 언제 오라고 하더라고. 그래 거기서 인제 닛산트럭이 있어. 닛산트럭에다가 1차, 2차 하면서, 인제 이북으로 그 때는 다 북진하고 있을 때니까.
면담자: 뭐 훈련 같은 건 안 받으셨어요?
구술자: 훈련이 어딨어, 훈련이.
면담자: 신병훈련 같은 거.
구술자: 급할 때에 훈련이 어딨어. 학생복 입고 그러고서 인제 트럭을 탄 거야.
면담자: 전투복도 안 주고.
구술자: 전투복이 아니야. 말 들어봐. 딱 트럭을 타니까 이북으로 달리는거야. 개성으로 해 가지고 해주, 원주해서.

군정 실시를 계획했다. 한국군도 유엔군의 군정실시에 합류하려고 군정 요원들을 선발했다. 그 인원은 헌병사령부의 병력 중에서 선발됐는데, 그 대장은 헌병사령부 부사령관 김종원이었다. 당시 진남포 제련소에 북한이 남기고 간 금괴가 있었고, 이것을 헌병사령부 군정 요원들이 남쪽으로 수송했다.[44]

중국군이 개입하고 전황이 역전되어 유엔군이 후퇴하는 과정에서 많은 포로가 발생했다. 한국군 사상 최악으로 기록된 '현리전투'에서도 포

면담자: 어디서 집결하셨는데요?
구술자: 용산중학교. 지금 거기 가면 이 탑이 있어. 우리 탑이 저 명단 쫙 다 있다고. 그래가지고서 거기서 트럭 타고, 닛산차 타고 가는데. 추워요, 이북엔. 해주로, 황주로 해 가지고 평양까지 가서 거기서 순천에 가서 좀 있다가 어디로 가나면 저기 안주, 평남 안주라고 있어.
면담자: 평남이요? 평북 아닌가?
구술자: 평북이 아니라 평안남도, 아냐.
면담자: 안주가 위쪽인데.
구술자: 아냐, 아냐, 평안남도야. 안주. 거기 이제 안주에 가서, 가니까 우리 18대 대 본대대가 거기 있는거야 북진해 가지고.
면담자: 그럼 중간 쉬지도 않고 전투 같은 것도 안 하고.
구술자: 안 하고 그냥 쭉 올라간거지.
면담자: 해주 거쳐가지고, 황주 거쳐서.
구술자: 그럼 그럼. 우리가 구두시험 뭐고 합격돼 가지고 기다리는 동안 그만큼 북진한거야.
면담자: 며칠 걸렸어요 그게?
구술자: 뭐가?
면담자: 본부 있는 데까지.
구술자: 본부 있는 데까지 하루에 다 갔지 뭐.
면담자: 하루에 다 갔어요?
구술자: 그럼.
면담자: 중간에 뭐. 구술자: 중간에 자고 가는 게 어딨어. 그냥.
면담자: 밤새도록.
구술자: 그럼. 조금 쉬었다가 저녁, 국밥 하나씩 맥여놓고 또 달고 가고. 그래가지고 안주에 가니까 안주중학교 운동장에다가 세워놓더라고. 거기 인제 우리 본대가 있어, 본대가 있는데 각 중대로 배속시킨거야. 중대로 배속 막 몇 명씩 배속시키고 대대니까. 분대까지 다 배속시키더라고.(임상빈 구술, 1차구술, 2010.5.19.)

44) 장우주, 1차구술, 2009.9.17.

로가 많이 발생했다. 당시 최고 지휘관이던 군단장과 사단장 등은 헬기를 타고 진지에 올랐다가 중국군의 기습이 있자 다시 헬기를 타고 제일 먼저 후퇴했고, 전장에 남아 있던 참모 이하 대부분의 병력들이 제대로 전투도 치르지 못한 채 후퇴하기 바빴다. 결과적으로 이 전투에서 많은 병력이 죽거나 다쳤고, 동시에 많은 인원이 포로가 되기도 했다. 한국전쟁기 전투 과정에서 많은 사상자가 발생했다. 당시 사단의 군수참모의 증언에 따르면, 한번 전투를 치르면 사단 병력(12,000여 명)의 1/4인 3,000여 명 정도밖에 남지 않을 정도로 전투가 치열했다.

1951년 중반 이후 전선이 고착되고 고지전이 전개되자 전투의 양상도 변화했다. 고지전의 양상도 일반적으로 알려진 것과 다른 양상으로 전개됐다. 전투 중에 후퇴를 방지하려는 목적에서 향도(嚮導)가 있었으며 병사들이 뒤로 물러나면 이들이 사살하기도 했다고 한다. 또한 사전에 후퇴계획이 수립되어, 공산군의 야습이 있기 전에 병력은 후방으로 후퇴하고 야간 포격을 감행하는 방식으로 전투가 진행됐다. 그러나 도중에 상부 명령이 제때에 전달되지 못하여 유엔군의 포격에 국군이 희생되기도 했다.

백야전 사령부는 후방지역 공비 토벌이 주 임무였으며, 당시 사령관은 백선엽, 참모장은 이형석, 군수참모는 장우주 등이었다. 그러나 백야사 창설의 주된 목적은 미군식 편제에 따른 군단 창설이었다. 지리산에서 공비토벌 임무를 마치고 강원도 춘천으로 이전하여 미 9군과 합동으로 근무했다. 3개월 동안 미군으로부터 군단 운영과 관련한 교육을 받은 뒤 1952년 4월 5일 강원도 화천에서 2군단이 창설됐다. 한국군 최초로 작전과 행정, 병참 등 모든 면에서 미국식 편제와 같은 규모의 군단이 창설된 것이다.[45]

한국전쟁 초기 미군의 오폭이 많았다. 육사 생도들은 후퇴하던 도중

---

45) 구술자는 한국군 최초로 군단의 야전병원이 설치되고 헬기로 부상병을 후송할 수 있었다고 구술했다. 장우주, 1차구술, 2009.9.17.

평택의 어느 국민학교에서 점심을 먹는데 미군 비행기의 폭격과 기총소사를 받았다고 한다.[46] 또 북한군과 국군, 그리고 군인과 민간인이 구분되지 않은 가운데 미 공군이 대상을 가리지 않고 무차별적인 폭격을 진행함으로써 오폭이 발생할 가능성이 많았다고 한다. 인천상륙작전 직후 해병대는 서울 수복작전에 참가했다. 이 과정에서 해병대는 서울에서 북한군과 치열한 시가전을 벌였다. 그런데, 유엔군이 서울에 진주하기 전부터 반공 성향의 청년들을 중심으로 부역자 처벌이 진행됐다. 북한의 서울 점령 하에 활동하던 사람들을 반공 성향의 사설단체에서 연행해 심문한 뒤 군대에 인도하는 방식으로 부역자 처리가 이루어졌다.

민간인 학살과 관련한 다양한 구술도 주목된다. 한국전쟁 초기 보도연맹원들에 대한 학살이 저질러졌다.[47] 군 정보과에서는 연행한 민간인을 정보과 하사관이 임의로 죽이거나[48] 빨치산 토벌작전 도중에 부상자를 후송하지 않고 사살했다고 한다. 제11사단의 거창 민간인 학살이 있은 직후, 부대에는 침묵을 강요하는 명령이 내려졌다. 즉 다른 기관에서 조사와도 침묵하라는 명령이 사병들에게 내려졌고, 학살된 시신들을 제11사단 병사들이 직접 기름을 부어 불태우기도 했다고 한다.[49] 전방의

---

46) 장정렬, 2차구술, 2010.10.27.

47) 면담자: 많이 죽었다던데? 또 보도연맹에 가입했던 사람 중에서 뭐 이제 죽기도 또 많이 죽었다. 구술자: 많이 죽었어. 그래서 그랬어. 이제 그런 것 때문에 그놈들이 나와 가지고서 도리어 더 자기가 올바른 자기가 진짜 공산당인데 내가 이렇게 충성을 다해서 양민을 더 나쁘게 그 소문이 수원서부터 들리기 시작했어. 그니까 보도연맹으로 들어갔다던가 이렇게 또 나온 놈들은 즉결처분 많이 당했을 거야. 아마 지금 그 얘기 한 것 같은데.(장우주, 1차구술, 2009.9.17.)

48) 하여튼 이 조하사라는 사람이 그냥 아주 끝장을 보더라고, 잡으니까. 근데 밤새도록, 그때 그 저 228 전화기 여기다 고문하는거. 내가 처음 봤어. … 그러더니 뭐 전화를 걸더니 뭐라고 위에서 했는지 없애버리라고 했는지 … 그러더니 조하사 칼빈총 대검은 아주 그냥 칼, 면도날이야. 면도칼로 참 그러더라고. 그러더니 탁 가더니 뒤따라가더니, 대검을 착 꽂고 하더니, 대검을 꽂더니 두어발 짝 가다가 등어리에서 찌르더라고, 찔러. 그래 푹 꼬꾸라지니까 발로 제끼고 솔가지 탁탁해서 덮어놓고 내려오더라고. 본 사람 나 밖에 없어 ….(최갑석, 2차구술, 2014.9.30.)

49) 거창사건이 국내외적으로 문제가 되자 헌병사령부에서 조사했는데, 당시 수

고지전을 거친 뒤 후방으로 철수한 사단은 휴식을 취하며 재편됐다.

한국전쟁기 많은 전투에서 전공을 세운 해병대는 그럴만한 이유가 있었다. 해병대는 한국전쟁 초창기부터 미군 해병사단과 함께 작전을 전개했으며, 자연 화력 지원도 미군과 같은 수준에서 이루어졌다.

부산 동래중학에 육군종합학교가 설치됐는데, 한국전쟁 발발 때부터 전투를 치르던 생도 2기생들이 종합학교 2기생으로 입교토록 명령받자 자신들은 '사관생도'라며 입교에 반대했다. 육사 교관인 이규선 대위는 나라가 우선이라며 생도들의 입교를 설득하여 결국 육사 생도들이 육군종합학교를 졸업하고 소위로 임관했다.[50]

서울중학교에 재학 중이던 한 구술자는 북진하는 포병단에 수학 지식을 가진 학생들이 필요하다는 말에 지원했다. 그러나 그는 평북 덕천에서 중군군에 사로 잡혀 2년여 포로생활을 거친 뒤 귀환했다. 포로들은 비행장 복구와 같은 노역에 동원됐고, 일상적으로 독보회를 진행했다고 한다. 당시 평양에는 건물이 남아있지 않았으므로 포로들은 땅굴에서 생활했다. 평양 교외 노역을 나갔다가 유엔군의 삐라를 본 적이 있었는데, "이달 말에 폭격을 감행할 것이니까 노약자와 부녀자는 도심 위에서 피하시오"라는 내용이었다. 포로 생활 도중에 평양의 지하에 건설된 공장시설도 구경했다. 포로교환 과정은 개성의 임시수용소에서 북한 심사관이 "남쪽에 가겠느냐?"는 질문에 답하는 절차를 거쳤다. 구술자는 고향에 가겠다고 답한 뒤 귀환했고, 곧바로 용초도로 옮겨져 심사를 거친

사는 친일파로 비판받던 이익흥과 노덕술, 윤우경 등이 담당했다.
이익흥씨가. 응. 그 양반이 부사령관 왔고. 그 담에 노덕술이라고 있었어요. 노덕술이라는 아주 일본 시대부터 유명한 형사야. … 어 그 사람이 이제 보좌관이었고 그 다음엔 그 때는 제2차장 수사부장이 윤우경이야. … 그러니까 그 원로들. 그 수사 경험 많은 사람들이. 그러니까 거의 나보다는 거의 아버지뻘 되는 사람들이 내가 찾아갔었어. 그래. 그래. 그 … 그렇지. 이 사람들이 그러니까 큰 수사는 잘 했지요. 예….(장우주, 1차구술, 2009.9.17.)

50) 장정렬, 2차구술, 2010.10.27.

뒤 원대 복귀했다. 심사과정은 미군에게 군사정보를 제공하고, 한국군의 근거 확인과 신원조사 등의 순서로 진행됐다.[51]

남쪽의 포로수용소에서는 심사위원회가 활동했다. 이 기구는 상설기구는 아니었으나 국방부 정훈국과 방첩대 그리고 검찰 등 사찰기관을 망라하여 구성됐고, 심사위원들이 직접 수용소를 방문해 포로들을 조사하는 방식으로 활동했다. 한국전쟁기 기록을 남기기 위해 학자들로 구성된 전사편찬위원회가 구성되고 활동했다. 전사편찬위원회는 창덕궁 내에 위치하고 있다가 1·4후퇴 이후 부산으로 옮겨갔으며, 국방부 정훈국 보도과, 미공보원(United States Information Service), 연합통신 등의 자료를 이용해 자료집을 편찬했다.[52]

4. 1단계 구술자료의 가치와 향후 연구과제

서울대 연구사업단은 1단계에서 모두 38명의 구술 채록을 진행했다. '한국현대사와 군'이라는 사업단의 주제 아래 창군 과정과 한국전쟁의 시기를 중점으로 구술채록을 전개해왔다. 가장 아쉬웠던 점은 많은 구술 대상자가 건강 때문에 면담 자체가 불가능하다는 점이다.

구술 내용을 통해 몇 가지 중요한 사실을 확인할 수 있었다. 우선, 일제는 식민지 조선의 청년들을 강제로 학도병으로 동원했으며, 해방 후 살아남아 귀국한 학병들 중 일부는 군대를 만들려는 운동을 전개했다. 이후 미군정이 한국군 창설에 직접 참여해 학병 출신들이 한국군의 중추로써 활약했다. 월남인들은 다양한 동기에서 월남했으며 그 시기도

---

51) 현재복, 1차구술, 2010.7.20.
52) 대표적인 예가 『한국전란일년지』이다.

한국전쟁 발생 이전부터 한국전쟁기에 이르기까지 다양했다. 월남인들 중 많은 사람들은 자원이든 강제이든 한국군에 참여하거나 피난민으로서의 경험을 가지고 있다. 한국군 창설과 한국전쟁기에 중요한 문제 중의 하나는 한국군을 어떻게 발전시키느냐는 것이었다. 미군은 한국군에서 일제 잔재를 청산하고 새로운 군대를 만들려고 시도했으며, 이 과정에서 한국군 장교들을 재교육시켰다. 일부 한국군 장교들은 선발을 거쳐 미국으로 유학을 갔는데, 이들은 미국에서 선진 군사기술 뿐 아니라 다양한 문화적 경험을 통해 한국군의 중추로 성장할 수 있었다.

한국근현대사 연구에서 구술을 활용한 연구는 1980년대 중반부터 시작됐다. 아직 국내에 구술사가 본격적으로 소개되기 전이라서 '구술사' 분야로 인정받지 못했지만 사실을 밝히는 기초 자료로 구술이 활용됐다. 지방사 연구나[53] 일본군 위안부 문제를 제기하며 구술 자료가 축적됐다. 이후 '구술사' 연구가 국내에 소개되면서 이론적인 논의를 넘어서[54] 점차 연구의 대상과 주제가 넓어졌고, 인류학·사회학·역사학 등의 다양한 분야에서 구술을 적극 활용하고 있다.[55]

최근 한국근현대사의 연구에서 구술 자료를 활용한 주목할 만한 성과들이 축적되고 있으나[56] 문헌 자료와 구술 자료의 기계적인 결합이라

---

53) 대표적인 연구가 안종철의 연구이다. 안종철, 「조선건국준비위원회의 성격에 관한 연구 -중앙과 지방조직을 중심으로-」, 서울대 대학원 정치학과 석사논문, 1985. 안종철은 송남헌, 최인식(전남 건준 선전부장), 그 외 각 군의 건준 간부들의 구술을 자료로 이용했다.

54) 구술사의 이론과 방법론, 실제에 대해서는 다음을 참고. 한국구술사연구회, 『구술사 - 방법과 사례』, 선인, 2005; 윤택림 편역, 『구술사, 기억으로 쓰는 역사』, 아르케, 2010.

55) 이외에도 의사학, 체육학, 예술 등의 분야에서도 구술을 활용한 연구가 진척되고 있다.

56) 양정심, 『제주4·항쟁-저항과 아픔의 역사』, 선인, 2008; 박찬승, 『마을로 간 한국전쟁』, 돌베개, 2010; 전갑생, 『한국전쟁과 분단의 트라우마』, 선인,

는 한계도 있다. 구술은 문헌 자료에서 확인할 수 없는 사실을 확인한다는 점에서 장점이 있다. 그러나 구술자의 주관에 따라 사실 자체가 얼마든지 각색될 수 있으며, 특히 기억 자체가 선택적이거나 그러한 기억조차 빙산의 일각일 수 있다는 한계가 공존한다. 그러므로 구술 자료를 활용하되 사실을 어떻게 재구성하고, 다른 자료들과의 교차 검토를 통해 어떻게 자료로서 활용할 수 있을지는 향후 근현대사 연구에서 지속적인 고민이 필요한 문제이다.

2010; 한국구술사학회, 『구술사로 읽는 한국전쟁』, 휴머니스트, 2011. 이외에도 구술 자료를 활용한 연구가 많지만 이 글에서는 한국군 창설과 한국전쟁에 한정했다.

제3장

한국군과 베트남전쟁[1)]

오 제 연

1. 2단계 구술사업의 목적과 대상자 선정

서울대학교 규장각한국학연구원 현대한국구술사연구사업단(이하 연구사업단)은 '한국현대사와 군'이라는 주제 아래 2009년부터 2015년까지 지난 약 6년 동안 과거 군 출신 인사들을 대상으로 구술을 채록해왔다. 2009년 4월부터 2012년 3월까지 1단계 3년 동안은 1945년 해방 직후의 '창군'과 1950~1953년 '한국전쟁'에 초점을 맞춰 구술 채록을 진행했다. 그리고 2012년 4월부터 2015년 3월까지 2단계 사업을 통해 역시 3년의 기한으로 1964~1973년 한국군의 '베트남전쟁' 참전에 초점을 맞춰 구술 채록을 진행하였다.

서울대 연구사업단은 2단계 3년간 구술면담을 통해 모두 37명의 구술자를 만나 약 330시간 정도 그들의 증언을 채록했다. 주로 위관급 이상의 장교들을 위주로 구술면담을 진행했으며, 생애사 구술을 시도하였

---

1) 이 글은 오제연의 2015년 1월 열린 2단계 심포지엄 발표문을 김도민이 총서 형식에 맞춰 일부 수정한 것이다. 따라서 실제 2단계 총 구술자는 39명이었지만 이 글이 발표된 시점에서 분석 대상으로 삼은 구술자는 37명이었다.

기 때문에 1인당 구술면담 시간은 평균 약 9시간 정도였다. '창군과 한국전쟁'을 주제로 했던 1단계 사업의 연장선상에서 구술면담을 실시한 3명을 제외하고 34명이 베트남전쟁과 관련된 군인들이었다. 그 중 32명은 베트남전쟁에 직접 참전했고, 1명은 주월한국대사관에서 근무했으며, 1명은 국내에서 베트남전쟁 관련 업무를 처리했던 경험을 갖고 있었다. 이들 34명의 구술자의 파병 당시 부대별, 계급별, 보직별 분포를 정리하면 다음의 〈표 1〉과 같다.

〈표 1〉 서울대 규장각 사업단이 면담한 베트남전쟁 관련 구술자의 분포

	장성급	영관급	위관급	구술자명 / 주요보직	
주월 한국군 사령부	2	6	1	채명신	사령관
				이훈섭	부사령관
				신위영	군사정보대장
				홍대식	경리참모, 관리잠모
				백행걸	기획참모부장
				노영서	정훈부장
				전제현	정보참모, 작전참모, 기획참모, 전투능력평가단장
				최갑석	인사참모
				채대석	태권도교관
청룡 부대		1	7	차수정	대대작전참모, 부대대장
				이승일	소대장, 중대장
				최우식	소대장
				김세창	관측장교
				구문꿩	소대장, 헌병대수사과장
				최상범	소대장
				정규호	지원 비행부대
				전도봉	소대장

	장성급	영관급	위관급	구술자명 / 주요보직	
맹호 부대	2	3	2	채명신	부대장(사단장)
				유병현	부대장(사단장)
				김춘배	포병사령관
				라동원	전투발전부장, 연대장
				송진원	항공참모
				서경석	소대장, 중대장
				전일구	소대장
백마 부대	1	1	1	전자열	부사단장
				양창식	연대장
				현광언	포병관측장교, 연락장교
기타	3	5	2	이훈섭	연락장교단 선발대장
				전자열	건설지원단장
				이대용	주월한국대사관 공사
				홍기경	해군수송전대장
				배상호	공군지원단장
				최규순	공군지원단장
				안상정	제1야전병원 간호장교
				박종숙	제106후송병원 간호장교
				윤찬중	군수지원사령부 보급중대장
				김동호	공군(직접 참전 안함)

* 구술자 중 베트남전쟁 관련 보직이 2개 이상일 경우 중복해서 계산.
* 주월한국군사령부(이하 주월사)의 영관급 4명 중 2명은 현지에서 장성 진급.

2단계 사업에서, 장성급 혹은 영관급으로 베트남전쟁에 참전한 군인들은 현재 많은 수가 이미 사망한 상황이었기 때문에 구술섭외에 어려움이 많았다. 특히 청룡부대의 경우 여단장 등으로 청룡부대를 이끌었던 군인들 대부분이 사망했으며, 생존해 있는 경우에도 건강상의 이유 등으로 구술면담을 고사했다. 그래서 소대장, 중대장 등으로 직접 전투에 참여했던 위관급을 중심으로 구술면담이 진행되었다.

해병대와는 달리 주월사나 육군의 경우에는 장성급과 영관급 중에도 어느 정도 구술면담을 수행할 수 있었다. 그러나 육군 역시 장성급과 영관급으로 베트남전쟁에 참전한 군인들이 다수 사망한 상황이며, 생존해 있는 경우도 매우 고령이었기 때문에 구술섭외 과정에서 어려움이 많았다. 실제로 구술자 중에서도 구술면담 도중 혹은 직후인 2014년 현재까지 모두 3명(채명신, 노영서, 홍대식)이 사망했다. 특히 주월사 사령관 채명신과 정훈부장 노영서는 구술 과정에서 베트남전쟁에 대한 이야기를 미처 시작하지도 못한 상태에서 사망했다.

베트남전쟁에는 청룡, 맹호, 백마 이외에도 다양한 한국군 부대의 참전이 이루어졌다. 파병 초기 단계에서 한국과 베트남을 오가며 실무를 담당했던 선발대와 연락장교단이 있었고, 공군과 해군으로서 수송 등의 분야에서 전쟁을 지원했던 공군지원부대와 해군수송부대가 있었고, 공병으로 활약했던 건설지원부대가 있었다. 그밖에 주월한국대사관에서도 현역 준장이 공사로 활동하고 있었다.

베트남에 파병된 군인들은 1년 정도 참전한 뒤 한국으로 돌아오는 것이 일반적이었다. 그러나 경우에 따라서 보직의 성격이나 본인의 희망에 의해 참전 기간이 2년 정도로 늘어나기도 했다. 처음 1년간 참전 뒤 몇 년 후 다시 1년 간 참전한 사례도 있었다. 주월사령관이나 그 측근의 경우 4년 동안 베트남에서 근무하기도 했고, 주월한국대사관 공사는 1963년부터 남베트남이 패망한 1975년 사이에 3차례에 걸쳐 총 9년 간 베트남에서 근무하다가, 남베트남 패망 이후 5년 간 억류되기도 했다. 참고로 본 연구사업단의 구술면담에 참여한 34명의 베트남전쟁 관련 구술자 중 주월한국대사관 공사와 국내에서 지원 업무를 맡았던 사람을 제외한 32명의 베트남전 참전군인들이 처음 파병된 연도를 살펴보면, 1964년 2명, 1965년 4명, 1966년 6명, 1967년 8명, 1968년 7명 1969년 4명, 1970년 1명, 1971년 2명 등이었다.(이 중 이훈섭과 이승일은 각각 2번씩 파병)

2. 베트남전쟁 구술자료의 현황과 특징: 국방부 수집 증언 자료와 비교를 중심으로

베트남전쟁에 참전한 군인들을 대상으로 한 구술면담은 이전에도 몇몇 기관에 의해 진행된 바 있었다. 무엇보다 한국군 스스로 참전 초기인 1966년부터 국방부 전사편찬위원회 주도로 베트남전쟁 참전군인들을 광범위하게 만나 증언을 수집했다. 국방부의 증언 수집 사업은 1960년대 후반과 1970년대 후반~1980년대 전반에 집중적으로 이루어졌고, 2000년대 들어와서 다시 재개되는 양상을 보였다. 그리고 그 결과물이 2001~2003년 국방부 군사편찬연구소에 의해 『증언을 통해 본 베트남전쟁과 한국군』 1~3권으로 간행되었다. 베트남전쟁 참전 초기부터 30여 년에 걸쳐 군 자체적으로 진행한 사업의 결과물답게 이 증언집은 3천여 페이지에 걸쳐 692명의 증언을 수록한 방대한 분량을 자랑한다. 이 세 권의 책에 증언이 수록된 참전군인들의 파병 당시 부대와 직위 분포는 다음 〈표 2〉와 같다.

〈표 2〉 『증언을 통해 본 베트남 전쟁과 한국군』에 증언이 수록된 참전군인 분포

부대명	사병	하사관	위관급	영관급	장성급	베트남인	합계
주월사	–	2	1	6	7	1	17
청룡부대	10	9	117	45	1	–	182
맹호부대	4	15	129	61	3	–	212
백마부대	4	2	177	49	1	–	233
비둘기부대	–	–	4	7	–		11
십자성부대				8			8
백구부대				6			6
은마부대		1		5	1		7
기타	1	1	3	1	4	6	16

* 직위는 파병 당시의 직위.

참전 초기부터 30여 년 동안 국방부가 자체적으로 수행한 베트남전쟁
참전군인 증언 수집 사업과 비교했을 때, 베트남전쟁 참전 후 50년 가까
이 지난 오늘날 단 3년의 기간 동안 군 외부에서 진행한 본 연구사업단
의 베트남전쟁 참전군인 구술채록 사업은 그 규모 면에서 왜소해 보인
다. 그러나 이 두 사업은 그 목적이나 방향에서 분명한 차이가 있다. 오
히려 본 연구사업단이 진행한 사업을 기존에 국방부가 진행한 사업과 비
교 검토한다면, 연구사업단의 구술채록 사업의 특징이 보다 분명하게 드
러날 수 있다.

본 연구사업단의 베트남전쟁 참전군인 구술채록 사업과 국방부에서
수행한 증언 수집 사업에 동시에 이름을 올린 구술자는 채명신(주월사
령관), 이훈섭(연락장교단 선발대장/주월사 부사령관), 백행걸(주월사 기
획참모부장), 이대용(주월한국대사관 공사), 양창식(백마부대 연대장),
홍기경(해군수송전대장), 배상호(공군지원단장), 최우식(청룡부대 소대
장), 최상범(청룡부대 소대장), 서경석(맹호부대 소대장) 등 모두 11명이
다. 이 중 채명신은 베트남전쟁에 대한 이야기를 시작하기 직전에 사망
하였으므로 실제로 비교가 가능한 인물은 모두 10명이다. 이에 본고는
이 두 사업에 모두 참여한 10명의 구술자가 각각의 사업에서 들려준 유
사하면서도 조금은 다른 목소리에 주목하여 이 두 사업의 결과물을 비
교 검토하고자 한다.

1) 생애사 구술 vs. 사건사 구술

본 연구사업단의 구술채록 사업은 비록 창군, 한국전쟁, 베트남전쟁
과 같은 특정 사건을 주제로 제시한다 할지라도, 사건 그 자체 보다는

사건을 경험한 인물이 군인으로서 살아온 생애 전체에 관심을 갖는다. 한마디로 '생애사 구술'을 수행한 것이다. 따라서 베트남전쟁 참전군인에 대한 구술면담에서도 베트남전쟁의 경험은 물론 그 전후 구술자의 군 경험 전체의 이야기를 들었다. 구술자 1인 당 구술시간이 평균 9시간 정도나 되는 이유도 여기에 있다.

반면 국방부의 베트남전쟁 참전군인 증언 수집 사업은 베트남전쟁에서 한국군이 수행한 다양한 '작전과 전투'에 관심이 있다. 이는 『증언을 통해 본 베트남 전쟁과 한국군』1~3권의 목차만 봐도 잘 알 수 있다. 예를 들어 백마부대 소속 참전군인들을 대상으로 한 2권의 목차는 다음과 같다.

제1장 파월 및 파월초기(1966-1967) 작전

    1. 불도자1·2·5호 작전 관련 증언

    2. 도깨비1·2호 작전 관련 증언

    3. 비마2호, 역마1호 작전 관련 증언

    4. 마두1·2호 작전 관련 증언

    5. 백마1·2호 작전 관련 증언

    6. 소부대 매복 전투 관련 증언

    7. 오작교 작전 관련 증언

    8. 홍길동 작전 관련 증언

제2장 파월 중반기(1968-1971) 작전

    1. 백마9·10호, 동보5·9·11호 작전 관련 증언

    2. 도깨비13·14·15호 작전 관련 증언

    3. 박쥐1-14호 및 박쥐3-11호, 박쥐22호 작전 관련 증언

    4. 도깨비17호 작전 관련 증언

    5. 백마11호 작전 관련 증언

일종의 '사건사 구술'이라고도 할 수 있는 국방부의 베트남전쟁 증언 수집 사업은, 그래서 특정 '작전과 전투'에 참여한 여러 참전군인들에게 해당 '작전과 전투' 관련 질문을 던지고, 이에 대한 대답을 종합하여 그 '작전과 전투'를 이해할 수 있게 해 준다. 영관급 이상의 경우에는 그래도 질문의 폭이 넓은 편이지만, 위관급 이하의 경우에는 대부분 질문이 특정 '작전과 전투'로 제한되었다. 이 과정에서 왜 그들이 베트남전쟁에 참전했는지, 즉 베트남전쟁 참전군인들의 참전 이유를 잘 찾을 수 없다. 그러나 본 연구사업단의 구술자료 속에는 당시 군인들이 왜 베트남전쟁

---

2) 국방부 군사편찬연구소, 『증언을 통해 본 베트남 전쟁과 한국군』2, 2002.

에 참전했는지 그 각각의 이유가 매우 구체적으로 드러난다.

개인에 따라 참전 이유는 다양했지만 무엇보다 전투경험을 쌓음으로써 진급에서 유리한 위치를 점하고, 수당 등을 통해 경제적으로 이익을 얻고자 하는 동기가 가장 컸다고 볼 수 있다. 본 연구사업단에서 채록한 윤찬중(군수지원사령부 보급중대장)의 구술자료는 이를 잘 보여준다.

구술자: 근데 이제 소식을 들으니까 우리 동기생들이 많이 간다 이거야, 파월.

면담자: 아.

구술자: 그 전투부대에도 다 중대장으로 가고.

면담자: 맹호부대 중대장으로.

구술자: 예, 중대장으로. 그리고 그 저 이, 어, 맹호부대 예하의 각 기술병과, 기술병과 직할부대 중대장도 다 우리 동기생들이 지원했다 그래요.

면담자: 예, 예.

구술자: 그러니까 내가, 그 소리를 들으니까, 아, 이 다음에 진급하고 할 때, 안 가면 불리하지 않겠느냐.

면담자: 하하. 그래도 한 번 전투경험을 쌓고 온 분하고의 차이.

구술자: 그런 생각이 있었고. 또 하나는 이제 그거보다 더 긴급, 더 절실한 거는 생활문제.

면담자: 참전수당과 관련된?

구술자: 네, 참전수당이니까, 지금 여기서는 살기가 어렵잖아요. 어려우니까, 거기 가서 수당을 받고, 그러면은 우리 생활 살림이 펴지지 않겠느냐, 하는 그것이 더 실질적으로는 절실했고. 고 다음에는 인제 그 전투 저 승진문제.[3]

그밖에도 해외 참전을 통해 국내에서의 어려움에서 벗어나려는 시도

---

3) 윤찬중, 4차구술, 2014.11.18.

와 상사의 강력한 권유(요청 혹은 발령) 등도 구술자들이 베트남전쟁에 참전한 주된 이유 중 하나였다. 그러나 국방부가 수집한 '작전과 전투' 중심의 증언 속에서 이러한 참전 이유는 애당초 질문조차 되질 않았다.

사업의 방향이 달랐기 때문에 질문이 달랐고, 질문이 달랐기 때문에 대답도 달랐던 경우는 참전 동기에 대한 것 이외에도 더 찾아볼 수 있다. 청룡부대 6중대 1소대장이었던 최우식은 1966년 작전 수행 중 베트콩이 던진 수류탄을 맞아 부상을 입고 한국으로 후송되었다. '작전과 전투'에만 관심을 가진 국방부 사업에서 최우식은, 어떻게 훈장을 받게 되었는지에 대한 질문에 대해 자신이 부상당하게 된 경위를 다음과 같이 설명했다.

질문3: 충무무공훈장, 화랑무공훈장, 월계십자훈장을 받으셨는데?

답변3: 예. 지금도 그 날짜를 잊지 않고 있지요. 1966년 5월 16일 청룡여단이 재건 작전을 할 때입니다. (중략) 그 순간 수류탄 2발이 밖으로 튀어나와 폭발하였지요. 잠시 후에 의식을 회복하고 상황을 살피니, 양쪽 다리와 한쪽 팔이 말을 듣지 않아요. (중략) 그 후 제3소대가 달려와 사태를 수습하고 저는 헬리콥터로 후송되어, 필리핀을 거쳐 한국에 와서 18개월 간 입원 가료 중 이처럼 상처의 영광이 그대로 남아 있습니다.[4]

인물보다는 '작전과 전투'를 중심에 놓는 국방부 증언 수집 사업의 질문은 최우식의 부상 및 후송과 함께 끝났다. 여기서 부상에 대한 최우식의 태도는 '영광'이라는 표현처럼 긍정적으로 읽힌다. 하지만 본 연구 사업단은 최우식에게 부상 및 후송 이후에 대해서도 질문을 했는데, 이에 대한 최우식의 답변 뉘앙스는 국방부 질문 때와 많이 달랐다.

---

4) 최우식 증언(면담일시: 1977년 11월 1일, 면담자: 하재동), 국방부 군사편찬연구소, 『증언을 통해 본 베트남 전쟁과 한국군』3, 2003, 85쪽.

면담자: 한 달 좀 넘게 계셨다가 인제 한국으로 들어오신 거군요. 그럼 한국에 들어오셔가지고는 한국에서 어디 어느 병원에 계셨습니까?

구술자: 그게 또 허 참 역사적인 얘깁니다. 그 기록에 꼭 냉겨(남겨)놔야 돼. 답십리에

면담자: 답십리에? 예.

구술자: 전매청 담배창고가 있었어요. 그 담배창고를 개조를 해가지고 병원을 만든거야. 그 전부다 벽이 판자로 되요 판자.

면담자: 판자로? 어.

구술자: 그리고 화장실이 판자로 되어서 구멍만 뻥 뚫어놨어요. 세면, 이런 수세식이 아니에요. 구멍만 뻥 뚫어놔가지고.

면담자: 그 누가 만든 병원입니까? 그게? 국가가 만든.

구술자: 국가가. 뭐 국방부 저.

면담자: 국방부에서?

구술자: 그럼.

면담자: 그 군인들 위해서?

구술자: 군인들, 예. 그럼. 월남전사자들을 위한 병원을 맨든. 병원이 없으니까.

면담자: 아 월남전에 참전한 그 군인들을 위한 병원을 그런 식으로 만든 거군요.

구술자: 그 해병대만 들어가는 병원.

면담자: 아 또 그건 해병대만?

구술자: 예 해병대만. 청룡부대용 병원이에요. 그러니깐 화장실에 갈 때도 엉쩡다리가 얼마나 불편하겠어요. 그래가지고는 거기서 생활을 쭉 이제 하다가, 내가 충무무공훈장하고 화랑무공훈장하고 월남금성훈장을 탔는데, 어느 날 채명신 사령관이 날 저, 병원에 와서 내 훈장을 달아주더라고. 그래서 화랑인가 뭐 충문가 화랑 달았어요.

면담자: 채명신 장군 직접 와서?

구술자: 예 직접 와서. 병원에 이제 위문하러 와가지고. 잠시 귀국했던 모냥(모양)

이에요. 그 병원에 와가지고 달아주더라고. 그러면서 대개 인제 높은 사람 오면 애로사항 뭐 없냐? 뭐 이런 거지. "애로사항 있습니다!" 내가 그랬다고. "뭐요?" 그랬더니 "이게 병원입니까 이게 담배창곤데 담배창고에다가 월남전 부상자들을 이렇게 쳐박아 놓으면 되겠습니까? 어? 이 병원을 좀 어떻게 좀 개선해 주십쇼." 했다고 그랬더니 국방부에 당장 얘기를 한 거야. 그래가지고 대방동에 해군본부 앞에, 거기다가 병원을, 해군 병원을 지었어요 새로. 그래가지고 글로 옮겼어요. 옮겼다가 어 나중에 수도, 국군수도통합병원으로 생겨가지고 합쳤어요 다. 그래서 지금 그거는 딴 딴 용도로 쓰고 있는데 하이튼 그 병원에서 지냈어요.[5]

부상당한 참전군인에 대한 홀대는 베트남전쟁이 국가는 물론 개개인에게 어떤 의미였는지에 관심을 가질 때 비로소 보이는 것이었다.

국방부 사업에서는 베트남전쟁 당시 현역 육군 준장으로서 주월한국대사관에서 오랫동안 근무했고, 또 남베트남 패망 시 탈출에 실패하여 5년간 억류되었던 이대용의 증언을 수집했다. 그의 경험은 베트남전쟁과 한국의 관계를 이해하는데 매우 중요한 자료임에도, 국방부는 그가 베트남에서 개인적으로 경험한 현장의 생생한 모습보다도 오직 베트남의 공산화 과정과 여기서 얻을 수 있는 교훈에만 초점을 맞췄다. 그 결과 이대용은 다음과 같이 무미건조하고 평범한 증언을 할 수밖에 없었다.

질문12: 1975년 4월 30일, 사이공의 함락 상황은?

답변12: (전략) 4월 30일 정오, 북베트남 공산군 제2군단은 사이공 시내로 진격하여 탱크부대가 남베트남 대통령 집무실과 관저가 위치한 독립궁을 점령했다. 남베트남 대통령 즈엉반민은 포로가 됐다. 이로써 군사력과 경제력에

---

5) 최우식, 1차구술, 2013.1.9.

서 북베트남을 압도한다고 자랑하던 남베트남은 북베트남 군에 의해 너무
도 허무하게 지도상에서 사라졌다. (후략)[6]

국방부가 수집한 이대용의 증언 속에는 남베트남 패망 당시 주월한국
대사관 직원들의 탈출 실패로 인해 본인과 동료 외교관들이 억류되었음
에도, 여기에 대해 단 한마디의 언급도 없다. 반면 본 연구사업단의 구
술자료 속에서는 이대용이 오랫동안 베트남에서 외교관 생활을 했던 이
유와 그 구체적인 활동 내용은 물론, 1973년 한국군 철군 이후 남베트
남과 한국과의 관계, 급속히 패망으로 치닫는 1975년 남베트남의 상황,
그리고 주월한국대사관 직원들의 탈출 실패 과정 등이 아주 자세하게
언급되었다. 뿐만 아니라 본 연구사업단의 구술면담에서 이대용은 자신
이 1968년 남베트남에 중앙정보부 소속 공사로 파견된 경위를 다음과
같이 설명했다.

> 구술자: 우리 영업하는 사람 회사들이 가서 들어와서 일을 하는데 그런 사람들은
> 뭐냐면 미군의 부대의 뭐 일을 하는데 그런 사람들은 세금을 원래 내지
> 않는다. 그것은 그 미군의 뭐 저, 그 다음에 뭐냐면 와서 월남 법을 어겨서
> 만일 범죄가 있어 월남 법정에서 유죄판결을 받으면 그때까지 벌어놓은
> 돈 총 금액의 3배의 벌금을 내야 된다. (중략) 그러니까 한국에서 돈을 가
> 져와야 되는 거지. 이렇게 만들었다고. 그런데 ##가 걸렸어 ##가 걸렸어.
> ##가 뭐냐면 ##가 그 뭐 잘못해서 걸려가지고선 징역들 지고 그랬는데,
> 그 재판을 갖다가 구속하고 하는 게 아니라 그 불구속으로 재판을 했거
> 든. 그러니깐 몰래 그냥 군용기로 빼돌렸어 높은 사람들. 근데 거기 재산
> 다 있잖아 거기? 근데 유죄판결을 받았기 때문에 ##가 거기서 일을 못하

6) 이대용 증언(면담일시: 2002년 12월 1일, 면담자 최용호), 국방부 군사편찬연
   구소, 앞의 책, 2003, 768쪽.

게 됐거든. 못하게 돼서 뭐냐면 죽게 됐다고. 3배의 월급을 갖다가 아니 저 벌금을 내야만 딴 데도 영향을 받을 수 있으니까 큰일이지. 그런 문제가 생겼다고. 근데 그걸 해결할 사람이 아무도 없지 지금 월남에. 그런 일들 등등 때문에 박 대통령이 날 공사로 보내라고 그랬어.

이대용은 현역 군인으로서 당시 남베트남의 대통령 티우와 과거 함께 군사교육을 받고 친분을 쌓은 경험을 갖고 있었다. 티우와의 사적인 인연을 바탕으로 이대용은 주월한국대사관에 공사로 파견되자마자 티우 대통령을 직접 만나 문제 해결을 시도했고, 결국 이 기업이 회사의 이름만 바꿔서 남베트남에서 계속 일할 수 있도록 양해를 얻어냈다고 한다. 베트남전쟁에 참전한 한국군 가운데 영관급 이상의 경우 이대용처럼 군사유학 과정에서 남베트남 주요 인사들과 친분을 쌓은 경우가 종종 있었고, 이러한 사적인 인연이 한국군의 베트남전쟁 참전 과정에서 직간접적으로 활용되었다. 일례로 1967년 공군지원단장으로 참전한 배상호는 한국의 모 기업이 남베트남에서 외화를 밀반출하다가 적발당하는 사건이 발생하자 자신의 남베트남군 인맥을 이용해 이 사건을 해결했다고 한다. 이러한 내용은 '작전과 전투' 위주의 국방부 수집 증언에서는 전혀 언급되지 않고, 개인의 생애에 초점을 맞춘 본 연구사업단의 구술자료에서만 확인되는 사실이다.

물론 국방부가 수집한 증언 속에도 개별 '작전과 전투'를 넘어서는 보다 광범위한 질문과 답변이 나오기도 하고, 본 연구사업단의 구술자료에서도 개별 사건에 집중하는 질문과 답변이 자주 등장한다. 그러나 비슷해 보이더라도 자세히 비교하면 본 연구사업단의 질문은 국방부 사업의 질문보다 한 발 더 나아가는 경향을 보인다.

백마부대 30연대장으로 베트남전쟁에 참전한 양창식은 자신이 경험한 한국군에 의한 대민사고에 대해 국방부 사업과 본 연구사업 모두에서 자세한 설명을 해줬다. 먼저 국방부가 수집한 양창식의 관련 증언은 다음과 같다.

질문27: 또 다른 대민사고 사례는 없는지요?

답변27: 백마9호 작전을 성공적으로 마치자 반꿔이 시장이 저녁식사에 초대를 했다. 아마 11월 초의 어느 날이었을 것이다. 그래서 참모들과 함께 시장 관사에서 식사를 하고 있는 중이었는데, 전화가 걸려왔다. "제30연대 병사 1명이 몬타냐 족 마을에 침입해서 5명을 살해했다"는 내용이었다. (중략) 병사는 이 여성을 위협하여 인근의 몬타냐 족 마을로 데려가 강간하고 살해한 후 매장하였다. 그런데 이 장면을 보고 있는 몬타냐 족 5명이 있었다. 그러자 병사는 증거인멸을 위해 몬타냐 족 5명도 함께 살해했는데, 그 중 1명이 기적적으로 살아났다. 범행을 저지른 병사는 인근의 월남군 부대에 가서 밥을 얻어먹은 후 자고 있었다. 이때 살아난 몬타냐 족이 범행을 신고하자 그 병사를 확인하고 범인이라고 증언했다. (중략) 보고에 접한 나는 피해자의 마을을 방문하여 부하의 잘못은 나의 잘못임을 인정하고 백배 사죄하였다. (중략) 그리고 사망자들의 장례식을 성대하게 거행하고 마을 주민 57세대를 일일이 찾아다니며 사죄하는 한편 물질적인 보상으로 쌀 100포를 내놓았다. 그리고 미국 MAC-V의 협조를 받아 대대적인 대민사업을 전개하였다. 이 결과 사건은 더 이상 문제화되지 않고 수습되었으며, 그 후 주민들과 관계가 좋아져 오히려 전화위복의 기회가 되었다.[7]

그런데 국방부 사업의 질문은 이 사건 자체에 대한 설명만 듣고 추가 질문 없이 끝나버렸다. 하지만 본 연구사업단은 이 사건에 대한 설명을

---

7) 양창식 증언(면담일시: 2002년 2월 19일, 면담자: 최용호), 국방부 군사편찬연구소, 앞의 책, 2002, 214~215쪽.

들은 뒤, 사건 처리에 대한 질문을 계속 던지면서 베트남전쟁 당시 대민 사고의 처리 방식에 대한 보편적인 설명을 이끌어내고자 했다. 그 결과 양창식의 답변은 국방부 사업 때 증언보다 풍부해졌다.

면담자: 장군님 그 당시에 그런 사건들이 발생했을 때 월남에서, 그 이제 그 형사 사건일 경우에는 어쨌든…

구술자: 아니 형사사건이고 뭐이고 그렇게 되니까 이제 군 저 우리 군이 형무, 헌병대에 끌려가서 이제 끌려가고.

면담자: 그러한 경우는 조사권 자체 수사권 자체가…

구술자: 그래서 이제 월남군 그 방고이 시장한테는 시장하고 나하고는 어떻게 협정을 했냐면 전쟁공포증 환자가, 전쟁공포증 환자가 바로 얼마 전에 백마 구(9)호작전 했으니까 그 정신이상으로 저지른 거다. 그렇게 이제 상부에는 보고하고 그놈은 이제 바로 구속이 돼서 한국으로 송치가 됐어. 한국으로 뭐냐 송치가 돼서 그대로 이제 군법회의에서 어떻게 처리됐는지는 내가 확인할 수 없었지만 한국으로 이제 하고 내가 이제 월남 방고이 시장한테 찾아가서 내가 약자니까 "참 미안하다. 그건 사실인데 나로서는 도저히 어쩔 수가 없었지만은 여기에 대한 책임은 내가 전적으로 진다." 그래가지고 그날부터 이(2)대대 일(1)개 대대를, 전부 그 시신이라도 찾아서 해줘야 될 거 아냐? 장례식이라도. 근데 한 집에 형제간이 있었어. 여섯 사람 중에 형제간이. 그 몽타나가 63개 세대가 거기 살아. 근데 이제 주월사령부에다 다 보고를 하고 이제 저기도 보고를 하고 그래서 이제 주월사령부에서 쌀을 쌀을 몇, 쌀이 그때 한 40kg 짜리를 하여튼 트럭으로 두 트럭을 실어 왔어. 실어 와서 집집마다 나눠준 거야. 그 63세대 몽타나가 죽은 마을은 희생당한 가족만 준 게 아니고 전 세대에 돈을 저 쌀을 다 나눠줘. 그리고 이제 특별히 희생이 당한 집은 가령 10포대를 준다든가 말이야, 그 한 사람 앞에. 뭐 두 사람 죽은 데는 20포대를 준다든가 해

서 이렇게 이제 선무공작을 하는 거지. 그렇게 하고 채병, 채명신 장군이 "사이공은 내가 맡을 테니까 사이공의 언론 대책은 내가 할 테니까 그 말이야. 현지에서 최선을 다하시오." 그래서 이제…

면담자: 그게 보도가 되었습니까? 월남이나 아니면 미국이나 우리나라나 이런 데 보도가 된 사건입니까? 언론에.

구술자: 보도가 안 됐지만은 몰라. 보도가 안 됐지만 미국에도 알고 다 알지. 미국에 맥브이(MACV)라고 있어. 우리의 그 저, 우리는 케이, 케이엠에이지(KMAG)라고 그러지?

면담자: 케이엠아이지?

구술자: 에이지.

면담자: 에이지. 예. 주한미군사고문단.

구술자: 미고문단을 거기는 맥브이(MACV)라고 그랬어. 맥브이(MACV)서도 알고 그래서 애들이 이제 수색을 시키는데 다 시신을 뭐냐 4구를 찾았는데 시신을 2구는 못 찾았어. 아니, 1구를 못 찾았는데 호랑이가 물어가 버린 거야. 호랑이 뒤니까. 그래서 이제 그 시신을 찾아다가 한 일주일 이상 참 고생했어 애들이. 장거리 지대 누비고. 이제 해서 장례식을 성대하게 해줬어. 그러니까 미국 맥브이(MACV) 대령이 큰 그 저만한 그림인데 백마가 크으 이렇게 머리를 그냥 치면서 앞발을 콱 들고 왁 짖는 그런 그림을 하나 하고 감사장을 가져왔어. 자기가 오늘날까지 세계 각국을 다 다녔다 그거야. "각국을 다녔는데 이런 사고가 일어나는 것이 처음이 아니고 여러 번 있었지만 한국군 지휘관이 당신처럼 이렇게 열심히 그 문제를 해결하기 위해서 노력하는 것은 처음 봤다. 정말 감동적이다." 그래가지고 감사패하고 감사장하고 그 그림을 가져왔더라고 나한테. 그래 참 고맙다고 하고 또 채명신 장군은 수습이 끝나니까 200만 피, 월남 돈으로 200만 피라고 하면 아마 그때 당시에 200만 피면 우리나라 돈으로 20, 한 200만 원? 많은 돈이야. 큰돈인데 민사참모 시켜서 보냈더라고. 그래서 그것도

전부 이제 집에 전부 나눠주고 악수하고 다니고 이제 그래서 그 사람들이 한국군에 대해서 고맙게, 거기 이제 우리 1개 중대를 갖다가 딱 주둔시켰어. 그리고 애들 놀이터도 만들어주고 뭐 그러니까 그냥 이제 따이한 따이한 하지. 그러니까 전화위복을 만든 거야. 시킨 거야. 그래서 이제 참 그 지역을 월남정부도 좋아하지. 우리 군대가 1개 중대가 가서 이제 주둔하고 그러니까 좋아하고 놀이터도 만들어주니 월남정부도 아주 대단히 좋아하고 그래서 그 참 어려운 고비를 참 좋은 방향으로 해결을 했어요. 그런 일이 이제 가서 백마 9호작전이 끝나고 일주일도 안 돼서 그 사고가 난 거라고.

면담자: 장군님 그런데 제가 여쭙고 싶은 거는 그렇게 어쨌든 전투지역이기도 하고 아까 이제 말씀하신대로 후방지역도 같이 교전하고 있는 상태였기 때문에.

구술자: 그렇지. 전후방이 없으니까.

면담자: 예. 이제 그러한 사건들이 이제 사소한 사건, 시비가 붙어서 뭐 형사사건, 이제 우리도 이런 평시에 보면 뭐 맨날 술먹고 이렇게 티격태격할 수도 있고 이런 사건들이 많이 발생하지 않습니까? 근데 이제 그곳에서 예를 들어 그렇게 월남사람들과의 형사사건이 발생했을 때 그러한 관할권, 그러니까 조사를 할 수 있는 조사의 주체, 그리고 만약에 그러한 사건이 터졌을 때에는 3국이 공동으로 조사를 합니까? 아니면…

구술자: 공동으로 조사해요. 공동으로.

면담자: 그리고…

구술자: 공동으로 조사하는데 이와 같이 사건이 명백해. 말하자면 범인이 체포되고 어떻게 사건을 했다 하는 것은 그건 조사가 필요 없어. 다 나타나니까.[8]

---

8) 양창식, 4차구술, 2013.2.4.

최상범의 경우도 양창식과 유사하다. 청룡부대 6중대 2소대장으로 1967년 참전한 최상범에게 국방부는 오직 전투 상황에 대한 질문만을 던졌고, 최상범 역시 이에 따라 답변할 수밖에 없었다.

질문1: 월남전 참전기간과 경력, 주요 참전 전투는?

답변1: 1967년 4월 13일부터 1968년 5월 30일까지 근무하였으며, 제6중대에서 제2소대장(8개월), 대대 S-1(1개월), 다시 제6중대 제2소대장(2개월)을 마치고 대대 지상관측반장(3개월)으로 근무했습니다. 참가한 주요 전투는 길룡 전투, 노룡1, 2호 전투, 뇌룡 전투 등입니다.[9]

그러나 본 연구사업단의 구술면담에서 최상범은 자신이 수행했던 작전보다, 당시 한국군 활동에 있어 더 큰 비중을 차지하고 있던 대민사업에 대해 자세하게 설명하였다.

구술자: 어어. 불만이 많은 거라. 우리, 뭐, 소대장 아무것도 모르지. 나는 8개월 고참 소대장이니까 월남전 훤한 거 아냐. 안 되겠어. 내, 그 대대장 인, 인사관한테, 그니까 인사참모야 말하자면, 인사장교가. 이제, 대대본부에는 인, 에스원(S1) 인사장교, 그건 제일 초급장교가 해. 고담에 에스투(S2) 정보장교, 에스쓰리(S3) 작전장교, 제일 고참. 에스포(S4) 군수장교, 이게 4대 참모가 있어. 그 담에 에스파이브(S5)가 민사장교야. 그래서 내 "대대장님, 제가요 호이안(Hoi An) 이동할 때까지, 제가 한 달만 소대장 하고요, 다시 나가고요, 김봉수 그 분을 대대인사관으로 뽑으세요." 그때 우리 여단장님이 호이안(Hoi An)으로 이동하면은 대민사업은 칠십프로(70%), 작전은 삼십프로(30%) 한다고 했어. 우리 추, 추라이(Chu Lai) 지역은 온통

9) 최상범 증언(면담일시: 1980년 10월 29일, 면담자 이수택), 국방부 군사편찬연구소, 앞의 책, 2003, 327~328쪽.

강원도 같은 산골이야. 그, 대민사업은 거기는 뭐, 도시가 가깝, 도시도 있고, 가까운 인접해 있고, 대민사업을 주로 한다는 거라. 그러면 이제 민사장교가 필요하잖아. 유능한 민사장교, 근데 김봉수 선배는, 중국어, 월남어가 잘, 능통하잖아. 월남어 능통하고 또 뭐냐면, 그, 추라이(Chu Lai)에서 11월달인가 폭토라는 가톨릭 마을이 있어. 자매, 자매 결연식을 했었어.

면담자: 우리 해병대랑요?

구술자: 어. 해병대하고, 그 전략촌이란 게 있어, 전략촌. 전략촌은 뭐냐면 그, 말하자면 월맹군이 장악하고 있는 지역에, 촌민들을 한 지역에다 몰아놔. 그리고 울타리 방어벽을 해놓고 보호하는 거야. 고게 마침 우리 여단본부에서, 우리 대대본부에서 한 1km 떨어진 폭토, 복 복 자, 흙 토야. 폭토라 그래. 복 복자 흙 톤데. 거기에 그 성당이 있어. 그래 이제 거기다 성, 가톨릭성당을 주변으로 해서 이제 전략촌을 만들고, 이제 피난민들을 거기다 모아놓고, 어, 보호해주는 적이 있어. 그 이제 고 자매마을을 만들었었는데.[10]

베트남전쟁에 참전한 한국군이 벌인 대민사업에 대한 설명은 국방부가 수집한 증언들 중에서도 어느 정도 찾아볼 수 있다. 그러나 전반적으로 그 설명이 단편적이다. 반면 본 연구사업단이 채록한 구술자료 속에는 최상범 이외에도 대민사업에 대한 자세한 언급이 자주 등장한다. 이렇듯 군인으로서 한 인물의 생애사 전체에 초점을 맞춘 본 연구사업단의 구술자료는, '작전과 전투'에 초점을 맞춘 국방부 수집 증언이 갖고 있는 한계를 뛰어 넘는 분명한 특징을 가지고 있다.

---

10) 최상범, 3차구술, 2013.8.29.

2) '구체' 속으로

본 연구사업단이 생산한 베트남전쟁 참전군인의 구술자료가 보여주는 또하나의 특징은 '구체성'이다. 즉 국방부 수집 증언들이 완전하게 설명해주지 못하는 사실들을, 본 연구사업단의 구술자료를 통해 보다 구체적으로 이해할 수 있다. 이러한 특징은 청룡부대가 중대 병력으로 북베트남 정규군 연대 병력의 공격을 막아내고 승리를 거둠으로써, 베트남전쟁에서 한국군이 올린 최고의 전과 중 하나로 기록된 1967년 '짜빈동전투'에 대한 국방부 수집 증언들과 본 연구사업단의 구술자료를 비교 검토했을 때 잘 드러난다.

우선 '짜빈동전투'를 승리로 이끌었던 11중대 중대장 정경진은 국방부 수집 증언을 통해 승리의 요인을 다음과 같이 설명했다.

질문26: 본 작전의 성공요인을 다시 한번 요약한다면?

답변26: (전략) 셋째, 정확한 상황판단과 적절한 즉각조치를 들 수 있다. 적의 기습 당일인 2월 14일 23:00에 청음초가 적의 행동을 조기에 발견함으로써, 81mm 조명탄을 계속 발사했으며, 여단 포병대대에서 105mm 야포로 적의 접근로와 예상 집결지를 맹타할 수 있었다. 이에 따라 적의 행동에 많은 지장을 주게 되었고, 적의 공격시간이 늦어짐으로 인해 야간작전 시간이 짧아져 아군방어에 유리하였다.

넷째, 적시 적절한 지원화력의 운용이었다. 적의 예상 침투로와 후방 집결지에 대하여 신속 정확하게 화력을 퍼부어 적에게 막대한 피해를 강요하였다.[11] (후략)

이 증언에서 정경진은 짜빈동전투의 승리 요인으로 모두 다섯 가지 요

---

11) 정경진 증언(면담일시: 1979년 11월 7일, 면담자: 이현무 / 면담일시: 2002년 3월 5일, 면담자: 최용호), 국방부 군사편찬연구소, 앞의 책, 2003, 259쪽.

인을 꼽았는데, 위에서 언급한 셋째와 넷째를 제외한 나머지 3가지는 모두 추상적이고 일반론적인 이야기에 지나지 않았다. 결국 셋째와 넷째가 보다 명확한 성공 요인이라고 할 수 있는데, 이는 모두 포병의 화력지원과 관련이 있다. 포병의 화력지원이 짜빈동전투 승리의 요인이었다는 점은 국방부가 수집한 청룡부대 여단 정보참모 최칠호의 증언을 통해서 다시 한 번 확인할 수 있다.

질문5: 작전간 여단에서 조치한 사항은?

답변6: 가장 중요한 것이 화력지원이다. (중략) 105mm와 155mm는 물론이고, 미군화력까지 동원할 수 있는 화력은 모두 동원하여 때렸다. 기지 주변에는 개미새끼 한 마리 살아남지 못할 만큼 때렸다. 결국 "짜빈동 전투는 포병의 화력지원이 승리를 뒷받침했다"고 말할 수 있다. 전투가 시작되었을 당시 울타리에 바짝 붙은 병력을 제외하고, 후속부대들은 포병화력에 의해 살아남지 못했을 것이기 때문이다.[12]

그렇다면 당시 포병은 어떻게 화력을 지원하여 짜빈동전투를 승리로 이끌었을까? 문제는 국방부가 수집한 증언들만 가지고는 이 질문에 제대로 답을 할 수 없다는 사실이다. 물론 여기서 정경진이 꼽은 승리 요인 중 세 번째, 즉 "적의 행동을 조기에 발견함으로써" "적의 접근로와 예상 집결지를 맹타할 수 있었"으며 "이에 따라 적의 행동에 지장을 주어" "적의 공격시간이 늦어짐으로 인해 야간작전 시간이 짧아져 아군방어에 유리"했다는 사실에 주목할 필요가 있다. 그러나 이 진술만으로는 구체적인 상황을 이해하기가 쉽지 않다.

이 질문에 대해 중요한 단서를 쥐고 있는 인물은 짜빈동전투 당시 관

---

12) 최칠호 증언(면담일시: 2002년 3월 27일, 면담자: 최용호), 국방부 군사편찬연구소, 앞의 책, 2003, 248~249쪽.

측장교로 참전했던 김세창이다. 그래서 국방부 역시 그의 증언을 수집했다. 그러나 국방부가 수집한 김세창의 증언은 너무 단편적인 질문과 답변으로 일관되어 있다. 반면 본 연구사업단에서 채록한 김세창의 구술자료는 당시의 상황을 보다 구체적으로 이해할 수 있게 해 준다.

면담자: 요란사격이라고 하는 게 뭡니까?

구술자: 적을 목표물을 정확하게 모르지만 적이 뭐라고 그래, 혼란 적을 혼란에 빠뜨리는 거에요. 어떤 때는 거기에 맞아서 죽기도 하고. 교차로라든가 교량이라든가 나룻터라든가 고지 정상 같은 데 이런 데를 그냥 많이도 아니고 한 발로 뻥뻥 쏘는 거죠.

면담자: 그것도 이제 화집점으로 이미 정해져 있는 데를 주로…

구술자: 아니요.

면담자: 그냥 적당한 데 그냥?

구술자: 그 연락이 와요. 관측장교한테, "요란사격할 데 몇 군데 찍어 올려라." 그러면 내가 봐서 찍어서 올리면 이제 각 중대마다 다 쏘죠.

면담자: 그러면 그 요란사격을 하기로 한 거는 관측장교의 재량인가요? 아니면 결국 최종적으로는 뭐 누가 하나요? 포반 반장이 하는 건가요? 아니면 뭐 중대장이?

구술자: 아니, 관측장교가 대부분 정보를 최전방이니까 얻어서 찍어서 보내기도 하고, 그 다음에 뭐 상급부서에서 무슨 정보가 있어서 때릴 수도 있고.

면담자: 그러면 그날 밤 같은 경우는 짜빈동에서의 그날 밤에는…

구술자: 그날은 내가 그냥 때렸어요. 내가.

면담자: 아 그 정도 재량은 있는 거에요? 관측장교가.

구술자: 그럼요. 내가 사격임무하면 뭐, 사격임무하라는 데는 꼼짝 못하죠. 그래서 6발인가를 쐈어요 내가. 그러니까 한 번에 6개씩 36발을 때린 거죠. 그게 짜빈동의 운명을 결정한 거에요. 거기서 1개 대대가 12시면 공격을 하

려고 딱 대기하고 있는데, 아 느닷없이 하늘에서 그냥 포탄이 쏟아져가지고 1개 대대가 거의 궤멸됐어요.

면담자: 아 그게 또 그냥 1개 대대가 있는지도 모르고 쐈는데 그게 또 어떻게 보면 운이 좋아서 1개 대대가 있는 쪽으로 결국에는 요란사격이 이루어졌고 그래서 결국에는 1개 대대가 갑자기 그냥 당한.

구술자: 그래서 무슨 문제가 있냐면 그걸 나도 몰랐죠. 나도 몰랐어요. 그게 어떻게 알게 됐는가 하면 짜빈동전투 끝나고 며칠인가 한 이틀인가 3일 후에 신병훈련소 소장이 귀순해왔어요. 해병대로. 그런데 그 사람 얘기는 12시에 공격을 하려고 그랬는데 다 전멸했으니까 뭐 전투고 뭐고 못하는 거 아니에요? 그러니까 그 부대 철수시키고 저 후방에 있는 부대를 다시 데리고 왔으니 시간이 얼마나 걸렸겠어요? 예? 4시간이에요. 4시간. 그래서 새벽 4시에 공격이 개시된 거에요. 그게 무슨, 그게 왜 중요한가 하면 새벽 4시는 아침 8시 되기 전에 해가 뜨면, 해만 뜨면 월맹군은 꼼짝을 못하잖아요? 비행기 제공권이 없기 때문에. 그러니깐 1~2시간 내에 딱 끝내야 되는데, 4시간이 연장되니까 문제가 생긴 거에요. 거기서.

면담자: 그러니까 밤 12시에 들어왔으면 깜깜할 때 싸울 수 있는 시간이 그만큼 길어지니까…

구술자: 예. 길어지고 말고…

면담자: 저쪽한테 유리한데.

구술자: 아 그럼요. 길어지고 말고, 워낙 병력수가 많으니까.

면담자: 그 버틸 수도 없고.

구술자: 예. 뭐 아무리 해병대도 안 되죠. 인해전술 들어오면 뭐.[13]

본 연구사업단에서 채록한 김세창의 구술 내용은 매우 구체적이며,

---

13) 김세창, 2차구술, 2013.3.6.

국방부에서 수집한 정경진의 증언과 약간의 차이(포격을 결정한 주체)가 있으나 대체로 일치한다. 즉 이 두 자료를 서로 비교 검토하면 짜빈동전투에서 왜 포병의 화력지원이 승리의 요인이 되었는지를 보다 확실히 알 수 있는 것이다.

또한 짜빈동전투와 관련해서는 현재까지 '진내사격'(포병이 아군의 진지 안에 포를 쏘는 것)과 관련한 논란이 이어지고 있는데, 이 논란은 국방부 수집 증언들 속에서도 확인할 수 있다. 우선 국방부 수집 증언들 중 진내사격이 실제로 있었다는 사례는 다음과 같다.

질문8: 그 외에 하실 말씀은?

답변8: 내 기억으로는 당시 적이 중대본부까지 돌파하여 너무나 다급해지니까 진내사격을 한 것 같은데, 내가 소대에 있었기 때문에 확실히 모르겠다. 제2소대도 2명이 죽었는데, 1명은 포탄에 다리가 맞은 것 같았다. 너무나 혼란한 와중이라 중대장으로부터 지시받은 일도 없는 것 같고, 또한 보고할 수도 없었다.[14]

질문8: 진내사격은?

답변8: 내 생각으로는 진내사격도 실시한 것 같은데, 확실히 모르겠다.[15]

단, 진내사격이 있었다고 증언한 참전군인들은 한결같이 "확실히 모르겠다"며 유보적인 태도를 함께 나타냈다. 반면 앞서 언급한 관측장교 김세창은 국방부 수집 증언 속에서 보다 분명하게 진내사격을 부인했다.

---

14) 김성부(청룡 11중대 2소대장) 증언(면담일시: 1980년 6월 4일, 면담자 이현무), 국방부 군사편찬연구소, 앞의 책, 2003, 263쪽.

15) 정정상(청룡 1중대 3소대장) 증언(면담일시: 1980년 6월 11일, 면담자 이현무), 국방부 군사편찬연구소, 앞의 책, 2003, 270쪽.

질문20: 진내사격 여부는?

답변20: 진내사격을 실시한 적 없다. 일부는 적의 포와 아군의 포를 구별하지 못

해 착각으로 그런 말을 하는 것 같다.[16]

김세창이 국방부 수집 증언에서 진내사격과 관련하여 언급한 내용은 이것이 전부다. 이 설명만으로는 구체적인 상황을 알 수가 없다. 그러나 본 연구사업단의 구술면담에서 김세창은 보다 자세하게 진내사격이 없었다는 사실을 이야기했다.

구술자: 그 11중대 사람들이 나를 욕을 많이 했어요. 왜 욕을 했는가 하면 아군이

포를 잘못 쏴서 죽을 뻔 했다 이거야. 어? 월맹군이 박격포를 쏜 적이 없

거든요? 한 번도. 월남전에서. 해병대 지역에서. 근데 전투 시작하자마자

하여튼 뭐 우박처럼 포탄이 떨어졌어요.

면담자: 진지 안으로?

구술자: 예. 내가 이쪽 귀가 그래서 좀 좋지 않은데. 그래 나는 틀림없이 우리 포

가 잘못 쏜 줄 알고 대대에다…

면담자: 선생님도?

구술자: 예. 대대에다 연락했죠. 아, 내가 기억이 안 나는데 작전보좌관한테 "지금

어디다 쏘냐? 우리 다 죽게 생겼다고. 포 쏘지 말라"고 막 소리를 지르니

까 포병대대에서 "지금 포 한 발도 안 쐈어. 왜 그래?" 우리 포는 하나도

안 쐈는데 걔들 포가 그렇게 쏘는 거야.

면담자: 그때는 그 월맹군도 포를…

구술자: 아 그럼요. 122mm 포를 쐈죠. 엄청난 포에요. 그래서 내가 전에 그 박격

포 예상진지, 그거 쌓아놓은 곳에서 대포병작전 하라고. 그래서 막 쏴댔

<hr>

16) 김세창 증언(면담일시: 1980년 6월 3일, 면담자 이현무), 국방부 군사편찬연

구소, 앞의 책, 2003, 267쪽.

죠. 그래서 그런진 모르지만 하여튼 일단은 포탄은 끝났어요.

면담자: 아 그러니깐 이제 우리쪽에서 이제 그, 응사를 하고 나서 저쪽에서 이제 포격이 일단 멈춰졌다?

구술자: 음. 그리고 걔들도 이제 포를 안 쏘는 게 뭔가 하면 일단은 3소대 쪽을 8중 철조망인데 그걸 뜯었어요. 다 뜯고 들어왔어요 거기로. 어마어마하게 들어오죠.[17]

한마디로 짜빈동전투 당시 적이 중대 진지 안으로 물밀 듯 쏟아져 들어오는 혼란한 와중에 평소와 달리 적이 진지 내로 포탄을 쏘자, 한국군 병사들이 이를 아군이 쏜 포탄으로 오인했다는 것이다. 그리고 이러한 오해가 생길만한 충분한 이유가 있었다. 당시 청룡부대 내에서 진내사격 문제가 실제로 논의되었던 것이다. 이는 국방부 수집 증언에 잘 나와 있다.

질문6: 진내사격의 문제가 토의되었다는데?

답변6: 이 같이 사격을 집중하면서도 워낙 대규모의 적이 공격을 계속하다보니 필연적으로 일부지역이 돌파될 수밖에 없었다. 위기 상황이었다. 이때 "어짜피 안될 바에야 진내사격으로 적 부대를 격멸하자!"는 안이 제기 되었다. 그러나 당시 제11중대의 진지는 아군의 사격에 안전하게 보호를 받을 수 있을 만큼 유개화된 시설이 아니었다. 따라서 진내사격으로 적을 격멸하자는 안은 "적과 아군을 동시에 쓸어버리자"는 것과 같은 말이었다. 위기의 순간이었다. 당시 의견들은 진내사격을 하자는 쪽이 더 많았다. 그러나 나는 단호히 반대했다. 당시 반대의견을 낸 소수 인원 중에서 내가 가장 선임 계급자였다. 당시 진내사격에 대비하라는 지시는 아마 중대에도 하달되었

---

17) 김세창, 2차구술, 2013.3.6.

을 것임으로 당시 중대장이었던 정경진 대위에게 확인해보면 알 수 있을 것이다.[18]

비록 진내사격은 격론 끝에 실행되지 못했지만, 실제로 진지 내로 적의 포탄이 떨어지면서, 마치 한국군이 진내사격을 했다라는 식의 소문이 퍼졌던 것으로 보인다. 어쨌든 여러 사람의 증언이 모여 있는 국방부 수집 자료와 한 사람에게서 보다 구체적인 이야기를 듣는 본 연구사업단의 구술자료를 종합적으로 비교 검토하면 상호보완적으로 유용한 활용이 가능하다.

맹호부대 1연대 11중대장이었던 서경석의 국방부 수집 증언과 본 연구사업단 구술자료의 비교 검토 역시 마찬가지의 효과를 거둘 수 있다. 국방부 수집 증언에서 서경석은 한국군과 미군, 남베트남군의 연합작전에 대해 다음과 같이 설명했다.

질문5: 파월 중 미군 및 월남군과의 연합작전은?

답변5: 월남군과의 연합작전을 위해 파월 전에 월남어 교육대가 설치되어 월남어 교육을 받았었고, 현지에서 주민과의 잦은 접촉으로 어느 정도 의사소통이 가능하였으며, 소대단위까지 월남어 통역병이 있어 의사소통에 문제가 없었다. 또한 생활관습이 같은 동양권이라서 이해가 빨라 큰 어려움이 없었다. 반면에 미군과의 연합작전은 구성요원의 대부분이 수년간 영어공부를 했음에도 불구하고 기본적인 언어소통에서부터 문제가 있었다.[19]

---

18) 최칠호(여단 정보참모) 증언(면담일시: 2002년 3월 27일, 면담자 최용호), 국방부 군사편찬연구소, 앞의 책, 2003, 249쪽.

19) 서경석 증언(면담일시: 2000년 12월 13일, 면담자: 최용호, 남정옥), 국방부 군사편찬연구소, 앞의 책, 2001, 582쪽.

이 질문에 대한 서경석의 답변은 마치 한국군이 남베트남군과는 연합작전을 잘 펼쳤지만, 미군과는 잘 펼치지 못했다는 식으로 이해될 소지가 있다. 그런데 서경석의 답변을 잘 살피면 이것은 '연합작전'에 대한 이야기라기보다, '의사소통'에 대한 이야기로 보인다. 한마디로 이 증언만으로는 당시 한국군, 미군, 남베트남군 사이의 연합작전에 대해 제대로 알수가 없다. 반면 본 연구사업단의 구술면담에서 서경석은 보다 확실하고 구체적으로 당시 연합작전의 모습에 대해 설명했다.

면담자: 그리고 또 한 가지, 그 전에 이제, 우선…. 다른 나라 군인들, 예를 들면 우리나라, 미국, 월남 외에, 대만이나 뉴질랜드나 이런 나라들에서 다른 나라에서도 파병을, 몇 명 안 되는데 했었답니다, 월남에. 그런데 혹시 다른 나라 연합작전을 하거나 할 때, 미군이나 월남을 제외한 다른 나라 군인들 혹시 보신 적 있으세요?

구술자: 월남군하고도 같이 작전 많이 했지. 미군하고도 많이 하고.

면담자: 그 외에, 대만이나 이런 나라들….

구술자: 아, 없어.

면담자: 전혀?

구술자: 뉴질랜드 다른 나라하고는 함께 작전한 적이 없다고.

면담자: 전혀?

구술자: 전혀 없어.

면담자: 그렇게 연합작전을 할 경우에는, 주로 3군이, 3 나라가 합, 3국이 합동을 하다보면, 어쨌든 각 나라의 군대의 특성이랄까? 나라의, 아니면 나라가, 나라의 특성이라고도 할 수 있을 텐데, 그에 따르는 어려움이나 이런 거는 안 나타납니까?

구술자: 그러니까 우리가 미군한테 지원 받는 거는, 공중세력이거든. 팬텀기하고 헬리콥터, 이 로켓 단 헬기하고, 인원수송용 헬기가 우리를, 우리가 지원

받았는데. 그거는 소총중대와의 관계에서는 아주 굉장히 많이 제한되어 있어, 접촉이. 그러니까 어떤 어려움이나 이런 거를 느낀다는 거 자체가 아주 제한적이야. 그러니까 뭐 헬기를 타면 여기서부터 여기까지 실어다 줘라. 그러면 미군 헬기가 오면, 지도 딱 보여주고 '나 여기서부터 여기까지, 여기 보내 달라.' 그럼 와서 나 실어다 여기까지 딱 내려다 주고 그걸로 끝이야.

면담자: 월남군들은 혹시 현지에서….

구술자: 월남군은 같이 이제 우리가 작전을 나가면, 작전 나가면, 여러 가지 이제 현지와의 마찰요소가 많잖아? 그런 걸 풀기 위해서는, 주로 대대 단위로 이제 연락장교들이 나오지, 나오고. 작전지역에서 우리와 함께 작전하는 경우는 거의 없어. 월남군은 월남군대로 하지. 저희들끼리 따로….

면담자: 그냥 지역만 분할해서?

구술자: 지역 분할해가지고. 같이 이렇게 섞여 가지고 합동작전하거나 그런 경우는, 섞인, 섞여서 같이 한 거는 거의 없어.[20]

한마디로 당시 한국군이 미군이나 남베트남군과 연합작전을 하는 경우는 거의 없었고, 있어도 매우 제한적이었다는 것이다. 여기에는 국방부 수집 증언에서처럼 '의사소통'의 문제도 깔려 있었다. 이 역시 본 연구사업단 구술자료와 국방부 수집 증언을 비교 검토했을 때 보다 분명해지는 사실 중 하나다.

이렇듯 대체로 본 연구사업단 구술자료가 국방부 수집 증언보다 구체적이라고 할 수 있으나 꼭 그런 것만은 아니다. 국방부 수집 증언 역시 특정 사건이나 주제에만 집중했을 때 본 연구사업단 구술자료보다 훨씬 자세하게 이야기를 끌어내는 경우가 있었다. 대표적인 것이 베트남전쟁

---

20) 서경석 구술, 3차구술, 2014.2.4.

참전 초기 연락장교단 선발대장과 초대 주월사 부사령관을 맡아 한국군의 작전지휘권을 미국과 협상한 이훈섭의 관련 증언과 구술이다.

　본 연구사업단의 구술면담에서 이훈섭은 주로 선발대장으로서 전투병 파병 이전에 한국군의 작전지휘권 문제가 어떻게 논의되었는지를 한, 미, 월 3자 회의체 구성, 즉 트로이카 시스템을 중심으로 다음과 같이 설명하였다.

> 구술자: 그건요, 그거는 뭐 저 비둘기부대 갔을 때나 체제는 마찬가지에요. 왜 마찬가지냐 할 거 같으면 난 작전부대고 하니까 조금 상당히 기동성이 있어야 되고 여러 가지 문제가 많은데, 부대를 어떻게 임무를 주고 어떻게 배치하느냐 한다든가 하는 문제는 역시 그 월남정부를 무시하려고 할 수는 없고, 또 미군을 무시할 수는 없고 또 우린 우리 나름대로의 주장을 갖다가 해야 되는데, 거기에 내가 1차, 2차 때 좋은 전통을 하나 만들었어요. (중략)
> 트로이카 시스템 하라고 말이야. 그렇게 해가지고는 장은 월남사람이 하고 우린 거기 같이 하고. 무슨 결정을 할 적에는 서로 의논해서 결정을 하자. 그렇게 해놨는데 그것이 그대로 존중이 됐어요. (중략) 그건 2차, 2차 때부터 그게 노골적으로 됐었는데 비둘기부대 때. 비둘기부대도 이 트로이카 시스템으로 이렇게 하기로 됐어요.[21]

　대신 전투병 파병 이후의 한국군 작전지휘권에 대해서는 특별히 자세한 언급 없이 그 이전 트로이카 시스템의 영향으로 결국 한국군이 작전지휘권을 계속 유지할 수 있었다는 식으로 간단하게 넘어갔다. 그러나 국방부 수집 증언에서 이훈섭은 전투병 파병 이후 한국군 작전지휘권

---

21) 이훈섭 3차구술, 2012.11.8.

점도 있다. 그런데 국방부가 베트남전쟁 참전 직후 수집한 증언 가운데, 당시에는 기밀 혹은 민감한 문제라는 이유로 제대로 언급되지 않았다가, 한참을 지나 이번 연구사업단의 구술자료를 통해 드디어 그 실체를 드러낸 경우가 종종 있다. 일례로 1968년 주월사 기획참모부장으로 참전한 백행걸은 2년 뒤인 1970년 국방부 증언 수집 과정에서 다음과 같은 언급을 하였다.

질문4: 휴전에 대비하여 한, 미 군사실무협정서를 개정했는데?

답변4: 내가 가지고 있는 자료들은 내용 하나 하나가 발표할 수 없는 자료들입니다. 이 중에서 발표할 수 있는 것은 우리 주월한국군은 휴전이 되건, 안되건 간에 앞으로 일어날 여러 가지 사태를 판단을 해서 여하한 경우를 막론하고 한국군에 유리한 협정문을 개정을 했고, 여태까지 되어 있던 내용들을 재검토하여 현실화시킬 것은 현실화시키고 있습니다. 또한 앞으로 철수를 하거나 휴전이 되어서 계속 주둔하거나 간에 어떠한 사태도 우리 한국군에 유리하도록 협정서를 개정을 했습니다. 그것 하나는 이야기 할 수 있습니다.[24]

질문5: 휴전에 대비하여 군수지원단이 개편된다고 하는데요?

답변5: 휴전이다, 파리협상이다 하여 월남전의 성격이라는 것이 구정공세를 기점으로 해서, 군사적 성격으로부터 정치적 성격으로 전환되었습니다. 이에 따라 주월한국군 앞으로 여하한 상황이 있더라도 당황함이 없이, 주저함이 없이, 대처할 수 있는 그런 태세를 갖추어야 되겠다 해서 '휴전 대비 기본계획'이라는 것을 만들었어요. 이 계획에 근거하여 69년도 목표도 설정이 되었습니다. 방침도 수립이 되었습니다. 구체적인 휴전대비책으로 여러 가

---

24) 백행걸 증언(면담일시: 1970년 2월 5일, 면담자: 최규남, 정순정, 김윤동), 국방부 군사편찬연구소, 앞의 책, 2001, 131쪽.

지 상황을 가정하여 종합대비책을 마련하였습니다.[25]

당시 백행걸은 구정공세를 기점으로 정치적 휴전이 모색되던 상황에서 주월사가 장차 한국군에 유리한 협정을 체결하기 위한 준비를 하였으나, 관련 자료들을 아직은 공개할 수 없다는 점을 분명히 했다. 이로부터 40년이 훨씬 지난 뒤 백행걸은 본 연구사업단의 구술면담을 통해 그동안 자신이 공개하지 않았던 것들 중 하나를 드러냈다. 즉 당시 주월사 기획참모부는 석사학위 이상의 고학력자로 구성되어 사령관의 정치적 자문 역할을 수행했는데, 이들은 이미 1968년 10월 경 베트남전쟁의 전황이 기울어졌다고 보았으며, 이 판단을 사령관과 공유하고 있었다는 것이다. 구술 내용을 소개하면 다음과 같다.

면담자: 아까 말씀하셨던 한 10월쯤이 되면은. 이, 어차피 이길 수 없는 전쟁이고. 한국군이 할 수 있는 최선의 길은 뭐, 이제 휴전 이후에 뭐, 군사고문단 정도를 남기는 것이다.

구술자: 뭐 그런, 그런 것들이죠. 예, 예.

면담자: 네. 그런 부분에 대해서는 그러면 채명신 장군, 그러니까 주월 사령관께서도 공감을 하고 계셨습니까?

구술자: 에, 뭐, 공감을. 본인은 속으로는 했겠죠. 그러나 표면적으로는 그렇게 할 수가 없지. 왜냐하면 월남군, 대월, 월남, 월, 월남군 관계가 있으니까.

면담자: 참… 어떻게 보면 베트남전에 대해서, 그러니까 한국에 알려진 것과는 좀 다른 현지의 뭐랄까요, 좀 한국군으로선 굉장히 처신하기 어려운 미묘한 부분이 좀 있는 것 같습니다. 그러니까 말씀하신 대로 냉정하게 보면 지는 전쟁이고, 뭐 그렇, 그렇긴 한데, 말씀하신대로 그거를 드러내놓고 할 수

25) 백행걸 증언(면담일시: 1970년 2월 5일, 면담자: 최규남, 정순정, 김윤동), 국방부 군사편찬연구소, 앞의 책, 2001, 133쪽.

도 없고.

구술자: 그렇죠.

면담자: 그렇지만은, 어쨌든 한국군이 주둔하는 게 이득이 된다, 뭐 그렇게 판단을 할 수 있는 상황이었던 건가요?

구술자: 그런데 한국군은 이왕 갔으니까, 이왕 갔으니까 거기에 뭐, 계속해서 머물러 있어, 있어야 되지 않겠느냐. 이런 이야기인데. 에… 그런, 그런, 그런 상황이었어요.[26]

또한 초대 단장으로 '공군지원단'을 이끌었던 배상호는 1978년 국방부 수집 증언을 통해 1967년 공군지원단이 어떻게 만들어졌는지를 설명했다.

질문1: 공군지원단 창설계획을 기안하였다는데?

답변1: 67년 3월 27일 파월되어 공군지원단 창설시까지 주월한국군사령관 특별보좌관으로 근무하면서 주로 미 제7공군과의 연락업무와 야전사령부의 전술항공지원업무를 원활하게 수행하도록 독려해 왔다. 그러나 월남에서 한국군이 담당한 작전임무가 증대되어 갈수록 한국공군이 담당해야 할 임무가 늘어갔다. 당시 공군의 항공지원 요원이 분산되어 있어 통일된 지원을 할 수 없었을 뿐 아니라 한, 월 공수지원이 적절히 수행되지 않았기 때문에 국내에서의 공수지원이 절실히 요청되어 왔다. 나는 주월한국군사령부의 작전참모부와 협의하여 공군지원단 창설 계획안을 작성하여 주월한국군사령관에게 제출했는데, 이 문제가 주월미군사령부 측과 합의되어 67년 7월 1일에 공군지원단의 창설을 보게 되었다. 이 과정에서 나는 월남 공군의 사령관인 응우옌 반 민(Nguyen Van Minh) 장군과 미 공군대학 동기였던 그와

---

26) 백행걸, 4차구술, 2013.9.25.

절친한 사이였던 관계로 한국 공군에 많은 협조를 해주었다.[27]

사실 이 설명은 매우 형식적인 내용으로 이루어져 있다. 아마도 베트남전쟁 참전 후 시간이 많이 지나지 않은 1978년이라는 시점이 보다 진솔하고 깊이 있는 이야기를 가로막았는지도 모른다. 실제로 당시 공군에 있어서 베트남전쟁 관련해서 중요했던 사실은, 1967년경 공군에서 전투부대 파병을 논의했다는 점이다. 이 내용은 배상호의 본 연구사업단 구술채록을 통해 비교적 자세하게 언급되었다.

> 구술자: 그러니까네 그 당시에요. 우리가 조종사만 보내면은 비행기는 월남공군이
> 미국에서 받아가지고, 비행기를 제공하고, 전투참가하고 돌아올 때는 그
> 비행기를 가져오기로 돼 있었다고. (중략) 거 이런 이런 좋은 기회에 말이
> 야 이 우리 안했잖아. 그 얼마나 손해봤어. 비행기 1개 대대에 거져 가져
> 오는 건데. 돈 안 주고 안 사고 가져오는데.[28]

당시 한국 공군 참전 논의의 핵심은 남베트남 공군이 미군으로부터 F-5 전투기를 받아오면, 그 전투기를 한국 공군 조종사가 조종하면서 전투에 참가하고, 전투가 끝나면 이를 한국 공군이 가져오는 것이었다. 전투부대의 예상 규모는 1개 대대 정도였다. 구술자에 따르면 당시 공군의 전투부대 파병 논의는 이미 대통령에게 보고가 되었을 정도였다고 한다. 미 공군의 비행기를 지원받아 한국 공군의 조종사가 이를 몰고 전투를 벌인 후, 전투가 끝나면 이 비행기들을 한국 공군이 인수하는 발상은, 아마도 '공군지원단' 창설과 관련하여 1966년에 미국으로부터 C-54 수

---

27) 배상호 증언(면담일시: 1978년 1월, 면담자 공군본부 은마부대 월남전 참전자 집필자), 국방부 군사편찬연구소, 앞의 책, 2001, 998쪽.
28) 배상호, 1차구술, 2012.11.2.

송기 4대를 인수했던 것과 연결되는 면이 있는 듯하다. 또한 이는 당시 한국 공군의 조종사들의 자질이 남베트남 공군의 조종사들보다 훨씬 뛰어났기 때문이기도 했다.

그러나 이러한 공군의 전투부대 파병 계획은 그 이전부터 계속 나왔던 반대 논리, 즉 공군의 전투부대 파병은 국토 안보에 공백을 가져오고, 특히 유능한 조종사의 손실이 우려된다는 주장에 직면해 결국 철회되었다. 구술자에 따르면 이러한 반대 논리는 공군 수뇌부에서 나왔다고 한다. 그 결과 베트남전에서 한국 공군의 임무는 수송과 유도(모스키토) 작전에 국한되었다.

끝으로 미국과의 관계 때문에 베트남전쟁 참전 당시는 물론 그 후 일정 기간 동안 공개적으로 이야기하기 어려웠던 사건으로 소위 '탄피사건'이라는 것이 있다. 베트남전쟁 당시 한국군은 모든 무기를 미군으로부터 지원받았는데, 여기에는 각종 탄약도 포함되었다. 그런데 미국은 자신들이 제공한 탄약의 탄피를 한국군이 임의로 사용하는 것을 엄격히 금지했다. 하지만 당시 탄피에 들어가는 구리의 가격이 매우 높았기 때문에, 한국군 수뇌부들은 미군 몰래 탄피를 국내로 빼돌리는 경우가 많았다. 이와 관련한 이야기는 최근에 들어서 국방부 수집 증언과 본 연구사업단 채록 구술자료 모두에서 비교적 자세하게 언급되었다. 대표적인 것이 1967년 해군수송전대장으로 참전한 홍기경의 증언과 구술이다.

면담자: 탄피사건이라는 게 그러면 어떤?

구술자: 탄피사건 얘기 들어봤어?

면담자: 전 처음, 처음 들어봤습니다.

구술자: 거기서 쏘 거기서 쏘고 남은 탄피.

면담자: 거기라는 게 어딥니까? 베트남에서?

구술자: 베트남에서. 그럼 저 탄피가 떨어질 거 아니오. 그러면 그거 가지고 탄피

가지고 생긴 것이 춘천의 제일중학교가 그거 가지고 생긴. 그 탄피 팔아
서 맹근(만든) 돈으로 제일중학교가 생긴 거예요.

면담자: 허허허 저 얼른 이해가 안 되는데.

구술자: 상상을 못하지. 그 정도로 우리나라가 어려웠을 때야.

면담자: 아니 그러니까 베트남 전을 하다보면 당연히 총을 쏠텐데 탄피를 어떻게
모읍니까? 전쟁상황에서.

구술자: 아 그대로 떨어지는 거지. 떨어뜨리는 거 우린 버려야 하지 않아. 그걸 어
떻게 가지고 댕겨. 그거 사실 제1군수사령부에다가 그때 유학성이가 거기
14전구 대장을. 그 다음엔 누가 갔었나? 유학성 장군이라고 알지?

면담자: 네네.

구술자: 유학성이랑 나랑 같이 있었는데. 그 친구가 군수사령, 그거 군수지원사령
관이지. 모든 그 군수물자. 거기에다 한국군이 쓴 탄피를 이렇게 쌓아다
논 게 있었어요. 그런데 미국사람은 그 또 못 가져오게 해. 그거 버리는
건데.

면담자: 미군이 지원한 탄피니까 뭐 너희들은 권한이 없다….

구술자: 어 거기다 그냥 놔둬. 근데 우리는 이제 가져오면 돈이란 말이야. 자원이
거든. 탄피가 우리가 구리가 어디서 나요? 그 탄피래는 게 구리 아니오.
따고 나가 남은 구리. 그걸 그때 돈으로 하게 되면 무지무지한 값어치가
나가는 거라고. 우리 산업화.

면담자: 아 총알만 있는 게 아니라 포탄도 있지 않습니까?

구술자: 포탄이야 인제 쐈지.

면담자: 아~ 탄피들.

구술자: 그러니까 납탄, 뒤에 폭약 폭약 담았던 탄피. 그것이 순 그저 저 동 아니
오. 그거 동이 얼마나 비싼건데. 그걸 가져오게 되면 그거 가지고, 춘천에
제일중학교라고 저 이 군인학교 중학교가 하나 있어요. 그걸 그 돈 가지고
맹글었어(만들었어).

면담자: 군인학교였습니까?

구술자: 춘천이 군사도시 아니오 거기가. 거기 중학교를 맹글었는데(만들었는데) 돈이 있어야 중학교를 맹글지(만들지). 교사를 짓지. 탄피 팔아가지고 교사 진거요.

면담자: 그게 뭔가 공식적인 루트는 아닌 거, 아닙니까?

구술자: 비공식이지.

면담자: 비공식적으로!

구술자: 비공식 정도가 아니야 사실 이거 기록에 남길 수도 없는 얘기야. 그런 그 숨은 얘기들이 많소. 그거 가지고서 참.[29]

질문4: 청룡부대장으로부터 탄피를 본국으로 수송해 달라는 요청을 받았다는데?

답변4: (전략) 내가 파월되기 전인 국군의 파월 초기에 나는 해군의 비서실장으로 근무하고 있었다. 어느 날 진해 부두에 월남으로부터 함정이 한 척 들어왔는데 미군 정보요원이 조사를 나오고, 함정은 입항을 거부하고, 그런 난리가 없었다. 내용을 알고 보니, 그 함정엔느 탄피가 가득 실려 있었다. 이 탄피는 월남에서 미군들 몰래 빼어 돌린 것들이었다. 그런데 미군의 정보기관에서 어떻게 알았는지 함정이 도착하기 전부터 부두에 진을 치고 있는 것이다. 그러니 함정은 부두 앞에서 고장이 났다며 접안을 거부하고 있는 것이다. 결국 밤이 되어 미군들이 철수하고 나자, 은밀히 입항한 후 훈련병들을 동원하여 그날 야간 중으로 흔적도 없이 치워버렸다. (중략) 그런데 내가 파월 후 얼마 안 되어 제2해병여단이 작전하고 있는 다낭까지의 수송작전에 동행하여 청룡부대를 방문하였으며, 여단장 김연상 준장을 만났다. 취임 인사차 방문이었다. 이 자리에서 김장군이 나에게 부탁하기를 "강기천 해병대 사령관이 월남전선에서 전사한 故 이인호 소령의 동상을 세우기 위해 필요하니, 탄피 10톤을 보내달라"는 요청을 해 왔다. "탄피는 내가 준

---

29) 홍기경, 3차구술, 2012.11.23.

비해 줄 것이니 수송을 부탁한다"는 것이었다. 나는 그 자리에서 내가 본국에서 경험하였던 탄피수송의 어려움을 이야기하면서 (중략) 정중히 거절하였다. 그런데 사이공에 도착해서 보니 함정의 한 구석에 탄피가 실려 있었다. 나는 이것이 문제가 될 것임을 직감했다. 그런데 그 때 제2해병여단의 참모장이던 김석구 대령이 월남 근무를 마치고 귀국하는 인사차 들렸다. 그래서 김대령에게 "당신이 해병여단 참모장이고, 당신이 실어 놓았으니 책임지고 싣고 가시오. 싣고 가서 해병대 사령관과 해군총장에게 경위를 보고해 주시오" 이렇게 해서 실어 보냈다. 그런데 며칠이 지나 아침에 참모회의를 하고 있는데 해군총장에게서 전화가 왔다. 받아보니 총장께서 대뜸 "당신 돌았느냐? 지금이 어느 때인데 이 따위를 실어 보내느냐?" 하는 것이다. (중략) 그 후 어느 날 주월사 부사령관에게서 전화가 왔는데, 본국의 국방부 합동조사단장이 조사차 나와 있으니 들려 달라는 것이다. (중략) 개인적인 욕심으로 그런 것도 아니고, 어디까지나 나라를 위한 일 중 하나인데, 그 같은 문제 하나를 해결해 주지 못하고 전장터에까지 조사관을 보낸 국방부장관이나 해군총장 등 본국의 책임자들이 그렇게 서운할 수가 없었다. (중략) 그리고 얼마 후 주월사 회의가 있었는데, 회의에 갔더니 채 사령관이 모든 지휘관과 참모들이 있는 자리에서 "여러분들이 개인적인 이익을 취하기 위해 본국에 물자를 보낸다면 안 되겠으나 국익을 위하는 일이라면 얼마든지 좋다. 내가 책임을 지겠다. 백구부대장을 본 받아라" 이렇게 채 사령관이 공식적으로 선언해 버린 것이다. 그 뒤에 채 사령관이 군수사를 방문하자고 해서 갔더니 탄피가 산더미처럼 쌓여 있었다. 당시에 유학성 장군이 십자성부대장이었는데, 나에게 "저것을 본국으로 실어 보내야겠는데 어떻게 해야 할지 모르겠다"는 것이었다. 그래서 내가 "저 상태로는 어렵다. 압축해서 부피를 줄여라. 그 다음에 보자" 이렇게 충고해 주었는데, 그 다음부터는 홍콩에서 압축기를 구입하여 압축시킨 후 수송하였다고 들었다. 그 탄피를 수송할 때쯤에는 내가 월남 근무를 마치고 귀국한 후 이었기 때

문이다.[30]

이처럼 홍기경은 본 연구사업단 구술면담에서는 탄피사건의 구체적인 내용을 비교적 간략하게 설명하는 대신 그 결과로서 학교가 지어졌다는 등의 얘기를 구체적으로 한 반면, 국방부 수집 증언을 통해서는 자신이 겪은 모두 세 차례의 탄피사건을 비교적 자세하게 설명했다.

3. 2단계 구술자료의 가치와 향후 연구과제

2단계 구술채록을 통해 주월한국군사령부 사령관, 전투부대 사단장 및 주요 참모부터 일선 전투부대 소대장, 법무관, 간호장교에 이르기까지 다양한 계급과 병과의 활동을 구체적으로 밝혀냈다. 지휘 계통에서 근무했던 장성 및 영관급 장교들의 구술은 한국군의 독자적 작전권 획득 과정, 공군의 전투부대 파병 논의, 한국군의 현대화 과정, 남베트남 정부와의 관계 등 베트남전쟁을 거시적 차원에서 종합적으로 이해할 수 있는 단초를 제공하였다. 이들은 1950년대 미국 군사유학 경험이 베트남에서 인적 네트워크의 기초가 되었다고 평가하기도 하였다.

위관급 장교들에 대한 구술을 통해서는 베트남 전투부대가 현지에 어떻게 적응하고 작전활동을 전개했으며, 개별 부대의 활동이 어떻게 전개되었는지에 대한 구체적 내용을 확인하였다. 군인들의 베트남전쟁 참가 배경에는 자원과 차출이라는 방식이 공존했고, 파병의 대가로 확보한 달러는 국내로 송금되어 경제개발 자금으로 활용되었다. 당시 한국 정부는 국무총리실 산하에 파월장병지원센터를 설치하고 파월 장병들에게

---

30) 홍기경 증언(면담일시: 2001년 7월 26일, 면담자 최용호), 국방부 군사편찬연구소, 앞의 책, 2001, 978~980쪽.

각종 지원을 제공하기도 하였다.

베트남 현지에 진출한 한국 기업은 기술력과 인력을 축적할 수 있었고 한국군은 한국기업의 현지 활동을 공식, 비공식적으로 지원하였다. 참전군인들 중 일부는 전역 후 한국 기업에 현지 취업하여 베트남에서의 경험을 활용하였다. 한국군 지휘부는 남베트남 정부 요인들과의 사적 친분을 통해 한국 기업의 문제를 해결해주기도 하였다.

이러한 구술 채록 내용은 기존의 베트남전쟁 관련 구술과 일정한 차별성을 가지고 연구의 지평을 넓히는 데 상호보완적 역할을 할 수 있을 것이다. 기존 연구가 당대에 사건사 중심으로 이루어졌다면, 본 연구는 후대에 생애사 중심으로 이루어졌기 때문에 당대에는 말할 수 없었던 이야기들을 이끌어내고 과거의 경험과 당대의 사건들을 연결시킬 수 있기 때문이다. 이를 통해 6·25전쟁 경험이 베트남전쟁에서 어떻게 활용되었는지를 확인할 수 있었으며, 마찬가지로 다음 단계 연구에서도 베트남전쟁에서의 경험이 1970~80년대 한국군의 변화에 어떠한 영향을 주었는지 탐구할 수 있을 것으로 기대된다.

제4장

한국군과 정치·사회변동[1)]

김 보 영

1. 3단계 구술사업의 목적과 대상자 선정

한국군은 1961년 5.16군사정변 이후 한국 정치·경제·사회 변화의 전면에 등장함으로써 이후 수십 년 동안 한국사회 변화와 성장에 매우 큰 영향을 미쳤다. 1960년대 초 상대적으로 발전된 조직관리 경험을 지녔던 젊은 장교들은 각종 사회제도와 낙후된 경제상황을 짧은 기간 동안 획기적으로 변화시키고자 했다. 그리고 정부는 군 장교들을 등용하여 주요 역할을 맡겼고, 경제성장의 발판을 마련했다. 반면에 군은 국가의 주요 정책결정 과정에서 여론을 상대적으로 등한시하는 경향을 보임으로서, 한국의 민주화를 저해하기도 했다. 그러나 1980년대 중반 이후 대한민국 민주화와 함께 군 또한 적극적으로 개혁에 나서 국가의 정치적 안정과 민주화에 기여하기도 했다. 이렇듯 한국군은 '한국전쟁', '5.16군사정변', '베트남전쟁', '12.12사태'와 '5.18광주민주항쟁' 등 해방 직후부터 1980년대에 이르기까지 대한민국의 주요 사건에 관련되어 있다. 그러

---

1) 이 글은 김보영의 2018년 3단계 심포지엄 발표문을 이동원이 총서의 형식에 맞춰 일부 수정한 것이다.

므로 군과 군인들에 대한 분석은 대한민국의 변화와 발전에 대한 균형 잡힌 해석의 기본전제라 할 수 있다.

본 사업단은 '한국현대사와 군'이라는 대주제 아래 마지막 3단계로서 1960~1980년대 한국사회 발전에 한국군이 어떤 기여를 했는지 규명하는 것을 연구 목표로 삼았다. 세부주제는 크게 첫째, 정치변동과 민주화 과정에서 군의 역할, 둘째 경제적·사회적 발전 과정에서 군의 역할로 설정했다. 1961년 5.16군사정변으로 군부가 한국사회에서 가장 강력한 권력집단으로 등장한 후 1980년대까지 한국군은 한국의 정치변동 과정에서 막대한 영향력을 행사했다. 또한 대한민국의 산업화는 1961년 5.16군사정변 이후 본격화되었다. 1960~80년대 경제성장은 당시 박정희 정부의 경제발전에 대한 집념과 목표달성을 위한 강력한 행정력, 그리고 민간영역에 비해 상대적으로 우세한 군의 조직관리 능력과 기술을 적극 도입·활용한 결과였다.

특히 1979년 12.12사태는 1960년대 이래 영향력을 확대해 온 군부의 내적 갈등이 박정희 대통령 시해사건 직후 폭발하면서, 결국 신군부가 권력을 잡아 1980년대 한국사회에서 한국군의 영향력을 지속, 강화시킨 결정적인 계기였다. 12.12사태는 군내 사조직과 인사문제 등 당시 한국군 내부의 복합한 양상을 이해하는 데 있어서도 가장 중요한 사건이다.

이에 3단계 1차년도에는 12.12사태를 중심으로, 그 앞 시기로는 '윤필용사건'을 비롯한 신군부 관련 동향, 그 뒤 시기로는 문민정부 출범 후 '하나회' 해체 과정을 함께 살펴봄으로써 사조직과 관련한 한국군 내부의 복잡한 양상, 한국군이 가진 정치적 역할의 성쇠, 그리고 군이 한국의 민주화에 미친 영향 등을 종합적으로 검토하였다.

2차년도부터는 구술대상자의 외연을 확대하여 하나회, 한미 군사관계, 자주국방, 군제개혁, 유신사무관 제도 등 1960년대 이후 한국사회와 군을 이해하는 데 핵심적인 주제들을 포괄했다. 하나회와 비하나회

계열 인물을 고루 섭외하여 구술 면담을 추진하였으며, 구술자의 주요 보직과 경험을 폭넓게 담아내어 한미연합사 창설과 한미합동군사훈련, 한국군의 반격계획, 작전통제권 환수문제 등에 관한 구술을 채록했다. 율곡사업과 한국군 현대화, 국산 무기 개발, 1968년 미군의 핵무기 훈련 실상, 8.18 군제개혁을 둘러싼 이견과 합동군으로의 개혁 전모, 기수별 하나회 가입 양상 차이와 전두환의 하나회 활동 중단 지시, '유신사무관'제도의 도입 목적 등에서 기존 연구와 차별화된 구체적 구술 내용을 확보했다.

3~4차년도에는 독일 및 미국 군사유학 경험을 살펴볼 수 있는 구술 대상자를 섭외하였고, 사관특채공무원(일명 유신사무관)을 통한 군과 관료사회 관계, 군에서 이 제도를 입안하게 된 배경과 입안과정에 대한 추가 구술을 진행하였다. 또한 구술자가 주로 육사 출신인 점을 보완하기 위해 비육사 출신과 민간 연구원, 육사출신으로 공무원 사회에 전직한 인물들을 고르게 섭외하고자 했다. 하나회 인사들과 비하나회 인사를 포괄하고자 했으며, 군 지휘구조 및 조직 개편, 하나회 같은 군내 사조직의 성격 및 이들에 대한 인식과 평가, 군과 정치의 관계 및 군의 정치개입에 관한 인식 등도 주요 구술 주제로 다루었다. 이를 통해 노태우 정권 시기 8.18군제개혁을 둘러싼 쟁점과 각 군(육·해·공군)의 갈등, 국방군사연구소(ADD)를 중심으로 추진한 국산 무기 개발과 현무 등 미사일 개발, 그에 따른 한미 갈등, 독일·미국 군사유학 경험이 한국군 변화에 미친 영향, 군과 관료사회, 더 나아가 민군관계 등에서 기존 연구와 차별화된 구술을 구체적으로 확보할 수 있었다. 이하에서는 본 사업단에서 수집한 구술 내용을 주요 주제 중심으로 간략하게 살펴보고, 이들 자료가 갖는 성격과 의미를 짚어보고자 한다.

성들이 나서서 이들을 구명했고, 오히려 이들을 조사하던 강창성이 보안사령관에서 밀려났다.

하나회 결성 초기 핵심 인물이자 박정희, 윤필용 등의 총애를 받았던 손영길은 이 사건으로 감옥에 가고 강제로 예편 당했다. 다른 하나회 멤버들이 살아남은 데 비해 박정희의 최측근이었던 손영길이 밀려나고 후에 신군부 집권 후에도 악연을 이어갔다는 점에서, 이 사건이 당시 권력실세들의 이해관계만이 아니라 육사 11기들의 시기심과 암투가 작용했다는 주장도 제기되었다. 군내 사조직인 하나회의 초기 결성과 윤필용사건 이후 주도권의 변화(손영길→전두환)가 있었고, 정치 지향적 성격으로 변모했다는 주장이다.

육사 11기들이 하나회를 결성하게 된 계기가 된 사건으로 1963년 '정규육사출신 반혁명사건'을 들 수 있다. 중앙정보부장 김재춘 등이 모의했고, 육사 11기 전두환, 정호용 등이 여기에 연루되어 체포되었다가 풀려난 사건이었다. 이 사건은 민정 이양 후 신당 창당 방법을 두고 김종필계와 이후락·김재춘계의 갈등에서 비롯되었는데, 당시 손영길이 전두환 등 육사 동기생을 적극 비호하여 사건을 무마시켰다고 한다. 이 사건을 계기로 정규육사 출신들을 중심으로 하나회를 만들게 되었는데, 민정이양 후 군에 복귀한 육사 11기의 손영길, 전두환 등 10명이 모여 '하나회'를 결성하고, 모임을 확대하기 시작했다. 당시 군 내부에는 정규육사출신과 육군종합학교 출신 간에 갈등이 있었다. 육사 11기는 정규육사 1기로, 이들에 대한 군의 기대가 컸던 만큼 견제가 심했는데, 단합하여 그에 대처하기 위한 목적도 있었다.

하나회를 육사동창회 내의 주도권 다툼으로 보는 시각도 있다. 당시 군내에 지역 파벌이 존재했는데, 육사동창회는 기호파, 즉 서울, 전라도, 충청도 출신이 주류였다. 그런데 5.16 이후 경상도 파벌이 세력을 확장하면서 전두환이 육사동창생 집단의 사회적 파급력을 고려해 하나회를 결성했다는 시각이다. 육사동창회가 지역 파벌에 따라 하나회와 반(反)하나회로 분열되고, 후에 두 부류가 혼합된 '정백회'라는 모임도 등장하는 등 분열했다고 보았다. 육사교수부의 '청죽회'는 반하나회 정서가 강한 대표적 단체로 꼽힌다. 이들은 군의 정치개입에 반대하는 입장이었으며, 하나회에 대해서도 비판적인 태도를 보였다. 당시 육사교수였던 구술자(육사 14기)는 1960년 후반 동창회 기관지 〈아사달〉 권두언에 "정정당당히 경쟁하자"는 글을 게재하여 끼리끼리 은밀히 끌어주고 밀어주는 하나회를 비판했다.

하나회를 결성한 당사자들은 "참신한 군인이 되려 했던 것이지 정치군인이 되려던 것이 아니었다."고 주장하지만, 당시 주위에서는 하나회를 '정치에 관심을 갖는 비밀조직'으로 보았다. 1972년 시점에 하나회의 사실상의 대부로 거론된 것이 군 내부에서는 윤필용 수경사령관, 정치권에서는 박종규 대통령 경호실장이었다. 하나회 회원들은 대통령 경호실, 중앙정보부, 보안사, 수경사, 특전사, 육군본부의 인사 및 작전참모부와 서부전선의 제1군단 및 제6군단 예하사단 등 서울과 수도권의 요직을 독점하여 상호 교대 근무하면서 항상 선두로 승진하는 등 승승장구했다. 구술자들 가운데 하나회가 아니거나 관계가 없는데 하나회 명단에 포함되거나 다른 사람들이 하나회로 인식하는 경우가 더러 있었다. 그만큼 하나회가 인사와 승진 등에서 특혜를 누렸음을 반증하는 것으로 볼 수 있다. 윤필용 사건으로 손영길은 밀려났지만, 하나회 핵심 리더였던 전두환과 노태우는 처벌을 면했다. 이 사건 이후 청와대 권력지형에도 변화가 왔고 그것이 전두환에게로 이어졌는데, 차지철이 경호실장에 발탁되고 경호실 작전차장보로 근무하던 전두환이 차지철의 비호 하에 1979년 보안사령관이 되었던 것이다.

하나회의 군내 인사권 장악, 가입 방식과 추천, 운영 방식, 매 기수별 인원수, 성격, 이들에 대한 평가 등에 관해 대다수의 구술자들이 각자의 입장에서 구술했지만, 내용이 단편적이거나 부분적이고, 때로는 상충되는 구술도 많았다. 아직 그 중요성에 비해 하나회에 대한 본격적인 학술연구가 진행되지 못했고, 실체도 명확하게 밝혀지지 못한 상태이다. 이 시기 활동했던 하나회, 반(反)하나회, 비(非)하나회 계열의 다양한 군인 구술을 비교 분석하고, 교차 검증함으로써 그 실체를 파악하는 데 중요한 일차 자료로 활용할 수 있을 것이다. 전두환이 대통령이 된 이후 하나회 활동 중단을 지시했다는 구술이나, 하나회 해체에 대한 다양한 평가 등을 보다 종합적으로 검토할 필요가 있다.

3) 12.12군사쿠데타와 신군부의 집권

1979년 10.26 박정희 시해사건 이후 권력의 중심에 있었던 것이 보안사였다. 따라서 당시 보안사를 장악하고 있었던 하나회와 신군부에 대한 연구는 이 시기 한국 정치변동을 이해하기 위해 필수적이다. 아직 본격적인 학술연구가 이루어지지 못한 현 상황에서 당시 보안사와 주요 군 보직에 있었던 인물들의 증언과 구술은 이 시기 연구 공백을 메우는 중요한 일차 자료로서의 가치를 갖는다.

10.26 이후 전두환을 비롯한 신군부는 시해사건을 철저하게 규명할 것을 주장했고 장교단의 지지를 받았다. 보안사를 장악하고 있던 신군부는 주요 정치인사들에게 정치에 개입하지 말라는 경고문을 보내는 등 적극적으로 공작을 벌였다. 박정희의 5.16군사쿠데타와 신군부의 12.12군사쿠데타는 상당한 유사성을 갖는데, 그 이유는 보안사 내 하나회 세력이 10.26 직후부터 5.16군정을 연구 활용하여 정권 창출을 기도했기 때문이었다. 당시 보안사에서 직접 이러한 공작을 수행했던 구술자(육사 19기, 보안사 근무)의 증언에 의하면, 보안사에서 제5공화국 출범을 주도한 핵심인사는 허화평, 허삼수, 이학봉, 권정달 등 4인방이었고, 그 중 5공 기획의 핵심인사는 허화평이었다.

한 구술자는 12.12사태에 대해, 시기적으로 하나회가 국면전환을 위해 쿠데타를 감행한 것으로 보았다. 12월 13일 최규하 정부가 출범할 예정이었고, 김재규가 재판에서 최후진술을 하기로 되어 있었다. 이때 정승화 계엄사령관이 전두환을 동해사령부로 보내는 등 하나회 세력을 분산시키려 하자 이에 불만을 품고 그 시점에 쿠데타를 단행했다는 것이다. 반면 12.12는 군내 갈등에서 비롯된 것이라기보다는 정승화 총장 연행과정에서 일어난 실수로, 우발적 상황이라는 것이 쿠데타 주도세력의 주장이다. 정승화가 체포에 저항하면서 발포하게 되었고 이 때문에 병력이 움직이게 되었다는 구술도 있다. 또한 10.26 이후 군대 이동과 신군부의 군사쿠데타에 가담한 군인들의 구체적인 구술도 채록했다. 10.26 이후 수색에 위치한 1군단 30사단의 서울 시내 진입, 12.12 군사쿠데타 발생 직후 작전, 1군단장 황영시의 동향, 충정부대 성격의 33사단 작전과 이동, 사건과 직간접적으로 연루된 군인들의 12.12 당시 행적과 상황 인식 등은 이번 구술 채록을 통해 새롭게 드러나거나 추가된 내용들이다. 12.12사태 당시 직접 가담했던 군인들의 구술을 통해 당시 상황을 역사적으로 재구성하고 분석하는 데 일차 자료로 활용할 수 있으며, 상반된 주장은 반드시 교차 검증이 필요하다는 점에서 의미가 있다.

4) 5.17군부쿠데타와 5.18광주민주항쟁, 제5공화국 출범과 하나회

이 시기 보안사에 근무했던 구술자는 "12.12는 신군부가 군의 헤게모니를 장악하기 위한 것이었고, 5.17은 자신들이 장악한 제도적 군부를 정치에 개입시키는 수단이었다."라고 주장했다. 12.12는 군내 헤게모니를 장악하기 위한 것이었다면, 5.17은 군부가 정치에 개입한 쿠데타라는 것이다. 5.17 직후 신군부는 전군지휘관회의를 소집하여 '백지서명'을 받아내고 이것을 담보로 군의 충성을 확보했다고 한다.

신군부의 5.17군부쿠데타에 반발하여 일어난 5.18광주민주항쟁에 대한 군인들의 인식을 관련자들의 구술을 통해서도 확인할 수 있다. 한 구술자는 5.18은 집단소요로 불순세력이 섞여 있었으며, 진압과정에 공수특전단을 투입한 것은 부적절했고 민간인 피해도 있었지만 시위진압은 불가피했다고 구술했다. 이 문제에 대해서는 여전히 논쟁적으로 일방적인 주장이 제기되고 있기 때문에, 자료적 측면에서도 다양한 구술 내용을 확보할 필요가 있다.

신군부의 권력 장악을 위해 보안사가 중심에서 활동했는데, 5공화국 헌법 개정을 위한 기초작업, 민정당 창당작업, 언론정화작업 등을 보안사 정보처가 주도했다. 신군부는 전두환을 국가지도자로 부각시키고자 K공작을 추진했는데, 이는 언론담당 이상재의 기획이었다. 1980년 신군부가 조직한 국가보위비상대책위원회(이하 국보위)는 위원장과 간사, 위원들로 구성되는데 대령급 간사가 실질적 책임자로, 대부분 하나회였다. 신군부의 보안사는 야당을 상대로 정치공작을 했으며, 국민당, 민권당, 신정당 등 이른바 '관제야당'을 만들어 신군부의 장기집권을 도모했다.

신군부의 국보위가 주도한 삼청교육대도 이 시기 중요한 구술 주제 가운데 하나이다. 1979년 12.12사태와 1980년 5.17, 5.18을 겪은 후 권력을 잡은 신군부는 국보위를 만들어 권력을 공고히 하는 동시에, 사회 각 방면에서 새로운 정책들을 추진했다. 국보위의 정책은 이후 제5공화국 시절에도 그 기조가 이어져 1980년대 내내 한국사회에 큰 영향을 끼쳤다. 본 사업단에서는 국보위에 참여한 인사들과의 구술 면담을 통해 '삼청교육대' 등 당시 국보위 정책이 나오게 된 배경과 그 의미에 대해 살펴보고자 했다.

30사단에서 삼청교육대 훈련을 담당했던 구술자는 구체적인 훈련 내용과 실상에 대해 구술했다. 그는 30사단에서 6개월 동안 서울, 인천, 의정부, 이천 등지에서 잡혀온 1,200명의 훈련을 담당했다. 끌려온 사람들 가운데 무고한 사람도 많았고, 구타와 군사훈련을 반복하는 방식으로 훈련이 이루어졌으며, 정신교육도 시행했다. 특별한 교육 커리큘럼이 없었기 때문에 지휘관 재량에 따라 부대마다 훈련 상황이 달랐다. 삼청교육대 훈련의 목적과 실태, 인권 유린과 정치적 반대 세력에 대한 탄압으로 활용된 점 등 관련 연구의 중요한 일차 자료로서 의미가 있다.

1987년 6월항쟁 등 한국사회 민주화 운동 당시 한국군의 동향에 관한 구체적인 구술도 확보할 수 있었다. 1987년 6월항쟁 당시 군의 강경진압이 예정되어 있었다는 사실은 어느 정도 밝혀진 바 있다. 한 구술자는 당시 3군단 예비사단 20사단(충정사단)을 시위진압에 출동시킬 준비를 하고 있었다. 6월 16일 군대 출동준비 지시를 받고 대기 중이었고, 6월 19일 15시 육군본부로부터 육군작전명령 87-4호로 "6월 20일 0시부로 부대 출동하라"는 출동명령과 비밀 유지 명령을 받았다. 그러다가 17시 20분경 보류지시를 받았고, 18시에는 완전히 작전명령 취소 지시를 받았다고 한다. 6월항쟁을 강경 진압하려던 당초 방침이 6월 19일에서 20일 사이에 유화책(직선제 개헌: 6.29 선언)으로 선회했던 당시 상황을 구체적으로 보여주는 구술이다.

3. 대한민국의 경제적·사회적 발전과정에서 군의 역할

대한민국의 산업화와 경제개발은 1960~80년대에 본격화되었다. 한국경제는 1960년부터 1980년까지 연평균 7%의 고성장을 기록했다. 국내총생산은 1960년 38억 달러에서 1980년도 538억 달러로 약 14배 증가했고, 1인당 국민소득도 약 25배 증가했다. 1960~1980년대 경제성장은 당시 박정희 정부의 경제발전에 대한 집념과 목표달성을 위한 강력한 행정력, 민간영역에 비해 상대적으로 우세한 군의 조직관리 능력과 기술을 적극 도입, 활용한 결과였다.

1) 자주국방과 군의 무기 현대화: 국방과학연구소(ADD)와 무기 개발, 율곡사업

자주국방이 국방부의 국방목표로 공식화된 것이 1972년이었다. 1970년을 전후로 발표된 미국의 대한 군사정책에 위기감을 가진 박정희 정권의 대응이었다. 그 전인 1970년 대통령령 제5267호에 의해 국방과학연구소(ADD)가 자주국방을 구현한다는 대전제 하에 방위산업 육성을 전담하는 기구로 설립되었다. 자주국방의 대명사인 율곡사업이 착수되기 3년 전에 설립된 국방과학연구소는 전력증강의 한 축을 담당했다.

자주국방을 향한 한국군의 노력은 결국 군의 무기 현대화로 이어졌다. 이에 본 사업단은 자주국방 정책이 본격적으로 시행된 1970년대 이후 무기가 어떻게 현대화되었는지 규명하기 위해 당시 군 수뇌부와 실무 책임자들을 대상으로 구술 면담을 추진하였다. 특히 군사기술전담 연구소로서 자주국방을 선도했던 국방과학연구소에서 활동했거나 연구소 보직을 맡았던 군인들의 경험이 중요한데, 군 출신 연구소장과 과학자로서 연구소장을 역임했던 인물들의 구술을 채록함으로써 1970년대 자주국방이 주창된 배경과 구체적인 실현양상을 살펴보고자 했다.

1973년부터 대통령 지시로 국방과학연구소에서 지대지 미사일 개발 계획이 시작되었다. 초기에는 항공 공업이라는 명칭으로 극비리에 계획이 진행되었는데, 1976년 이후 백곰사업(지대지미사일 나이키 허큘리스의 한국식 개량사업)이 본격적으로 시작되었다. 구술자는 한국과학연구소(KIST) 연구원을 거쳐 국방과학연구소 초창기부터 연구원으로 이 프로젝트에 참가했고 후에 연구소 소장을 역임했다. 그는 백곰사업에서 기체 개량을 담당했는데, 수차례의 실험을 거쳐 나이키 허큘리스 코리아(NHK=백곰) 개발에 성공했다고 한다. 그는 백곰 발사 성공으로 남북 사이에 미사일 경쟁이 시작되었다고 보았다. 이후 신군부 집권기에는 국방과학연구소가 인적으로나 무기개발 범위 등에서 대규모로 축소되었고, 미사일 개발을 둘러싸고 미국과 갈등이 있었다. 1983년 10월 아웅산 테러 사선 이후 미사일 개발 지시가 내려왔고, 이후 백곰 2(NNHK 2)를 현무라는 이름으로 개발 완료한 후 1990년 1차로 10여기를 생산했다. 그런데 이후 추가 생산을 하려고 하자 핵탄두 탑재를 우려한 미국이 한국에 대해 무기 도입 관련 금수조치를 취했다고 한다. 또 다른 구술자는 한국의 무기 개발과 관련하여, 북한이 먼저 주도적으로 자주포를 배치하고 유도탄을 개발한 데 비해 한국은 미국에 의해 개발을 제한 받았다고 구술했다. 방공무기는 모두 미국이 설치, 정비, 지원했으며, 미 고문관이 배치되어 필요한 부속품을 고문관에게 신청했고, 미 태평양사령부의 불시점검도 있었다고 한다. 무기개발 관련 한-미 간 공조와 제한에 관한 구체적인 구술 내용들로서 자료적으로 의미가 있다.

율곡사업은 박정희 대통령이 자주국방을 목표로 시행한 무기 및 장비 현대화 사업에 붙인 암호명이다. 무기 수입에서부터 외국의 기술을 도입해서 고도정밀장비를 생산하는 것을 총칭하며, 통상 전력증강사업이라고 한다. 1976년 카터 미 행정부가 유신체제의 인권탄압 등을 시정하라고 요구하며 군사원조 중단을 위협 수단으로 내세우자 이에 대응한 것이었다. 본 사업단에서는 1970년대부터 1980년까지 율곡사업을 추진하거나 관련부서에 있었던 군 인사들의 구술을 확보했다.

군부정권 시기 국방과학연구소는 민간인 과학자보다는 군인들 중심으로 운영되었다. 따라서 군 출신들이 소장, 부소장, 본부장의 반 이상을 차지했다. 1990년 항공우주연구원이 창설되면서 인공위성 개발이 시작되었다. 노무현 정부 때 전시작전통제권 환수를 추진하면서 독자적인 인공위성 개발이 더욱 중요해졌고, 이후 항공우주연구원과 국방과학연구소가 위성사업을 분담하는 방식으로 진행되었다고 한다. 이 주제와 관련해서는 군인들뿐 아니라 민간 과학자까지 구술 대상자의 외연을 확대함으로써 구술 자료의 구체성을 높여 이 분야 연구의 기초 자료로서의 활용도를 높이고자 했다.

2) 국방개혁으로서의 군제 개혁

노태우 정부 시기 북방외교 및 동구권과의 관계 속에서 군 체제를 개혁하려는 의지가 강했다. 대통령 지시에 따라 국방부 합참 전략국에서 '장기국방태세발전방향 연구계획'이 작성되었다. 40명의 준장, 대령, 중령급으로 8.18연구위원회가 구성되었고, 전략분과, 군 구조분과, 군사력 건설 분과 등 3개 분과위원회가 있었다. 노태우 대통령의 군 체제 개혁에 관한 초기 지시는 지휘구조 및 조직 개편에 대한 포괄적인 것이었다. 노태우대통령이 1988년 8월 18일 군의 구조개혁을 지시했다고 해서, '8.18 군제개혁'이라고 불린다. '8.18 군제개혁안'은 각 군에서 온 연구원들이 작성했다. 당시 합참 전략기획국장으로 이 사업단 단장이었던 구술자(용영일, 육사 16기)는 지휘체계가 단일한 북한군에 대적하기 위해 한국군도 통합군으로 가야한다고 판단했다고 한다. 사업단에서는 통합군과 합동군 두 가지 지휘구조 개편안을 만들어 대통령에 보고했는데, 대통령은 통합군을 선호했지만 해·공군은 물론이고 육군의 반대로 결국 합동군 안에 동의했다. 8.18 군제개혁은 합참의 위상을 높이는 성격이었다.

노태우 대통령이 지향한 통합군제란 결국 육·해·공군 본부를 해체하고 통합군을 건설하여 군령권을 일원화하는 것이 핵심이었다. 그러나 하나회 중심의 육군이 주도하는 체제 하에서 통합군제로 변하더라도 육군이 핵심 직위를 독점하여 해·공군이 더 위축될 것이라는 우려가 있었고, 이미 기득권을 가진 육군도 군정권에 해당하는 인사권과 군수행정권 때문에 강력하게 반대했다. 게다가 야당의 우려와 반대까지 제기되면서 결국 절충안으로 합동군제로 결정되었다. 즉 육·해·공군 본부는 그대로 두고 군정권은 각 군 총장이 행사하되 군령권만 합참의장이 행사하는 이원화된 구조였다.

국방개혁에 대한 평가는 엇갈린다. 한국군의 현실에 적합한 군제가 무엇이며, 이것이 한국군의 군사력, 군사전략과 어떻게 조응할 것인가에 대한 종합적 평가가 필요하기 때문이다. 민주화와 탈냉전의 시대적 전환에 따라 국방개혁이 추진되었지만, 한계를 가질 수밖에 없었던 요인들에 대한 연구와 분석이 이어져야 할 것이다. 이 주제와 관련하여 구술한 이들은 주로 1931~40년 생으로, 김영삼 정부에 의한 하나회 해체 시기까지 국방부 장관, 육군참모총장, 한미연합사 부사령관 등 정부와 군의 요직을 두루 거친 인물들이다. 이들은 1960년대부터 부상하여 1990년대 중반까지 정부와 군에서 중요한 역할을 수행했기 때문에 이들의 구술자료는 이 시기 연구에서 중요한 자료적 가치가 있으며, 특히 연구 공백기라 할 수 있는 1980년대 이후 시기 연구에 중요한 자료가 될 수 있다.

3) 한미 군사관계: 한미연합사, 한미합동군사훈련, 전시작전통제권 환수

1978년 11월 한미연합사가 창설되었는데, 주한미군 철수에 대응하여 한국군의 전쟁수행 능력을 높이기 위한 것이었다. 한미연합사 창설 당시 미국은 한국이 핵무기를 만들지 말 것을 강조하고, 대신 미국이 한국을 방어해주겠다고 했다. 그러나 '월남 패망'과 카터 미 대통령의 미 제7사단 철수가 위기의식을 자극함에 따라 제5공화국 시기 한국군은 한미연합사 내에서 한국군 차원의 반격계획을 수립했다.

한미연합사 창설멤버인 구술자(육사 17기, 한미연합사 전략과장)는 한미합동군사훈련 계획을 수립했는데, 이러한 훈련을 구상하게 된 동기가 이런 종류의 훈련을 계속함으로써 카터 미 대통령의 주한미군 철수에 대응하는 한편 미군이 계속 주둔해있는 것과 같은 효과를 노린 것이라고 밝혔다. 그런데 당시 미국의 대북작전은 방어 및 저지 전략이었던 데 비해, 한국군 차원에서 북한 전 지역을 작전지역에 포함시키는 반격작전을 수립했다고 한다. 미국은 이 반격계획에 반대했지만, 한미연합사 차원에서 합의된 계획안을 만든 것이 아니라 각자의 계획에 따라 훈련하는 방식으로 그대로 진행되었다. 한미연합사의 주요 업무는 한-미간 공조 강화와 한국군 자체 방위력을 높이는 것으로, 1980년 초 한미관계는 이전과 비교해서 상당히 좋았다고 평가했다.

노태우 정부 시기인 1980년대 후반부터 논의가 시작된 전시작전통제권 환수 문제도 한미 군사관계는 물론 한반도 정전체제와 관련하여 중요한 의미를 갖는 주제이다. 이 문제가 제기된 것은 민족자존에 대한 관심이 높아지는 사회분위기를 반영한 것이기도 했다. 그러나 정작 작전통제권 환수 문제가 표면화된 것은 노무현 정부 들어서 였고, 한미연합사 해체 문제도 결부되어 있었다. 군 장성 출신 인물들의 모임인 성우회에서 한미연합사 해체 반대운동을 주도한 구술자는, 전시작전통제권을 환수하게 되면 이는 곧 한미연합사 해체와 주한미군 철수로 이어지게 되므로 북핵 문제를 안고 있는 한국 안보에 치명적이라는 논리를 내세웠다. 그러나 전작권이 있어야 한국군이 북한군에 밀리지 않을 것이며, 미국에 '매달린 국방'에서 벗어나야 한다는 입장에서 전작권 환수에 동의하는 구술도 있다. 군 내부의 입장 차이와 그러한 주장의 근거를 당대 주요 군 인사들의 구술 자료를 확보함으로써 향후 연구에 중요한 자료가 될 수 있다.

4) 민군(民軍) 관계: 사관특채공무원제도와 군의 정치개입 방지

1977년부터 1988년 폐지될 때까지 약 10년 동안 육사출신 장교들을 집단적으로 사무관에 채용하는 특채제도가 시행되었다. 육사 25기부터 37기까지 약 784명이 대위, 소령 등의 직위에서 예편하여 사무관으로 관직에 진출했다. 흔히 '유신사무관'제도로 불리기도 하는데, 출신 장교들에 대한 특혜로 공직사회의 인사질서를 교란했다는 비판도 있었지만,

군 내부에서는 대체로 환영받았고 특채된 군 출신 관료들이 책임감이 강하고 리더십과 자신감이 있었다는 긍정적인 평가도 있었다. 당시 언론에서는 육사생도였던 박지만의 장래를 고려한 조치라는 비난도 있었다. 본 사업단은 이 제도와 관련하여 제도 입안 과정에 대한 구술과 육사 내의 행정연수원 관련 구술, 선발 대상자들의 여러 부서에서의 구체적인 경험 등 이 주제 관련 새롭고 폭넓은 구술 내용을 확보할 수 있었다.

이 제도는 1976년 당시 정승화 육사교장이 박정희 대통령의 지시로 연구를 시작한 것으로 알려져 있다. 그런데 이 제도를 초기 구상했던 구술자(한용원, 육사 19기)는 직업군인의 사회로의 직업전환과 군의 정치개입 방지가 이 제도의 구상 목적이었다고 구술했다. 당시 보안사에 근무했던 구술자는 1973년 윤필용 사건을 계기로 '군부의 정치개입의 촉발요인'에 관한 연구보고서를 작성했는데, 쿠데타를 발생시키는 주된 요인이 군의 인사적체 문제라고 판단하여 이러한 제도를 구상했다는 것이다. 이 제도가 폐지되면서 군내 사조직이 부활되었고, 최근 이른바 알자회가 재등장한 것도 그러한 이유에서 비롯된 것이라고 보았다.

1977년 육사 내에 행정연수원을 만들어 대상자들을 합숙시키며 시험을 준비시킨 데 대한 구체적인 구술도 확보했다. 육사에서 자체적으로 교육했던 이유와 커리큘럼, 강사진, 시험과목, 시험결과 등에 대한 구체적인 구술 채록이 이루어졌다. 1977년 행정연수원 1기는 당시 육사 25기와 26기가 선발 대상이었는데, 흔히 알려진 것처럼 신청을 한 것이 아니라 당시 육사 교관으로 복무하던 25~26기 전원이 '차출'되었다. 행정연수원 2기로 서울시 공무원으로 전직한 구술자(육사 27기)도 본인이 적극적으로 신청한 것이 아니라 보안부대장과 인사참모의 적극적인 권유로 떠밀려서 대상자로 선발되었다고 구술했다. 이들은 이 제도의 취지가 부패한 공무원 사회 분위기 일소와 군내 인사적체 문제 해결이라고 알고 있었다. 본 사업단이 수집한 구술자료들은 민군 관계의 측면에서 군인들이 관료사회에 미친 영향은 무엇이었는지, 이 제도가 군내 인사문제 해소와 사조직(파벌) 방지에 도움이 되었는가 하는 문제 등에 대한 구체적인 연구의 기초 자료로 활용될 수 있을 것이다.

5) 한국군의 미국 및 독일 군사유학

한국군의 도미 군사유학이 처음 시작된 것은 한국전쟁 시기였다. 전시 미국 유학은 1년에 2회, 총 6회 실시되었는데, 1년에 약 300명씩, 총 1,800명이 미국 군사유학을 다녀왔다. 1950년 8월 31일 전시 현지임관으로 장교가 된 구술자(1930년생, 준장)는 육사 출신과 비육사출신을 차별했다고 구술했다. 3회 군사유학까지는 비육사 출신에게는 시험 응시 자격도 주어지지 않았다고 한다. 전쟁기부터 시작된 미국 군사유학은 1950년대 내내 이어져 한국군 장교들은 미국의 초등군사반, 고등군사반 등에 많은 수가 다녀왔다.

도미 군사유학은 한미 군사관계와 관련이 깊다. 미 해군대학원에 유학한 구술자(육사 18기)는 1974년 한국 국방정책이 예산 및 기획, 운용 면에서 점차 자주화의 길을 걷고 미국으로부터 인수인계가 이루어지는 시기에 도미했다. 이 시기 한미 간에는 국방관련 고위정책급 회담인 한미안보협의회(SCM)이 열렸고, 당시 미국에서는 맥나마라 국방장관이 군 경영 합리화 과정을 강조했다고 한다. 1985년 미 육군대학원에 유학한 구술자(육사 24기)는 각 국에서 온 군 엘리트와 유대관계를 맺은 것이 큰 소득이었다고 구술했다. 한국군에서 1년에 한 명씩 보통 대령급으로 연수를 보냈는데, 전 세계를 단위로 한 전략 수립, 전략·전술 및 군 자체의 발전 관련 내용을 배웠다고 한다. 미 국방장관, 육군참모총장, 육군장관, 나토사령관 등 미군 주요 정책수립자들의 특강을 들을 기회가 가졌다. 총 3차례 미국 군사유학을 갔던 구술자(육사 21기)의 경우, 1차는 임관 직후인 1966년 미국방공학교에서 보수교육반, 2차는 1977

년 미국의 Project Management Course(무기개발부터 야전 배치, 정비까지)교육을 받아, 특히 2차 유학의 경험을 바탕으로 방위산업체가 무기개발을 하는 계획을 통제하고 후에 율곡사업과 연관되는 비슷한 시스템을 한국에 도입했다고 한다. 또한 3차는 미국방대학원에 유학하여 두 개의 칼리지(National War College, Industrial Armed College)를 절반씩 다녔다고 한다. 미국 군사유학을 통해 미국식 군사교육 및 훈련 체계가 한국군에 전수되는 과정을 이들의 구술 내용을 통해 구체적으로 살펴볼 수 있다는 점에서 자료적 가치가 높다.

한편 1960년대 중반부터는 독일 군사유학도 시작되었는데, 1964년 한국과 독일 간 협정에 따라 1965년에 육군사관생도가 처음으로 독일사관학교로 군사유학을 갔다. 동시에 위관급 및 영관급 장교들의 독일 지휘참모대학 군사유학도 이루어졌다. 1965년부터 시작된 독일 육군사관학교에 한국 육군사관생도를 유학보내는 것은 현재까지도 지속되고 있다. 흔히 독일 군사유학을 다녀온 사람들을 '독사파'로 부른다. 본 사업단에서 채록한 관련자들의 구술은 독일 군사유학 경험이 군인들에게 어떤 영향을 미쳤는지, 혹은 이후 복귀하여 주요 직위에 오른 '독사파'가 한국군에 직간접적으로 미친 영향은 어떤 것인지, 이들이 왜 독일 유학을 원했는지 등을 살펴볼 수 있는 중요한 기초자료가 될 수 있을 것이다.

4. 3단계 구술자료의 가치와 향후 연구과제

1961년 5.16군사정변 이후 한국사회에서 한국군이 갖게 된 강력한 영향력을 고려했을 때, 이 시기 한국현대사를 이해하는 데 있어서 한국군에 대한 분석은 반드시 필요하다. 그러나 기존의 한국군 관련 연구들은 한국전쟁과 베트남전쟁 등 전쟁사 연구에 집중되었고, 한국사회에서 장기간에 걸쳐 지속된 한국군의 영향력에 대한 연구는 아직 본격적으로 진행되지 못했다. 특히 군이라는 집단의 폐쇄성과 분단현실에서 파생한 분열과 갈등, 군의 정치개입으로 인한 장기간의 군사정권과 그것이 사회에 미친 장기지속적인 파급력과 영향력 때문에 학문적 접근조차 쉽지 않았던 것도 사실이다. 이런 상황에서 본 사업단이 한국군이 한국사회에 가장 강력한 영향력을 끼치던 시기에 활동했던 군인들의 생생한 경험과 기억을 채록함으로써, 향후 한국군 연구의 중요한 자료적 기반을 마련하고자 했다. 이 자료들은 앞으로 1960년대 이후 한국군에 대한 연구는 물론이고 한국현대사 연구 전반을 진전시키는 데 일조할 수 있을 것이다.

1960~1980년대 한국사회에서 한국군은 매우 강력한 영향을 끼쳤고 여러 방면에서 한국사회 발전에 기여했지만, 다른 한편으로는 이 시기 한국군의 정치개입은 정당과 의회, 여론을 무시하고 군사주의와 권위주의를 심화시킴으로써 군에 대한 국민적 불신을 초래하기도 했다. 1980년대 중반 이후 민주화과정에서 한국군이 적극적인 자기 개혁을 수행함으로써 민주화에 기여했다는 평가도 있지만, 부정적인 평가도 여전히 강하게 남아 있다. 앞으로 본 사업단이 수집한 자료를 바탕으로 과거 한국군이 보인 다양한 모습을 군인들의 구술을 통해 재구성하고 구술동영상 웹 서비스를 통해 대중적으로 확산하는 등 널리 활용되기를 기대한다.

제 II 부

창군과 한국전쟁

제1장

일제 식민지기 조선인 학병의 경험과 한국군 참여[1]

오 제 연

머리말

1945년 8월 15일 일제의 패망으로 식민지 조선은 해방을 맞이했지만 동시에 미국과 소련에 의해 분할점령을 당했다. 38선 이남 지역을 점령한 미군은 미군정을 설치하고 남한 지역을 '경비'할 목적으로 1946년 1월 15일 '남조선국방경비대'(약칭 국방경비대)를 창설하였다. 그리고 이에 앞서 1945년 12월 5일 국방경비대를 이끌어갈 장교 양성을 위해 일제 식민지기 조선인 군 경력자들을 대상으로 '군사영어학교'(약칭 군영)를 개교하였다.

군영은 1946년 4월 30일 폐교될 때까지 총 110명의 장교를 배출하였다. 이들 110명을 출신에 따라 분류해 보면, 일본 육사 출신이 13명, 일본군 '학도지원병'(약칭 학병) 출신이 68명, 일본군 지원병 출신이 6명, 만주군 출신이 21명(이중 일본 육사 편입자 5명 포함), 광복군 출신이 2명이다.[2] 이 통계에서 가장 눈에 띄는 점은 일본군 학병 출신이 압도적인 다수를 차지하고 있다는 사실이다. 이후 군영이 '조선경비사관학교', 즉 육사로 재편되면서 학병 출신의 비중은 낮아진다. 그러나 군영을 포함하여 육

---

1) 2011년 작성된 이 글은 이후 상당한 수정을 거쳐 2016년 「조선인 학병 출신의 기억과 망각 ─ 학병과 간부후보생 '지원' 동기를 중심으로 ─」라는 제목의 논문으로 『사림』57호에 게재됐다.

2) 한용원, 『한국의 군부정치』, 대왕사, 1993, 105쪽.

사 8기까지의 졸업생 전체를 놓고 봤을 때도, 일본 육사 출신 30명, 일본군 학병 출신 94명, 일본군 지원병 출신 89명, 만주군 출신 40명(이중 일본 육사 편입자 14명 포함), 광복군 출신 23명으로 여전히 학병 출신이 일제 식민지기 군 경력자 중 다수를 차지하고 있다.[3] 이는 한마디로 한국군의 창설에 있어 일본군 학병 출신들이 중요한 역할을 했다는 사실을 보여준다.

　일제 식민지기 조선인 학병에 대한 연구는 현재 조금씩 진척되고 있다. 역사학에서는 중일전쟁 이후 일제가 어떤 법적, 제도적 장치를 통해 조선인들을 학병 혹은 지원병, 징병으로 전쟁에 동원했는지 밝히고, 이러한 일제의 병력 동원에 조선인들이 저항한 사례(평양학병사건)를 분석한 연구가 있다.[4] 문학에서는 학병 출신들이 남긴 체험적 기록(텍스트)에 나타나는 그들의 전쟁 '기억'과 이에 대한 '서사' 연구가 이루어졌다.[5] 그러나 일제 식민지기 조선인 학병들의 해방 전후 경험과 그들의 한국군 참여 동기·과정에 대해서는 아직 체계적인 연구가 진행되지 못했다. 이에 본고에서는 최근 서울대 규장각한국학연구원 현대한국구술사연구사업단에서 면담한 6명의 구술인터뷰 자료를 중심으로 이 문제에 접근해 보고자 한다. 6명의 인적사항과 면담일지는 다음과 같다.

* 황헌친: 1921년 생/일본 와세다대학 재학 중 학병 동원/일본군 소위/
　　　　군사영어학교/육군 준장/2009년 11월 18일부터 총 4차례 면담.
* 안동준: 1919년 생/일본 주오대학 재학 중 학병 동원/일본군 사병/학병단
　　　　단장/육사 7기 특별/육군 대령/국회 국방위원장/2009년 12월
　　　　15일 면담.

---

3) 한용원, 『창군』, 박영사, 1984, 51~66쪽.

4) 표영수, 「일제말기 병력동원정책의 전개와 평양학병사건」, 『한일민족문제연구』 3, 2002.

5) 최지현, 「학병의 기억과 국가−1940년대 학병의 좌담회와 수기를 중심으로」, 『한국문학연구』 32, 2007; 류동규, 「학병 기피자의 식민지 기억과 서사−김광식의 『식민지』(1963)론」, 『어문학』 109, 2010; 조윤정, 「전장의 기억과 학병의 감수성」, 『우리어문연구』 40, 2011.

* 김계원: 1923년 생/연희전문학교 재학 중 학병 동원/일본군 소위/국군 준비대 관여/군사영어학교/육군 대장/청와대 비서실장/2010년 7월 27일부터 총 5차례 면담.
 * 곽병을: 1921년 생/일본 주오대학 졸업 후 식산은행 근무 중 학병 동원/일본군 하사관/한국군 참여 안함/2010년 10월 13일 면담.
 * 김봉호: 1923년 생/일본 게이오대학 재학 중 학병 동원/일본군 사병(?)/학병동맹 조직/육군보병학교/2010년 10월 20일 면담.
 * 장경순: 1922년 생/일본 동양대학 졸업 후 내각은급국 근무 중 학병 동원/일본군 소위/육사 7기 특별/육군 중장/국회 부의장/2011년 1월 12일부터 3차례 면담.

 본고는 이들 6명의 구술인터뷰 자료 이외에도 학병 출신 인사들이 남긴 몇몇 회고록과, 학병 출신들의 친목단체인 '1.20동지회'가 간행한 『1.20학병사기』 1~4권에 담긴 다양한 기록들을 함께 검토할 것이다.

1. 강압적인 학병 동원

 1931년 만주사변으로 대륙침략의 야심을 드러낸 일제는 1937년 중일전쟁 이후 본격적인 전쟁체제에 들어갔다. 전쟁의 범위가 넓어지면서 일제는 더 많은 병력이 필요해졌다. 이 과정에서 식민지 조선의 젊은이들도 점차 전쟁에 병력으로 동원되기 시작했다. 우선 일제는 1938년 2월 2일 칙령 제95호 '육군특별지원병령'을 공포하여 조선인 중에서 '지원자'들을 전쟁터에 내보냈다. 그러나 지원자만으로는 충분한 병력을 확보할 수 없자, 1943년 5월 8일 만 20세가 되는 조선인 남자에 대한 징병제 실시를 결정했다. 그런데 이와는 별도로 전문학교 재학 이상의 학생들

을 동원하는 또 다른 조치가 취해졌다.[6]

사실 학생들에 대한 징병은 일본인들을 대상으로 먼저 실시되었다. 1943년 9월 21일 일본 정부는 인적, 물적 자원에 대한 총동원의 일환으로 당시 법문계 대학과 전문학교 학생들에게 내려져 있던 징병유예 조치를 중단한다고 발표하였다. 이어 학생 징병을 위한 절차가 진행되어 같은 해 12월 1일 일본인 학도출진이 이루어졌다. 일본인 학생들의 징병과 발맞추어 조선인 학생들도 1943년 10월 20일에 공포된 육군성령 제48호 '육군특별지원병임시채용규칙' 및 육군성령 제53호 '육군특별지원병임시채용규칙 개정'에 따라 소위 '학도지원병'이라는 명목으로 동원되기 시작했다. 이 규칙에 따라 20세 또는 21세 이상의 조선 및 대만의 법문계 대학 및 고등전문학교 재학생들은 훈련소 과정을 거치지 않고 바로 현역으로 입대하게 되었다. 이들은 소정의 지원서를 작성하여 학교 소재지 소관 군사령관에게 제출해야 했으나, 마감일까지 서류를 마련할 수 없을 경우에는 지원서에 본인의 서명날인만으로 우선 지원할 수 있었다. 조선인 학생들은 이 규칙 발표 후 10월 25일부터 11월 20일까지 지원서를 제출해야 했고 12월 11일부터 20일까지 징병검사를 받은 후 1944년 1월 20일 입영하였다.[7]

일제에 의해 동원된 조선인 학병의 정확한 규모는 현재 알려져 있지 않다. 이와 관련하여 1980년대 1.20동지회가 간행한 『1.20학병사기』 1권에는 '조선인 학병의 현황'이라는 제목으로 다음과 같은 통계가 나와 있다.

〈표 1〉 조선인 학병 현황

구분	해당자수	입대자수	비율
조선 내 전문학교 재학생	1,000	959	96%

---

6) 표영수, 앞의 글, 115~116쪽.
7) 표영수, 앞의 글, 117~118쪽.

구분	해당자수	입대자수	비율
외지(일본, 만주, 중국) 유학생	2,929	2,150	77%
그 해 미취업자	1,574	941	60%
졸업 중 기취업자	700	335	48%
합계	6,203	4,385	70%

출전: 1.20동지회, 『1.20학병사기 1』, 삼진출판사, 1987, 97쪽.

이 통계는 해방 직후 조선총독부가 파기한 학병 관련 문건을 우연히 본 김상현이라는 사람의 기억에 의존한 것이다. 따라서 이 통계를 크게 신뢰할 수는 없지만, 이를 통해 식민지 조선 내 전문학교 재학생의 대부분이 학병으로 입대(96%)했고, 일본 등 외지에서 유학했던 학생들도 상당수 학병으로 입대(77%)했다는 사실을 알 수 있다. 이러한 높은 입대율은 일제의 강압적인 학병 동원의 결과였다.

물론 일제는 '학도지원병'이라는 명목에 걸맞게 자발적인 '지원'을 유도하기 위해 학생들을 '설득'하는 작업을 먼저 진행했다. 설득은 개인적인 차원에서 은밀하게 이루어지는 경우도 있었지만,[8] 다수의 유명인사들을 통해 집단적이고 공개적으로 이루어지는 경우도 있었다. 후자의 대표적인 사례가 이광수, 최남선과 같은 식민지 조선의 유명인사들을 동원한 학병 권유 강연회였다.

구술자: 그래가지고 우리 명치대 강당에 천구백 그게 41년… 42인가. 42년… 8월 인가 9월에 하여간 간 기억이 나요. 그래 그때 이제 최남선씨, 이광수씨, 그 다음에 저… 이… 그 김석원이라고 그때는 그저 김석원 그때 일본군 중좌인가 아마 그. 그 다음에 또 누구 또 하나 있어요 일본사람. 한국사 람인데 일본인 군인들. 강의를 하더구만 우리한테. 앞에다 놓고. <u>너희들이</u>

8) 김계원, 1차구술, 2010.7.27.

응해서 나아가서 피를 좀 흘려줘야 한국에 최소한 어떡하면 자치권이라도 얻는다. 자치권이라도 얻는다. 그러니까 응해달라. 응해달라. 또 뭐 이광수씨나 다 그런 얘기 그때 한거지 뭐. 거기서 그 물바다 눈물바다가 된거에요. 비분강개해서. 나가야되느냐. 뭐 각자 마음에…[9]

면담자: 그 혹시 일본에 계실 때요, 학병 권유하러, 조선에서 건너온 사람들이 있다거나 이러지 않았나요? 뭐 학병 권유 뭐 강연회라든지, 뭐 권유하는 집회라든지, 혹시 이런 게 없었는지?

구술자: 그 사람들이… 하하. 군대 가라는 건데. 너희들 대학 다니다가 군대 가면 장교주고 군대 가라고.

면담자: 그런 얘기 들으신 기억이 있으세요?

구술자: 들은 적 있지.

면담자: 아. 그 일본에서.

구술자: 그렇지. 그거 있어. 그 대학에 또 학교 와서 얘기 해.

면담자: 학교까지 와서.

구술자: 그럼. 최남선이 뭐 이광수…

면담자: 또 누구 기억나는 사람 있으세요? 최남선 이광수 말고 좀 유명한 사람들, 혹시 뭐 그렇게 학병 권유했던 사람들.

구술자: 대개 그런 사람들이야. 보면 알아. 친일파는 따로 또 있지만은.[10]

이러한 학병 권유 강연회가 조선인 학생들에게 준 영향은 개인마다 편차가 있다. 구술자 중 황헌친의 경우 이러한 강연을 듣고 비분강개하다가 가족과의 상의 끝에 학병 지원을 결정했다. 그러나 김봉호의 경우 학병 권유 강연에도 불구하고 학병을 피하기 위해 유학 중이던 동경을

---

9) 황헌친, 1차구술, 2009.11.18.
10) 김봉호, 1차구술, 2010.10.20.

'탈출'하여 조선으로 돌아갔다.

여기서 주목되는 점은 이광수, 최남선 등 학병을 권유했던 사람들이 사용한 설득의 논리이다. 황헌친의 구술에 따르면 그들은 결국 '조선의 이익'을 위해 조선인 학생들이 희생할 것을 역설했다고 한다. 만주 건국 대학을 다니다가 학병으로 동원된 강영훈의 회고록에도 이와 비슷한 내용이 나온다. 즉 스승인 최남선이 제자들에게, 학병의 기회가 "독립을 위해 가장 중요하달 수 있는 무력을 양성할 호기"이기 때문에 "민족을 위해" 지원할 것을 권유했다는 것이다.[11] 이에 강영훈은 학병에 지원했다. 다른 구술사업에서 이루어진 백남권의 회고에서도, 이광수가 "당신들이 나가야 우리 한국 사람들이 대우를 받는다"는 말을 했다고 한다. 그러나 당시 학생들은 이광수를 향해 "옛날의 이광수로 돌아가라"고 고함을 질렀고, 백남권도 일단 고향으로 돌아갔다.[12] 반면 김봉호의 구술에 따르면 학병 권유 강연에서 학생들이 곧 장교가 될 수 있다는 '개인의 이익'이 언급되었다고 한다. '조선의 이익'과 '개인의 이익'. 이러한 차이가 당시 실제로 존재했던 것인지 아니면 구술자에 의한 선택적 기억의 결과인지는 분명치 않다. 단, 학병 권유 과정에서 어떤 식으로든 '이익'의 논리가 강조된 것은 분명해 보인다. 그밖에도 학병 지원 분위기를 조성하는 차원에서 경찰서장과 같은 고위인사들의 자제들이 먼저 지원하기도 했다.[13]

그러나 '지원'을 유도하기 위한 '설득'은 구색 맞추기에 불과했다. 대부분의 경우 학병 지원은 징집과 다름없는 강제성을 띠고 있었다. 특히 지원 마감일을 앞두고 지원율이 극히 저조하자 조선총독부에서는 경찰과 병사

---

11) 강영훈, 『나라를 사랑한 벽창우』, 동아일보사, 2008, 68~69쪽.

12) 한국정신문화연구원 한민족문화연구소 편, 『내가 겪은 해방과 분단』, 2001, 173~174쪽.

13) 곽병을, 1차구술, 2010.10.13.

계 관계자들을 총동원하여 아직도 지원서를 내지 않은 학생들을 호별 방문하여 강압적으로 학병 지원을 요구했다.[14] 구술자 대부분도 당시 일제에 의해 자행된 강압적인 학병 동원 과정에 대해 자세하게 설명하였다.

> 구술자: 한국 학생들도 지원하라 그러면서 그 지원하라고 시작하고부터 아마 몇 달 후일 거야. 두서너 달 후부터는 그냥 강제로 일본학생들은 징집시작 됐고, 한국학생들 지원하라고. 지원이 그게 이름이 지원이지 강제야. 가령 예를 들면 우리 할아버지가 교회 장로인데 아무 이유 없이 가서 구속을 해요. 우리 할아버지를 그래 할아버지가 연세가 환갑 지났는데 지나셨는데, 그래놓고는 며칠 후에 우리 시골에 경상도 시골에서 형사가, 내 기숙사에 있었는데 기숙사에 찾아왔어요. 와가지고는 종이에다가 특별지원병 지원하라고. 그래 내 이름을 다 써가지고 요 도장만 찍으라고. 그러면 너 할아버지가 지금 유치장에 형무, 저 유치장에 들어가 있는데 바로 석방돼 나온다고. 그래 제가 집에다가 내가 시골 전화를 했어요. 전화를 했더니 우리 어머니가 할아버지가 이제 요 며 칠 전에 구속됐는데, 가봤더니 그 때가 11월인가 그랬는데 이 추운 방에 팔십 노인이 구속돼가지고 있더라고. 그래 내 지원했더니 그날로 석방돼 나와요. 이렇게 해 가지고 소위 이름은 지원병이지만 뭐 거의 강제로. 그게 내뿐아니고 우리 학생들이 기숙사에 있는 학생들이 내 물어보니까 전부 다 그래요.[15]

연희전문학교를 다니다가 학병으로 동원된 김계원처럼, 식민지 조선에서 학교를 다니던 조선인 학생들은 노골적인 강압에 시달렸다. 경성고등상업학교 재학 중에 학병으로 동원된 손종영의 회고에 따르면, 일본군

---

14) 한신, 『신념의 삶 속에서』, 명성출판사, 1994, 46쪽.
15) 김계원, 1차구술, 2010.7.27.

장교가 학생들을 모아놓고 일본도를 휘두르며 위협하는 바람에 학내 모든 조선인 학생이 학병에 지원할 수밖에 없었다고 한다.[16] 〈표 1〉과 같이 식민지 조선 내 전문학교 재학생이 90% 이상 학병에 지원할 수밖에 없었던 이유도 바로 여기에 있었다.

유학생들도 이러한 강압에서 자유로울 수 없었다. 일본의 학교에 남아 있다가 그대로 학병으로 동원될 처지에 놓인 많은 학생들이 앞서 언급한 김봉호의 사례처럼 학교를 떠나 조선의 집으로 돌아왔다. 그러나 집으로 돌아온 유학생들도 형사들의 감시와 압력에 시달렸다.

> 구술자: 그냥 몰래 도둑질해가지고 나와서 응, 학생 이거 유지하고 그냥 대학 댕긴 다음에 도망쳐서 나온 거 아냐. 관부연락선이 있단 말이야. 그거 타면 형사들이 체크해가지고. 너 대학 다녔지? 아뇨. 아니긴 뭐야. 뻔히 아는데. 너 집이 어디야. 신설동. 금방 거 나 도착되면 형사가 댕겨 가는데.[17]

일본 주오(중앙)대학을 다니다가 학병으로 동원된 한신의 회고록에도 비슷한 내용이 나온다. 즉 학병을 피하기 위해 집으로 돌아와 산 속으로 도망가 숨으려고 했으나, 형사들이 집으로 찾아와 기일 내에 아들을 지원시키지 않으면 반일분자로 간주하여 처벌하겠다는 협박을 했다는 것이다.[18] 이처럼 일본의 학교를 그만둬도 학병을 피하기는 쉽지 않았다. 심지어 이미 학교를 졸업한 졸업생들마저 학병으로 동원됐다.

〈표 1〉에서 알 수 있듯이 학병에는 다수의 졸업생들이 포함되어 있었다. 이미 취업하여 직장을 다니고 있는 경우에도 예외가 아니었다. 구술자

---

16) 손종영, 『학병』, 북코리아, 2008, 60~61쪽.
17) 김봉호, 1차구술, 2010.10.20.
18) 한신, 앞의 책, 45~47쪽.

중 곽병을과 장경순은 졸업 후 직장을 다니다가 학병으로 동원되었다.

> 구술자: 그러니까 졸업한 것이고 그렇기 때문에 나는 해당이 없는지 알고 평온하게 이제 은행근무를 했는데, 자꾸 이제 형사들이 오고 그렇기 때문에 지점장한테 내가 가서 얘기를 했어요. 자꾸 이 경찰서에서 사람을 괴롭히고 그러니까 내가 이거 자리에 붙어 앉아 있을 수가 없어 자주 나가고 자리를 비니까 미안하게 됐다고 그랬더니. 아 그 지점장하는 말씀이, 니가 가고 싶으면 가고 가기 싫으면 도망가라고. 그래서 그 말에 내가 인제 참 힘을 얻어가지고 <u>그 다음날 그냥 도망가 버렸어요.</u> 그래서 고모네 집에 가서 그냥 숨어있었어. (중략) 신행, 신행하는 날이었어. 그래서 그걸 보려고 나왔다가 은행에 들렀었거든. <u>은행에 들려서 나오다가 잽혔어 또.</u> 유치장 들어가서 혁띠 풀으라고 해서 혁띠 풀러놓고 딱 있었어. 그런데 마침 그 아는 형사가 정씨라고 하는 사람이 알았어. 와 가지고 인제 내가 인제 불러서 얘기를 했거든 이렇게 돼서 들어왔는데 <u>아버님한테 좀 연락 좀 취해달라고 했더니 집에 연락이 됐는가 아버님이 와서 자진해서 그냥 지원서를 쓰셨어.</u>[19]

곽병을은 일본 주오대학을 졸업하고 조선에 돌아와 식산은행에 취직한 상황이었지만 일제 당국은 직장까지 쫓아다니면서 집요하게 학병 지원을 강요했고 결국 구속 후 지원을 받아냈다. 장경순의 경우 일본 동양대학을 졸업하고 일본에서 직장생활을 하고 있었는데, 일제 당국은 그를 학병으로 보내기 위해서 소위 '꼼수'까지 사용했다고 한다.

> 구술자: 아니 아버지가 위독하다고 해서 그렇게 해서 돌아와서 학도병 끌고 가는

---

19) 곽병을, 1차구술, 2010.10.13.

거에요. [자신의 자서전을 펼치며] 여기 나와 있죠.

면담자: 그래서 결국에는 아버님이 아프시다라고 하는 것은 그 경찰서에서 거짓 정보를 흘려가지고 이제 부리나케 들어오시게 한 거고, 들어오신 다음에 결국에는 어떤 강압 속에서 결국에는 학도병으로…

구술자: 어디로 도망갈 데도 없어요.[20]

결국 일제는 조선인 학생들을 학병으로 동원하는 과정에서 설득, 강압, 꼼수 등 다양한 방법을 사용했는데, 그 핵심은 역시 '강압'이었다. 이러한 강압적인 동원은 〈표 1〉과 같이 높은 입대율이 나올 수 있었던 배경이었다. 그러나 모든 조선인 학병들이 강압적으로 동원되었다고 할지라도 학병에 임하는 자세는 개인별로 차이가 있을 수밖에 없었고, 이러한 차이는 이후 실제 학병 복무 과정에서 좀 더 뚜렷해지게 된다.

2. 학병의 일본군 경험

일제에 의한 강압 속에서 학병에 지원한 조선인 청년들은 1944년 1월 20일 입영하여 각 부대에 배속되었다. 1월 20일 입영을 앞두고, 대부분의 학병들은 고향에서 성대한 환송행사를 치렀다. 그리고 각자 통고받은 지역의 부대로 입영을 했다. 당시 일제가 광범위한 전선에서 전쟁을 치루고 있었던 만큼 학병들이 배치된 지역도 그만큼 다양했다. 현재 조선인 학병들이 배치된 지역에 대한 정확한 자료는 남아 있지 않지만, 1980년대 1.20동지회에서 회원 1,104명을 대상으로 파악한 통계를 통해 대강의 추세는 파악할 수 있다.

---

20) 장경순, 1차구술, 2011.1.12.

〈표 2〉 1.20동지회 회원들의 학병 시절 당시 배치 지역

지역	부대구분	인원
조선	조선주둔부대	141
중국	중지주둔부대	187
	북지주둔부대	108
	만주주둔부대	9
대만	대만주둔부대	1
일본	서부명칭부대	126
	중부명칭부대	283
	동부명칭부대	141
	기타부대	48

출전: 1.20동지회, 『1.20학병사기 2』, 삼진출판사, 1988, 318~321쪽.

〈표 2〉에 의하면 조선인 학병들은 일본 내 부대에 다수 배치되었다. 이는 조선인 학병 중에서 일본 유학생이 다수를 차지하는 것과 관련이 있어 보인다. 일본 유학생 중 일본에 남아 있다가 학병으로 동원된 사람들은 대부분 일본 내 부대에 배치되었다. 구술자 중에서는 황헌친, 안동준이 이에 해당되며, 구술자 이외에 백남권의 회고 등에도 이와 같은 내용이 나온다. 반면 중국(만주)에 남아 있다가 학병으로 동원된 강영훈의 경우 중국 전선으로 배치되었다. 조선에서 학병으로 동원된 사람들은 조선 내 부대에 배치되기도 했지만 일본이나 중국 내 부대로 배치되는 경우도 많았다. 구술자 중 김봉호는 서울서 1주일 훈련을 받고 대구 24부대에 배치되었고, 김계원과 곽병을은 부산에서 일본으로 건너가 일본 내 부대에 배치되었으며, 장경순은 대구에서 1주일 대기하다가 중국 내 부대로 배치되었다. 이는 회고록에서도 확인된다. 손종영은 부산에서 일본으로 건너가 일본 내 부대에 배치되었고, 한신은 서울에서 1주일 훈련 후 중국으로 가서 중국 내 부대에 배치되었다.

그러나 곽병을의 구술은 〈표 2〉가 보여주는 추세와 많은 차이를 보인다.

일본에 들어간 것이 한 1,200-1,300 될꺼야 아마. 우리가 4,000이라고 하지만 정확한 숫자가 4,385명이여. 용산, 대구, 함흥, 뭐 이런 데 나남, 이런데 항구에 찾은 사람들이 있고 일본에 간 사람들이 있고 그런데 일본에 한 1,200여명 될 거여. 그런데 일본에 간 사람들은 남방에 보내는 보충부대, 보충부대. 그리고 한국에 있는 사람은 중국에 보내는 보충부대고. 이렇게 이제 식별이 됐어. 그 중에서 4,300명 중에서 인제 한 3,000명 정도는 한국에서 훈련 받고 중국으로 가는 거였고. (중략) 남방으로 간 사람이 인제 가다가 그냥 전부 전사한 사람들이 많지 그냥 폭격으로. 그것이 한 300명가량 될 거야.[21]

곽병을에 따르면 전체 학병 4,300여 명 중에서 일본 내 부대에 배치된 사람은 1,200~1,300명 정도에 불과하며 3,000여 명은 중국 내 부대에 배치되었다고 한다. 〈표 2〉와는 달리 학병들이 중국에 다수 배치되었다는 이야기다. 현재 〈표 2〉의 추세와 곽병을의 구술 중 어느 것이 진실에 가까운지는 확인하기 어렵지만, 곽병을의 구술 속에서 몇 가지 주목할 지점이 있다. 먼저 일본에 배치된 학병들은 곧 남방(동남아/태평양 지역)으로 파견될 보충부대의 역할을 했다는 점이다. 그러나 〈표 2〉를 보면 가장 치열한 전투가 벌어지던 남방 전선에 배치된 학병이 없다. 왜 일제는 가장 치열한 전투가 벌어지던 남방 전선에 조선인 학병을 투입하지 않았을까?

이 문제와 관련하여 안동준은 일제가 일본 내 배치된 조선인 학병들을 최전선, 특히 남방 전선에 투입하려 했으나 학병들을 수송할 배가 없어서 이를 포기했다고 증언했다.

그런 것이 남방에 있는 것이 사이판이야. 사이판. 사이판이란 것은 여기 책도 가지

---

21) 곽병을, 1차구술, 2010.10.13.

고 있지만, 사이판 섬이 제일 요새가 단단하기 때문에, 사이판은 일본이 아주 끝까지 지킨다, 그런, 그런 데에요. 그런 데 지킬려고 우리를, 조선 학도병을 그리 이제 보내려고. 왜냐하면 공격이 제일 많기 때문에, 전사자가 제일 많이 나왔거든. 하루에도 수백 명 수천 명씩 전사자가 나왔는데, 자꾸 폭격을 받으니까 우리 학병을 보낼라고. 그랬던 건데, 그때 벌써 전세가 기울어져서 학병을 태워가지고 갈 배가 없어요. 배가 없어서, 우리가 사이판을 안 가서 안 죽었지, 배를 타고 갔다면 물론 가다가 다 죽지. 가다가 다 폭격돼서 물속에 빠져서 죽을 판인데, 그게 물속에 빠질 배도 없단 말이야. 보낼. 그래 우리가 살아남은 거에요. 만일에 그때 배가 있었더라면 일본에 있는 우리 학병들 조선 학병들, 아마 필경 1,500명 내지 2,000명 있을 텐데, 절반은 채 안될 거고, 전부 다 싹 죽고 없을 텐데, 배가 없어서 살아남은 거야. 보낼래도 보내지 못하고. 그래서 일본이 이제 버티다가 뭐시 손을 들지 않았어요?[22]

즉 일제가 조선인 학병들을 남방 전선에 보내지 못한 것은 전세가 너무 기울어서 병력을 남방에 보내기조차 어려진 상황 덕분이라는 것이다. 물론 곽병을에 의하면 그럼에도 불구하고 조선인 학병 중에서도 약 300명이 남방으로 배치되었고 대부분 전사했다고 한다. 〈표 2〉에 남방 배치 학병이 한 명도 없는 것이 이러한 사정을 반영한 것일 수 있다.

곽병을의 구술 가운데 중국에 배치된 학병들이 조선에서 훈련을 받고 갔다는 부분은 다른 사례들을 통해 확인할 수 있다. 김봉호, 장경순 그리고 한신처럼 조선에서 학병으로 동원되어 중국 내 부대에 배치된 사람들은 한결같이 조선에서 1주일동안 훈련을 받고 떠났다고 말했다. 이는 중국처럼 전투가 벌어지고 있는 지역에서 조선인 학병들을 전선에 곧바로 투입하기 위한 조치라고 할 수 있다. 그러나 중국 내 부대에 배치된

---

22) 안동준, 1차구술, 2009.12.15.

학병들의 구술과 회고들을 잘 살펴보면 '전투'에 대한 기억은 의외로 적다. 이는 학병 대부분이 장차 장교나 하사관이 되어야 하기 때문에 일단 '교육'이 용이한 후방 지역에 배치된 결과로 보인다. 실제로 조선인 학병의 구술이나 회고에서 주된 기억은 '병영생활'과 '교육' 부분이다. 특히 '간부후보생' 시험과 교육에 대한 구술과 회고가 많다.

당시 조선인 학병들은 크게 장교, 하사관(군조), 사병으로 분류할 수 있다. 장교와 하사관이 되기 위해서는 먼저 '간부후보생' 시험을 통과해야 했는데, 이 시험에 응시하기 위해서는 대학 시절 '교련' 수업을 반드시 이수해야만 했다. 구술자 중 안동준은 야간대학을 다녀 교련 수업을 이수하지 못했기 때문에 간부후보생 시험에 응시조차 못했다고 한다.[23] '교련'과 '간부후보생'의 연관성은 손종영과 강영훈에 회고에도 언급되어 있다. 예를 들어 손종영은 좋지 않았던 학교 교련 성적에도 불구하고 자신이 '간부후보생' 시험에 합격한 것을 의아해 했고,[24] 강영훈은 교련 성적이 나쁘다는 이유로 '간부후보생' 시험에서 불이익을 받을 뻔했다. 그런데 강영훈에 따르면 교련 성적이라는 것이 군사적 능력에 대한 평가라기보다는 학생의 사상 전반에 대한 평가의 측면이 강했다고 한다.[25] 이는 일제가 조선인 학병을 장교나 하사관으로 선발할 때 그들의 사상적인 측면을 주시했다는 사실을 보여준다.

'간부후보생'은 다시 '갑종'과 '을종'으로 나뉘었다. 다양한 구술과 회고를 종합해 볼 때 간부후보생 시험 합격자들을 '갑종'과 '을종'으로 구분하는 기준은 일단 '시험성적'이었던 것으로 보인다. 그러나 '성적' 이외에 앞서 언급한 '사상'적인 면도 크게 고려되었다. 장경순에 따르면 간부후

---

23) 안동준, 1차구술, 2009.12.15.

24) 손종영, 앞의 책, 182쪽.

25) 강영훈, 앞의 책, 69~71쪽.

보생 시험 합격자 중 사상이나 성분에 아무런 하자가 없는 사람은 '갑종'이 되고, 사상이 조금이라도 이상하거나 전과의 흠결이 있으면 '을종'이 되었다고 한다.[26]

그렇다면 조선인 학병들은 무엇 때문에 간부후보생 혹은 장교가 되고자 했나? 황헌친은 자신이 간부후보생 시험에 응시한 이유를 다음과 같이 설명했다.

면담자: 예. 그러면은 니가타에 있는 시바다 부대.

구술자: 응 23부대지.

면담자: 고 부대에서 이제 그 부대 생활을 하셨는데 처음에는 들어가서 훈련을 받고.

구술자: 그렇지 6개월간 초년병 교육을.

면담자: 6개월간 훈련을 받고 배치는 어디에 되셨습니까?

구술자: 배치가 거기 이제 다니는데 간부 후보생을 뽑는다 그래요. 초년병 교육을 받는데. 그래 간부후보생 교육을 받는데 뭐 이왕이면 하자고 그래서… 조금이라도 일선 가는 거 좀 지연되지 않느냐 그런 생각을 가지고 시험쳤는데 합격했어요. 그래서 남아서 거기서 교육받았죠. 부대에서.

면담자: 그러면은 간부후보생 교육도 그 똑같은 장소 니가타에 있는 시바다 부대에서 간부 후보생 교육까지 받으신 거죠?

구술자: 응 계급이 이제 그 이등병에서 상등병으로 내 슥 올라갔지.

면담자: 네… 그러면은 그… 이등병에서 상등병으로 올라가고, 그러면 간부후보생이라는 것이 장교는 아니고 하사관을 의미하는 건가요?

구술자: 하사관 장교 합… 합친 거. 그래서 두 달 후에. 두 달인가 아마 한 달인가 두 달 후에 또 시험쳐요. 이번에는 장교가 되는가 하사관이 구분할 때니까 시험쳐서. 또 합격하니까 그럼 넌 갑종이다. 또 안된 사람은 을종. 을

---

26) 장경순, 1차구술, 2011.1.12.

종은 하사관이고 그 담에 갑종은 장교가 되니까. 그래가지고 갑종 되었으니까 갑종이 그때 한… 49명 중에서 한 열댓명 되었을 거에요. 그래 그 갑종이 되니까 각 예비 병과별로 학교 배정받아 나는 공병이 돼서…

그 때 공병 교육을 받으려구 저쪽에 또 뭐 선박… 선박 공병 교육대라는 게… 시고쿠에 있었어요. 아마 내가 9월 달에 간 거 같애. 정월달에.. 입대해가지고 아마 9월달에 간 거 같애. 아마 대여섯명 같이 갔을 거에요. 그러니까 을종 된 사람 그거고 그리고 내 그거에 보니까 <u>을종도 아니고 갑종도 아닌 사병으로 남은 사람들은 전부 일선으로 갔지.</u> 그런데 어디로 갔는지는 뭐 알 도리가 없고.[27]

황헌친은 일본 내 니가타에 있는 시바다 부대에서 사병으로 6개월 동안 훈련을 받던 중 간부후보생 시험을 치루고 '갑종' 간부후보생이 되었다. 황헌친이 '갑종' 간부후보생이 되고자 했던 이유는 두 가지였다. "이왕이면 하자" 그리고 "조금이라도 일선 가는 거 좀 지연"시키자. 전자는 이왕이면 군 생활을 보다 높은 계급으로 편하게 하고자 하는 욕구를 의미하는 것이며, 후자는 장교 교육을 받는 동안만큼은 확실히 전선으로 가지 않을 수 있다는 생존 본능을 의미하는 것이다. 실제로 황헌친은 갑종 간부후보생 교육이 끝나고 견습사관으로 전선에 나갈지도 모르는 상황이 되자 이를 더욱 지연시키기 위해 또다시 '군사고등교육' 시험에 응시하여 합격하였고, 덕분에 전쟁이 끝날 때까지 동경에 머무를 수가 있었다. 손종영 역시 언제 남방으로 파견되어 죽을지 모르는 상황에서 사병들보다 조금이라도 편하게 지내기 위해 간부후보생 시험에 지원했고,[28] 백남권도 "졸병으로 가면 태평양 고기밥이 된다는 정보가 있었는데",

---

27) 황헌친, 1차구술, 2009.11.18.

28) 손종영, 앞의 책, 181쪽.

"사관학교에 가면 최소한 1년 동안은 그 기간을 늘릴 수 있었기 때문"에 간부후보생 시험을 치렀다.[29]

하지만 곽병을은 황헌친과 같은 이유로 정반대의 선택을 했다.

> 면담자: 아 나가노에서 목탄운반을 하시다가 전쟁이 끝나게 되는 상황이었다는 거죠? 그러면은 궁금한 게요. 제가 다른 분들, 학병 갔다 오신 분들하고도 얘기를 해봤는데 어떤 분들은 학병에 계시다가 장교시험을 보신 분들이 많이 있더라구요?
>
> 구술자: 응 그 장교시험 보는 거이 우리 부대에도 있었어요. 그런데 시험보라고 하는데 도망쳤어 다들.
>
> 면담자: 아 왜요?
>
> 구술자: 장교되면 제일 일선으로 나가는 거야. 그 소모품이다 그래가지고 다들 도망가서 숨었고 그랬어. 나도 숨었다가 나중에 나와서 이제 취사장에 가서 고구마를 좀 훔쳐가지고 나와서 자동차에다가 고구마를 구워먹고 그런 기억이 나는데, 시험을 안 봤어요. 그러니까 결국 그 하사관이라도 준 것은 뭐이냐 하면 평소에 부대 근무실적, 이런 걸 감안해서 인제 군에서 부대에서 그냥 하사관을 만드는 데 차출한 것뿐이야. 우리 부대에서는 장교된 사람들이 없어요.
>
> 면담자: 아 그렇군요. 그러면은 그 선생님은 학병당시에 계급은 어떻게 되셨어요? 계급
>
> 구술자: 학병 갔을 때는 뭐 일등병이지. 인제 군조지 군조.[30]

곽병을은 간부후보생 시험을 치루지 않았다. 그가 시험을 치루지 않

---

29) 한국정신문화연구원 한민족문화연구소 편, 앞의 책, 175쪽.

30) 곽병을, 1차구술, 2010.10.13.

은 이유는 장교가 되면 제일 먼저 전선으로 나갈 수도 있다는 우려 때문이었다. 당시 곽병을은 일본 중부54부대에 배치되어 나가노에서 목탄 운반을 담당하고 있었다. 이 일은 비교적 쉽고 안전한 일이었기 때문에 굳이 장교가 되어 전선으로 갈 이유가 없었다. 그래서 시험을 치루지 않았던 것이다. 결국 '생존'이라는 같은 이유로 황헌친과 곽병을은 정반대의 선택을 한 것이다.

그런데 황헌친과 곽병을의 구술 내용을 잘 살펴보면 간부후보생 시험과 관련하여 혼란스러운 부분이 있다. 황헌친은 장교가 되기 위해 2번의 시험을 치렀다고 한다. 한 번은 간부후보생이 되기 위한 시험이고, 또 한 번은 '갑종'과 '을종', 즉 장교와 하사관을 구분하기 위한 시험이다. 반면 곽병을은 장교가 되지 않기 위해 시험을 치루지 않았지만 평소의 근무실적이 감안되어서 하사관이 되었다고 한다. 즉 시험 없이 하사관이 되었다는 것이다. 다른 구술이나 회고 속에서 황헌친처럼 시험을 2번 치렀다는 이야기는 나오지 않는다. 이는 아마도 워낙 오래 전 경험이어서 기억이 정확하지 않은 데에서 비롯된 혼선일 가능성이 크다. 곽병을처럼 간부후보생 시험 없이도 하사관이 될 수 있었는지 역시 확실치 않다. 단, 사병으로 오랫동안 근무하면 자연스럽게 하사관이 되었을 가능성은 있다. 어쨌든 한 가지 확실한 것은 장교가 되기 위해서는 반드시 간부후보생 시험을 통과하여 '갑종'이 되어야 했다는 사실이다.

조선인 학병은 일본인 학병에 비해 시험에 통과하여 장교가 될 가능성이 낮았다. 손종영의 경우 같은 부대에 있던 조선인 학병 31명이 간부후보생 시험을 치렀는데 그 중 7명(22.6%)만이 합격했다고 한다. 반면 일본인 학병들은 대부분 간부후보생으로 선발되었고 그 중 절반이 '갑종'이었고 나머지 절반은 '을종'이었다.[31] 백남권 역시 같은 부대에 있던

31) 손종영, 앞의 책, 182쪽.

조선인 학병 50명 중 10명(20%)만이 간부후보생 시험에 합격했다고 한다.[32] 이러한 민족 차별은 식민지 백성인 조선인 학병들에게 숙명적인 것이었다. 이와 관련한 이야기가 김계원의 구술에 나온다.

> 면담자: 그 혹시 학병으로 계실 때요, 일본군 장교들이 조선인 병사들을 뭐 차별한다던지 또는 뭐 민족적으로 뭐 어떤 학대를 한다던지 혹시 이런 게 있었는지?
>
> 구술자: 있을 거예요. 있을 건데 나타나진 못 하죠. 굉장히 조심했어요. 우리 학병에 들어갔을 때 밤에 당번섰다가 불침번 섰다가 내 친구 하나가 중대장 책상에 갔더니 한국 조센진 조선인 취급법이란 책이, 책이 인쇄물이 그 중대장 책상위에 있는 걸 봤대.
>
> 면담자: 조선인들을 다루는 법.
>
> 구술자: 다루는 법. 그만치 그런 걸 따로 해가지고 한국 군인들을 해가지고 초기에는 그렇게 애를 많이 좀 신경 썼을 거예요. 안 그럴 수 없지 또.
>
> 면담자: 거기서 뭐 일본인 병사들과 조선인 병사들 사이에 갈등 뭐 이런 건 없었구요?
>
> 구술자: 갈등도 있었을 겁니다. 있었지만 그건 절대 나타나지 않죠. 만일 그게 나타났다 하면 중대장 소속장교가 처벌받으니까. 굉장히 엄하게 다뤘어요.[33]

김계원의 구술에 나오는 것처럼 일제는 조선인 학병을 다루는 별도의 매뉴얼을 만들었을 만큼 조선인 학병에 대한 감시의 끈을 바짝 조이고 있었다. 그러나 이러한 차별이 부대 내에서 노골적으로 드러나지는 않았

32) 한국정신문화연구원 한민족문화연구소 편, 앞의 책, 174쪽.
33) 김계원, 1차구술, 2010.7.27.

다. 이는 효율적인 부대 관리와 부대 내 기강·규율 확립을 위한 일제의 불가피한 조치였다. 하지만 겉으로 들어나지 않았을 뿐 부대원 사이에서는 일본인 병사들이 조선인 학병들을 질시하고 견제하는 경우가 종종 있었다. 예를 들어 손종영은 '갑종' 간부후보생으로 교육을 받던 기간에, 자신보다 먼저 입대했으나 3류 대학을 나오고 '을종' 간부후보생에 머무른 일본인 학병에게 단지 "건방지다"는 이유로 구타를 당하기도 했다.[34] '황국신민', '내선일체'가 강조되던 일제 말 전시체제기였지만 조선인 학병이 민족 차별에서 자유로울 수는 없었다.

민족 차별은 있었지만 앞서 언급한 손종영과 백남권의 사례만 봤을 때, 그래도 약 20%의 조선인 학병이 간부후보생 시험에 합격하였다. 물론 4천 여 조선인 학병 중 몇 프로나 간부후보생 시험에 지원했고, 또 합격자 가운데 '갑종'이 몇 프로나 되는지 알 수 없는 상황에서, 그리고 이를 지원병 출신으로 장교가 된 비율과 비교하지 않는 상황에서 단언하기는 어렵지만, '학병'은 조선인이 장교가 될 수 있는 가장 폭넓은 통로였던 것으로 보인다. 해방 직후 한국군이 처음 만들어질 때 학병의 참여 비율이 높을 수밖에 없었던 이유가 바로 여기에 있다.

간부후보생이 된 학병은 처음에는 배치된 부대 내에서 '갑종'과 '을종'이 함께 훈련을 받았다. '을종'의 경우 3개월 정도의 훈련 후 정식 하사관이 되었지만, '갑종'은 이후에도 별도의 훈련을 더 받다가 각 지역에 만들어진 '예비사관학교'로 진학하여 다시 6개월 정도의 훈련을 받았다. 만약 갑종 간부후보생 중 포병과 같은 주특기가 있는 사람은 관련 학교로 진학하여 더 많은 훈련을 받았다.[35] 중국 내 부대에 배치된 경우 한신이나 강영훈처럼 중국에서 예비사관학교 교육을 받다가 일본에 있는

---

34) 손종영, 앞의 책, 196~200쪽.
35) 손종영, 앞의 책, 191~193쪽.

예비사관학교로 전출되기도 했고,[36] 장경순처럼 중국에 계속 남아 교육을 받기도 했다.[37] 간부후보생 시험 합격 후 약 1년간의 교육 과정이 끝나면 조선인 학병들은 예비사관학교 등을 졸업하고 곧바로 미나라이시칸(みならいしかん), 즉 견습사관이 되어 각 부대에 배치되었다. 그 시기는 개인별 편차가 있지만 대체로 1945년 4월에서 7월 사이였다. 그리고 갑종 간부후보생 시험을 치르고 교육을 받은 조선인 학병들은 대부분 견습사관의 신분으로 1945년 8월 15일 해방을 맞이하였다.

3. 해방 이후 학병동맹과 학병단의 조직

1945년 8월 15일 드디어 일제는 무조건 항복을 선언했다. 하지만 일본군 내에서는 이미 하루 전날인 14일부터 항복과 관련한 이야기가 알려지기 시작했다. 강영훈에 따르면 8월 14일이 되자 다음날 정오에 천황의 중대한 성명이 있을 테니 장교들은 모두 연대 본부 앞에 와서 라디오를 들으라는 지시가 떨어졌다고 한다.[38] 같은 날 곽병을은 일본인 병사들이 울분에 못 이겨 부대 옆 냇가에서 칼을 막 때려 부수는 광경을 목격하였다.[39] 그러나 조선인 학병 모두가 미리 일본의 항복 소식을 알았던 것은 아니었다. 김계원과 손종영은 8월 15일 당일에 라디오를 듣고서야 이 사실을 알았다. 심지어 중국 전선에 있었던 장경순은 8월 15일에도 전투에 참여하다가 교전 상대(중국군?)로부터 일본 천황의 항복 소식을 들었는데, 처음에는 이를 적의 흑색선전으로 간주하여 믿지 않았다

---

36) 강영훈, 앞의 책, 74쪽; 한신, 앞의 책, 49~50쪽.
37) 장경순, 1차구술, 2011.1.12.
38) 강영훈, 앞의 책, 75쪽.
39) 곽병을, 1차구술, 2010.10.13.

가 한참 지난 후에야 정확한 항복 사실을 전달받았다.[40]

일제의 항복은 전쟁의 종식과 더불어 식민지 조선의 해방을 의미했다. 1944년 1월 20일 일제의 강압에 의해 전쟁에 동원된 지 1년 반이 지나서야 조선인 학병들은 비로소 전쟁의 소용돌이에서 벗어날 수 있었다. 무엇보다 이제 조선은 더 이상 일본의 식민지가 아니었고, 조선인 학병들도 더 이상 식민지 백성이 아니었다. 따라서 일제의 항복 선언은 조선인 학병들에게 큰 충격이자 너무나 기쁜 일이었다. 하지만 손종영은 이러한 기쁨과 더불어 과연 패전한 일본인들이 조선인 군인들을 무사히 돌려보낼지 걱정을 했다고 한다.[41] 실제로 해방 당시 제주도에 있었던 백남권은 일제의 항복 선언 다음날인 16일에 "한국인 장교는 죽인다"는 소문을 들었다.[42] 일본에서 해방을 경험한 한신도 항복의 충격으로 곳곳에서 난동을 부리는 일본인 군인들을 보며 몸조심을 하지 않을 수 없었다.[43] 다행히도 이와 같은 우려가 현실로 나타나지는 않았다.

종전 이후 조선인 학병들은 저마다 다른 상황에서 일본군 복무를 마치고 해방된 조선으로 돌아왔다. 일단 조선(대구)에서 해방을 맞이한 김봉호는 종전 후 1주일만에 부대를 떠나 서울로 올라왔다.[44] 반면 중국에서 해방을 맞이한 장경순은 종전 후 광복군 잠편지대로 편성되어 한동안 계속 중국에 머물다가 해를 넘겨 1946년 1월에서야 미군 LST를 타고 귀국하였다.[45] 일본에 있던 조선인 학병들도 귀국을 서둘렀다. 우선 견습사관으로 해방을 맞이한 조선인 학병들은 종전 직후 대부분 정식

---

40) 장경순, 1차구술, 2011.1.12.

41) 손종영, 앞의 책, 272쪽.

42) 한국정신문화연구원 한민족문화연구소 편, 앞의 책, 176쪽.

43) 한신, 앞의 책, 52쪽.

44) 김봉호, 1차구술, 2010.10.20.

45) 장경순, 1차구술, 2011.1.12.

'소위' 계급을 달았다. 이들은 장교 임관 후 부대를 떠나 귀국길에 올랐다. 당시의 상황을 김계원은 다음과 같이 구술하였다.

면담자: 그러면 한국에는 어떻게 돌아오신 거죠?

구술자: <u>그러고 나서 한 20일 후에 한국에 돌아왔어요. 20일 후에. 20일 동안 밖에서 사고가 자꾸 나거든요. 한국 사람들이 문제를 자꾸 일으켜 가지고.</u> 그니까 우리 부대에서는 일절 외출 못하게 하더만. "쪼금 있으면 너희들 한국 돌아갈 수 있는 길을 만들어줄테니까 우릴 믿고 있으라." 그래가지고 한국 애들만 한데 모아가지고 있었어요. <u>그때는 학병이외도 징집은 징집되어 온 한국 애들이 많이 있어요. 우리 부대에도 아마 근 천 명이 있었어요.</u> 그래가지고 하루는 그 사단에서 불러요, 오라고. 그래서 옷을 갈아입고 갔더니 "내일 모레 어디 가면 한국 학생들 한국 젊은이들이 한 <u>500명 모여 있을 테니까 걔를 데리고 장교 누구누구누구하고 같이 비행기 저 기차를 준비해 줄 테니까 한국으로 가라</u>"고 그래서 우리 갈, 올 수 있는 줄 알았죠. 그대로 뭔가 하고 한 두어 주일 후에 이제 우리 애들 한 한 1,000명 모여더만. 같이 일본 하관까지 왔어요, 기차로. (중략) 그래서 이제 우리 학병 갔던 애들이 군대 그래도 대학교나 다닌 애들이니까 댓 명이 모여서 "너들 돈 얼마씩 가지고 있냐?" 그래가지고 돈 모아가지고 고기 주위에 있는 조선 애들 한 30명 같이 모아가지고 한 300명 되겠다. 모아가지고 돈 가지고 배를 하나 샀어요. 사 가지고 <u>일본 하관에서 부산까지 일본 배 타가 사 가지고 돈을 주고 배타고 나왔지.</u> (중략) 그 정기배가 없으니까 그땐 일본 배는 일절 움직이지 못하게 돼있거든. 일본 저 연합군이 명령 내려가지고. (중략) 그래서 그게 소위말해서 밀수선 밀선타고.

"면담자: 거기서 완전히 한국으로 오실 때는 일본군에서 완전히 해제가 되신 상태에서 오신 거죠?

구술자: 완전 해제가 됐지. <u>월급도 받았고. 월급을 주더만요. 1년분 월급을 얼만지</u>

기억은 안나는 데. 1년분이라고서만 그게 그 당시 돈이 어찌나 많던지.

　김계원의 구술을 통해 당시의 상황 몇 가지를 확인할 수 있다. 일단 종전 이후 일본 내 각 부대에서는 조선인 병사들의 통제가 잘 이루어지지 않았던 것으로 보인다. 예를 들어 곽병을은 종전 이후 아직 정식으로 일본군에서 해제되지 않은 상황에서도 "맘대로" 외출하여 시내구경도 하고 극장구경도 했다.[46] 손종영에 따르면 종전 후 조선인 병사들이 가끔 밤에 빠져 나가서 술을 마시고 행패를 부리다가 경찰에 붙잡혀 갔고, 이들 대부분은 보통학교도 나오지 못한 징병으로 동원된 사람들이라고 한다.[47] 그래서 김계원이 소속된 부대에서는 조선인 병사들이 문제를 일으키자 일체 외출을 금지한 것이다. 결국 일제는 1945년 9월과 10월 사이에 조선인 병사들을 집단으로 귀국시키는데, 이때 인솔을 맡은 사람들이 학병 출신의 조선인 장교들이었다. 보통 조선인 장교 한 사람이 사병 100~200명을 인솔했다. 그리고 조선인 장교들은 부대를 떠나면서 약 1년 치 월급을 퇴직금조로 받았다. 손종영의 경우 3,500엔을 받았는데, 이는 그가 입대 전 서울에서 지불했던 한 달 하숙비 30엔과 비교했을 때 매우 큰 액수였다.[48]

　일제의 동원으로부터 벗어난 조선인 학병 출신 중 일부는 새로운 독립국가 건설 과정에 적극적으로 참여하고자 했다. 특히 서울로 모여든 학병 출신들의 움직임이 활발했다. 조선인 학병 출신 가운데 가장 먼저 서울에 도착한 사람들은 일제 당시 조선 내 부대에 배치되었던 사람들이었다. 대구 24부대에서 학병으로 복무한 김봉호는 해방 후 1주일만에

---

46) 곽병을, 1차구술, 2010.10.13.

47) 손종영, 앞의 책, 305쪽.

48) 손종영, 앞의 책, 311쪽.

서울로 올라왔다. 김봉호의 동료들도 제대 후 곧바로 서울로 올라왔다. 대구뿐만 아니라 평양에서 복무했던 조선인 학병 출신들도 일찍부터 서울에 올라와 있었다. 그리고 이들은 여러 차례 회합을 갖고 1945년 9월 초 '학병동맹'이라는 조직을 탄생시켰다.

'학병동맹'이 만들어지던 과정에 대해서는 김봉호의 구술이 매우 상세하다. 물론『1.20학병사기』3권에는 김봉호와 대구에서 함께 학병으로 복무했던 허상도의 회고가 나와 있다.[49] 그런데 허상도는 이 회고를 작성하면서 김봉호의 조언에 많이 의지했다고 한다. 단, 김봉호의 구술이 학병동맹의 조직 과정을 자세하게 설명하고 있다면, 상대적으로 허상도의 회고는 학병동맹의 활동과 해산과정에 초점을 맞추고 있다. 이러한 차이는 김봉호가 학병동맹의 조직에는 적극 관여했으나 이후 학병동맹의 활동에 점차 소극적이었던데 비해, 허상도의 경우 학병동맹이 해산될 때까지 적극적으로 관여했기 때문으로 보인다.

김봉호의 구술과 허상도의 회고를 바탕으로 재구성한 학병동맹의 조직과 활동, 해산과정은 다음과 같다. 대구 24부대에서 복무한 조선인 학병들 중 곧바로 서울로 올라 온 김봉호, 허상도, 최순도 등 10여 명은 인사동에 있던 최순도의 집에 모였다. 평양에서 복무한 조선인 학병들 중 김근배, 이철영 등 10여 명도 역시 인사동에 있던 김근배의 집(여관)에 모였다. 이들은 곧 힘을 합쳤다. 약 30여 명의 대구와 평양 복무 학병 출신들은 인사동의 김근배 집(여관)에 임시사무실을 설치하고 조직적으로 움직이기 시작했다. 이후 각지에서 돌아온 학병 출신들이 속속 합류하면서 모임의 규모가 커지기 시작했다. 이 과정에서 이춘영의 제안에 의해 1945년 9월 초 '학병동맹'이라는 정식 조직이 만들어졌다. 위원장은 왕익권, 부위원장은 이춘영이 선출되었다. 그리고 종로의 YMCA 건

---

49) 허상도, 「치안과 학병-학병동맹의 전말〉,『1.20학병사기 3』, 삼진출판사, 1990, 457~475쪽.

너편 영보빌딩에 학병동맹 본부가 설치되었다.[50]

학병동맹이 정확히 언제 만들어졌는지 그 날짜는 분명치 않다. 한신의 회고에는 특별한 근거 없이 학병동맹이 1945년 9월 1일 결성되었다고 나와 있지만,[51] 허상도는 자신들이 1945년 9월 3일 처음으로 종로 본부에 모였다고 회고했다.[52] 김봉호는 이와 관련한 언급을 하지 않았다. 일반적으로 학병동맹이 9월 1일에 결성되었다고 알려진 만큼, 9월 1일에 정식 조직이 만들어지고 본부는 3일에 설치되었을 가능성이 있다.

정식으로 조직된 학병동맹은 곧 활발한 활동에 나섰다. 학병 출신들이 처음 인사동에 모였을 때만해도 이들의 활동은 서울역 앞에서 빗자루를 들고 거리를 청소하면서, 전차에 막 올라타거나 내리지 말자라는 식으로 시민들에게 질서 유지를 호소하는 '계몽활동' 수준에 머물러 있었다.[53] 그러나 '학병동맹'이라는 정식 조직을 출범시키면서 활동의 범위가 넓어졌다. 가장 중요한 활동은 미군의 한반도 진주를 전후로 한 시점에 이루어졌다. 1945년 9월 6일 일제의 조선총독부로부터 정식 항복을 받기 위해 해리스 준장이 이끄는 미군 선발대가 김포공항을 통해 한국에 들어왔다. 이에 100여 명의 학병동맹원들은 단복을 맞추고 시가행진을 벌이면서 미군 선발대를 찾아갔다. 당시의 상황을 허상도는 다음과 같이 회고했다.

드디어 우리들의 행동개시의 날이 다가왔다. 조반을 끝낸 단원 일동은 비장한 결의를 했다. (중략) 종로 거리에 8열종대로 정렬을 했다. 급조한 8명이 받쳐든 대형 태극기를 선두로 급조 의장대가 서고 자유쟁취 학병동맹이란 피깃과 手旗를 해들

---

50) 김봉호, 1차구술, 2010.10.20.

51) 한신, 앞의 책, 55쪽.

52) 허상도, 앞의 글, 462쪽.

53) 김봉호, 1차구술, 2010.10.20.

고 <u>德成高女</u> 브라스밴드의 힘찬 행진곡에 발맞추어 보무도 당당하게 행진을 시작했다.[54]

아직까지 조선의 치안을 담당하고 있었던 일본군인들이 이 시가행진을 저지하려 했으나 학병동맹원들은 수많은 시민들의 응원을 등에 업고 오히려 일본군을 무장해제 시키며 미군 선발대가 머물고 있는 조선호텔까지 나아갔다. 이 과정에서 수많은 단체들이 깃발을 들고 나타나 학병동맹의 뒤를 따랐다. 우여곡절 끝에 미군 선발대를 만난 학병동맹원들은 해리스 준장으로부터 서울의 치안을 잘 부탁한다는 격려를 받았다. 여기서 힘을 얻은 학병동맹원들은 다시 행진을 시작하여 을지로와 동대문을 거쳐 종로의 본부로 돌아왔다. 이 시가행진을 계기로 학병동맹에 참여하는 학병 출신들의 숫자가 크게 증가했다.[55]

학병동맹은 여기서 한 걸음 더 나아갔다. 미 점령군이 정식으로 한반도에 상륙한 1945년 9월 8일, 김봉호와 허상도 등 10여 명의 학병동맹원들은 종로경찰서로 진격하여 친일경찰로 유명했던 최연 종로경찰서장 등을 구금하고 일본경찰들로부터 각종 무기를 압수하였다. 그리고 일본인 장교와 고급관리들이 많은 무기들을 은닉하고 있다고 알려진 미꾸니(三國)아파트를 수색하였다. 그러나 학병동맹원들의 종로경찰서 접수는 채 하루를 넘기지 못했다. 한반도에 상륙한 미군이 곧바로 학병동맹원들을 경찰서에서 내쫓아 버린 것이다.[56] 이 과정에서 양측 사이에 무력충돌이 일어나지는 않았지만, 이 사건은 이후 벌어질 경찰, 미군정과 학

---

54) 허상도, 앞의 글, 463쪽.

55) 허상도, 앞의 글, 464~465쪽. 비슷한 내용이 김봉호의 구술에도 나오지만 이 부분에 대한 그의 구술은 매우 소략하며 해리스를 하지로 언급하는 등 부정확한 면이 있다.

56) 김봉호, 1차구술, 2010.10.20.; 허상도, 앞의 글, 466~468쪽.

병동맹 사이의 불편한 관계를 예고하는 전초전의 성격을 갖고 있었다.

일본과 중국에 있던 조선인 학병들의 귀국이 본격화되고, 또 시가행신 이후 학병동맹의 존재가 부각되면서 학병동맹의 규모는 급속히 커졌다. 이에 학병동맹은 늘어만 가는 학병동맹원들의 거처 마련을 위해 안국동의 덕성중학교 교사로 본부를 이전하였다. 이때 학병동맹은 '학병의 노래'를 만들어서 보급하는데 앞장섰다. 그리고 1945년 10월 개학으로 인해 학교 건물을 더 이상 사용할 수 없게 되자, 학병동맹은 일제 때 일본인들이 연수원으로 사용했던 삼청동의 건물을 인수하여 그곳으로 본부를 이전하였다.[57] 이때 학병동맹은 '피 흘린 기록'이라는 제목의 연극을 상영하여 관객들의 큰 호응을 받았다. 허상도의 회고에 따르면 이 무렵 고향이 경상북도인 학병들은 귀향하여 학병동맹 경북지부를 설치하고 중앙 본부와의 연계 하에 각종 봉사, 계몽활동을 했으며, 다른 지역에서도 각도 단위로 지부가 속속 결성되었다고 한다.[58]

그런데 시간이 지날수록 학병동맹은 경찰과 미군정에 의해 '좌익'단체라는 혐의를 받기 시작했다. 원래 학병동맹은 정치색이 분명한 단체가 아니었다. 회칙에도 일체 정치색채는 띠지 않기로 명시되어 있었다. 또 조직적으로 일사불란하게 움직였던 단체도 아니었다. 연고 없이 서울에 올라온 학병 출신들이 자연스럽게 접촉하고 가입하고 기거했던 그런 단체였다. 그러나 학병동맹의 활동이 활발해지자 다양한 정치세력들이 학병동맹과 접촉했고 이 과정에서 학병동맹은 정치적으로 분열하였다. 백남권의 회고에 의하면 여운형이 다녀간 후 인민공화국 지지파와 반대파 사이의 분열이 있었는데, 학병동맹원의 약 70%가 인민공화국 지지자였다고 한다.[59] 김봉호 역시 여운형과 좌익계통 학병 출신들이 관계가 있

---

57) 김봉호, 1차구술, 2010.10.20.

58) 허상도, 앞의 글, 474쪽.

59) 한국정신문화연구원 한민족문화연구소 편, 앞의 책, 179쪽.

다고 증언했다.[60] 특히 왕익권과 이춘영 같은 지도부가 좌익세력에 경도되었을 가능성이 크다.

갈수록 분명해지는 정치적 입장 차이는 결국 학병동맹의 조직적 분열을 가져왔다. 1945년 12월 16일 안동준, 백남권, 김완룡, 김근배 등 우익적 성향의 학병 출신들은 학병동맹을 이탈하여 '학병단'이라는 새로운 조직을 결성하였다. '학병단'의 결성과정에 대해서는 안동준의 구술과 더불어 그가 『1.20학병사기』 3권에 쓴 회고가 있다. 구술과 회고의 내용은 큰 차이가 없지만 약간의 혼선이 존재한다.

먼저 『1.20학병사기』 3권에 나오는 안동준의 회고에 따르면 '학병단'은 안동준이 자신의 처숙인 조개옥 경기도 경찰부장에게 몇몇 학병들의 경찰 취직을 부탁하는 과정에서 만들어졌다. 당시 안동준은 학병동맹에서 총무부장을 맡고 있었는데, 대부분 38선 이북 출신으로 삼청동 학병동맹 본부에서 기거하고 있었던 학병동맹원들이 그에게 생계 문제의 해결을 강력히 요청했다. 이에 안동준이 조개옥을 찾아가 청탁을 했으나, 조개옥은 "학병동맹은 좌익단체이기 때문에 채용할 수 없다"며 이를 거부했다. 충격을 받은 안동준은 곧바로 이 문제를 가지고 삼청동 본부에서 긴급임시총회를 개최했고, 평소에 나오던 학병동맹원 대다수의 결의로 우선 본부를 삼청동에서 을지로의 오가와(小川)여관으로 옮겼다. 그리고 그 다음날 '학병동맹'이라는 이름을, 좌익계통에서 즐겨 쓰는 '동맹'이라는 말을 빼고 그 대신 '단'자를 붙여 '학병단'으로 개칭하기로 결정했다. 안동준에 따르면 학병단이 만들어진 이후 학병단에 나오는 학병 출신들의 수가 삼청동 학병동맹 시절의 3배에 달했는데, 이중 3분의 2는 38선 이북 출신이고 3분의 1은 38선 이남 출신이었다고 한다.[61]

---

60) 김봉호, 1차구술, 2010.10.20.

61) 안동준, 「학병동맹 및 나와 학병단〉, 『1.20학병사기 3』, 삼진출판사, 1990, 487~492쪽.

그런데 안동준의 구술 내용은 이와 약간 다르다. 즉 조개옥을 만나기 이전에 안동준은 이미 삼청동의 학병동맹 본부를 나와 을지로에 학병단 본부를 만들었고, 학병단 조직 후 학병단원들의 취직 문제를 부탁하기 위해 조개옥을 만났다는 것이다. 그러다가 조개옥으로부터 "학병은 빨갱이다"라는 말과 함께 청탁을 거절당하자, 이러한 문제를 극복하기 위해 학병을 중심으로 한 군대 창설을 시도했다는 것이다.[62] 한마디로 안동준과 구술과 회고를 비교했을 때 조개옥과의 만남과 학병단 조직 사이의 선후관계, 인과관계가 뒤바뀌어 있다. 구술 당시 안동준의 나이가 90세가 넘은 고령이라는 점을 감안한다면 구술보다 20년 전에 기술된 회고의 내용이 보다 정확할 것으로 판단된다.

중요한 지점은 안동준이 학병단을 만들 당시의 상황이다. 먼저 안동준은 구술과 회고 모두에서 일관되게 '학병동맹'이 대다수 구성원의 동의에 의해 '학병단'으로 전환되었다고 주장했다. 그러나 실제로 '학병동맹'은 '학병단'이 만들어진 다음날 성명을 발표하여 자신의 건재를 과시했다. 즉 학병동맹은 역사의 조류에 순응하며 사회진화에 따라서 완전 자유독립을 위해 사선을 넘어온 학병들의 나아갈 길을 밝히고 있으며, 동시에 항간에서 떠드는 일부의 비방과 중상은 전연 문제시 않고 앞으로 활동할 것을 표방하였다.[63] 앞서 언급한 백남권의 회고에도 인민공화국을 지지했던 학병이 70%가 넘는다고 나와 있는 만큼, 안동준의 주장처럼 '학병동맹'이 그대로 '학병단'으로 바뀌었다고 보는 것은 무리가 있다. 여기서 당시 삼청동 학병동맹 본부에 주로 나오던 사람들이 38선 이북 출신들이며, 이후 학병단의 3분의 2 정도를 38선 이북 출신이 차지했다는 언급에 주목할 필요가 있다. 안동준은 '학병동맹'이 '학병단'으로

---

62) 안동준, 1차구술, 2009.12.15.
63) 노영기, 「1945~50년 한국군의 형성과 성격〉, 성균관대학교 박사학위논문, 29쪽.

전환될 때 "평소에 나오던" 학병동맹원 대다수가 동의했다고 주장했는데, 이는 "평소에 나오던" 38선 이북 출신의 학병동맹원들이 학병단 창설을 주도했다는 의미로 해석할 수 있다.

학병동맹에서 38선 이북 출신들이 어느 정도의 역할을 했는지는 분명치 않다. 일반적으로 월남민들은 반공의식이 강하다고 하지만, 1945년 12월의 시점에서 이들이 북한에서 피해를 입고 남쪽으로 내려왔는지 아니면 처음부터 고향으로 가지 않고 서울에 계속 있었는지 알 수가 없다. 한 가지 확실한 것은 고향을 떠나 연고가 없이 서울에서 살아가는 이들의 사회경제적 처지가 열악했을 것이라는 점이다. 그들이 학병동맹이든 학병단이든 '본부'에서 기거할 수밖에 없었던 이유도 여기에 있고, 안동준이 이들의 생계 문제 때문에 경찰과 접촉하게 된 이유도 여기에 있다. 학병동맹이 경찰과 미군정에 의해 '좌익'단체로 낙인찍힌 상황에서 이들은 더 이상 학병동맹에 머무를 이유가 없었다. 일제 식민지기 조선인 학병들에게 선택의 가장 중요한 기준은 '생존'이었다. 해방 이후 학병 출신들도 자신의 생존에 좀 더 적합한 선택을 해야 했고, 학병동맹이나 학병단 같은 학병 단체들은 모두 이러한 상황 속에서 만들어지고 또 분열했던 것이다.

학병동맹과 학병단의 분열 이후 곧바로 신탁통치 파동이 일어났다. 신탁통치 파동으로 좌우갈등이 심화되면서 두 조직의 정치적 색깔은 더욱 강화되었다. 학병단의 주도세력은 우익적 성향을 분명히 했으며, 학병동맹도 좌익적 성향을 분명히 하면서 우익세력에 맞서 좌익세력을 보호하는 물리력으로 기능했다. 결국 학병동맹은 1946년 1월 19일 경기도 경찰부 소속 무장경찰의 습격을 받아 강제 해산되었는데, 이 과정에서 학병동맹원 3명이 사망하고 32명이 체포되었다.[64] 반면 "國防의 干城"을

---

64) 노영기, 앞의 논문, 29쪽; 39~40쪽. 1946년 1월 19일 학병동맹의 삼청동 본부에는 1월 20일 학병 동원 2주년 기념식 준비를 위해 많은 학병동맹원들

표방한 학병단은 이후 미군정의 군사영어학교 설립과 국방경비대 창설에 적극적으로 협력하면서 한국군 창설의 토대가 되었다.

4. 한국군 창설과 학병의 참여

경비대 형태로 한국군 창설을 준비 중이었던 미군정은 경비대를 조직하고 지휘할 장교 양성을 위해 1945년 12월 5일 일제 식민지기 군 경력자를 대상으로 군사영어학교를 개교하였다. 이때 미군정은 당시 난립하고 있었던 여러 군사단체로부터 학생들을 추천받았다. 미군정은 학병단에도 몇 사람의 학생 추천을 요청했다. 이에 단장 안동준을 비롯한 임선하, 백남권 등 학병단 중심세력들은 학병단의 추천 인원 증가를 진정하기 위해 미군정 군사국장 참패니 대령과 군사국차장 아고 대령을 방문하였다. 이 자리에서 학병단은 학병단원 전원이 대학생 출신으로 모두가 장래의 이 나라 군대의 간부로서 소양과 자격을 갖춘 사람들인 만큼, 전원을 군영 학생으로 수용해주든지 아니면 학병단을 주축으로 하고 부족한 인원만을 다른 단체에서 보충할 것을 요구했다. 이에 미군정에서는 학병의 요구를 그대로 들어줄 수는 없지만 학병단의 풍부한 인적 자원을 고려하여 다른 군사단체보다 2배의 인원을 배정하겠다는 타협안을 제시했다. 그 결과 학병단에서는 임선하, 김종갑, 김형일, 조암, 김병길, 최홍희, 함준호, 백남권, 김완룡, 이희권 등이 추천을 받아 군사영어학교에 입교했다.[65]

이 모여 있었다. 허상도, 앞의 글, 475쪽.

65) 안동준, 앞의 글, 496~497쪽. 백남권의 회고에 따르면 미군정이 학병단에게 30명을 추천하라고 했다고 한다. 그러나 안동준의 구술이나 회고 속에서 이러한 사실은 확인되지 않는다. 한국정신문화연구원 한민족문화연구소 편, 앞

그러나 군사영어학교에 입교한 학병 출신들을 보면 학병단의 추천을 거치지 않은 경우가 더 많았다. 구술자 가운데 군사영어학교에 입교한 김계원의 경우 해방 후 모교인 연희전문학교에 돌아갈 생각이었으나 학내에서 갈수록 커지는 좌우갈등으로 인해 복교를 포기하였다. 그 대신 김계원은 일제 강점기 때부터 친분이 두터웠던 이혁기의 부관으로 '국군준비대'에 관여하다가, 이혁기의 권유와 추천으로 군사영어학교에 입학했다.

> 면담자: 그러면은 그 국군준비대에 계시다가 결국에는 군사영어학교에 입학하시지 않습니까?
> 구술자: 네, 국군준비대에 있었는데, 이거 참 내가 이혁기가 참 고마운 것이, 잊지 못할 것이, 걔가 이 좌익 애들한테 이미 돈을 많이 받아썼어. 쓴 뒤야. 그래가지고 하루는 이혁기가 날보고 "계원아." 나하고 참 터놓고 이야기하니까. "나는" 자기 얘기야. "나는 이제 어쩔 도리가 없다, 여기서 발을 뺄 수가 없다." 그 뭐 발 뺄 수 없다고 하니까 "인민공화국 쪽에서 돈을 하도 많이 받아썼기 때문에 나는 이제 발을 뽑을 수 없다. 너는 여기 들어오지 마라. 이 이상 들어오지 마라." 날보고 이래요. 그러면서 군정청에서, 군정청은 미군을 말해요. 그러면서 군정청에서 군사영어학교를 만든다니까, 과거에 장교경험이 있는 사람을 모집해가지고 군사교육을, 기초교육을 시킨다니까 너 그 앞으로 내 추천, 자기보고 20명을 추천하라고 그랬대. "내가 너 추천할테니까 너 거 가봐라. 여긴 들어오지 마라" 이래. (중략) "그래 알겠다." 나 이제 학교 가도 공부도 못하지 그래서 "그렇게 하겠다." 그래서 내가 국군준비대에 들어가게…
> 면담자: 군사영어학교에…
> 구술자: 그래 군사영어학교에.[66]

의 책, 180쪽.
66) 김계원, 1차구술, 2010.7.27.

김계원은 안동준으로부터 학병단 가입 제안도 받았지만 개인적인 친분으로 믿을 수 있는 이혁기와 함께 행동했다. 처음에 국군준비대는 정치적 중립을 표방하며 왕성한 활동을 벌여 김계원을 비롯하여 연상, 민기식 같은 몇몇 인물들을 군사영어학교에 추천하기도 했으나, 신탁통치 파동 이후 좌우대립이 격화되자 좌익세력의 물리력으로 그 성격이 변화하여 결국 1946년 1월 8일 미군정에 의해 해산 명령을 받았다.[67]

황헌친의 경우 군사영어학교 입학 과정에 개인적인 친분이 더욱 크게 작용했다. 해방 후 한국으로 돌아온 황헌친은 더 이상 모교 와세다대학을 다닐 수 없게 되자, 경성제국대학의 후신인 경성대학에 편입을 시도했다. 그런데 편입 준비 중 과거 같은 부대에서 근무했던 학병 출신 민병권을 만나 그의 권유로 군사영어학교에 입학하게 되었다. 물론 황헌친도 삼청동의 학병동맹 본부에 가 본적이 있었지만 학병동맹의 좌익적 성향을 경계하며 이후 관계를 끊었다. 또한 그는 학병단과도 접촉했지만 역시 직접적인 관계를 맺지는 않았다.[68] 한마디로 황헌친은 학병으로서의 정체성을 가지고 자신의 진로를 선택하는 과정에서 신뢰가 가지 않는 학병 조직보다 믿을 수 있는 인적 네트워크를 이용했던 것이다.

그밖에 역시 학병 출신으로 군사영어학교에 입학한 강영훈은 해방 직후 고향인 38선 이북 지방(평안북도)으로 들어갔다가 북한 공산당의 지배에 반발하여 1946년 3월 월남하였다. 월남 이후 강영훈은 호구지책을 위해 직장을 알아보던 중 군사영어학교에서 군 경력자를 모집한다는 사실을 뒤늦게 알고 만주 건국대학 선배를 통해 이응준과 접촉하여 간신히 군사영어학교의 막차를 탔다.[69] 강영훈의 경우 앞서 살펴본 김계원이

<hr />

67) 노영기, 앞의 논문, 27쪽.
68) 황헌친, 2차구술, 2009.11.25.
69) 강영훈, 앞의 책, 80~87쪽.

나 황헌친에 비해 더욱 적극적으로 개인적인 친분과 인적 네트워크를 활용한 것을 알 수 있다. 반면 강영훈처럼 해방 직후 고향인 38선 이북 지역(함경남도)으로 돌아갔다가 역시 1946년 3월 경에 월남한 한신의 경우 주위의 권유로 한국군 장교가 되고자 했으나, 군사영어학교와 조선경비사관학교(육사) 1기 입학 시기를 놓쳐 결국 우선 사병으로 입대한 후 육사 2기로 입학하여 장교가 되었다.[70]

그런데 아이러니하게도 학병단을 조직하는데 앞장섰던 단장 안동준은 정작 군사영어학교에 입학하지 않았다. 이에 대해 안동준은 고향인 충청북도로 돌아오라고 하는 부모님의 요구를 거부하기 어려웠고 스스로도 낙향하여 다른 일을 하는 것이 더 의미가 있을 것으로 판단하여 일단 고향으로 내려갔다고 설명했다.[71] 그러나 이러한 이유 이외에도 군사영어학교의 입학 자격이 일제 강점기 하 장교 및 준사관 출신으로 제한되어 있던 상황에서, 학병 시절 간부후보생 시험을 치루지 못해 사병으로 복무했던 안동준이 입학 자격 자체를 얻지 못했을 가능성이 크다. 안동준은 이후 한동안 고향에서 교육 사업에 매진하다, 군사영어학교의 후신인 조선경비사관학교에서 다시 군 경력자들을 모집한다는 소식을 듣고 결국에는 조선경비사관학교(육사) 7기 특별로 입학하여 장교가 되었다.

장경순도 안동준처럼 육사 7기 특별로 입학하여 장교가 되었다. 해방 후 장경순은 고향인 전라북도로 돌아가 전주에서 교사 생활을 했다. 그러다가 당시 육사 교장 송호성의 간곡한 권유에 의해 7기 특별로 입학을 하였다.[72] 비록 소수의 사례라는 한계가 있지만, 한국군 창설 초기 학병

---

70) 한신, 앞의 책, 56~80쪽.

71) 안동준, 1차구술, 2009.12.15.

72) 장경순, 1차구술, 2011.1.12.

출신으로 사관학교에 입학하여 장교가 되는 일반적인 방법은, 우선 일본군에서 갑종 간부후보생과 견습사관을 거쳐 소위가 된 다음, 해방 직후 조직적인 혹은 개인적인 인연을 바탕으로 군사영어학교 혹은 육사 1~2기에 들어가거나, 나중에 군 경력을 바탕으로 사관학교 7기 특별반에 들어가는 것으로 정리할 수 있다. 실제 군사영어학교부터 육사 8기까지 졸업자 가운데서 학병의 비율이 상대적으로 높은 기수가 바로 이들 기수들이다.

그러나 모든 학병 출신들이 사관학교를 입학하거나 한국군에 참여한 것은 아니다. 한국군에 참여하지 않은 사람이 훨씬 많았다.[73] 학병동맹을 처음 만들 때 적극적으로 관여했던 김봉호는 이후 한동안 학병 단체들과 거리를 두다가 한국전쟁 직전에 가서야 시흥에 있던 육군보병학교에 입교하였다. 그러나 이 역시 해방 후 오랫동안 사회에 적응하지 못한 상황에서 선택한 고육지책이었을 뿐, 군인이 되기 위한 적극적인 행동으로 보기는 어렵다. 결국 그는 곧 병을 얻어 군을 떠났다.[74] 곽병을처럼 해방 후 다시 고향으로 내려가 원래 직장에 복귀한 경우는 더욱 한국군에 참여하기가 어려웠다. 특히 지방은 서울과 달리 학병단체도 거의 없었기 때문에 낙향한 학병 출신들이 조직이나 인맥을 통해 군인이 될 수 있는 가능성은 별로 없었다. 또한 손종영처럼 많은 권유와 요청에 불구하고 다시는 총칼을 잡지 않겠다는 신념 때문에 한국군에 참여하지 않은 경우도 있었다.[75] 한마디로 상황에 따라 또 개인적 입장에 따라 학병 출신들의 한국군 참여 양상은 매우 다양했던 것이다.

---

73) 황헌친, 2차구술, 2009.11.25.

74) 김봉호, 1차구술, 2010.10.20.

75) 손종영, 앞의 책, 350쪽.

5. 맺음말

한국군에 참여한 일제 강점기 조선인 학병 출신들은 이후 한국군 내에서 어떤 활동을 했을까? 사실 학병 출신 한국군 참여자들은 일본육사 출신이나 만주군관학교 출신에 비해 그 수는 많았지만 지위나 역할은 낮은 편이었다. 예를 들어 처음 국방경비대가 창설될 때 각 연대의 창설을 주도한 요원들은 대부분 학병 출신이었지만, 연대의 부대장에는 일본육사와 만주군관학교 출신들이 우선 배치되었다.[76] 비록 대학을 나온 엘리트였지만 짧은 군사교육을 받고 기껏해야 소위 계급에 머물렀던 학병 출신들이 보다 높은 계급을 가졌던 사관학교 출신들과 경쟁하는 것은 처음부터 불가능했을지도 모른다.

그래서인지 이후 한국군에서 학병 출신들이 학병의 정체성을 가지고 특징적인 모습을 보이는 경우는 찾기 힘들다. 학병단 출신들이 군사영어학교 입교 대상자들의 사상을 검열하고, 훗날 군내에서 좌익 세력을 제거하는 데 중요한 역할을 수행했다는 정도의 특징이 전부가 아닐까 싶다.[77] 또한 학병 출신들은 일본육사나 만주사관학교 출신들에 비해 개인별로 너무도 다양한 모습을 보이고 있어, 이들을 하나로 묶어서 이해하기가 쉽지 않다. 무엇보다 이들은 그 수가 적지 않았음에도 한국군 내에서 하나의 세력 혹은 파벌로 기능하지 않았다. 그동안 학병 출신의 해방 전후 경험과 한국군 참여 문제에 대해 연구가 거의 이루어지지 않았던 근본 이유도 여기에 있다.

하지만 정형화하기 힘든 학병 출신들의 경험과 모습은 그들이 살아온 격동의 시대를 담아낸 거울과 같다. 지배와 저항, 좌우의 대립이라는 단

---

76) 노영기, 앞의 논문, 67쪽.
77) 노영기, 앞의 논문, 75쪽.

순한 도식을 넘어 자신에게 주어진 환경에 맞서 역동적으로 살아갔던 학병 출신들의 삶은, 그 자체가 한국현대사와 한국군에 대한 인식의 폭을 넓혀 주는 좋은 자료가 된다. 앞으로 보다 많은 구술 채록과 사례 연구를 통해, 또 일본이나 만주의 사관학교 출신이나 지원병, 징병 출신들과의 비교 검토를 통해, 학병 출신들이 한국현대사와 한국군에 끼친 영향을 더욱 세밀하게 분석해야 할 것이다.

제2장

월남인의 해방 전후 경험과 한국군 참여

이 동 원

머리말

해방 이후 한국 사회는 전재민(refugee), 귀환민(repatriate), 귀향민(returnee) 등으로 다양하게 명명되었던 급격한 인구 유입을 경험하였다.[1] 이는 특히 중일전쟁 이후 전시동원체제 하에서 일본, 만주 등지로 이주하였던 한국인들의 대규모 귀환과, 미소군의 한반도 분할점령 및 남북한 사회의 변화에 따른 월남, 월북을 복합적으로 반영하는 것이다.[2]

이러한 인구 유입 중 북한에서 남한으로의 월남은 해방 직후부터 한국

---

[1] 1947년 5월, 동아일보는 "북조선으로부터 넘어오는 동포가 4월말까지 45만을 돌파하고 10월까지는 약 백만명이 예상되어 식량 배급을 확보하기 위하여 6월중의 식량배급을 2홉2작으로 줄이었다."라고 보도하였다.(『동아일보』 1947.5.31.)

[2] 이용기와 김영미는 주한미군 정보보고서(G-2 보고서)의 인구통계를 분석하면서 '귀환민'과 '월남민'을 구별하고 있다. 특히 1945년 8월~12월 기간에 약 25만~28만 명의 인구가 북한에서 월남했다고 추산하면서, 북한 토지개혁의 여파를 반영하는 3월~6월 기간에도 북한으로부터의 월남 인구가 매달 2~5만 명임을 감안하면, (4개월 간 약 13만 명) 1945년 북한으로부터의 월남민 중 대부분은 일제 말기의 '北鮮工業化'에 따라 남한에서 북한으로 이동했던 인구가 고향으로 되돌아온 귀환민이라고 추정한다. (이용기·김영미, 「주한미군 정보보고서(G-2 보고서)에 나타난 미군정기 귀환·월남인의 인구이동 규모와 추세」 『한국역사연구회회보』 32호, 1998)

전쟁기까지 꾸준하게 나타나며, 남한 사회의 정치·사회적 변화에 지대한 영향을 미쳤다. 북한의 친일 청산과 토지개혁을 등지고 월남한 사람들은 남한 사회의 보수성과 반소·반공주의를 강화하는 데 크게 기여하였다. 대표적인 월남 청년 단체인 서북청년회는 우익의 행동대로서 경찰 비호 하에 9월 총파업 분쇄, 제주 4.3 항쟁 탄압 등에 앞장섰으며, 굵직한 테러와 암살 사건들의 배후로 지목되곤 하였다. 한국군에서도 일본군·만주군 계통의 이북 군맥은 적어도 5.16 군사정변 시기까지 한국군의 주류를 형성하였다.[3]

월남·월남인 문제의 이러한 역사적 중요성으로 인해 1990년대 이후 사회학계와 역사학계를 중심으로 월남·월남인에 대한 연구가 진전되어 왔다.[4] 이들 연구는 구술사와 지역 사례 연구를 방법론적 공통점으로 하면서 그들의 집단적 정체성과 공동체적 성격을 규명하는데 초점을 맞추었다. 구술사 연구가 추구하는 '아래로부터의 역사'에 대한 지향을 공유하는

---

3) "자유당 정권기에는 일본군계 중에서도 이북 군맥이 주류를 이루었다. 이 이북 군맥이 다시 함경도파와 평안도파 간에 갈등을 보였다. 6.25를 겪은 후 자유 당정권 말기에는 함경도출신이 군 요직을 다수 차지하고 있었다. 정일권, 한신, 이한림, 강문봉, 박림항, 김동하 장군 등이 이른바 '알라스카 군맥'으로 이에 속한다. 이에 비해 백선엽, 김홍일, 이응준, 채병덕, 장도영 등 평안도 출신은 다수가 밀려나 있었다."(김재홍, 「軍 어제와 오늘 〈33〉」, 『동아일보』1993.8.17.)

4) 강인철, 「월남 개신교·천주교의 뿌리 −해방후 북한에서의 혁명과 기독교−」『역사비평』1992년 여름호, 1992; 강인철, 「남한사회와 월남기독교인 −극우반공 체제제하의 교회활동과 반공투쟁−」『역사비평』1993년 여름호, 1993; 김귀옥, 『월남민의 생활 경험과 정체성』서울대학교출판부, 1999; 김귀옥, 「아래로부터 반공 이데올로기 허물기: 정착촌 월남인의 구술사를 중심으로」『경제와 사회』 1999년 가을호, 1999; 김귀옥, 「해방직후 월남인의 서울 정착 −월남인의 사회·정치적 활동에 대한 접근」『典農史論』9, 2003; 조은, 「전쟁과 분단의 일상화와 기억의 정치 − '월남'가족과 '월북'가족 자녀들의 구술을 중심으로」『사회와 역사』 77집, 2008; 이용기, 김영미, 「주한미군 정보보고서(G−2 보고서)에 나타난 미군정기 귀환·월남민의 인구이동 규모와 추세」『한국역사연구회회보』 32호, 1998; 이신철, 「월남인 마을 '해방촌'(용산2가동) 연구 −공동체의 성격을 중심으로−」『서울학 연구』14, 2000; 김수자, 「한국전쟁과 월남여성들의 전쟁경험과 인식」『여성과 역사』제10집, 2009

것도 특징이라 할 수 있다. 그러나 월남 1세대의 고령화와 월남인 정체성의 약화, 월남인에 대한 남한 사회의 이중 잣대, 문헌 자료의 부재 등은 월남·월남인 연구의 진전을 더디게 하는 걸림돌이 되고 있다. 특히 해방 이후 한국전쟁기에 이르기까지 계속되는 월남인의 한국군 참여와 그 동기 및 성격에 대해서는 구체적인 연구가 수행되지 않았다.

따라서 이 글에서는 서울대학교 규장각한국학연구원 현대한국구술사연구단이 2009년부터 2011년까지 생산한 구술 자료를 활용하여 월남인의 다양한 이북 경험과 월남 동기, 월남 경로 및 한국군 참여 과정을 살펴볼 것이다. 이를 통해 월남인의 한국군 참여가 무엇을 의미하는지, 그것이 월남인, 특히 '엘리트' 월남인의 한국군 참여에 대한 기존의 사회적 통념과 어떻게 다른지를 규명해 보고자 한다.

서울대 구술사연구단이 2012년까지 구술을 채록한 총 37명의 구술자 중 14명을 월남인으로 분류할 수 있는데, 이는 전체 구술자 중 약 38%에 해당하는 비율이다.[5] 1945~1953년 기간 중 남한 인구에서 월남인이 차지하는 비중을 고려할 때, 이는 상대적으로 매우 높은 수치이다.[6] 모집단이 작기 때문에 이 수치를 일반화할 수는 없겠지만, 초기 한국군 형성에서 월남인의 역할이 매우 컸다고 추정할 수 있는 대목이다. 월남인으로 분류할 수 있는 구술자 14명의 약력은 본문 마지막에 〈표 1〉로 정리하였다.[7]

---

5) 이 글에서는 월남인을 覆선 이북에서 출생하여 해방 이후 38선 이남으로 월남하여 정착한 자'로 규정하고 논의를 전개하고자 한다. 이렇게 하면 38선 이남에서 출생하여 전시체제기 만주나 38선 이북에서 생활하다가 해방 이후 월남한 귀환민 혹은 귀향민은 월남인의 범주에서 제외된다. 또한 38선 이북에서 출생했더라도 해방 이전에 이미 38선 이남으로 월남하여 정착한 이들도 이 범주에서 제외된다. 예를 들어 경성제대 의학부를 졸업하고 해군 군의감을 지낸 장익렬의 경우 평안북도 용천군 출생이지만 1943년, 경성제대 예과에 입학한 이후 서울에서 생활하였기 때문에 월남인으로 분류하지 않았다.

6) 통계의 불확실성을 감안하면서 여러 통계를 교차 검토하면 1945년에서 1953년 기간 중 북한으로부터 남한으로의 월남민 규모는 약 130~140만 명으로 추정할 수 있다. 이는 1949년 당시 남한 인구 약 2,000만 명과 비교하여 6.5~7%에 해당한다.(김귀옥, 앞의 책, 1999, 41~43쪽; 68~70쪽; 『한국민족문화대백과사전』 '인구'참고.)

1. 월남인의 이북 경험과 월남 동기

해방 이후 한반도에 미·소군이 진주하면서 38선 이남과 이북에는 점차 다른 정치·사회 질서가 자리 잡았다. 해방 이전에도 일제가 '대륙병참기지화'를 위해 '남면북양(南綿北羊)', '북선(北鮮)개척' 정책을 펼치면서 그에 따른 변화가 나타났지만, 해방 이후 남북한 사회의 변화 양상은 해방 이전과는 질적으로 다른 것이었다.

38선 이북에서는 소련군이 인민위원회를 인정하면서 좌익 주도의 정치·사회 질서가 자리 잡게 되었고, 1946년 3월 5일, '토지개혁에 대한 법령'이 발표되면서 '무상몰수, 무상분배'에 의한 전면적인 토지개혁이 실시되었다. 월남인 구술자 14명은 38선 이북에서 진행된 이러한 사회주의적 변화를 대부분 경험하였고 그것은 이들에게 월남의 직접적인 동기가 되기도 하였다.

1945년 12월에 월남한 정규섭(1925년, 황해도 봉산 출생)은 개성 상업학교 재학 중에 양친을 여의고 졸업 후 고향에서 소학교 교사로 근무하다가 1945년 8월 2일, 징병을 당했다. 일본의 무조건 항복 후 고향에 돌아왔는데 교사 시절 검도를 가르쳤던 마을 청년들이 붉은 완장을 차고 친일파를 처단한다며 '만행'을 저지르는 것을 보고 월남을 결심하였다.

이 사람들 내가 무도하고 검도를 가르쳐준 걔들이라고. 걔들이 팀을 짜가지고 다니면서 집을 찾아다니면서 경관이었던 사람 집을 찾아다니면서 장독을 깨고 소를 끌어가고 집에다 불을 지르고 말이지. 이런 짓들 하면서 친일파를 갖다가 우리가

---

7) 월남인으로 분류할 수 있는 구술자 14명 중 박정인과 최순창의 경우는 글 작성 당시 구술 채록이 진행 중이거나 최근에 구술 채록이 종료되어 녹취록이 작성되지 않은 상태이다. 따라서 이 글은 이들을 제외한 12명의 구술 자료를 중심으로 구성하였다.

그대로 둘 수 없다하는 식으로 그런 만행들을 하더라고. 그래서 내가 전에 가르치고 우리 나이 또래고. 너희들 이렇게 할 수 없는 거 아니냐. 우리 동족끼리 왜 그러냐. 그러지 말라. 그런 식으로 타이르고 그랬는데 나중에는 타이르고 그런 것들이 얘들한테는 자기들을 배척하는 태도로 보여 가지고. 뭐 날더러 반동분자라고 말이야. 너는 뭔데, 네가 우리보고 해라마라 그러냐 아 이러면서 너도 뭐야 친일파 반동분자인지 모르겠다고 말이지 하면서 덤비고 또 그와 동시에 학교에 공산주의 그 평양서부터 그런 그 지령이 내려와 가지고 학교에서도 이러이런 건 못하고 이렇게 하라 하는 이런 제도가 자꾸 번지고 그래서 점점 싫증이 나요. 그래서 내가 참 어려운 결심을 그 때 하고 45년 지금 기억이 납니다만 45년 12월 10일. 그니까 해방 되고 3, 4개월밖에 안돼서 내가 동생들 보고 내가 너희들 떠나는 건 안됐지만 여기에 내가 있어봤자 아무런 희망도 없으니까 나는 이남으로 내려가서 내가 어떻게 해 볼 테니까 그 때까지 여기서 너희들이 어렵지만 참고서 살아. 내가 어떻게 해서라도 내려가서 기반을 닦아가지고 너희들 불러주겠다.…[8]

해방 이후 함흥에서 함남 중학과 영생 중학을 다녔던 박정인(1928년, 함남 신흥 출생)과 최순창(1927년, 함남 북청 출생)은 1946년 3월 13일에 있었던 '함흥 반공학생 의거'에 가담했다가 몸을 피하기 위해 월남하였다. 특히 박정인은 소련군의 약탈과 만행을 강조하면서 함남 인민위원회를 "소련군의 앞잡이"라고 묘사하였다.[9] 신경에서 만주상업학교를 졸업하고 일본 유학을 떠났다가 적성이 맞지 않아 돌아오던 길에 일본 형사의 강권으로 일본 해군 지원병 1기로 입대했던 이서근(1923년, 평남 안주 출생)은 1946년 4월, 우여곡절 끝에 부산으로 귀환했다가 고향인 안주로 귀향했다. 그러나 그는 부친이 입석 탄광지대에서 운영하던 양조

---

8) 정규섭, 1차구술, 2011.2.13.
9) 박정인, 『풍운의 별, 박정인 회고록』 홍익출판사, 1990, 34~37쪽.

장을 몰수당하고 가세가 크게 기운 현실을 마주하였다. 군 인민위원회의 요구에 따라 3개월 정도 러시아 여성 군의관의 일본어 통역을 했던 이서근은 자신의 출신 성분 때문에 이북 사회에서는 더 이상 살 수 없겠다고 생각하고 1946년 11월 1차 인민위원회 선거가 끝나자마자 월남을 결행하였다.

요시찰이라는, 쫓겨난 인간이죠. 너는 여기서 살 수 없는 사람이다 해서 요 이주한다고 하는, 어디로 이주한다. 요 이주자의 가족이에요. 그러니까 맞았어요. 그렇게 해서 뭐 일반적 행정적으로나 사상적으로나 뭐 다 안 되는 거죠. 그러니까 성분, 그러면 또 군 인민위원회에 가니까 그게 또 무슨 큰 직업이라고 말이죠. 뭐 쓰라고 해요. 쓰는데 직업이, 너 부모님 직업이 뭐냐, 부모의 직업이 뭐라고 얘기합니까. 소시민이라고 하죠, 소시민. 소시민, 농민, 노동자 뭐 이런 거 쓰는데 이게 소시민이라는 게 제일 싫어하는, 그 공산당이 제일 싫어하는 거 아녜요. 소시민, 너 소시민인데 뭐야. 글쎄, 저야 뭐 뭐라고 그럴까요, 어물어물하면서. 그러니까 안 되는 거예요. 안 되니까 나는 언제든지 그게 안 되는 거예요. 안 되는 데서 어떻게 삽니까. 아 여기에 호적초본 하나 떼러간다든가, 주민등록 떼러가게 되면 말이죠. 이 주민등록 떼러가서 인민증 딱 보여주면 "넌 안 돼. 주민등록 해줄 수 없어." 그럼 그냥 올 거 아닙니까.[10]

부모님이 3.1운동 이후 만주로 이주하여 여순중학과 길림중학을 다녔던 김제민(1927년, 중국 길림 출생)은 중학 재학 중 양친을 모두 여의고 해방 이후 본적지이자 사촌들이 살고 있는 황해도 신천으로 귀환했다. 신천에서 별다른 활동 없이 1년 정도 살았지만 함경도에서 토지개혁을 당한 지주 계층 사람들이 황해도로 강제 이주되어 오는 것을 보고 자신

---

10) 이서근, 1차구술, 2010.12.2.

도 "있는 집 자손"이라는 것이 탄로날까봐 월남을 결심하였다.[11] 1947년 7월, 전 가족이 월남한 장정렬(1933년, 평북 용천 출생)은 조부가 경성 법전을, 부친이 메이지대학을 나온 부유한 집안 출신으로 해방 당시 신의주동중 1학년에 재학 중이었다. 해방 이후 토지개혁으로 집안의 땅을 다 빼앗기고 부친이 신의주에서 운영하던 성냥 공장도 접수당하면서 가세가 기운 것이 월남의 결정적인 계기가 되었다.

3학년 때 월남을 했는데 월남한 그 역사는 북한이 이제 에, 북한 정권을 수립하기 위해서 우선적으로 농민, 노동자들을 선동을 해서 북한은 공산주의가 이렇게 좋은 거다 하는 것을 선동할 목적으로 토지개혁을 했습니다. 우리는 땅은 얼마 안 되지만 다 거기 뺏기고 집안에 전부 빨간 딱지 다 붙였어요. 나가라 이거예요. 숙청 저거를 해가지고. 신의주에 우리 그 인척 되는 분이 계셨는데. 할머니 인척 되는 분이 계셨는데. 거기에 약방을 하셨어요. 거기 가서 조금 지냈는데. 약방 그 할아버지께서 자금을 좀 대 주셔가지고 성냥공장을 했어요. 성냥공장을 하면서 우리 아버지는 거기에 사장이 되 가지고. 신의주에 있는 거를 하셨는데. 하루아침에 이제 그 말하자면 인민위원회에서 사장이 하나 부임해 왔어요. 그리고 우리 아버지께서는 거기 전무가 된 거에요. 그러니까 봉급쟁이가 된 거죠. 이게 도저히 이젠 가정을 먹여 살릴 수도 없고. 또 노(老)할머니가 계셨어요. 할아버지, 노(老)할아버지는 그때 돌아가시고. 증조모께서 계셨는데 그러니깐 어떻게 할, 뭐 움직일 수가 없잖아요. 우리 친척들은 다 벌써 45년 46년에 다 서울로 왔는데 왜 왔나 하면은 서울에 자식들이 와서 공부하는 애들이 많았어요. 근데 우리는 나이가 어리기 때문에 서울 가서 공부하는 애들이 없었어요. 그래 서울 가서 있을 수가 없으니까 그냥 기다리고 보고 있었던 건데. 그게 잘 안되니까. 47년도에 마침 봄에 그 노(老)할머니가 돌아가셨어요. 그래서 시골 그 선영에다 가서 모시고 할아버지 옆

11) 김제민, 1차구술, 2011.1.6.

에 이제 모셔서 묘를 쓰고 그리고 와서 7월 달에 저희가 그 49재를 지내고 그리고 나서 7월 달에 월남 했어요.[12]

그렇지만 38선 이북의 사회주의적 변화와 그것으로부터의 피해만이 월남의 동기가 되었던 것은 아니다. 한국전쟁 발발 전에 월남한 12명의 구술자 중 위에서 언급한 6인 이외의 구술자들은 조금 다른 이야기를 들려주었다. 해방 전 무산 철광에서 근무했던 김사열(1924년, 함북 연사군 출생)은 이른바 '묻지 마라 갑자생'으로 징병 1기에 해당되었는데 징집을 연기하기 위해 부여의 징병 훈련소에서 3개월 간 훈련을 받고 고향에 돌아와 소집 영장을 받았으나 이미 일제 패망이 뚜렷해져서 징병을 면했다. 해방 이후 서울에서 측량 기사로 일하던 아버지를 찾으러 1945년 10월 1일 월남하였는데, 뚜렷한 목표가 있었던 것도 아니고 어머니에게는 일주일 후에 돌아오겠다고 하고 집을 나섰다고 한다.

기차타고 오다가, 걸어오다가, 배 타다가 뭐 여러 가지 이제 과정⋯ 근데 왜 그러냐면 어떻게 나왔느냐하면, 무산에서 이제 어머니만 혼자 놔두시고, 1주일만 있다가 들어오겠다. 서울 갔다 오겠다. 그러니 이게 <u>1주일의 약속인데, 나와서 그냥 죽그 후에 죽 모친은 생 이제 생면 못했어요.</u>[13]

역시 해방 직후인 1945년 10월 월남한 임상빈(1934년, 평양 출생)은 평양에서 감리교 교회 목사로 있던 부친의 결정에 따라 결혼한 두 형을 제외하고 부모와 6남매가 모두 월남한 경우였다. 부친이 월남을 결정한 이유는 "김일성하고 빨갱이하고는 영 사상이 틀려서 안 되니까. ⋯ 그리

---

12) 장정렬, 1차구술, 2010.10.13.
13) 김사열, 2차구술, 2011.2.10.

고 그때는 벌써 이승만 박사가 미국에서 오니 뭐니 하면서 이승만 박사다 알았"기 때문이었다. 그러나 어린 학생이었던 임상빈에게 선택의 여지가 있었던 것은 아니었다.[14]

함흥 공립상업학교를 졸업하고 미츠비시 세이코 제강에 다니다 해방을 맞은 장우주(1927년, 함남 영흥 출생)와 덕천 탄광 사무원과 농회 지도원을 하다가 해방을 맞은 서영훈(1923년, 평남 덕천 출생)의 경우 월남 시기는 각각 1945년 12월과 1946년 8월로 달랐지만 월남의 목적은 모두 이남에서 학업을 연장하기 위한 것이었다.

근데 쪼끔 뭐 있다 보니까 이제 소련 아이들이 거저 이제 시작이 되는데, 그 뭐 아주 야만인들이에요. 특히 그 시베리아에 있는 죄수들 갖다가 군대 동원해 왔기 때문에 그래서 이제 북한에 들어왔던 맨 처음 들어왔던 소련군은 아주 야만적인 행동 많이 했죠. <u>그래 저는 이제 그때 나이가 18이라, 우리가 암만 그래도 이남에 내려가서 공부를 해야 겠다 해서 그해 12월 10일 날에 거 이제 고향 떠나가지고 그렇게 했지 돈 300엔 돈 이제 가지고서 나 허고 우리 그 사촌형님뻘 되는 분 허고 둘이 이제 기차 타구서 그렇게 어데까지 왔나 하게 되면 철원까지 왔어요.</u>[15]

그 토지개혁은 잘 하는 건데 토지개혁의 방법이 너무 과격하다. 그런 생각이 들었어. 토지 지주는 나라 이렇게 되었는데 즐겁게 내놔야 되고. 그런데 그게 지주들이 쉬운가. 그러니까 내쫓겼지. 가령 한 면에, 한 면에 한 열댓명씩, 한 동리에 한두세 집은 내쫓겨. 남쪽으로 오지요. 우리 같은 집은 그렇지는 않고 이제 해방 전에 다 뭐 그런 운동가고 그랬으니까, 우리 농사지을 거는 거는 줘서 나도 농사를 좀 짓고 그랬죠. 한 3~4,000평 가지고 농사짓고 했는데. <u>뭐 토지개혁은 잘 한 거죠. 잘</u>

---

14) 임상빈, 1차구술, 2010.5.19.

15) 장우주, 1차구술, 2009.9.17.

한 거야. 그런데 왜 오게 되었냐. 내가 공부에 굶주린 사람 아니야. 일제 때에도 책은 많이 봤는데, 진짜 서울에 가면 대학을 다니고 싶다. 중학교에 갈 필요는 없고, 검정고시 보던지, 서울에 가야겠다. 가면 훌륭한 지도자들 다 서울에 모여들고 그런데, 김일성 장군은 진짜인지 가짜인지도 잘 모르겠고, 그래 온 거지. 꼭 체제를 반대하고 온 거라기보다, 여기 와야 그래도 마음대로 공부할 수 있다.[16]

최경일(1934년, 강원도 평강군 출생)의 경우는 한국전쟁 발발 이전 월남한 구술자 중 가장 늦은 1949년 7~8월 경, 전 가족이 월남하였는데 그 동기가 복합적이다. 평강군 인민학교에 다니면서 웅변대회에 입상할 정도로 열성적인 공산 소년이었던 최경일은 1947년 2차 몰수 때 아버지가 운영하던 철공소가 몰수되고 아버지가 민청 청년들에게 고문당하는 것을 목격하였다.

거기서 내가 2등인지 1등을 했어. 해가지고 아주 열성적인 공산…당 청 아니 소년인데, 하루아침에 학교 갔다 오다 보니까 우리 아버지가 민청에, 민청이래 봐야 인제 어느 쌀가게, 뭐 망한 쌀가게 빼서 쌀가게 그 안방에다 가게 터가 있고 그 안방에서 우리 아버진 그 매를 맞고 고문을 당하는 거에요. 그러니 나는 몰랐는데, 그 어른들이 아버지 저 안에 있다고 말이야. 아이고 아이고 소리가 나고 그냥 난리가 나고 뭐 이래서, 아니 그 이상하다 보니까 우리 아버지더라구요. 그래 내가 좀 당찼어. 옛날부터 좀, 그래가지고 문을 활짝 재끼고 들어갔더니 이 나쁜 놈들이 빤스만 입히고 까꾸로 대들보에다 매달아놓고, 그 일본 군대 혁대 두꺼운 걸로 물칠해가지고 때리더라고. 그래서 내가 막, 그냥 내가 왜 그런지 아니까, 우리 아버지는 노동자 출신이고, 이 여, 저 김일성장군께서도 절대 이런 걸 이러지 않고 노동자 농민한테 왜, 왜 그러냐고. 뭐를 잘못해서. 니들 나쁜 놈들이라고 말이야, 도리

16) 서영훈, 1차구술, 2010.9.16.

어. 나도 이 얼, 얼마나, 이 뭐 옛날에는 높이뛰기 나가고 깃발도 들고 그랬어. 근데 그렇게 되니까 풀어주더라고. 우리 아버지가 석 달 치료받고 뭐 똥을 싸고 뭐 치료를 받고 겨우 일어났는데, 우리 공장은 그 민청 애들이 관리운영이 되고 우리 아버지는 노동자로 취직이 됐어요.[17]

그러나 최경일의 가족은 곧바로 월남을 시도하지 않았고 공산당원인 친척에게 부탁하여 38선 이북 500m 부근인 포천군 일동면 수입리로 이주하였다. 최경일의 모친이 이북의 운천장과 이남의 일동장을 오가며, 일종의 38선 교역을 통해 1949년 7~8월까지 생활했는데, 이들은 이 무렵 38선 이북인 수입리에 집까지 장만하였다. 그러나 결국 월남을 결행한 것은 38선 충돌이 점차 심해지면서 상황이 험악해졌기 때문이다.

근데 그걸 이제 그 신호가 또 안 맞으면 밤에들, 밤에들 무작정 건너가고 소도 끌고 가고 막 끌고 가고 이제 그런 정돈데. 어느 때 인제 그러니까 우리도 우리도 넘어가얄텐데 그래도 보따리를 들구 있구, 생활… 통일 안 될, 통일 곧 될 꺼라고 해서 집을 샀어요. 거기다가. … 사고 인제 통일되면 그 재산 이제 아무래도 찾게 될 거라고. 그 희망 밑에서 있는데, 날, 나날이 험악해지니까 이제 일동으로 또 넘어갔어.[18]

한국전쟁기에 월남한 유재완(1923년, 함남 문천 출생)과 이재룡(1933년, 함남 함흥 출생)의 경우는 앞선 사례들과 뚜렷하게 구별된다. 유재완은 1944년에 영생중학을 졸업하고 일본강관주식회사 원산제철소에 취직하여 현지 징용을 당했다가 해방 이후 문천 인민학교에서 교사 생활을 하

17) 최경일, 1차구술, 2010.7.1.
18) 최경일, 1차구술, 2010.7.1.

였다. 중농 집안으로 토지개혁에 의해 전답을 대부분 빼앗겼지만 부모님이 고령이라 월남하지 않았고 문천 여중과 고급 중학교에서 국어 교사 생활을 계속하던 중 한국전쟁이 발발하였다.[19] 이재룡의 경우는 부친이 제2대 함남 인민위원장 주영하와 사제지간이었던 인연으로 함남 지방법원장에 발탁되어 가족이 이북에서 생활하였는데, 함남 제1고급중학교 재학 중에 한국전쟁이 발발하였다.[20] 유재완과 이재룡은 인민군의 후퇴와 국군의 입성 과정에서 좌우익간의 보복 학살이 자행되는 것을 목격하였는데, 이는 1950년 12월, 유엔군 철수 시 가족을 남겨두고 불가피하게 월남을 선택하는 결정적인 동기가 되었다.

이러한 양상은 "월남자 가운데 친일파 등 민족반역자가 전혀 섞여 있지 않았다고는 할 수 없지만 그 수는 극소수이고 대부분 소련군과 공산당원들의 만행에 분격한 나머지 자유를 찾아 월남한 반공주의자임을 주목해야 할 것"이라는 박정인의 주장과 배치된다.[21] 박정인의 주장은 월남의 동기가 "공산당의 만행을 피해서"라거나 "공산주의에 반대해서" 이루어진 것이라는 과거의 통념을 반영하는 것인데, 본 발표에서 다루는 14명의 월남인 중 이에 부합하는 경우는 6명(약 43%) 정도이다. 물론 이러한 정치·사상적 동기가 월남 동기 중 가장 많은 비중을 차지하는 것도 사실이다. 그러나 여기서 다루는 구술 대상자들이 대체로 '엘리트'로 분류되는 인물들임을 감안한다면 이와 같은 결과는 월남인에 대한 과거의 통념이 잘못된 것임을 더욱 잘 드러낸다고 할 수 있다.

---

19) 유재완, 1차구술, 2011.7.25.

20) 이재룡, 2차구술, 2011.7.2.

21) 박정인, 앞의 책, 38쪽.

2. 월남 경로의 유형화

1945년 10월 38선 이북에 보안대가, 1946년 1월 38선 이남에 국방경비대가 창설되면서 38선에 대한 양측의 경계·경비와 출입 통제는 점차 강화되었다. 그러나 이를 넘나드는 것이 불가능한 일만은 아니었다. 군정 당국과 협의 없이 38선을 넘나드는 것은 명백히 미군정 포고령 위반이었지만, 여운형은 1946년에만 다섯 차례나 38선 이북을 방문하고 돌아왔다.[22] 그만큼 38선을 넘나드는 행위는 적어도 남북한 분단 정부가 들어서기 전까지는 비교적 '일상적인' 일이었다.

월남을 결심한 이들에게 38선을 넘는 행위는 발각되어 송환을 당할 수도 있고 잘못하면 목숨을 잃을 수도 있는 위험한 일이었지만, 반드시 거쳐야 하는 '통과의례'같은 것이기도 했다. 이 장에서는 선행 연구들에서 구체적으로 밝혀지지 않았던 월남인의 월남 과정과 그 경로를 월남인 구술자들의 경험을 토대로 정리하고 유형화해보고자 한다. 이는 38선을 중심으로 펼쳐졌던 당시의 복잡한 사회상을 재구성해보려는 시도이기도 하다.

1945년 10월, 부친의 주도로 전 가족이 월남했던 임상빈을 제외하면 13명의 구술자가 월남의 과정과 경로를 진술하였다. 남북한 정권 수립 후에 월남한 최경일, 유재완, 이재룡의 경우를 제외하면 10명의 구술자가 1945년에서 1947년에 월남했고 이 중 4명이 1945년에, 5명이 1946년에, 1명이 1947년에 월남하였다. 1945~1947년에 월남한 10명의 구술자들의 월남 경로를 살펴보면 시기와 상관없이 대부분이 기차와 도보를 이용하여 육로로 월남했음을 알 수 있다. 이를 좀 더 구체적으로 살펴보면 지역에 따라 당시에 보편적으로 통용되는 확실한 월남 루트가 존재했음

---

22) 정병준, 『몽양 여운형 평전』, 한울, 1995, 373쪽.

을 알 수 있다.

함경도에 거주하던 김사열(함북, 1945년 10월 월남), 장우주(함남, 1945년 12월 월남), 박정인(함남, 1946년 4월 월남), 최순창(함남, 1946년 3~4월 월남)은 모두 경원선(서울-원산선)의 38선 이북 마지막 역인 경기도 연천군 전곡역이나 그 전 역이 있는 철원군으로 이동한 후 한탄강을 건너 월남하였다. 경비병의 눈을 피하기 위해 그곳 지리를 잘 아는 안내원의 도움은 필수적이었고 당시 이러한 38선 안내원은 위험하긴 하지만 최고의 수입을 올릴 수 있는 직업 중 하나였다.[23]

근데 이제 그렇게 해가지고 나오다가 기차를 타고 나오면 소련군이 세워가지고 이 차는 오늘 못 간다 하면 못가는 거에요. 그 사람들 맘대로였으니까. 그럼 이제 거기서 내려서 또 어디 그, 이제 이런 방 같은 거 하나 빌려서 거기 들어가서 자고. 그렇게 하고 그 다음날 또 기차 가느냐 보면 당분간 못 간다 하면 또 걸어가지고. 이제 뭐 몇 십리씩 걷고. 그 다음 정거장까진 가고. 또 기차오면 타고. 그래 이제 철원까지 와가지고, 철원 와서 한탄강을 이제 건너는데 그게 이제 마음대로 건널 수가 없어요. … <u>보안대, 자위대 이 사람들이 관할을 하는데, 그것들이 뭐 그렇게 양이 조직적으로 뭐가 되어있지 않으니까 그래 뭐 뚫고 나오는 건 쉽거든. 그래서 이제 철원에 와 있는데 안내원이라고 있어요. 거기 안내해주는 사람 있어요. 그래서 돈들 걷어서 주면 그 사람이 길을 안내를 해줘요. 그래서 이제 여기가 덕정이다, 여기가 이제는 38선을 넘었다. 이럼 뭐 38선이라고 선이 보이는 게 아니니까, 그랬다 하면 아 그런가보다 하고 이제 왔는데. 넘어가지고 왔다하면 이제 안심을 하는 거지.</u> 그렇게 해서 에~ 집 떠난 지 한 … 1주일 이상 걸려서 서울 왔어요. 그래서 이제 덕정에서 이제 기차를 타고 용산으로 들어왔는데. 미국 군인을 그때 처음 봤지.[24]

---

23) 박정인, 앞의 책, 44쪽.
24) 김사열, 2차구술, 2011.2.10.

1945년 10월에 월남한 김사열은 경계·경비가 제대로 조직되지 않았기 때문에 비교적 쉽게 한탄강을 건널 수 있었다. 그러나 같은 해 12월에 월남했던 장우주의 성우는 상황이 달랐다. 10월 이후 38선 이북에 보안대가 창설되면서 38선 경비가 더욱 강화되었던 탓이었을 수도 있고, 안내원의 길 안내를 받지 않았기 때문이었을 지도 모른다. 어쨌든 사촌형과 월남하던 장우주는 소련 군인들에게 붙들려 큰 화를 당할 뻔하였다.

경원선 타고 왔어요. 게 거기서 이제 내려서 그담에 이제 전곡까지 또 와가지고 게 전곡에서 이제 물어봤어 하룻밤 자면서. 여기에 38선 넘자면 어떻게 해야겠느냐 그러니까 이제 뭐 아침에 한 4시 반 쯤 고 때 쯤 거 그 저기 한탄강을 넘으면 좋다 그래요 그래 그 12월 달이니까 얼마나 춥겠어요. 그렇죠? 그래 인제. … 밖에는 약간 얼었는데 안에는 이제 그렇게 되니까 얼지 않았는데. 그래 이제 소련놈한테 잽히면 뭐 큰일난다하고선 말이고. 그래서 제방 위에 가서 이렇게 그 뭐 같은 거 없어요. 근데 제방 거기서 어떤 여자 대학생 한분 여기 우리 누님 뻘 되는 분이 "아이구 학생들 나도 이남에 가. 근데 같이 좀 갈 수 없는가" 그런단 말이야 그래 거기서 만난 거여. 그래가지고 우리가 제방을 내려와 가지구. 그렇게 여기에 이제 강으로 뛰어들어가자 하는 판이야. 지금 얼마나 추워, 12월 달인데. 어 그런데 아 어느새 이 그냥 보이지 않던 그 소련사람들이 일곱 사람이 말이야 장총에다가 칼을 꼽아가지고 우릴 이렇게 허는 거예요. 아 그러더니 말예요. 다짜고자 이 뭐예요 "젱기따와" 돈내라는 거야. 그래서 각자가 말이야 포켓에서 100엔씩 내줬어. 그랬더니 "니호로시오: 안된다 이거야 더내라 이거야. 그래서 이제 100엔 더 주었어. 그러니까 그담엔 뭐 저기 물어보지도 않아. 전부 뭐있는 돈 300엔 다 빼앗고 그담에 뒤에 이제 그저 우리 배낭 메구 갔으니까 배낭 훌쳐보더니 거기 뭐 내의나 있고 그담엔 이 저 책 책 같은 것도 관심 없고 그담엔 시계 있는데 시계를 다 빼앗아요, 그때 일본 그 세이코 17석 그 시계 있었는데 그게 다 뺏기고 벌써 이제 여기다 시곌 몇 개 더 차고 있어 근데 이놈들이 시계를 하는데 꼭 이렇게 이 가는가 안 가는가 시험해보고. 근데 이제 문제가 생긴 거야. 너 남자 두 놈은 가라 이거야. 그 여자는 안 된다 이거야. 그니까 어떻게 우리가 아이구 안 된다. 게 내가 납짝엎드려서 그 소련놈 말이야 그 뭐냐 끌고가는 그놈 다릴 잡았어 그러구구 말이야 뭐 우리 누나라고 한국말 일본말 섞어가면서 이렇게 하면서 울다시피 울면서 막 이렇게 하면서 하니까 말이야. 아 이놈들이 말이여 개머리판으로 그냥 때리는 거야. 잘못하면 내가 맞아죽겠어. 거 우리 또 사촌 형 그 양반도 또 같이 뭐 허다가 둘 다 개머리판으로 한대씩 맞고 말이야. 그리고는 그 뭐 여자분은 그냥 울면서 잽혀가는거 보고서 말이야 그 눈물겨운 일이지.[25]

돈과 시계를 빼앗기고 누님뻘 되는 여성이 소련군에게 봉변을 당할 것을 뻔히 아는 상황이었지만, 생명의 위협을 느낀 장우주 일행은 한탄강을 건널 수밖에 없었다. 비록 허공에 쏜 것이긴 했지만 소련군의 총알 세례를 받아가며 가까스로 한탄강을 건넌 장우주는 DDT 스프레이를 뿌려댔지만 자신들을 무사통과시킨 미군의 '친절'에 해방을 맞이했을 때와 맞먹는 감격을 느꼈다. 장우주에게 이 경험은 그 어떤 책보다도 명확하고 간단하게 공산주의와 자본주의의 차이를 이해할 수 있게 해주었다.

그리고 그 다음에는 이제 강에 가라 하니 갔지. 들어가서 한 중간쯤 되니까 그때 어린나이에 물이 이쯤까지 가슴팍까지 물이 오는 거야. 그니까 얼마나 추워요. 그 춥고 그런데 그래도 고마워서 말이야 막 이러카는데 타르륵 한단 말이야. 총을 쏴요. 아이고 이놈들 돈 받고 다 뭐하고 죽이는구나. 이제 그래서 뒤로 돌아서 손 들었어. 그때가면 5시쯤 되었을 거 아니요. 그러니 이래요. 그 돌아서 갈수가 없어서 꺼꾸로 빠구해서 그대로 이렇게 해서 지나갔어. 그놈들이 자기 위의 사람에게 아마 근무 잘하고 있다 뵈야주기 위해서 그런 거 같아 그래 이제 거기 남쪽 이제

25) 장우주, 1차구술, 2009.9.17.

제방위에 올라왔는데 거 얼마나 추워요 갈아입을 의복도 없고. 그냥 그래도 38선 넘었다는게 어찌 반가운지 말이야. 이제 문제가 생긴 거예요. 이 미국이 말이요 그 때는 일본사람들이 말이요. 미국을 갔다가 저기 뭐라 하나면 양키를 서양 양자에 귀신 귀자를 붙이는 거야. 그래 가지고 정말 서양귀신은 양키는 사람의 피를 빨아 먹는 흡혈귀 그러니까 그 피를 빨아먹는 그러한 그 족속이다. 이래가지고서 그 뭐 때 정말 우리는 이제 줄 것도 아무것도 피 밖에 없는데 그래서 이제 미국사람을 겁내는 거예요 이제. 근데 한참 내려가도 잘 뵈이지 않아. 그래 이거 어떻게 된 일 이냐 하고 쭉 따라가는데 저 앞에 보니까 어 이 미국사람들이 있는 거예요. 근데 그 앞에 사람들이 줄을 지어서 가는데 여자고 남자고 전부 손을 올렸다 내리고 하는 거야. 야 여기는 뭐 돈 달라는 소리도 안하고 몽땅 그냥 깍데기 베끼는 데로구 나, 이렇게 생각을 했어. 우리 이제 겁이 나서 거기 가서 이제 뭐하면서 보니까 기 관총 같은 거 이런 걸로 무장하고 있더라구요. 야 이거 정말 지독하다 이렇구서 가 까이가 보니까 사람들이 아 뭐 이렇게 하는데 그게 뭣인가 하게 되면 기관단총이 아니라 DDT 스프레이예요. DDT 스프레이. 그니까 이제 우리가 딱 가니까 말이야 그 사병들이 껌을 씹으면서 아 이러커더니 말이야 털이 있는데 머리하고 여기하고 또 한 군데하고 세군데 DDT 뿌리고는 그냥 아무 물어보지 않고 돈 달라는 소리도 안하고 오케이 이러는 거야. 그 순간에 아 공산주의가 뭐이고 정말 그 민주주의가 뭐이고 인간의 존엄성이 뭐다. 그렇게 정말 이론을 따지기 전에 그렇게 정말 그 뭐 하든 거예요. 그래 그 순간에 야 내가 정말 일본놈들헌테 그렇게 그 뭐해서 해방 된 날에 세상에 그런 감격을 말할 수가 없어요. … 그 감격과 거의 맞먹을 정도로. 야 정말 이 강대국이 말이야. 우리나라에 와있는 미군이 말이야. 정말 이렇게 친절 하게 해줄 수. 그러니까 양쪽에 공산주의와 자본주의 민주주의의 이 차이를 그 두 사람의 사병들이 이거해서 그 정말 우리가 느낄 수 있었다고 하는 거 생각이 되는 거예요. 그래서 내가 38선 넘어올 때 그 생각은 영원히 잊지 못하는 거야. 그래서 내가 지금도 한미관계 이것을 많이 하고 있지만 역시 우리가 미국이란 나라하고 우리가 손잡아서 오늘날까지 경제도 이렇게 많이 했는데. 나는 정말 그 미국사람들 고마운 나라다, 고마운 국민이다 그런 걸 제가 그때 그 정말 느끼게 된 원 그 생각이 고 순간이 거 있었어요.[26]

1946년 4월에 친구 형제와 같이 월남한 박정인도 장우주와 거의 같은 경로를 선택했다. 원산에서 기차를 타고 철원을 거쳐 전곡역에 도착한 박정인 일행은 '거금' 50원을 주고 고용한 안내원이 급류에 휘말려 떠내려가는 우여곡절을 겪은 뒤, 하는 수 없이 한탄강 철교를 지키는 소련군 경비병들에게 백원권 지폐 열장과 시계, 정종 두 병을 뇌물로 주고 무사히 다리를 건널 수 있었다.[27]

이렇듯 경원선—전곡역—한탄강 도하로 이어지는 월남 경로는 함경도 사람들의 전형적인 월남 루트로 자리 잡았던 것으로 보인다. '간 박사'로 유명한 김정룡(1935년, 함남 삼수군 출생)의 회고록도 이를 잘 보여준다. 김정룡은 1948년 4월, 공산당 간부인 고모부가 만들어준 통행증을 가지고 가족과 함께 월남에 성공하였다. 그러나 그때는 이미 이 경로가 전형적인 월남 루트임이 알려졌기 때문인지 원산역에서부터 심한 검문·검색을 경험했다.

경원선은 검문과 검색이 아주 심했다. 기차가 원산역을 출발하자 보안대원과 인민군들이 승객들을 검문 검색하기 시작했다. 그들은 객차 안의 모든 승객들을 검문 검색하여 조금이라도 미심쩍으면 곧바로 연행해 갔다. … "동무, 통행증 좀 봅시다." 아버지 앞에 다가온 보안대원이 퉁명스럽게 내뱉었다. 그러자 아버지는 보안대원과 인민군을 웃음 띤 얼굴로 대하며 통행증을 꺼내어 건네주셨다. "동무들, 수고 많이 하십니다." 보안대원은 아버지가 건네준 통행증을 받아들고 유심히 살피

---

26) 장우주, 1차구술, 2009.9.17.
27) 박정인, 앞의 책, 43~47쪽.

더니 통행증을 도로 돌려주며 정중히 사과했다. "몰라 뵙고 무례를 저질렀습니다. 안녕히 가십시오." 보안대원이 고개 숙여 인사를 하자, 두 인민군도 덩달아 거수경례를 했다.[28]

평안도와 황해도 사람들의 경우에는 경의선(서울–신의주선), 토해선(경기도 개풍군 토성–황해도 해주)을 통해 해주에 도착하여 38선 이남인 황해도 청단, 개성으로 넘어가는 것이 전형적인 월남 경로였다. 정규섭(황해도, 1945년 12월 월남), 서영훈(평남, 1946년 8월 월남), 이서근(평남, 1946년 11월 월남), 김제민(황해도, 1946년 월남), 장정렬(평북, 1947년 7월 월남)의 경우가 모두 이에 해당한다. 이 경로 역시 초기에는 경계·경비가 그리 심하지 않아서 1945년에 월남한 정규섭의 경우는 큰 어려움 없이 38선을 넘었다.

우리집에서 사리원까지 가서 사리원에서 지철이 있습니다. 사리원에서 해주로 해 가지고 토성까지 오는 지선이 있어요. 본선이 아니고 기차를 타고. … 경의선이 아니고 지선이야. 해주 철로가 좁고 조그만 차라고. 거기서 재령 신천 몇 정거장을 가면은 38선 넘어가는 길이 있어요. … 개성 밑에 청단이라 그러는데. 청단으

---

28) 김정룡, 『학문의 길은 의지의 외길, 간 전문 명의 김정룡 박사 인물전』 백수사, 2004, 53~54쪽. 이 책에는 한탄강이라는 이름의 유래에 대한 심원사 주지 스님의 설명이 실려 있는데, 꽤 재미있다. "속설에는, 옛날에 철원이 태봉(泰封)의 도읍지였을 적에 남쪽 지방에서 전쟁을 하고 돌아온 궁예가 이 강가에 와서 현무암인 모든 돌들이 구멍이 숭숭 뚫려 있는 것을 보고서 '나의 운도 이제 다 했구나!' 하고 한탄을 했답니다. 그래서 '한탄강'이란 이름이 붙여졌다고 합니다. 그러나 한탄강은 본디 '한여울'이란 아름다운 이름을 가진 강입니다. '한'이란 은하수를 뜻하는 말로서 크다, 맑다, 아름답다는 뜻을 지니고 있지요. 그래서 '은하수 한(漢)'자에 '여울 탄(灘)'자를 넣어 한자로 '漢灘江'이라고 표기한 것입니다. 그런데 요즘에 와서는 처사님처럼 8·15 광복 후 남으로 내려가려는 사람들이 이 강에서 길이 막혀 한탄했대서 '한탄강'이라고 부른다고도 하지요."(김정룡, 위의 책, 59~60쪽.)

로 넘어가는 38선 넘어가는 길이 있었다고. … 연안이라고 있어요. 백천 온천이 있고. 개성서 한 정거장 내려오면 본선에 토성이라고 있습니다. 토성에서 지선을 타고서 서쪽으로 가게 되면은 연안이라고 있어요. 고 연안에 청단이라는 데가 있어요. … 거기를 우리 북쪽에서 걸어서 38선을 넘어가지고 내려오는데. 고게 이제 길이 피난민들이 내려오는 길이 있어요. 그걸 타고 나도 이제 내려오는 거예요. 그래가지고 38선을 건넜는데.[29]

1946년이 되면 38선 경비가 강화되어 안내원의 도움을 받는 것이 보편화된 것으로 보인다. 서영훈은 1946년 8월, 평안남도 덕천에서 출발하여 경의선 철도를 따라 도보로 이동한 뒤 송악산을 넘어 월남하였고, 이서근은 1946년 11월, 평안남도 안주에서 평양까지 가는 통행증을 발급받아 경의선 열차를 타고 해주까지 이동한 뒤, 학연을 거쳐 38선을 넘고 개성에 도착하였다. 이들이 38선을 넘는 과정에서 안내원의 길 안내는 안전을 보장 받기 위한 필수적인 요건이었다.

걸어와, 철도로 내내. 철도길 쫓아서 이제 오는 거. … 감시원들한테 잡혀 어디가냐 그러면 이제 가령 어디 평양이면 고 다음에 뭐 사리원에 간다고 그러고, 사리원 가면 남천 간다고 그러고, 속이죠. 신막 간다고 그러고. 옷도 무슨 길게 차려입지 않고 농사꾼처럼 딱 입고. 이 명주 두 필만 가지고, 그건 평양 가 팔았고, 돈이 20원 가지고, 가는 데마다 평양이랑 남천이랑 신막이랑 또 아는 사람 있고. 그리고 걸어왔어. … 덕천서 평양까지는 트럭을 타고 왔다. 조선전업차라는 트럭 나오고 평양서부터는 뭐 한 아마 한 350키로 쯤 400키로 걸어오는 거지. … 송악산 넘어. 거기 남천이라는 데 와서, 길안내 하는 사람을 한 열 명쯤 모아가지고 그 인제 오솔길로 살살 내려왔는데, 러스키들이 담배 피고, 그들 얘기 들으면서 그 안내하

29) 정규섭, 1차구술, 2011.2.13.

는 사람은 길 잘 아니까 그렇게 넘어 왔지. … 잡히지 않고. 잡히는 사람은 잡히면 뭐 송환되고. … 거기 송악산이 거기가 38선이야. 개성 내려오니까 그 다음에는 편안하게.[30]

여행증명을 받아가지고 오기 때문에 평양까지 무사히 왔지 않습니까? 그럼 평양에서 해주까지 가는 건 그냥 그대로 기차타고 가니까, 그냥 가서 '아, 내가 잘못해서 여기까지 왔수다.' 얼마든지 얘기할 수 있단 말이에요. 그래서 그게 있기 때문에 내가 여행, 저 사표도 내지 않고 그냥 내려왔거든요. 그러다 내가 이거 잡히면 이건 반역자란 말이야. 그러니까 그냥 그대로 내려왔기 때문에 굉장히 무서운 거예요, 말 한 마디 한 마디가. 그 가만히 여인숙 뭐 이런 데 앞에 가서 보니까 사람들이 이리로 오래요. 그래 거기 가만 들어가서 앉아서 봤죠. 마루에 이렇게, 추운데 앉아서 쭉 위에 앉아서 봤더니 한 사람이 "이거 봐. 저 안내원한테 돈을 줘야 하는거야." 아주 친절하게 얘기를 하더라고요. 그래서 "그게 얼만데요?" 그랬더니 그게 얼마라고 그러더라고요, 그때. 그래서 돈을. … 그 돈을, 돈을 제가 드릴까요, 그랬더니 "가만 있어봐. 저 사람들 하는 거 행동 봐가면서 우리 행동 하자고." 또 그러더니 그 사람, 난 도대체 서로 이름도 모르고 어디에서 온 사람인지도 모르고. 그 사람 하는 행동이 그런 거예요. 또 그 사람은 종이를 많이 가지고 있더라고요, 종이. 페이퍼. 근데 그때는 이남에 페이퍼가 없었어. 그래서 이북에서 그거를 가지고 오는데 똘똘 말아서 이런 걸, 이렇게 큰 덩어리를 두 개 짊어지고 내가 이거 팔러간다고 그러더라고. 그래서 내가 안심을 했어요. 그래서 내가 나도 내 생명을 걸고 있는 거니까 제가 그거 하나 짊어져 드리죠, 그랬더니 아, 그러면 이거 돈은 내가 내겠다고 말이죠, 그러더라고요. 그래서 아니 "제가 내겠습니다." 해서 내고 둘이 넘어왔어요. 안내원, 안내를 받아가지고.[31]

---

30) 서영훈, 1차구술, 2010.9.16.
31) 이서근, 1차구술, 2010.12.2.

1947년 7월, 평안북도 신의주에서 월남한 장정렬의 경우는 전 가족이 월남을 감행했기 때문에 일반적인 통행증만으로는 해주까지 이동하는 것이 쉽지 않다. 때문에 성냥 공장을 몰수당한 뒤 자신이 경영했던 공장에서 화학공무원으로 근무하던 장정렬의 부친은 신의주 도청의 아는 사람들을 움직여 해주 화학공장으로의 전속 명령을 받아냈다. 전속증을 지니고 있었기에 전 가족이 해주까지 열차로 이동할 수 있었고, 보름 정도 해주에 머물다가 배를 구해 청단으로 내려왔다.

그래서 이제 7월 달에 우리 아버님이 그 성냥공장에 다니시니까 화학공무원으로 되어 있어요. 화학공무원이니까 신의주 도청에 아는 사람들이 많잖아요. 그래 그 분들을 통해가지고 해주 그 무슨 화학공장으로 말하자면 전속으로 가는 식으로 명령을 내린 거예요. 그래서 우리가 그 할머니하고 노할머니는 돌아가셨지만, 할머니하고 이제 부모님하고 내 동생들 하여간 다 데리고 열차로다가 이제 해주까지 간 거죠. 근데 거기서 몇 번 검문을 당했는데 그거 전속증을 내 놓으니까 그냥 통과되더라고요. 해주에서 한 보름 정도 있다가 배를 하나, 이제 저, 배를 하나 날라다 주는 사람이 있어요. 거 남쪽으로. … 월남시켜 주는 사람이 있어요. 그 사람을 구해가지고 밤중에 거기서 넘어와서 청단으로 넘어 왔죠. 청단으로 넘어 와서 죽 와서 거기서 이제 열차로다가 서울로 왔어요.[32]

분단 정권 수립 후인 1949년 7~8월 경 전 가족이 월남한 최경일은 이미 가족이 38선 이북 500m 부근인 포천군 일동면 수입리에 자리를 잡고 38선 교역을 하며 38선을 자주 넘나들었기 때문에 비교적 손쉽게 월남할 수 있었다. 그러나 이것은 매우 특별한 경우였다.[33] 1950년 12월,

32) 장정렬, 1차구술, 2010.10.13.
33) 최경일, 1차구술, 2010.7.1.

유엔군 철수 과정에서 월남했던 유재완과 이재룡은 유엔군과 국군, 경찰 가족 등이 대규모 철수를 감행해야만 했던 상황에서 각각 원산과 흥남에서 선편을 이용하여 월남하였다. 반공 성향이 강하여 유엔군 북진 후 학도의용군에 가담했던 이재룡은 조직적인 흥남 철수 작전에 의해 비교적 어렵지 않게 월남할 수 있었다.[34]

그러나 유재완의 경우는 상황이 크게 달랐다. 유재완은 특별한 정치 활동에 가담하지 않았지만 인민군 후퇴 과정에서 민청의 소집에 응하지 않았기 때문에, 유엔군이 철수하고 인민군이 돌아오는 상황에서 민청의 보복을 면하기 위해 일단 몸을 피해야 하는 처지였다. 원산항에는 수많은 사람들이 몰려들었지만 흥남과 같이 조직적인 대규모 철수가 이루어지지 않았기 때문에 배를 타는 것은 하늘의 별 따기였다. 유재완은 이렇게 절망적인 상황에서 영남중학 선배에게 받아두었던 '극동 공작대' 신분증을 활용하는 기지를 발휘해서 구사일생으로 배를 탔고 무사히 월남할 수 있었다.

여기 이… 줄에 서면 여기가 배타는 줄이다 그게 아니고 이 줄이다. 이리 밀리고 저리 밀리고 하다가 조금 해질 무렵에 그냥 칼빈 소리가 탕탕 나더니 "가라 내일 아침에 배 떠나니까 오늘 가라." 그래 싹 빠지는데 보니까 철조망이 쫙 쳐 있어요. 그때 살자니까 피뜩 어떤 그… 뭐이 떠올라요. 옳지. 그래서 같이 이제 같은 교사가 둘이서 내가 같이 있던 선생하고 같이 보초 앞에 가서. 가서 이 신분증을 꺼냈어요. 나 이런 사람인데. … 난 그때까지 극동공작대가 어느 정도인지 모르지요. 이건데. 그거 또 이 그… 참 어떻게 그 살라고 그랬는지 모르겠어요. "난 지금 저 배타는 게 아니다. 나 지금 오키나와에서 갓 들어왔는데 저기 접선할 사람이 저기 앉아 있어 날 만나게 해." 그러니까 경례 딱 붙이고 소총 딱 들고서 안내를 하데.

---

34) 이재룡, 2차구술, 2011.7.13.

그리고 두개 세개 철조망을 넘었어요. 넘어서 배에 들어 앉았죠. 들어앉고 뭐 접선 한다니 걔들은 그 보초 서던 놈들 가니까. "이게 무슨 줄이오?" 경찰 가족 줄이래 요. 들어가면서 경찰 조직했는데 경찰 벌써 증명이 나온 거예요. 그 사람들이 거 기에 앉아 있는 거예요. 그냥 청년단체가 있고. 근데 둘 나 그 사람하고 같이 갔는 데 그 사람은 "아 유 선생 나는 이제 저 청년단체에 가야 하겠다."는 거예요. "이 경찰 자리에 앉았다가 경찰관한테 쫓겨나면 어떡하는가" 이거여. 그래 나는 그 뭐 쫓겨날 땐 쫓겨나면 저 뒤에 가자. 우선 참 사람 심리라는 게 그래도 앞에 앉아야 살 거 같애. 뒤에 갔다가 못 타면 하하하 그 배를 못 탈 거 같단 말야. 그래서 앉아 서 뭐… 경찰 가족이라면 난 이 신분증 대면 되겠지. 그래 앉아 있는데. 애, 완장 경찰이라는 완장 뗀 조그만 애가 이제 조그만 사람이 이 달랑달랑 보니까 졸업생 이에요. 예, 제자죠. 꽉 붙잡고 "얘?" "아이고 선생님 이게 어떻게 오셨습니까?" "나 지금 왔는데 경찰 가족 증명이 없어." 그러니까 "아 염려 마세요. 어 제가 이 저… 안심하세요." 제가. 근데 이놈이 이 거기다 앉혀놓고 어디다 가겠대. 저기 갔 다 온대 딱 붙잡고 "못 가 이놈아. 날 배 태워주고 가 봐." "아이 급합니다." "급하 긴 뭘 사람 배 태우는 게 급하지." 그니까 얘가 이제 같이 배를 타. 그때 벌써 이미 태워요 하나씩 하나씩 상륙정으로. 그래 가더니 딱 경례 붙이고 "우리 삼촌이올시 다."하고 그리 뺏어요. 그래서 배를 탄 거예요.[35]

이와 같이 유엔군 철수에 따라 월남한 두 명을 제외하면, 월남인 구 술자들은 모두 육로를 이용했으며 특별한 경우를 제외하면 대부분이 서 울을 향한 두 개의 철도선, 경원선과 경의선을 이용해 남하하는 것을 월남의 출발로 삼았다. 경원선, 경의선을 이용해 38선 이북의 남단인 경 기도 연천과 황해도 해주에 도착한 뒤에는, 38선을 경계·경비하는 소련 군과 보안대의 눈을 피하기 위해 안내원을 길잡이로 하여 한탄강을 건너

---

35) 유재완, 1차구술, 2011.7.25.

거나 안전한 산길을 찾아 내려오는 방식으로 월남을 감행했던 것이다.

이렇게 유형화한 월남 경로가 월남인이 이용했던 루트의 전부라고 할 수는 없다. 그러나 한국전쟁 전에 월남하였으며 월남 경로를 구체적으로 진술한 10명의 구술자 중 9명의 구술자가 이러한 월남 경로를 이용하였으므로 이는 나름대로 당시의 역사상을 보여주는 것이라 할 수 있다. 이는 월남인 대부분(14명 중 12명)이 서울을 월남의 최종 목적지로 상정하고 있었기 때문이라고 할 수 있을 것이다. 당시에도 서울은 한반도의 정치와 경제, 교육의 중심이었다. 따라서 '월남을 한다'는 의미 속에는 '서울로 간다'는 의미가 상당히 포함되어 있었다. 월남인들 대부분은 서울에서 교육을 받거나 새로운 기회를 잡고자 했고, 그런 그들이 서울로 향하는 경원선과 경의선에 몸을 실었던 것은 너무나 당연한 일이었다. 가족과 함께 월남하는 경우보다는 단독으로, 혹은 또래 한 둘과 월남하는 경우가 대부분(14명 중 11명)이었던 것도 위의 경로가 많이 이용되었던 원인 중 하나로 볼 수 있다. 이 경로는 다소간의 위험을 무릅쓰더라도 신속하고 편리하게 서울로 향하는 경로였기 때문이다.

3. 월남인의 한국군 참여와 그 성격

월남인의 수가 점차 늘어나면서 미군정 당국은 대책을 마련하지 않을 수 없었다. 1947년 4월 1일부터 미군정청 보건후생부는 청단과 토성, 동두천, 춘천, 주문진 등에 급식과 치료 및 숙박 시설, 무임승차권, 갈 곳의 지도 등을 갖춘 국영 검호검역소를 개설하여 매일 2천 7백 50명을 수용할 수 있도록 하였다. 미군정 당국은 사회부와 보건후생부, 산하 기관 등을 통해 월남인에게 식량 및 구호물자를 배급하고 거주 제한을 실시하기도 하였다. 그러나 기존의 미곡 생산량과 공산품 생산량으로는 지속적으로 남하하는 월남인들의 기본 생계를 보장할 수 없었다. 이에 따라 월남인들은 자활을 위해 공동체나 결사체를 만드는 경향을 보였는데, 해방촌과 같은 마을 공동체, 영락교회와 같은 종교 공동체, 서북 청년회와 같은 청년 단체가 이에 해당한다.[36]

그런데 이 글에서 대상으로 하는 월남인 구술자 14명은 모두 월남 이후 어떤 형태로든 한국군에 참여하였다. 물론 이는 구술 대상자 선정 시점부터 한국군에 참여한 인물들을 대상으로 했기 때문에 나타난 현상일 뿐이다. 그럼에도 불구하고 월남인은 대체로 '반공 투사'라는 과거의 통념에서 본다면, 이는 월남 청년들이 반공 전선에 나서기 위해 한국군에 투신했다는 자연스러운 인과 관계로 해석될 수도 있는 현상이다.

1946년 4월 월남한 직후부터 "하루하루를 아껴가며 조선경비사관학교(현 육군사관학교의 전신)에 들어가기 위한 학업에 전념하였다."는 박정인은 바로 이러한 경우에 해당한다. "공산당 타도가 사관학교 입교보다 더 급한 과제라고 생각"했던 그는 서북청년회에 가입하여 열혈회원으로 활약했지만 곧 회의와 한계를 느꼈다. "전부터 염원했던 사관학교에의 입교가 국가를 위해 할 수 있는 최선의 방책"임을 깨달은 그는 "사관학교에 입교하려면 하사관 경력을 쌓고 난 다음 육사에 들어가야 한다고 생각하고 경비대에 입대하여 사병, 하사관 생활을 거쳐 사관학교에 응시"하였다. 결국 그는 조선경비사관학교 6기생으로 입교하여 "소년시절의 꿈"을 실현하였다.[37]

그런데 다른 구술자들의 한국군 참여 동기에 대한 진술과 과정을 살펴보면 박정인의 경우가 오히려 매우 특이한 사례임을 알 수 있다. 1945년 10월과 12월에 월남한 김사열과 장우주는 1946년 1월 국방경비대 1연대

---

36) 김귀옥, 앞의 책, 1999, 73~83쪽.
37) 박정인, 앞의 책, 55~68쪽.

에 입대하였다가, 1947년 1월 조선경비사관학교 3기생으로 입교하였다. 구술자 중 가장 빠른 시기에 입대한 이들의 군 입대 동기는 각각 생계와 학업이었다. 부친을 찾으러 월남했던 김사열은 아버지가 여인숙을 전전하며 고생하는 것을 보고 "입이라도 하나 덜어야겠다."는 생각으로 국방경비대 요원 모집에 응하였다.[38] 장우주는 학업을 계속하기 위해 월남하였으나 월남 과정에서 돈을 다 빼앗긴 후, 영어를 잘 한다는 이유로 군사영어학교에 찾아갔다가 원용덕의 권유로 국방경비대 4기에 입학하였다.

내 나름대로 이남에서 학교를 댕겨야 하겠다는 생각도 있고 근데 내가 지금 갑자기 뭐 어떡할 수도 없고. 근데 그때 이제 생각한 게 내가 군에 들어가야겠다. … 그래서 다행히 영어를 좀 허고 이러케 하니까. 군사영어학교라는게 있었어 거기 사관학교 댕기는 사람들이 거기 댕기고 했는데 아이구 열여덟살 먹은 놈이 영어는 잘하는데 군사학교는 장교를 시키는 게 아니여. 군사학교는 거의 그래서 나는 거 안된다 이거예요 아깝다 이거예요 그래 너 그저 군대 들어오라고. 그래서 내가 1연대 들어가어. … 지원한 게 아니라 군사영어학교에 갔죠. 가봤죠. 가봤더니 그 원용덕 교장 선생이 그 뭐 하는데 야 이 영어를 어데서 이렇게 하느냐 그런데 어 그 나이가 열여덟이니 말이야. 그 이 그래서 그 뭐 일단 군대 좀 들어오라구. 그래 제가 1연대 들어가어.[39]

마을 청년들이 붉은 완장을 차고 친일파를 처단한다며 '만행'을 저지르는 것을 보고, 어린 동생들에게는 "기반을 닦아 부르겠다"며 호기롭게 월남을 결행했던 스무 살의 정규섭은 1945년 12월 서울에서 추위와 생계 문제로 고생하며 지게꾼이라도 할까 생각하던 차에 해군사관학교 생

---

38) 김사열, 2차구술, 2011.2.10.
39) 장우주, 1차구술, 2009.9.17.

도 모집 공고를 보고 지원하여 해군병학교 1기생이 되었다. 정규섭 역시 군 입대의 가장 큰 동기는 생계의 해결이었던 것이다.

그러고 나서 생각해보니까 내가 참 무모하게 온 것 같아. 내가 아무런 준비도 없이 말이야. 서울에 연고도 없이. 서울 가면은 어떻게 되겠지 그런 생각으로 막연하게 희망을 품고서 서울에 왔는데, 생각해 보세요 해방 후에 뭐가 있어요? 아무 것도 없지. 그래서 조반을 그럭저럭 먹고 그러고서는 있는 걸 껴입고서는 추운데 서울, 서울바닥을 돌아다니면서, 돌아다니면서 구경하는 거야. 내가 뭘 할 수 있겠는가. 학교를 간다고 내가 인제 올라왔는데 학교 가는 것보다는 시방 먹고 살고 하는 게 더 큰 문제더라구. … 보니까 뭐 우리같이 젊은 사람들이 이북에서 내려온 사람도 있고 또 학병으로 갔다가 동원돼서 온 사람도 있고 징용 갔다가 온 사람들도 있고. 서울에 그런 나 같은 그런 연고 없이 서울에 온 사람들이 꽤 많이 있습니다. 이 사람들이 뭘 하겠어요? 그냥 다니는 거야 뭐가 없는가 해가지고. 보면은 종로 네거리나 이런데서 고구마를, 고구마 굽고 밤을 구워서 파는 거지. 도랑깡에다가 숯불 피워가지고 말이야. 그런 거 하는 사람도 있지. 뭐 지게를 하나 사가지고 서울정거장에 가서 서울 기차타고 올라오는 사람들 짐을 지게에다 지고서 같이 실어다주고서 돈 좀 받고 그런 사람들 있지. 그런 생각도 했다고 내가 기운, 건강은 괜찮고 나도 지게를 하나 구해다가 저거를 해서 어떻게 의식주를 해결해야 될 거 아닌가 그런 생각까지 했었다고. 그러면서 이제 종로를 걸어 다니는데 보니까 YMCA빌딩 앞에 해군사관학교 생도 모집이라는 광고가 나오더라고. 45년 12월 달에. 그래서 눈이 번쩍 뜨이잖아 그래서 국비로 해주고 공부 잘하는 사람은 미국 유학도 가고 앞으로 우리 뭐야, 한국이 독립해서 독립국가가 되면은 우리 해군의 뭐야 간부들이 되는 것이다. … 모르겠어. 많은 사람들이 내가 해군이 되겠다고 그래가지고 온 사람이 얼마나 되는지 모르겠는데. 나는 사실 그 당시에 뭔가 앞날이 막연하게 그러고 있다가 이제 그런 기회가 와서 내가 그걸 잡은 거지 내가 뭐 해군이 되겠다고 처음부터 해서 해군이 된 게 아니거든요 사실 솔직히 얘기해서

<u>그렇습니다.</u>[40]

이른바 일본 해군 지원병 1기로, 3년 가까이 일본 해군 수병으로 복무했던 이서근은 고향인 평남 안주로 돌아온 뒤 부친의 양조장이 몰수당하고 자신도 '요 이주자'이자 '소시민' 성분으로 분류된 답답한 현실을 벗어나기 위해 1946년 11월 월남하였다. 이서근은 족청 계열의 해양청년단에서 활동했는데 이는 친목 단체의 성격이 강했다. 일제 패망 후 해남도에서 귀환하던 길에 만나 친분을 쌓았던, 당시 육사 교장 최덕신 장군의 육군 입대 권유도 "군대가 싫다."는 이유로 여러 차례 거절할 만큼 군에 가담할 생각이 없었다. 월남할 때부터 일본에 가서 공부할 요량으로 가방에 적지 않은 돈을 담아 부산에 내려갔는데, 여관에서 가방을 도둑맞아 할 수 없이 서울로 올라와 있다가 같이 입대하자는 친구들의 권유에 1948년 12월, 해병대에 입대했고, 해군간부 1기생이 되었다. 이서근의 경우도 별다른 연고가 없고 일본 유학이 좌절되었던 것이 군 입대의 가장 큰 이유였던 것이다.[41]

1946년 월남 후 관수동 사촌형 집에서 기거하던 김제민도 전문적인 기술도 없고 중국어를 할 줄 알아도 써먹을 데가 없는 현실에서 남한 생활의 돌파구를 마련하기 위해 1949년 11월, 육사 9기로 입교했다.[42] 1947년 7월, 전 가족이 월남했던 장정렬은 개성중학 6학년 졸업 예정자 자격으로 시험을 치르고 1950년 6월 1일, 육군사관학교 생도 2기로 입교하였다. 생도 2기부터 육사 교육 과정이 4년제로 바뀌면서 이학사 학위를 주는 등 여러 혜택을 주었던 것이 장정렬의 가장 큰 육사 지원 동

---

40) 정규섭, 1차구술, 2011.2.13.

41) 이서근, 1차구술, 2010.12.2.

42) 김제민, 1차구술, 2011.1.6.

기였다.[43] 평남 영흥에서 태어나 가족이 연길로 이사했다가 신경 치안대가 해산되면서 신의주를 거쳐 서울로 월남했던 OOO도 아무런 연고도 없는 서울에 가족도 없이 홀로 월남한 것이 남조선 국방경비대 4기로 입대한 가장 큰 이유였다.

그래가지고 마차를 타고 넘어가지고 그래 안 되겠다. 고향에 사람이 없고 다 만주에 있었지, 전부 다 이사 갔으니까. 그래 가지고 이제 이남으로 가야겠다 해서 저는 혼자, 그 일행하고 같이 하고 우리 형님은 자기 처갓집이 함경북도에 있으니까 거기 들러 온다고 헤어졌어요. 거기 헤어졌다가, 넘어오다가 로스케들한테 잡혀가지고 나중에 나왔죠, 난 먼저 나오고. 난 나올 때 혼자 나왔으니 갈 데가 없잖아요. 젊은 사람들은 잘 모르지만 우리가 조선경비대 들어갔는데 <u>조선경비대 들어간 사람들 다 밥 먹을 데 없으니까 거기 들어갔다 그렇게 비하하는데. 사실상 우리는 아무 연고가 없어요, 가족도 없이 나 혼자 딱 넘어갔어요.</u> 그래서 정일권 장군께서 이리, 3연대 기초가 되는 3중대를 창설하게 돼서 거기 가라고 해서 거기 갔어요. 그래 거기 가서 대원으로 입대했죠.[44]

따라서 한국전쟁 발발 전에 한국군에 가담한 월남인 구술자 대부분은 정치·사회적 동기보다는 연고 없는 남한에서의 삶과 그로 인한 생활고, 교육에 대한 열망 등의 개인적 동기로 한국군에 가담했다고 볼 수 있다. 그러나 한국전쟁 발발 이후에는 상황이 완전히 달라진다. 일정 나이 이상의 청년들은 인민군의 의용군 징병 대상이 되었고, 용케 의용군 징병을 면했더라도 인천상륙작전 이후 국군에 의해 진행된 학도병 모집, 국민방위군 징집 등으로 어떤 식으로든 군에 가담하지 않을 수 없는 상

---

43) 장정렬, 1차구술, 2010.10.13.
44) OOO 녹취록, 2009.12.8.

황이 전개되었기 때문이다.

배재중학 재학 중이던 열일곱 살의 나이에 한국전쟁 발발과 인민군의 서울 점령을 경험했던 임상빈은 서울 수복 후 '대한민국 학생 결사대'에 가담하여 북한군 물자 확보, 좌익 검거 및 심문 활동을 할 만큼 반공 의식이 투철했다. 때문에 그는 포병대 학도병 모집 공고를 보고 자발적으로 입대를 지원하였는데, 어머니의 만류에도 불구하고 1950년 10월 25일, 친구와 함께 구두시험을 치르고 합격하여 포병에 입대하였다. 당시 1주일이면 남북통일이 된다는 풍문을 들었던 것도 입대의 계기가 되었다.

어, 결사대 활동 끝났고. 보니깐 포병대 학도병 모집한다고 후암동에 붙여놨더라고. … 그래서 우리 이춘길이라는 요 친구, 미국 뉴욕에 있는 요놈 친구하고, "야, 우리 지원하자." 우리 그때 생각은 한 1주일이면 남북통일 된다고 그랬어. 자신 있어, "우리 1주일만이면 말야, 남북통일 된다는 거 아니냐, 우리 지원하자." 근데 이게 서류가 이만해. 부모동의서, 뭐 학교증명서, 뭐 학적부 성적증명서 하면서 말야 뭐 이렇게 까다로워? 이틀 동안 돌아다니면서 이렇게 만들었어, 만들어서. … 우리 어머니는 뭔가 하면 내가 고생한 걸 뻔히 아니까. 빨갱이 하고 잡아들이고 하는 걸 빤히 아니까 나보고 그래. "너 꼭 가야 되겠냐." 꼭 가야되겠다고 말야 그랬더니 말야, 도장 찍어주시더라고. 처음엔 만류했어. 근데 내가 고집이 세거든. 가겠다고 하면 가야돼. 그러니깐 동의서에다 도장 찍어주시더라고. 그래서 제출을 하고 용산중학교에서 시험을 보는 거야.[45]

역시 경동중학에 재학 중이던 열일곱 살에 한국전쟁 발발을 맞이했던 최경일은 인민군이 서울을 점령한 1950년 7월, 학교에 소집되어 징병을 당할 뻔 했지만 키가 너무 작다는 이유로 귀가하였다. 그러나 1.4후퇴

---

45) 임상빈, 1차구술, 2010.5.19.

얼마 전이던 1950년 12월 16일, 국군에 의해 학교로 소집되었고 별다른 설명도 없이 서울역으로 이동해 화차를 타고 일주일쯤 걸려 부산에 도착하였다. 최경일은 같은 해 12월 29일, 이른바 '소년병'으로 입대하여 2주간 훈련을 받고 1월 중순경 전선에 배치되었다.[46]

유엔군 철수와 함께 흥남과 원산에서 선편으로 월남한 이재룡과 유재완의 경우는 위의 사례들과는 조금 달랐다. 이재룡은 국군이 함흥에 진주한 이후 학도의용군에 가담했고 흥남 철수에 의해 월남했기 때문에 이미 철수 단계부터 한국군에 가담한 것이나 마찬가지였다. 이재룡이 탔던 군함은 묵호항에 3,000명에 달하는 학도의용군을 내려놓았는데, 이들은 12월의 추위 속의 묵호 국민학교에서 신발과 모포만 배급받은 채 총도 없이 제식훈련만을 받았다.[47] 원산항에서 기지를 발휘하여 경찰 가족 신분으로 배를 타고 월남한 유재완은 아는 사람 하나 없는 부산항에 내렸다가 고향 사람을 만나 일자리를 소개 받고 부산 제2부두 하역 노동, 미군 부대 막일 등을 하며 생계를 이어갔다. 그러던 중 고향 동창을 통해 국민방위군 기간병을 모집한다는 소식을 듣고 이렇게 살 바에는 차라리 군에 들어가 북진을 하자는 생각으로 입대를 결심하였다. 그러나 그는 얼마 지나지 않아 그 군대가 뭔가 이상하다는 생각을 하게 되었다.

그러니까 이게 입은 대로 그냥 살고 그런 노동을 하니 전혀 이게 이렇게 살아야 하나 이게 정말 막막하지요 앞이. … 근데 그 친구가 와서 "야, 재완아." "왜?" "군대를 하나 새로 군대가 하나 나왔는데 내가 오늘 만났더니 거기 장교더라 친구가. 그런데 그 장교가 기관요원을 이제 몇 명 소개해 달라고 하더라." 그러니까 너 거

---

46) 최경일, 1차구술, 2010.7.1.
47) 이재룡, 2차구술, 2011.7.13.

기 가라 이거예요. 내가 생각에 그렇더라고 기왕 일 할 거면 군대에 가서 전선에 나가서 차라리 북진하는 게 낫겠다. 그 때 기분 그렇잖아요? "좋다. 내 북진한다, 군대 든다. 나 소개해 달라." 그래서 인제 약속을 해가지고 초량역에서 아침에 오라. 그래 갔더니 웬 장교가 왔는데. 그 때 우리나라의 우리 국군의 그런 계급장이 아니고 좀 계급장이 좀 다르더라고요. 근데 함흥상업학교를 나왔다는 분인데, 나 뿐 아니라 한 서너 명 다섯인가 돼요. 탔죠. 트럭에 위에 무개(無蓋)예요. 그걸 타고서 부산에서 울산까지 달립니다. … 가다가 중간에 이제는 공비, 그 때는 공비가 출몰할 때예요. 습격을 받으니 아주 위험한데 그래도 요행 울산에 도착하니까 밤이 아주 늦었어요. 어느 유치원에다가 넣고 수용하데요. 그래 유치원에 다 들어갔어요, 그 세 사람이. 한 트럭에 있는 사람 열 몇 되죠. 그러고 앉아서 저녁은 주먹밥을 얻어먹고. 앉아서 우린 잠이 안 오니까 우린 사복 입은 사람이 한 너덧 밖에 안돼요. 다 군복을 입었더라고요. 다 군복을 입었는데 계급장은 없고. 그래서 앉아서 구석에 앉아서 우리끼리 우린 잠이 안 오는 데 얘기를 하는 거 보니까 이게 참 기상천외해요 전부 장사 얘길 하는 거라. 남대문 시장에서 뭘 했느냐, 무슨 장사를 했느냐. 이게 군인은 군인인데 이게 무슨 장사를 하나 이상하다, 이상하다 했더니. 그 이튿날 아침에 대열에 나오래요. 집합을 하더니. 조반은 물론 주먹밥으로 먹고. 대장이 나와요. 그래가지고 20교육대죠.[48]

결국 한국전쟁기를 포함하더라도 월남인 구술자 대부분은 정치·사회적 동기보다는 연고 없는 낯선 땅에서의 삶, 생활고, 교육의 연장 등 개인적 동기에 의해, 경우에 따라서는 본인의 선택과 무관하게 한국군에 가담했다고 볼 수 있다. 이러한 한국군 가담의 경향은 월남인들이 자활을 위해 해방촌, 영락교회 등의 공동체·결사체를 조직하는 경향을 보였던 것과 성격 면에서 크게 다르지 않았다고 생각된다. 월남인 구술자들

48) 유재완, 2차구술, 2011.8.12.

은 대체로 분단 상황을 단기적인 것으로 보았고 곧 고향에 돌아갈 생각으로 단독으로 월남한 경우가 많았다. 그러나 분단의 구조는 그들의 예상과 달리 점차 굳어져 갔다. 특별한 연고 없이, 혹은 친인척에게 신세를 지는 것에 점차 부담을 느끼면서 생활하던 월남인들에게 군 입대는 단기적으로는 숙식을 해결하고, 중장기적으로는 불안한 미래의 대안을 마련할 수 있는 거의 유일한 기회였다고 할 수 있다. 한국군 참여의 이러한 사회적 맥락은 남한 인구에서 월남인이 차지하는 비중에 비해, 월남인의 한국군 참여 비중이 상대적으로 매우 높게 나타나는 이유에 대한 하나의 설명이 될 수 있을 것이다.

4. 맺음말

이 글은 14명에 불과한 월남인 구술자를 대상으로 하였기 때문에 월남·월남인 문제에 대한 단편적인 역사상을 제시할 수 있을 뿐, 당대의 역사상을 종합적으로 이해하는 데에는 커다란 한계를 가지고 있다. 뿐만 아니라 월남 경험자를 대상으로 그들의 한국군 참여 경험을 추적한 것이 아니라, 한국군 참여 경험자 중 월남인을 선별하는 방식으로 구술 대상자를 선별하였기 때문에 '월남인의 한국군 참여'의 전체적 맥락을 왜곡할 위험성도 가지고 있다.

그럼에도 불구하고 이 글에서 정리한 월남인의 해방 전후 경험과 월남 경로, 한국군 참여의 동기 등은 '직접 경험자의 구술이 갖는 메시지의 강력함'에 힘입어 당대의 역사상을 이해하는 데 어느 정도 도움이 될수 있으리라 생각된다. 또한 아이러니하게도 이른바 '엘리트 구술'이 갖고 있는 위험성과 가능성을 동시에 드러낸다는 점에서 의미가 있다.

일반적으로 구술사는 '승리자의 역사'에 가려져 있는 '아래로부터의 목소리'를 드러내는 것을 목적으로 한다. 따라서 이런 맥락에서 '엘리트 구술'은 그 자체가 이미 일종의 형용모순이라고 볼 수 있다. 그러나 월남인들의 구술은 이른바 '엘리트'들의 구술을 통해서도 기존의 통념과 잘못된 편견들을 깰 수 있다는 일정한 가능성을 보여준다. 훨씬 더 어려운 일이 되겠지만, 공식화된 역사 이면에 잠자고 있던 '다른' 사실들을 '아래로부터의 목소리'뿐만 아니라 승리자의 '내면의 목소리'를 통해서도 드러낼 수 있다면, '엘리트 구술'은 구술사 연구에 있어 하나의 유의미한 영역으로 자리 잡을 수 있을 것이다.

제3장

한국전쟁기 한국군의 도미군사유학 경험

박 수 현

머리말

한국전쟁기 본격화된 한국군의 도미군사유학 프로그램은 매년 250명 이상의 한국군 장교들로 하여금 미국식 군사교육을 받게 함으로서 한국군의 미국화에 큰 영향을 주었다. 구체적으로 한국군의 도미군사유학은 군사유학을 다녀온 장교가 이후 한국군 내에 주요 인사로 성장했다는 점, 한국군의 미군 시스템 도입과 운용 방식을 보여준다는 점, 한국사회의 친미엘리트의 형성을 보여줄 수 있다는 점에서 중요한 분석 대상이다. 그러나 이 주제는 이제까지 한국전쟁기 한국군의 증강 및 교육 강화, 한미군사관계라는 큰 주제 속에서 부분적으로 다루어져왔고, 언제, 누가, 몇 명이, 어디로 군사유학을 갔다 왔으며, 이들이 귀국 후 어떠한 보직을 맡게 되었는지, 그리고 이들이 미국 유학에서 배운 것, 느낀 것은 무엇인지 등에 대한 구체적인 연구는 아직 미흡하다. 이는 관련 자료들이 많이 남아 있지 않거나, 아직 발견되지 않았기 때문이다. 따라서 유학을 갔다 온 군인들을 직접 인터뷰하여, 도미군사유학의 구체적인 과정, 구술자들의 유학 경험 등의 정보를 얻고 이를 정리·체계화하는 작업은 이 주제를 연구하기 위한 기초자료를 확보한다는 점에서 유의미하다. 본 글에서는 이러한 문제의식을 가지고 현재 인터뷰가 완료된 구술자 중에서 군사유학을 다녀온 군인들의 구술을 정리·체계화하고, 거칠게나마 이들의 유학경험의 경향성을 파악해보고자 한다.

〈표 1〉에서 보이듯이 분석 대상은 육군으로 한정하여, 장우주, 김계원, 황의선, 황헌친, 김사열, 장정렬 총 6명이다. 장우주, 김계원 장군은 각각 미 보병학교(Fort Benning) 고등군사반과 미 포병학교(Fort Sill) 고등군사반을 거쳐, 미 지휘참모대학(Command General Staff College) 정규과정을 마쳤으며, 황헌친 장군은 미 지휘참모대학 정규과정을 마쳤다. 황의선 대령과 장정렬 중장은 미 보병학교 초등군사반에서, 김사열 대령은 미 병참학교(Fort Lee Virginia)에서 유학했다. 본 글에서는 먼저 1장에서 한국전쟁기 한국군의 도미군사유학이 본격화되는 과정을 기존 연구들을 통해 살펴보고, 2장에서 이들 6명의 구술자들의 유학 경험을 정리하고자 한다. 여기서는 학교별 분류가 아니라, 초등군사반, 고등군사반, 지휘참모대학이라는 교육과정별로 분류하여 유학생의 선발 과정, 이들의 미국에서의 생활과 교육 등을 살펴볼 것이다. 그리고 마지막으로 맺음말에서는 구술자들의 군사유학 경험과 귀국 이후 군에서의 진급 및 보직을 통해 도미유학의 경향성을 파악하고, 이를 토대로 향후 과제와 도미군사유학 군인들의 인터뷰 방향을 제시해보고자 한다.

1. 한국전쟁기 한국군 도미군사유학의 본격화

제2차 세계대전 이후 미국은 우방국의 국방관리 능력을 향상시켜 공산세력의 확산을 방지하고자 군원교육(IMET, International Military Education and Training)을 실시했다. 군원교육에는 미국이 우방국 군대에 대한 영향력을 확보하려는 측면도 있었다. 한국에서의 군원교육은 미군정 말기에 시작되었다. 1948년 7월 이형근 대령을 비롯하여 민기식, 장창국, 이한림 등 6명이 미 육군보병학교(Fort Benning) 고등군사반에 파견되어 10개월간 교육을 받았고, 1949년 7월에는 최덕신, 최홍희 대령이 미 보병학교에, 심흥선 소령 등 4명이 미 육군 포병학교(Fort

Sill) 고등군사반에 입교했다가 한국전쟁 발발로 귀국했다.[1]

포트베닝에서 고등군사반 교육을 마치고 온 장교들 중 민기식 대령을 비롯한 세 명은 시흥 육군보병학교를 처음 설립하는 등 한국군 교육기관 창설에 관여했다.[2] 그러나 이 시기 도미 유학은 소수의 고위급 군사만을 대상으로 한 것으로서 한국군 전체를 대상으로 한 것은 아니었다.

한국군 장교 전체를 대상으로 한 전면적인 도미군사유학은 한국전쟁기인 1951년, 중공군의 참전 이후 전선이 교착상태에 빠지면서 본격화되었다. 미국의 전쟁전략이 '휴전'쪽으로 기울어지면서, 군사고문단은 한국군의 전투지원에서 한국군의 교육 및 훈련 지원으로 그 임무를 전환했다. 1951년 5월 미국은 한국군 교육훈련에 관한 개선책을 마련했다. 국내의 군사학교에 고문관 수를 늘려 교육을 강화한다는 것과 한국군 장교를 미 군사학교에 유학시킨다는 내용이었다. 이에 따라 부산에 교육훈련 사령부가 창설되었고, 보병학교와 포병·통신학교가 전라도 광주로 통합되었으며, 육군훈련소(상무대)가 설립되었다. 장교후보생들에 대한 교육기간도 18주에서 24주로 연장되었다. 또한 4년제 육군사관학교가 진해에서 창설되었고, 지휘일반참모대학이 재설립되었다. 이처럼 국내 군사학교 교육의 강화가 이루어지는 한편으로 한국군 장교들을 대상으로 한 미 군사학교 유학이 추진되었다. 군사유학은 20주간의 특별기본과정으로 미 육군 보병학교와 미 육군 포병학교에 장교 각각 150명과 100명을 유학시켜 리더십을 갖춘 전문적인 핵심 장교단을 만든다는 것이 기본계획이었다.

1951년 9월부터 파견된 장교단은 위의 기본계획보다 더 많은 숫자로 구성되었고, 이들은 보병학교(Fort Benning)와 포병학교(Fort Sill)뿐

---

1) 조성훈, 『한미군사관계의 형성과 발전』, 국방부 군사편찬연구소, 2008, 155~158쪽.
2) 황의선, 3차구술, 2010.10.8.

만 아니라, 기갑학교(Fort Knox), 공병학교(Fort Belvoir), 통신학교 (Fort Gordon), 병참학교(Fort Lee Virginia), 병기학교, 부관학교, 수송학교, 군의학교, 헌병학교, 그리고 지휘일반참모대학 등 다양한 학교로 파견되었다. 각 학교의 교육기간은 보병·포병학교가 20주, 공병학교가 13주, 병참학교가 16주, 부관학교가 11주, 통신학교가 19주 등이었다.[3]

1951년도 12월 6일 현재 미 군사학교에 유학중인 한국군 장교는 총 314명, 1952 회계연도에 참가 중이었던 미 군사교육 이수자는 594명, 1953회계연도 승인 인원은 579명 등이었던 것에서 알 수 있듯이 시간이 흐르면서 한국군의 도미군사유학은 점점 확장되었다.[4] 한국전쟁 이후에도 한국군의 미국 군사유학은 활발히 이루어져, 창군 이래 1960년 말까지 육군에서 도미유학한 장교의 수는 11,607명이었고, 이는 1988년까지 3만 명을 넘었다. 이를 위해 약 1.7억 달러가 사용되었는데, 이는 미국의 전체 지원 규모 중에서 월남 다음으로 많은 것이었다.[5]

한국군 장교들은 일정의 시험을 통해 선발되어 미국 군사유학 프로그램에 참여했으며, 계급에 따라 파견된 학교의 초등군사반 과정, 고등군사반 과정의 교육을 이수했다. 한편 일부 고급장교들은 미 지휘참모대학 (Command General Staff College)에서 교육받았다. 다음 장에서는 군사유학생의 선발과 이들의 유학 경험을 구술자들의 구술을 바탕으로 살펴보겠다.

---

3) 한국전쟁기 미국의 한국군 도미군사계획과 파견현황에 대해서는 박동찬, 「주한 미군사고문단(KMAG)의 조직과 활동(1948~53)」, 한양대학교 대학원 박사학위 논문, 2011 참조.

4) 박동찬, 위의 논문, 227~229쪽.

5) 조성훈, 위의 책, 160~161쪽.

2. 도미군사유학 경험

1) 초등군사반 과정: 포트베닝(Fort Benning)

한국군의 미국유학은 위관급 군인을 대상으로 하는 초등군사반 과정이 중심이었다. 미국은 일본 군대를 경험하지 않고, 해방 후 단기간이지만 미군식 교육을 받은 젊은 장교들을 미국에 유학시키고자 했다. 이들로 하여금 미군사학교의 교육제도를 단기간에 익히게 하고, 이를 한국의 군사교육기관에 전파하고자 한 것이다. 따라서 군사유학은 초등군사반 과정의 초급장교를 중심으로 추진되었다.[6]

초등군사반 유학의 기회는 육군사관학교 졸업생에게 우선권이 주어졌고, 군대 경력과 사관학교 성적 등이 주요 모집 기준으로 알려졌다. 또한 부대에서 유학 대상자를 지명하는 경우도 있었다. 1950년 6월 육군사관학교가 4년제 과정을 시작하여 처음 학생을 모집했을 때 입학한 장정렬 장군은 당시 모집 과정에 대해 다음과 같이 술회했다.

> 그 학교에서 그때 4년제를 처음 모집한 거예요. 우리 클래스가 4년제 제일 먼저 들어간 건데. 4년제 졸업과 그 다음에 이학사 학위를 주고 그 다음에 소위 임관을 시키고 도미 유학의 우선권을 준다. 학교로 공문이 다 내려오고 신문에다 광고가 났어요.[7]

유학 대상자들은 영어, 국사, 전술학 세 가지 과목의 시험을 거쳐 선발되었다. 원래 포트베닝 초등군사반은 미군의 소위를 대상으로 한 과정으로서, 소대급 부대 지휘능력 배양, 소총 및 기계화반 구분, 사병 교과

---

6) 박동찬, 위의 논문, 228쪽.
7) 장정렬, 1차구술, 2010.10.13.

내용 교육 등을 교육중점으로 삼았다.[8] 그러나 한국 유학생들은 대위들이 주로 선발되었고 소수의 소령이 이들을 인솔하여 함께 간 것으로 보인다. 1952년 9월부터 1953년 4월까지 포트베닝 초등군사반에 유학했던 당시 황의선 소령은 당시 약 20명이 선발되었는데, 그 중 소령이 대여섯 명이었고, 나머지는 전부 대위였다고 기억했다.

> 아, 기억은 지금 에~ 그 가운데 소령, 전부 대위이고, 소령이 한 다섯 명, 여섯 명 있었는데 저도 그렇고 기억나는 사람이 최재명 장군이라고 5기생, 다음에 그 추호라고 그러는데 그 사람이 5기생 (XXX 판독불능). 지금 살아있어요. 최재명 장군은 돌아가셨고. 그 몇 사람이 주로 소령급인데 나머지들은 전부 대부분이 우리 후배들이고 대위 출신들이고. 그러니까 그때 소령 출신이 저희들 육사 7기 특별, 5기생, 6기생, 이렇게 해서 <u>소령이 오륙명 있었고 나머지는 이제 그 대위 출신들이었어요.</u>[9]

선발된 유학생들은 미국으로 출발하기 전 대구의 보충대에 모여, 약 일주일 동안 미국식 예절 등에 대해 교육을 받았다. 예를 들면 수세식 변소 사용법, 음식 먹는 법, 설탕이나 빵을 너무 많이 먹지 말 것 등에 관한 것이었다.[10]

유학생들은 미국에 도착하여 포트베닝 내의 독신자 숙소에서 살면서 약 20주간의 수업을 들었다.[11] 중동, 동남아 등지에서 온 장교들과 함께 수업을 들었는데, 과목은 화기학, 일반행정, 전술학을 포함하여 연대전

---

8) 육군본부, 『미국군사교육제도』, 1979, 269쪽.

9) 황의선, 2차구술, 2010.8.18.

10) 박정인, 『풍운의 별』, 홍익출판사, 1994, 256~257쪽.

11) 박동찬은 위의 논문에서 20주, 육군본부의 위의 책은 14주, 구술자는 약 8개월이라고 각각 다르게 보고 있다.

투까지 치를 경우 알아야 할 전반에 관한 것이었고,[12] 낙하산 훈련도 실시했다.

아~ 미국서는 어떤 한 가지 특수부를 배운 것이 아니라, 어~ 전술은 연대전투까지. 어~ 거 우리가 이제 그 어~ 전술의 단위가 사단, 우리나라에 보면은 사단 전술까지는 우리 육사에서 가르쳐요. 우리 보병학교나 이런 종합학교 같은 데는 연대까지 가르치는데, 어느 특종이라 할 것 없이 하여튼 과목이 아홉 가지 과목인가 됐어요. 그러니까 전술학, 화기 다 한 겁니다. 거기다가 에어본이라고 낙하산 타고 그 저~ 이 그 저 떨어트려가지고 하는 훈련, 그러니까는 한 전문분야가 아니고… (중략) 미군육군보병학교는 화기, 전술, 일반학, 이거 전부 다 하기 땜에, 거기다 쁘라스(플러스) 세계 각국의 에어본, 말하자면 그 저 낙하산부대, 그 아주 그 훈련장이 별도로 있었어요. 그렇게 쁘라스(플러스) 시켜서 전 과목을, 초급장교로서 또 그~ 어~ 중령, 소령 이런 대령 정도의 그 전 과목을 다 교육시킨 겁니다. 그러니까 어느 분야라고 할 수가 없지요.[13]

초등군사반은 주로 야외 실습위주의 교육을 실시했다.[14] 이 중 황의선 대령이 당시 교육 중에서 가장 중요하다고 보았던 것은 바로 독도법

---

12) 1979년도 육군본부의 미국 군사학교 시찰보고서에 따르면, 초등군사반 과정의 과목은 각개전투, 시가전, 소대전술, 공중기동, M-16 소총, 드라곤, M60 기관총, 포병화력계획, 통신, 군수, 위생, 전술공군지원, 체력단련, 행군, 훈련계획, 분대전투, 유격기술수색, 소대훈련계획, 정비, M203지전수류탄, 대전차 화기, 81미리 박격포, 화생방, 경계경보, 폭파, 야간관측장비, 독도법, 편성장비, 소대장 시간, 기타, 통솔법이었다. 1979년 이전에는 침투훈련도 있었다고 한다. 이 자료가 만들어진 시기는 한국군의 1차 유학 때와 20년 이상의 차이가 나기는 하지만, 대체로 어떤 과목이 초등군사반 과정에서 교육되었는지를 파악하는 데에는 유용할 듯하다. 육군본부, 위의 책, 272쪽, 277쪽.

13) 황의선, 3차구술, 2010.10.8

14) 육군본부, 위의 책, 271쪽.

(map reading)이었다.[15] 그는 한국군 장교가 지도를 읽지 못해 훈련 도중 학교를 찾아오지 못한 일화를 소개하면서, 당시 미국에서는 이론교육뿐만이 아니라 실제교육이 철저히 이루어졌다고 했다. 포트베닝은 독도법 과목에서 통과하지 못한 학생은 낙제로 처리하여 졸업을 시키지 않고 별도의 교육을 실시했다고 한다.

> 근데 이 가운데서 제일 중요한 것이 독도법이라고 있어요. 맵 리딩(map reading). 이거는(이것은) 군대 장교들이면 이 독도법을 몰라버리면 전쟁을 할 수가 없어요. 말하자면 여기에 위치가 있는데 저 너머 포격을 쐈는데 독도법을 보고 실제 거리를 재고 계산하고 그래요. 근데 이 독도법을 모르면 낙제를 하면은 졸업장을 안 줘요. 그래가지고 만일 독도법을 낙제를 한 사람은 별도로 일과 외 교육을 시켰어요 그 사람들이. 그래서 독도법이 제일 중요해서 우리 한국도 마찬가지고, 이제 이런 일이 있었어요. 모 장군이 이제 포트베닝을 처음 갔는데 한국 시험처럼 오엑스(OX)를 주로 다룬 것이 아니라 이 사람들은 실제 교육을 해요. 그렇기 때문에 밤에 캄캄한 밤에 눈을 가리고서는 지도하고 컴퍼스하고 후레쉬만 주고는 한 20여 리, 한 8키로, 20키로 떨어진 데에다가 내려놔 버립니다. 자동차로. 그러고는 자동차로 와버려요. 부대 찾아오라 이거요. (중략) 그러니까는 우리 한국 장군이 그 당시로 장군은 아니었는데 못 찾아가지고서 3일 동안 헤매다가 경찰을 보병학교에서 섭외를 해갖고 경찰이 찾아온 일이 있어요. 그만치 그 사람들은 실제 교육, 이런 것을 중요시합니다. 그래가지고 독도법 하면 아주 모르면 다른 교육, 졸업장도 안 줄 뿐 아니라 합격해야 이제 다른 교육에도 지장을 주지 않도록 하고 그랬는데

---

15) 포트베닝의 초등군사반에서 독도법 과목의 총 수업시간은 1979년 현재 811.5시간 중 42시간이었던 데 비해, 고등군사반에서는 독도법에 총 929시간 중 4시간을 할당했다. 초등군사반의 교육이 실습, 실무 위주였다면, 고등군사반의 교육은 지휘에 더 중점이 있었음을 알 수 있다. 육군본부, 위의 책, 271~272쪽.

과외교육을 시켰지요, 불합격한 사람은.[16]

한편 초등군사반 유학생들은 영어를 잘하지 못했다. 이들은 성장기에 영어를 체계적으로 배울 기회가 많지 않았던 사람들이었기 때문에 간단한 영어만 할 수 있는 정도의 실력만 갖추고 있었다. 이에 통역관이 따라가거나, 현지에 파견되어있던 한국군의 통역장교가 교재 번역과 통역을 담당해주었다.

교재는 우리 통역관들이요, 조상호라고 아시죠, 여기 저 행정부장관도 하고 교통부 장관, 그 사람하고 8군사령부 비서실장 하던 김 뭐라는 사람인데 두사람이 거기 나가있었어요. (중략) 그래가지고 거기에서 교재 같은 거 미리 만들어주고 우리 교관들이 그 미군 교관들이 또 만든 거 다 통역해서 주기도 하고 이렇게 해서 그 사람들이 나가있었습니다. (중략) 한국군의 통역장교였는데, 거기에 파견 나간 거에요.[17]

초등군사반과 달리 고등군사반에는 영어를 매우 잘하는 사람들이 선발되었다. 1952년 7월에 포트베닝 고등군사반에 유학 온 당시 장우주 중령은 초등군사반 유학생 장교들이 영어를 못해서 생긴 "핫도그" 일화를 다음과 같이 술회했다.

이제 미국에 가니까 이제 그담엔 얼마 있다가 초등군사반에 이제 영어 안하는 사람들 백여명 이백명 막 이렇게 해서 아래 초등군사반에 왔어. 근데 어떻게 영어는 못허구… (중략) 그래 이 사람들이 왜 이렇게 잠이 안 오는지 모르지 밤에. 잠이

---

16) 황의선, 2차구술, 2010.8.18.
17) 황의선, 2차구술, 2010.8.18.

잘 안와 밖에 나가본담 말이야. 나가보니까 야 핫도그라고 있다 이거야. "야 미국은 위대한 나라다 다 있구나 개고기도 파는구나. 그래 장교 둘이 말이야 음식점에 들어 갔어. 들어갔더니 그 기다리니까 웨이트리스가 온 거야. 그래서 뭐 먹겠냐 핫도구 먹겠다 그러니까 몇 갠가 하니까 둘이 상의하다가 "한 마리면 됐지" 그래 "저 스트 원"허니까 갸우뚱하더니 말이야 갔어. 조금 있다가 핫도그 하나가 떡 나오니까 "야 미국 사람들은 개고기를 꼬리부터 먹는구나"(웃음). 그래가지고 절반 나나(나눠) 먹었어. 근데 한참 기다려도 안와. "야 개고기는 말이야, 그놈 바짝 끓여야한단 말이야. 그니까 기달리자 말이야" 한 시간 기달려도 안 오니까 그때 야 이제 오라 그래서 오니까 야 "그 어이 나머지 그 다 어데 갔냐?" 그러니까 이 아가씨가 말이야 얼굴이 빨개지더니 취사장에 들어갔어. 쪼끔 있다가 나오는데 건장한 아주 크기 이런 그 나이프 피가 덜덜 묻은 피칠해가지고 나오면서 아이고 겁이 나서 거 뭐한데 "젠틀맨 아임 베리 쏘리" 말이야. "내가 말이야 개 꼬랑지를 탁치니까 도망갔다" 이거야. 하하하. 그래서 나머지는 못했다 그래서 거는 이제 우리가 지나가는 얘기로 우스개소리로 하지만 대개 그 정도로 그래 사실 거기 가서 솔직헌 얘기야 음식점이 약간 괜찬은데 들어가면 음식을 몇 개 시키기는 하는데 번호를 시켜. 그게 뭔지 모르는 게 많다고. 내가 시키는 게 이거야 잘 모를 정도로 그 정도로 거 뭐 있어.[18]

이처럼 포트베닝의 초등군사반 과정은, 위관급 이상의 한국육군 장교들로 하여금 독도법 등 실제 전투에서 필요한 기초지식을 몸에 익히게 하고, 이들을 연대 전술까지도 세울 수 있는 초급 지휘관으로 성장시키고자 하였다.

---

18) 장우주, 1차구술, 2009.9.17.

2) 고등군사반 과정: 포트베닝(Fort Benning), 포트씰(Fort Sill)

초등군사반 과정이 학생들을 대규모로 선발한 것에 반해, 고급장교를 육성하는 고등군사반 과정으로 가는 유학생들은 영관급 이상의 장교들을 대상으로 소수 정예로 선발했다. 본래 고등군사반은 미군의 경우 대위나 대위예정자가 입교 대상이었다. 중대급 지휘능력, 대대 및 여단급 참모 업무 능력이 교육중점이었고, 예비 중대장을 입교시켜 교육 후 중대장에 보직하게 하는 선교육 후보직 제도를 염두에 둔 것이었다.[19]

고등군사반 과정의 한국유학생들은 영어, 신체검사, 전술과 관련한 구두시험을 통해 선발되었는데, 초등군사반과 달리 국사시험이 없다는 점이 인상적이다. 구두시험은 육군본부 참모부장과 한국말로 한 번, 주한미군사고문단(KMAG)과 영어로 한번 총 두 번 치러졌다고 장우주 장군은 기억했다.

> 그러니까 시험을 그렇게 그 미국 사람들이 구두시험이 그렇게 심했어요. 그때는.
> (중략) 한국 육군본부에서 참모부장들이 했어요. (중략) 여기 미국고문관들이 여기에 있는 한국에.[20]

고등군사반 유학생으로 선발된 군인들은 성장기에 고등교육을 받은 인텔리들이었다. 1952년 포트베닝으로 유학을 간 장우주 장군은 일제강점기에 갑종 중학교인 함흥 공립상업학교를 다녔다. 이 학교는 일본인과 한국인이 같이 다니는 공학으로, 한국학생은 소수였다. 이 학교에는 미국에서 공부한 교사들이 있었기 때문에 장우주 장군은 영어교육을 잘 받았다고 한다. 같은 해에 포트씰 고등군사반에 유학한 김계원 장군은

---

19) 육군본부, 위의 책, 269~270쪽, 277쪽.
20) 장우주, 1차구술, 2009.9.17.

배재중학교와 연희전문학교 상과를 졸업했다.

이들은 영어를 매우 잘했다. 장우주 장군은 처음에는 군사영어학교에 들어가려고 찾아갔으나, 당시 나이가 18세로 너무 어려 받아주지 않았다고 한다. 그런데 영어를 잘했기 때문에 당시 군사영어학교 교장이었던 원용덕의 추천을 받아 1연대에 입대했고, 또 영어를 잘해서 통위부로 발령을 받아 통위부 보급국에서 근무했다. 그리고 당시 보급국 국장이었던 김동영과 미국 고문관의 추천으로 육군사관학교에 들어갔다. 육군사관학교 졸업 이후 육군소위로 다시 통위부 보급부대로 발령을 받았는데, 당시 통위부는 육군소위가 들어갈 곳이 아니었다고 한다. 이는 당시 영어를 잘하는 것이 발령과 승진에 얼마나 영향을 끼쳤는지 짐작케 한다.

1952년 장우주 당시 중령은 본인 포함 9명과 포트베닝으로 갔고, 김계원 당시 준장은 이희태 대령과 포트씰로 갔다. 장우주 중령과 김계원 중령 모두 미 군사원조에서 한 달에 150불씩 지원을 받았다.[21] 장우주 장군은 이러한 미국의 군사교육원조에 다음과 같은 의미를 부여했다.

> 내가 지금 이렇게 생각해보니까 미국이 우리나라에 가장 큰 원조를 해준 게 뭐 경제원조나 군사원조도 중요하지만 가장 중요한 게 교육 이렇게 시켜준 거 말이야 다 그 사람들이 누구 월사금 대주구 뭐 다 내서 숙소 그 다 대주고 그리고 돈을 얼마줬나하면 150불 줬어요. (중략) 한달에 150불 줬어. 그때 돈 150불이란 게 굉장히 커요. 그렇게 이제 그러니까 내가 늘 미국가서 뭐 이 얘기 나올 기회가 있으면 가끔 그래. 거 내가 미국에 대해서 그 주대표부라든가 이런 거 할 때 돈 안받고 이렇게 해줬는데 어떻게 그러카느냐 그건 아무것도 아니라 아니야 당신네들이 우리나라가 완전히 폐허가 됐을 때 군사원조 경제원조 다 해줬단 이거야. 당신네 거기 있는 젊은 미국사람 당신네 할아버지가 내 학비 다 대줬단 말이야. (중략) 우리

---

21) 당시 한국정부는 매달 30달러를 지급했다. 당시 한국의 국민소득은 채 100달러가 되지 않았다. 조성훈, 위의 책, 155쪽.

가 경제원조 군사원조 그담에 교육받은 거 모든 거 이런 거 이렇게 생각허면은 정말 그 뭐이 그래서 내가 그중에서도 가장 고마운 게 이 우리나라에 우리가 정말 그 군사교육도 그렇고 민간에서도 풀브라이트라든가 많은 사람들 갔다 교육시켜 준 게 그거이 오늘날에 한국이 발전하는데 큰 도움을 주지 않았나 이렇게 생각하고 있지요. 제 일차에 내가 유학갔던 일이.[22]

포트베닝 고등군사반은 주로 교실에서 강의와 실습으로 진행되었고, 소대·중대 전술과 화기학의 경우에는 야외에서 실습했다.[23] 총 26주 간[24] 진행되었고, 연대전술까지의 군사학, 보병지휘관 교육을 했다.[25] 포트씰 고등군사반은 포병 고급장교로서 필요한 수업들을 듣게 했는데, 이 역시 미국 영관급 장교들을 대상으로 한 교육이었다. 과정은 24주간이었고, 교육목표는 포대장 임무수행이었다. 미군의 경우 26주 과정으로 중위 및 대위를 대상으로 한 반면, 한국 군인은 장기복무대위(진급예정자 포함)가 대상이 되었다.[26] 초등군사반이 한국 이외의 여러 나라에서 온 장교들을 포함하고 있었던 것에 비해, 김계원 장군에 따르면 고등군사반에는 특별한 경우가 아니고서는 다른 나라 장교는 보통 없었다고 한다.

나 있을 때는 서너 군데가 그런 데가 있었어요. 보통 없어요. 왜냐하면 도미니카 리퍼블릭의 대통령 아들이 그 때 와서 우리하고 같이 있었지. 이제. 그런 특이한

---

22) 장우주, 1차구술, 2009.9.17.

23) 육군본부, 위의 책, 270쪽.

24) 육군본부, 위의 책, 270쪽.

25) 1979년 당시 고등군사반 과목은 전술원칙, 방어, 상륙작전, 공군지원, 포병작전, 화생방, 작전, 정보, 위생, 독도법, 통신, 화기학, 기타, 공격, 특수전, 공중기동작전, 기초작전, 공병작전, 인사, 군수, 훈련계획, 통솔법, 체육, 정비, 초빙교육, 평가 등이었다. 육군본부, 위의 책, 271쪽.

26) 육군본부, 위의 책, 305쪽.

사람. 그 사람은 계급이 중장인데, 이제 그…정상적으로 이래 성장해가지구는, 조직이 안 되거든. 운영이 안 되니까. 그런 특이한 사람들은 계급 확 올려주고. 이런 건…어느 나라나 있는 거니까.[27]

포트베닝에도 이와 마찬가지로 한국 외 다른 나라 군인들이 없었다.

우리 보병학교 댕길 때는 미국 사람들 클라스에 우리 한국 사람만 있었어요. 외국 사람들 없고. 참모대학 올 때는 외국 사람이 한 80명 있었는데.[28]

영관급 이상, 장성급을 포함한 고등군사반 유학생들은 통역 없이 약 7~8개월간 수업을 들으면서 고급지휘관 양성을 위한 교육을 받았다. 인텔리였던 이들은 고등군사반 유학을 다녀온 후 일선에 있다가, 더 높은 계급의 군인을 대상으로 하는 지휘참모대학에서 유학하기도 했다.

3) 지휘참모대학 (Command General Staff College)

미국 육군대학이라고도 불리는 지휘참모대학은 현역 및 예비역 장교들이 여단 및 상급부대 지휘관 및 참모로서 임무를 수행할 수 있도록 교육하는 것을 목표로 삼았다.[29] 미군의 입교 자격은 소령진급 예정자였으나,[30] 한국군 중 유학갈 수 있는 대상은 대령 및 장성급 군인들이었다. 지휘참모대학은 13개월 정규과정과 4~5개월 단기과정으로 분류되었다.[31] 단기과정에는 영관급 군인들이 주로 간 것으로 보인다.

---

27) 김계원, 2차구술, 2010.8.3.
28) 김계원, 2차구술, 2010.8.3.
29) 육군본부, 위의 책, 153쪽.
30) 육군본부, 위의 책, 161쪽.
31) 황헌친 장군은 13개월이라고 했으나, 김계원 장군은 8~9개월이라고 구술했

휴전 이후인 1955년 당시 대령이었던 장우주 장군은 백선엽 대장의 권유로 김종오, 민병권, 박현수, 유양수, 서종철, 최갑중 등 장군 6명과, 최세인, 김익권, 황인권, 배득진 등 본인을 포함한 대령 6명과 함께 지휘참모대학 정규과정으로 유학을 갔다. 그의 기억에 의하면 선발 과정은 고등군사반 유학생 선발 과정보다 까다로워진 것으로 보인다.

그 이제는 거기 백대장이 내보고 이제 내가 그 뭐 그때는 이제 내가 이제 또 백대장이 참 고마웠어. 미국에 공부하러 가는 기회는 언제나 내가 가게 되게 되든. 그래가지구 미국에 육군대학에 가게 됐어. 참모대학에. <u>그것도 또 시험보는거야. 그거도 또 시험보는데 아 그때는 시험도 뭐 정말 뭐 저 아주 그 여러 가지를 봐 가지구 그래서 또 그 거기 갔는데 (중략) 아니 아니 그때는 12명 갔어요. 그래 이제 휴전이 되었기 때문에. 그리고 55년도에 가는데 에 장군 6명 대령 6명 그때 우린 대령들이야. 그 대령들인데.. 6명 가는데 그 정말로 아주 그 아주 엄선을 하더라구요.</u>[32]

지휘참모대학 유학생 선발도 초등군사반 선발시와 유사하게 응시하라고 지명 받은 경우도 있는 듯하다. 1956년 지휘참모대학에 유학한 당시 황헌친 준장은 유학선발 응시와 선발과정에 대해 다음과 같이 술회했다.

<u>1군 참모장이 하니까, 한 1년 있으니까, 미국 육군대학에 응, 응하라 그래. 전형 뭐, 전형 간단히 하더구만. 전형했는데 또 합격했어. 그래서 미국 가서, 한 1년, 한 13개월인가 공부하다 왔지.</u>[33]

고, 육군본부 위의 책에서는 41주로 명시되어있다.

32) 장우주, 1차구술, 2009.9.17.

33) 황헌친, 3차구술, 2009.12.2

황헌친 장군은 일제 강점기에 만주 신경공업학교, 일본 동경 국사관 중학교를 졸업하고 일본 와세다 대학 법학부에 다니다 학병으로 징집되었다. 그는 와세다 대학이 영어 공부를 많이 시켰기 때문에 영어를 매우 잘하게 되었다고 한다. 이러한 영어실력을 바탕으로 그는 해방이후 군사영어학교에서 가장 영어를 잘하는 반인 A반에 들어갔다.

예과시절에 우리가 영어는 많이 했어요. 영어가 일주일에 한 40시간 있는데, 20시간이 영어시간이에요. 특히 문과니까. 그래서 그것이 해방 후에 나한테 큰 도움이 되었어요. 그때 열심히 공부했기 때문에, 졸업할 때는 원서를 막 읽을 정도였기 때문에, 그게 많이 도움이 되었어요. 내 그 이제 그 생활 실생활 해가는 데, 아 큰 도움을 받았어요. (중략) 군사영어학교에 내가 입교한 것이 46년 아마 1월… 아니 아니야… 그래 46년 1월 중순 지났을 거야.(중략) 영어시험 치더구만요, 미군교관이, 소령이. 그래 구수, 구두 시험해가지고, 당신 에이 클라스(A class) 가라고 그래. 근데 ABCD가 있었거든요. A는 뭐 영어 제일 잘한다. 다음에 두 번째 세 번째… 그래 에이 클라스에 들어가서 한 달 있으니까, 너 임관하라고 그래요. 임관하라고.[34]

황헌친 장군은 이렇듯 영어를 잘하고, 당시 준장이었기 때문에 지휘참모대학에 응시하라는 지명을 받았던 것으로 보인다. 신응균, 이지형, 황헌친 등 장군 3명 및 동홍욱 등 대령 3명과 함께 지휘참모대학 정규과정에 유학했다. 장성급과 영관급은 다른 숙소에 머물렀다. 장성급은 거실과 침실이 따로 있는 좋은 방을 배정받았다. 한편 미국은 이들에게 일당 1달러 50센트씩 지원했고, 식비 이외의 것은 무료였다고 한다.

정규과정 교육은 사단장 교육이었다. 사단, 군단 작전을 위한 지휘관

---

34) 황헌친, 2차구술, 2009.11.25.

교육으로, 학생들은 아침 8시부터 오후 2시~3시까지 수업을 받았다. 수업에는 일본, 남미 등을 포함한 세계 각지의 학생들이 있었다고 한다. 장우주 장군과 황헌친 장군 모두 다른 나라 학생들이 약 80명 정도 있었다고 기억했다. 황헌친 장군에 따르면 수업 이후에는 여가시간이었는데, 이때 교포들을 만나 한국을 알리는 일을 했다고 한다.

장우주 장군은 지휘참모대학에서의 교육받은 내용이 판단과 원칙을 세우는 데에 중요한 기준이 되었다고 보았다.

정말로 미국 육군대학이라는게 좋아요. 아이젠하워도 대통령하면서. (중략) 자기가 대통령을 어떻게 했는고하니 자기는 육군대학에서 배운 자기의 모든 걸 그..그.. 결심하는 그러한 그 뭐이 해가지구 캔사스에서 배운 육군대학에서 배운 걸로 해서 작전도 했고 대통령하던 때도 많이 도움이 됐다. 그런 얘기를 했어요. 그리구 우리가 그 역시 우린 정규과정을 나왔기 때문에 그러니까 보병학교두 그 미국사람들하구 같이 당기고 그러한 과정을 나왔기 때문에 참 학교가 좋다하는 걸 그.. 그러니까 모오든걸 판단하는 데에 그 원칙을 딱 세어서 하나하나 그 원칙에 맞게끔 고거 위에서 암만 간단한 결심도 일단 거기에 맞차가지구서 한번 해가서 그 담에 결심하는 게 이제 에. 그런데 그런걸 이제 배와가지고 와서 이제 근무허는데 전 이제 돌아오니까 (후략)[35]

한편 장우주 장군은 이승만 대통령이 미국으로 출발하기 전에 계급과 상관없이 1000달러씩 준 일화를 소개했다. 장우주 장군과 함께 간 군인들은 이때 받은 돈으로 미국에서 차를 사고 운전면허를 땄다고 한다.

그러니까 우리가 미국 가는데 이대통령이 돈 줄거라고 생각도 안했어. 야~ 그 참

---

35) 장우주, 1차구술, 2009.9.17.

뭐인가 하게되믄 백선엽 대장을 불러가지고 미국이라는 나라는 가게 되믄 돈이 없으면 사람 취급을 못받는다구. 그래 장군들이라 다 전투하던 사람들이 가는데 돈을 줘서 보내라구. 그때로서는 거금을 줬어. 계급에 관계없이 한사람에게 1,000불씩 줬어. 한사람에게 1,000불씩. 그리 그게 이승만 대통령이 아주 독특한 보통 생각도 못하는 그르지.[36]

장우주 장군, 김계원 장군, 황헌친 장군 등의 사례에서 보이듯이, 한국군내 최고 엘리트들은 미 지휘참모대학에 유학했다. 이들은 귀국 이후 한국군 내 주요 인사로 성장하였다.

3. 맺음말: 한국군의 도미군사유학의 경향성 및 향후과제

미국유학은 군인 개인이 한국군 내 주요 인사로 성장하는 데에 매우 유리한 조건으로 작용했다. 앞서 살펴본 황의선 대령은 소령으로 유학을 갔다가 유학 중에 중령으로 진급했고, 장우주 장군은 귀국 이후 준장이 되었으며 베트남 파병을 기획하는 등 정부 차원의 주요인물이 되었다. 김계원 장군 역시 병참감, 정보부장, 참모 총장 등 거물급 인사가 되었다.[37] 도미 유학이 진급, 군내 평판에 중요한 역할을 미쳤다는 것은 구술자들의 구술에서도 확인된다.

포병학교는 장교들이 많이 가있는데 나도 그 당시에 미국 안 갔다오면은 이 군대 안에서 언권이 서질 않아. (김계원 장군)

---

36) 장우주, 1차구술, 2009.9.17.

37) 한편 황헌친 장군은 5.16 이후 반혁명사건에 연루되어 준장으로 전역했다. 황 의선 대령은 5.16 쿠데타 직후 전역했다.

그런 게 있을 수도 없는 건데. 육군본부에서 하는 건데, 인사 발령을 왜 고문관들이 동의서명을 맡아야 돼? 말두 안 되는 얘기데 하여튼 그 사람이 그렇게 하라고 하니깐 할 수 없이 이제 병참감 고문, 인사국장 고문, 1군 사령부 저 고문, 이 사람들이, 이 사람 미국 와서 병참학교 훈련받고 온 사람이다 이러니까 뭐 두말할 것도 없이 뭐 오케이, 오케이 다 해줬단 말이야. 그래서 "내 이렇게 받아왔습니다." "에이 마음대로들 해." 이래가지고 그냥 발령이 나가지고, 근무를 했는데. (김사열 대령)

이들이 주요한 인사로 성장했다는 것 외에, 또 하나 특징적인 것은 미국군사유학 1세대라 불릴 수 있는 이들 구술자들이 대체로 군사교육계를 거친 경향을 보인다는 것이다. 장우주 장군은 국방대 교수부장, 김계원 장군은 육군대학 총장 등을 역임했고, 황의선 대령은 육군종합학교 교무처장으로 복무했다.

한편 본인의 실무경험을 인정받은 자들은 관련 학교로 유학을 갔다가, 귀국 후 배운 내용을 한국군에 도입할 수 있는 보직을 맡았다. 육군 보병학교 교관이었던 황의선 대령은 포트베닝 초등군사반을 거친 후 육군 종합학교 교관이 되었고, 보급 및 병참 관련 업무를 하던 김사열 대령은 미 병참학교로 유학을 다녀온 뒤 1군 사령부 병참부장 등을 역임했다.

이러한 사례들로 보았을 때, 미국에 유학을 다녀온 군인들은 귀국 후 한국군 내 교육기관, 혹은 본인이 수학하고 온 내용을 한국군에 도입할 수 있는 보직에 임명되었다고 평가할 수 있다. 따라서 도미유학 경험이 있는 군인들을 더 추적하고 분석하면, 한국군의 미국시스템 도입과 운용을 연구하는 데에 시사점을 얻을 수 있을 것으로 보인다.

지금까지의 도미유학 군인장교들의 도미유학 구술사례들을 거칠게 요약하면, 다음과 같은 경향성을 파악할 수 있다.

① 영어 중·하급/풍부한 실무경험 → 해당학교 초등군사반 → 귀국 후 해당 관련 보직, 진급
② 영어 상급/성장기 고등교육 수혜 → 고등군사반 혹은 미 지휘참모대학 → 장성급으로 성장, 군내 최고위직

이러한 결론은 몇 가지 사례를 중심으로 요약한 것으로서, 향후 이를 검증하고 유형화할 필요가 있다. 이를 위해서는 더 많은 도미유학 군인 장교들을 인터뷰하여 사례를 풍부하게 수집해야 할 것이다. 또한 면접 시 다음의 내용들을 더욱 심층적으로 질문해야한다.

① 군사유학의 실태: 구체적으로 언제 몇 명이 갔는가? 교육 내용은?
② 경험과 인상: 미국에서 무엇을 보았는지? 미국 군대를 보며 무엇을 느꼈나?
③ 영향: 함께 다녀 온 사람들 포함해서 도미유학 군인들의 귀국 후의 배치는? 유학 갔다 온 사람들 간의 커뮤니티는? 한국군대 집단 및 시스템(일본식 군대 → 미국식 군대)에 끼친 영향은?

특히 ②경험과 인상 부분과 관련하여, 현재 채록한 구술에서는 주로 미국의 흑백인종차별, 따뜻했던 서민들의 모습 등이 주로 언급되었다. 그러나 여기에서 더 나아가 이들이 느꼈던 미국·미국 군대에 대한 인상들을 심층적으로 질문하면, 한국군인의 대미인식, 친미엘리트의 성장 등과 같이 엘리트의 정체성 형성, 인식구조에 대한 연구도 가능할 것으로 보인다. 향후 구술을 통해 기초적인 자료의 수집·정리뿐만 아니라, 이러한 엘리트 인식 연구의 실마리도 얻을 수 있기를 기대한다.

〈표1〉 구술자 중 미국 군사유학 경험자(육군)

	교육배경	군입대 경위	유학기간	유학한 학교·과정	유학 이전 주요 보직·계급	귀국이후의 주요 보직·계급	전역 계급
1	함흥공립 상업학교	원용덕 군사영어학교 교장 추천으로 1연대 입대, 육사3기	1952.7부터 약 1년	미 보병학교 포트베닝 (Fort Benning) 고등군사반	육군본부 보급과, 헌병사령부 군수국장, 백정부사령부 G-4, 2군단 G-4 창설 / 중령	육군본부 인사업무, 1군사령부 인사참모 겸 비서실장 / 대령	소장
	장우주		1955년부터 약 1년	미 지휘참모대학 정규과정	대령	육군본부 인사참모부 차장, 국방대학원 교수부장, 방부기획조정관 등	
2	연희전문학교 상과	군사영어학교	1952.7~1953.6	미 포병학교 포트실 (Fort Sill) 고등군사반	포병사령부 사령관, 포병학교 교장 / 준장	육군본부 포병감, 27사단장, 육군 정보국 정보국장 등 / 소장	대장
	김계원		1957.6~1958.7	미 지휘참모대학 정규과정	소장	육군본부 정보부장, 육군대학 총장, 육군본부 참모총장 등	

교육배경	군입대 경위	유학기간	유학한 학교·과정	유학 이전 주요 보직·계급	귀국이후의 주요 보직·계급	전역 계급
3 황인선	전남 소재 상업실습학교 (2년)	광복군, 대동청년단, 육사7기 (1948.5)	1952.9~1953.4	미 보병학교 포트베닝(Fort Benning) 초등군사반	육군 보병학교(시흥) 교관, 시흥지구 전투사령부 인사처 차장, 육군 종합학교(광주) / 소령	육군종합학교 교무처장, 제주도 훈련소 제3연대장, 2군 군수처 차장, 논산훈련소 군수처장 등 / 중령	대령
4 장정렬	개성중학	육사 생도2기	1956년부터 약 1년	미 보병학교 포트베닝(Fort Benning) 초등군사반	28연대 작전교육장교 / 대위	육군대학 교관, 6사단 작전참모, 1군 작전참모, 육본 전략기획 참모부장, 2군단장, 육군 교육사령관 등 / 중장	중장
5 황헌친	와세다대학 법학부	군사영어학교	1956년부터 약 1년	미 지휘참모대학 정규과정	3군단 부군단장, 21사단 부사단장, 26사단 사단장 / 준장	육군본부 작전참모부 차장, 정훈감 등	준장

	교육배경	군입대 경위	유학기간	유학한 학교·과정	유학 이전 주요 보직·계급	귀국 이후의 주요 보직·계급	전역 계급
6	김사열	함북 무산 소재 보통학교 6년, 서울 소재 문화학원 3년	국방경비대, 1연대 입대, 육사 13기	1957년부터 약 1년	미 병참학교 (Fort Lee Virginia)	육군본부 군수국 보급과장, 운영과장, 2군사령부 병참부장 / 대령	1군 사령부 병참부장 등	대령

제 **III** 부

베트남전쟁과 한국군

제1장

한국군의 베트남전 '작전권'협상과 한미동맹의 현실[1]

이 동 원

머리말

"건국 이후 최초의 해외 파병"인 한국군의 '월남 파병'은 1964년 9월, 제1이동외과병원과 태권도 교관단의 1차 파병으로 시작되었다. 이는 1965년 3월 건설지원단의 2차 파병, 1965년 10월 제2해병여단과 수도사단으로 구성된 전투부대의 3차 파병, 1966년 9월 제9사단의 4차 파병으로 이어졌다. 이로써 1973년 3월 철군을 완료할 때까지 베트남전에 최대 5만 명, 연인원 32만 명 가량의 한국군이 참전했고, 전사자 약 5천명, 부상자 약 1만 명의 인명 피해가 발생했다. 그러나 '반공 성전(聖戰)'을 위한 한국군의 참전에도 불구하고 1975년 4월 30일의 '월남 패망'을 막을 수는 없었다.

한국에서 베트남전 연구의 지형은 베트남전 자체보다는 이러한 '한국군 파병'의 의미를 드러내고 평가하는데 집중되어 왔다. 특히 공간사(公刊史)들은 파병의 명분과 실리를 모두 긍정적으로 평가했다. 전쟁이 한창이던 1967년 12월, 국방부 전사편찬위원회는 『주월한국군전사』에서 '월남 파병'을 "궁극적으로 우리의 국토를 공산 침략에서 수호하는 조치"이며 "자유 우방의 십자군(十字軍)으로서 출정"이라고 규정했다.[2] 한국군 철수

---

1) 이 글은 같은 제목으로 『사림』 제71호(2020.1.)에 게재됐다.

직후인 1973년 3월 주월한국군사령부에서 편찬한 『월남전종합연구』에서도 "백전백승의 전승고를 울려온 지 8년 만에 한국의 얼을 심고 이제 영광스러운 개선 귀국"을 했다고 자평했다.[3] 그러나 '월남 패망' 이후인 1978년 10월 출간된 『파월한국군전사』는 "우리나라가 현실적인 위험부담을 무릅쓰고 월남공화국에 대한 지원을 위하여 국군의 파월을 단행한 것은 정치 경제 군사적인 차원에서 공통된 이해득실과 대의명분을 긍정하였기 때문"이라며 대의명분과 함께 한국의 이해관계를 강조하기 시작했다.[4] 이러한 평가는 "박정희 정부가 미국의 지원을 유도하기 위해 반대 급부로 활용한 국가전략"이라는 식으로 한미관계를 중심으로 구체화되기도 했다.[5]

그러나 역사학계에서는 한국군의 베트남전 파병을 비판적으로 평가하는 경우가 대부분이다. 홍석률은 한국정부가 "미국이 주도하는 베트남전쟁에 능동적으로 편승하여 실리를 추구"했지만 이를 통해 형성된 한미 간의 "밀월 관계"는 "1968년 한반도 안보위기"로 "오래가지 못했다"면서 "편승"의 한계를 드러냈다고 평가하였다.[6] 한홍구는 베트남 파병을 통해 "박정희 정권이 미국과 군부의 확고한 지지를 바탕으로", "한국사회 전체를 병영국가로 만들어갔다"며 한국 사회 내부에 미친 영향에 주목하였다.[7] 박태균도 베트남 파병이 "한일협정 반대 투쟁이라는 내부의 위기와 주한 미군 및 한국군 감축을 요구하는 미국의 정책에 따라 야기된 위기"에 대

2) 국방부 전사편찬위원회 편, 『주월한국군전사』 1, 서울, 국방부 전사편찬위원회, 1967, 109쪽.

3) 주월한국군사령부, 『월남전 종합 연구』, 서울, 권두사, 1973.

4) 국방부 전사편찬위원회 편, 『파월한국군전사』 1 上, 서울, 국방부 전사편찬위원회, 1978, 110쪽.

5) 최용호, 『한 권으로 읽는 베트남전쟁과 한국군』, 서울, 국방부 군사편찬연구소, 2004, 144쪽.

6) 홍석률, 「1960년대 한미관계와 박정희 군사정권」, 『역사와 현실』 56, 2005, 269-302쪽.; 홍석률, 「위험한 밀월, 박정희-존슨 정부 시기」, 『역사비평』 편집위원회 편, 『갈등하는 동맹, 한미관계 60년』, 서울, 역사비평사, 2010, 64-65쪽.

7) 한홍구, 「베트남 파병과 병영국가의 길」, 이병천 편, 『개발독재와 박정희 시대』, 파주, 창비, 2003, 305쪽.

한 한국 정부의 대응이었지만, "베트남에 대한 직접 개입" 이후 "추가병력을 투입할 필요"가 있었던 미국의 이해관계가 더 중요하게 반영된 것임을 지적하였다. 박태균은 최근 저서에서 이 전쟁을 "냉전 체제 아래서 모두가 피해자일 수밖에 없었던 전쟁"이라고 규정하기도 했다.[8]

이러한 '의미의 평가'들에 비해 상대적으로 베트남전쟁 그 자체, 휴전 상황에서 외국군으로 참전한 또 다른 '냉전 속 열전'의 구체적 실체나 한-미-월 3국의 관계 등을 한국의 입장에서 바라본 연구는 많지 않다. 특히 한미관계에 대한 오랜 연구사 축적에도 불구하고 한미상호방위조약을 기반으로 한 최초의 한미 군사동맹 '실천 사례'라 할 수 있는 베트남전에서 한미 양국이 어떤 관계를 맺었는지에 대한 해명은 여전히 미흡하다. 따라서 이 글은 베트남전에서 한국군의 '작전권'[9]을 둘러싼 한미 양국의 협상 과정과 그 실질적 운용에 대한 해명을 통해 한미관계와 한미동맹의 현실에 대해 이해하고자 하는 시도이다.

베트남전에서 한국군의 '작전권'에 대한 일련의 연구는 1, 2차 파병 선발대장과 연락장교단, 초대 주월한국군사령부(이하 주월사) 부사령관을 경험한 이훈섭의 체계적 회고록과 초대 주월사 사령관을 지낸 채명신, 연락장교단장과 2대 주월사 사령관을 지낸 이세호의 회고록을 바탕으로 이

---

8) 박태균, 『우방과 제국, 한미관계의 두 신화』, 파주, 창비, 2006, 284–302쪽; 박태균, 『베트남전쟁: 잊혀진 전쟁, 반쪽의 기억』, 서울, 한겨레출판, 2015, 14쪽.

9) 이 글에서는 '작전권'을 '작전지휘권(Operational Command Authority)'과 '작전통제권(Operational Control Authority)'을 포괄하는 개념으로 사용한다. 사전적 정의로는 작전통제권이 작전지휘권의 하위 개념이며, 역사적 맥락에서도 한미 양국은 한국전쟁 발발과 함께 유엔군사령관에게 한국군의 '작전지휘권'을 위임하기로 합의하였다가, 한미합의의사록 체결시 이를 '작전통제권'으로 축소하여 휴전 후에도 이를 계속 유엔군사령관에게 위임하는 것으로 합의했던 것이다. 그러나 한미합의의사록 체결 이후부터 베트남전쟁 시기까지 한국군 지휘관들은 작전지휘권과 작전통제권을 사실상 같은 개념처럼 혼용하였고, 베트남전쟁 시기 '작전권'협상 과정에서도 마찬가지였다. 따라서 때문에 이 글에서는 '작전권'이라는 용어를 사용하고자 한다.

루어졌다.[10] 양창식, 이종민, 송재익의 연구는 이들 회고록의 입장을 정리하는 수준에서 크게 벗어나지 못했지만, 국방부 군사편찬연구소 소장 자료를 활용한 이신재의 연구는 1, 2차 파병부터 전투병 파병까지 '작전권'에 대한 양측의 협상 과정을 자료를 바탕으로 가장 구체적으로 해명하였다.[11] 그러나 이신재의 연구도 한국군이 협상 과정을 통해 "참전의 명분과 더불어 참전의 실익을 극대화"했고, "일방적이었던 한미 동맹관계를 대등한 동맹관계로 변화"시키고자 했다고 긍정적으로 평가하면서, 한국군이 독자적 작전권을 획득한 것인지, 이를 실제로 행사할 수 있었는지, '대등한 동맹관계'를 실현할 수 있었는지에 대해서는 명확히 밝히지 못했다. 본고는 이러한 연구사의 한계를 극복하기 위해 국방부에서 발간한 『증언을 통해 본 베트남 전쟁과 한국군』 1~3권과 2012년부터 2015년까지 한국학진흥사업단 현대한국구술사연구 사업의 일환으로 이루어진 베트남전 참전자 구술 인터뷰, 당시 협상의 직접 당사자였던 미군 장성들의 회고록 등 에고다큐먼트(Ego-document)를 활용하여 문서 자료에서 확인하기 어려운 작전권 협상의 이면과 한국군 장교들의 인식과 현실의 괴리를 살펴보고자 한다.[12] 이를 통해 두 차례 '냉전 속 열전'을 통해 구성된 한미 관계와 한미동맹의 실체적 현실을 고찰해 볼 것이다.

---

10) 이훈섭, 『그때 당신은 어디에 있었는가』, 서울, 샘터, 1991; 채명신, 『채명신 회고록, 베트남전쟁과 나』, 서울, 팔복원, 2006; 이세호, 『한길로 섬겼던 내 조국』, 서울, 대양미디어, 2009; 채명신, 「베트남 전쟁의 특성과 연합작전」, 국방부 군사편찬연구소 편, 『베트남전쟁 연구 총서』 1, 서울, 국방부 군사편찬위원회, 2002; 양창식, 「베트남 파병정책 결정 배경 및 과정」, 위의 책; 이종민, 『한국군의 베트남전 파병과 독자적 작전권 수행』, 단국대 석사학위논문, 2012; 송재익, 「베트남전시 한국군의 독자적 작전지휘권 행사와 채명신 사령관 역할 연구」, 『군사연구』 137, 육군군사연구소, 2014.

11) 이신재, 「파월한국군의 작전지휘권 결정과정 고찰」, 『군사』 96, 2015.

12) 국방부 편, 『증언을 통해 본 베트남 전쟁과 한국군』 1, 서울, 국방부, 2001; 국방부 편, 『증언을 통해 본 베트남 전쟁과 한국군』 2, 서울, 국방부, 2002; 국방부 편, 『증언을 통해 본 베트남 전쟁과 한국군』 3, 서울, 국방부, 2003.

1. 한국 정부의 베트남 파병 추진과 '작전권' 인식

미국 존슨 행정부는 1964년 3월 17일, 국가안보조치 비망록(National Security Action Memorandum) 288호의 승인을 통해 '보복 행위(retaliatory action)'에 대한 준비를 명령함으로써 베트남 사태에 대한 적극적인 개입을 본격화하기 시작했다.[13] 변화된 베트남 정책에 따라 존슨 행정부는 4월 23일, 우방국들에게 '더 많은 깃발(More Flags)' 정책으로 불리는 '자유세계원조 프로그램(The Free World Assistance Program)'을 제창했다.[14] 그러나 이러한 요청이 별다른 호응을 얻지 못하자 존슨 대통령은 5월 9일 한국을 포함한 '자유 우방' 25개국에 '베트남 지원방안을 검토해 줄 것'을 공식 요청했고, 이에 공감한 한국 정부는 5월 12일, 정일권 국무총리 명으로 김성은 국방부 장관에게 비전투부대 파병 방안을 연구하도록 지시했다.[15]

그러나 사실 박정희는 1961년 11월 14일, 국가재건최고회의 의장 신분으로 방미하여 케네디 대통령을 처음 만났을 때 베트남 파병을 먼저 제안했다. 박정희는 케네디와의 회담에서 "확고한 반공국가로서 극동의 안보에 최선을 다할 것"이며, "한국은 게릴라전에 잘 훈련된 100만 명의 병력을 보유"하고 있으므로 "미국의 승인과 지원이 있다면 한국은 베트남에 군대를 보낼 수 있고, 만일 정규군 파병이 바람직하지 않다면 지원병을 모집"할 수도 있다고 말했다.[16]

---

13) New York Times, ed., Pentagon Papers, New York, Bantam Books, 1971, pp.283-285.

14) 최용호, 앞의 책, 145쪽.

15) 국방부 전사편찬위원회, 앞의 책, 1978, 89쪽.; 이훈섭, 앞의 책, 77쪽.

16) "Memorandum of Conversation", November 14, 1961, *FRUS 1961-1963*, Vol. XXII, Northeast Asia, Document 247.

이승만 정권기에도 한국 정부는 한국군의 인도차이나 반도 파병을 제안한 바 있었지만, 그때처럼 미국은 박정희의 제안을 진지하게 검토하지 않았다. 그러나 1964년부터 존슨 행정부가 주한미군과 한국군의 감축을 정책화하자 박정희 정권은 이를 막기 위해 더욱 적극적으로 '전투부대'의 베트남 파병을 제안했다.[17] 이렇게 이른 시기부터 베트남 파병에 적극적이었던 한국 정부였지만 한국군의 작전권 문제의 중요성에 대해서는 뚜렷한 인식을 갖고 있지 못했던 것으로 보인다.

파월 한국군에 대한 작전 지휘 및 통제 문제가 처음 제기된 것은 제1차 파병을 위해 1964년 8월 26일부터 9월 8일까지 합동참모본부 군수기획국 차장이던 이훈섭 준장을 필두로 하는 선발대가 파견되면서부터였다.[18] 물론 1차 파병은 140여 명 정도로 규모도 작았고 비전투병으로 구성되었기 때문에 한국군이 독자적인 작전권을 갖는 것은 현실적으로 불가능했고, 월남군의 통제하에 두느냐, 미군의 통제하에 두느냐를 선택하는 문제에 가까웠다.[19] 선발대는 주월미군사원조사령부(MAC-V)측 당사자들과의 논의를 거쳐 1964년 9월 5일 '한·미 실무자급 합의서'에 서명했는데, 합의서의 1항은 "1개 이동외과병원 및 태권도 지도요원으로 구성되는 한국군사지원단을 월남에 제공한다. 이 군사지원단은 파월 미군사지원사령부의 작전 통제 하에 두게 된다."고 하여 한군군의 작전 통

---

17) 주한미군 및 한국군의 감축을 요구하는 미국의 대한정책으로 인한 '외부적 위기'에 대응하여 박정희 정권이 베트남전 파병을 모색한 구체적 과정에 대해서는 다음 글을 참고할 것. 박태균, 「베트남 파병을 둘러싼 한미 협상 과정 – 미국 문서를 중심으로」, 『역사비평』 115, 2006.

18) 정수용, 『한국의 베트남전 파병과 한·미 동맹체제의 변화』, 고려대 박사학위 논문, 2001, 230쪽.

19) 1차 파병시 한국군 작전권에 대한 한국과 베트남에서의 구체적 검토 과정에 대해서는 다음 글을 참고할 것. 이신재, 앞의 글, 292-298쪽.

제권을 미군이 갖도록 규정하였다.[20]

이러한 경향은 비전투부대의 증파에 관한 2차 파병 논의 과정에서도 유사하게 나타났다. 한국군의 작전권 문제가 외무부나 국방부 차원에서 고려되기도 했지만 미국이 여전히 한국군을 MAC-V 작전 통제하에 둘 것을 희망하고 있었으며, 한국도 현지의 실정과 군사상의 제 문제를 고려하여 미국 측의 요구를 받아들이는 방향으로 협상에 임했다.[21] 그러나 전투부대를 파병하는 3차 파병 준비 과정부터 한국군의 작전권 문제는 이전과는 다른 의미를 갖게 되었다.

1965년 3월 20일, 미 합참은 베트남에서 "보다 적극적인 작전 추진을 위해 미군 2개 사단과 한국군 1개 사단을 파병"하는 안을 존슨 대통령에게 건의함으로써 베트남에 대한 전투병력 파병을 공식적으로 제기했다.[22] 흥미로운 것은 미 군부가 미군 전투부대의 파병을 최초로 제안하면서 한국군 전투부대 파병을 함께 제안했다는 점이다. 이는 '더 많은 깃발(More Flags)'로 요약되는 미국의 베트남 개입에 있어 한국군 전투병 파병이 그만큼 절실한 문제였으며 동시에 전투병 파병에 대한 공감대가 공식, 비공식 루트를 통해 한미 양국에 이미 충분히 형성되었음을 의미했다.[23] 결국 한국군 전투병 파병은 1965년 5월 17~18일 박정희-존슨

---

20) 국방부 전사편찬위원회, 앞의 책, 1978, 121-122쪽; 이훈섭, 앞의 책, 115쪽, 483-484쪽.

21) 정수용, 앞의 글, 230-231쪽; 국방부 전사편찬위원회, 위의 책, 123-125쪽.

22) 정수용, 위의 글, 141-142쪽

23) 이와 관련하여 박태균은 "미국으로서는 두 가지 이유 때문에 한국군의 파병이 절실했다. 하나는 베트남인들과 비슷하게 생긴 아시아인들이 전쟁에 참전한다는 명분을 얻는 것이었고, 다른 하나는 한국군의 값싼 비용이었다."고 설명했다. 또한 미국의 요청에 앞서 "1964년 3월초 김현철 전 총리가 북베트남 전쟁에서 미국을 돕기 위하여 3, 4천명의 한국군을 파병할 의사가 있음을 버거 대사에게 전달"하는 등 전투병 파병 문제에 있어서 한국 정부의 요청이 미국의 요청에 앞서 이루어진 것임을 밝혔다. 박태균, 앞의 책, 284-294쪽.

대통령 간의 한미 정상회담을 통해 합의되었고, 같은 해 6월 14일 남베트남 정부의 파병 요청을 한국 정부가 수락하는 형식으로 공식화되었다.

한국 정부는 전투부대 파병을 준비하면서 8월 18일, 이세호 소장을 단장으로 하는 연락장교단을 베트남에 파견했는데, 이때 '연락장교단장에 부여하는 임무'에는 "작전지휘권 관계를 명확히 협의한다"는 항목이 포함되었다.[24] 이세호의 회고에 따르면 김성은 국방장관은 이세호 단장에게 "지휘권에 관련한 문제는 NATO 형식의 연합사령부를 설치하던가, 그렇지 않을 경우 국제군사원조정책회의에 합의된 결정에 따라 임무를 수행하도록 할 것"이라는 구체적 지시를 내렸다고 한다.[25]

그러나 여전히 한국 정부의 한국군 작전권에 대한 입장은 모호한 측면이 있었다. 사실 한미 간의 작전권 문제는 본국 정부의 구체적인 지침 없이 연락장교단 수준에서 "명확히 협의"하기 어려운 문제였고, 김성은 국방장관이 언급했다는 "NATO 형식의 연합사령부 설치" 문제 역시 베트남 현지 지휘관 차원에서 결정할 수 있는 수준의 문제가 아니었기 때문이다.

오히려 한국군 내부에서조차도 "한국군 전체의 작전통제권이 유엔군(실질적으로 미군)에게 이양되어 있으며, 베트남의 파병 역시 미국 정부의 요구에 따라 파병되었을 뿐만 아니라 미군의 지원이 없다면 한 발자국도 움직일 수 없는 입장에 있다."는 사실을 들어 "파병될 한국군이 미군의 작전통제 하에 들어가는 것은 당연하다."는 주장도 만만치 않았다. 이와 관련하여 이훈섭 장군도 다음과 같이 회고했다.[26]

---

24) 국방부 전사편찬위원회, 앞의 책, 1978, 148쪽.
25) 이세호, 앞의 책, 322쪽.
26) 최용호, 앞의 책, 180쪽.

제2차 선발대가 귀국한 이후부터 국내에서도 트로이카 체제(Troika System)에 의한 지휘체제의 중요성을 인식하기 시작하였다. 그러나 "파병되는 주월 한국군의 작전권을 주월 한국군사령부가 가져야 한다."는 인식이 확고하게 정립된 것은 아니었다. (중략) 본국에서 받은 지침은 "할 수 있는 데까지 협상하되 안 되면 본국 정부에 떠넘기라."는 것이었다. 그런데 이 이야기는 한국군의 작전통제권을 한국 군이 갖도록 관철시키겠다는 뜻이 아니라 적당한 대가로 타협하겠다는 뜻이었 다.[27]

박정희 대통령의 인식도 이러한 수준에서 크게 벗어나지 못했던 것으로 보인다. 채명신은 "박정희 대통령은 작전지휘권 문제는 이미 브라운 미국 대사에게 한국에서처럼 미군 사령관의 작전지휘권 하에 두는 것을 당연한 것으로 말해버렸기 때문에, 미군 고위층에서 한국군 작전지휘권이 미군에 있는 것으로 이해되고 있는 실정"이었다고 회고했다. 채명신은 월남으로 떠나기 전 박정희 대통령과 단독 대담을 가졌는데, 이 자리에서도 박정희는 "한미 동맹관계를 더욱 돈독히 하며 한국의 안보와 우의를 위해서도 미군 지휘 하에 있는 편이 유익하다"고 주장했다고 한다.[28]

단독 회담에 대한 일방의 회고만으로 모든 것을 판단할 수는 없겠지만 한국 정부는 미국 정부에 앞서 매우 이른 시기부터 베트남 파병을 적극적으로 추진했음에도 불구하고 파병 직전까지 한국군의 작전권 문제

---

27) 파월 한국군 제1,2차 선발대장 이훈섭 구술, 2001.10.25., 국방부 편, 앞의 책, 2001, 44쪽.
28) 채명신, 앞의 책, 52-56쪽. 채명신은 "심지어 한국의 합참 작전국장인 손희선 소장은, 미군과의 회의에서 "한국군이 미군사령관 지휘를 받는 것은 영광"이라는 발언을 한 사실이 있어, 그것을 빌미로 미군사령부 일각에서는 한국군이 마치 자기들의 예하부대로 간주하기까지 할 정도였다."고 회고하기도 하였다. 채명신, 앞의 책, 52쪽.

에 대한 명확한 입장을 정리하지 못한 것으로 보인다. 한국군 내부에서도 의견 통일은 이루어지지 않았고 베트남 현지에서 전투부대 운용을 담당할 일부 고위 장성들이 한국군의 '독자적 작전권'에 대한 논의를 주도했다고 볼 수 있다.

2. 한국군의 베트남전 '작전권' 협상 과정

1, 2차 선발 대장을 지내고 3차 파병시 연락장교단에 참여했으며, 주월사 초대 부사령관을 지낸 이훈섭은 한국군 고위 장성 중에서도 한국군의 '독자적 작전권' 논의와 협상 과정을 처음부터 끝까지 경험한, 이 문제에 있어서 가장 중요한 증언자이다. 이훈섭은 2차 선발대장 시절의 경험을 구술하면서 베트남전에 참전한 한국군이 제3국의 통제 하에 들어간다면 한국 내 여론이 악화될 것이라는 점을 지적하고, 대안으로 한국군, 미군, 남베트남군의 3자 협의체, 이른바 '트로이카 시스템'의 구성을 제안했다고 회고했다.

> 비둘기부대 갔을 때나 체제는 마찬가지에요. 왜 마찬가지냐 할 거 같으면 난 작전부대고 하니까 조금 상당히 기동성이 있어야 되고 여러 가지 문제가 많은데, 부대를 어떻게 임무를 주고 어떻게 배치하느냐 한다든가 하는 문제는 역시 그 월남 정부를 무시하려고 할 수는 없고, 또 미군을 무시할 수는 없고 또 우린 우리 나름대로의 주장을 갖다가 해야 되는데, 거기에 내가 1차, 2차 때 좋은 전통을 하나 만들었어요. (중략)
> 트로이카 시스템 하라고 말이야. 그렇게 해가지고는 장(長)은 월남 사람이 하고 우린 거기 같이 하고. 무슨 결정을 할 적에는 서로 의논해서 결정을 하자. 그렇게 해났는데 그것이 그대로 존중이 됐어요. (중략) 그건 2차 때부터 그게 노골적으로 됐

었는데 비둘기부대 때. 비둘기부대도 이 트로이카 시스템으로 이렇게 하기로 됐어요.[29]

당시 주월한국대사관 무관을 지내면서 협상 과정을 지켜본 이대용 전(前) 주월공사는 유사한 맥락에서 이러한 '트로이카 시스템'에 대해 회고하면서도 조금은 다른 맥락에서, '비밀 이야기'를 털어놓았다.

한국에서 지령은 저 미군 지휘 하에 들어가도록 해라. (중략) 왜? 그래야 우리가 안전하다. 그래서 자꾸 미군 지휘 하에 들어가려니까 월남에서 반대야. 노(no). "월남군은 절대 독립적으로 하고 있는데 너희들도 독립적으로 하면 되지, 협조해서 하면 되지 뭐 미군 밑에 들어가서 하려고 하느냐? 안 된다" 그렇게 얘길 하더라고. 그래서 처음에는 그렇다고 알았다고 그러고선 나중에 그 이건 참 비밀 얘기인데도 말이야, 한국 측에서 자꾸 미군 지휘 하에 들어가려고 해서 미군하고 비밀로 해가지고, 우린 너희 작전지휘 하에 들어간다. 그렇게 얘기를 해놨다고. (중략) 근데 월남은 절대 그거 안 된다, 따로 있어야 된다. 왜냐면 자기들이 지금 잘못하면 미국 지휘 하에 들어갈까봐. 싫어하거든. 협조하면 되지 무슨, 나라인데 말이야. 그랬는데 몰래 우리 이렇게 미국 측하고선 그 한국 측의 대표단장이 본국 지시를 받고서 그렇게 얘기를 했어. (중략)

맹호사단이 올 적에 세 번째 교섭할 적엔 이훈섭이 또 왔다고. 왔는데 아 나보다 한 술 더 뜨더라고. 한국서 웃사람들이 잘못됐다 말이야. (중략) 뭐 합동참모본부장이라든가 국방장관이 자꾸 미국 산하에 들어가라는 게 그게 잘못된 거라 그거야. 그 이훈섭 장군 참 독특하다고. 그러니까 자기들은 그냥 웃사람 위의 지시 받고 그렇게 했는데 이번에 맹호부대가 저 청룡부대 올 적에는 말이야, 그건 안 된다. 우리가 독립적으로 작전권 가져야 된다. 그래 우리가 그들 지시, 미군이 이리

---

29) 이훈섭, 3차 구술, 2012.11.8.

가라면 가고 그거 안 된다. 협조만 하면 된다. 그러니까 월남하고, 월남 주장이지. 월남하고 대표하고 미국대표하고 한국대표하고 셋이 해서 사무실을 갖자. 그 저 협조 사무실을 갖자 말이야. (중략)

이훈섭 장군도 처음에 왔을 땐 윗사람 지시대로 하다가 한 술 더 떠가지고 작전권 가져야 된다고 그러더라고. 그래 내가 참 윗사람은 아직도 작전권을 갖다가 미군 주라고 그러는데 안 된다고 말이야. 그러고서 우리를 설득하는 거야. "이건 월남군이 가지고 있는데 우리도 가지고 해야지 (중략) 지역을 딱 맡아가지고 지역 중에서 하면 우리가 소탕하면 되는 거 아닙니까?" 말이야. 협조해가지고. 지역을 맡도록 하면 됩니다. 이렇게 이훈섭 장군이 참 그 대단하더라고.[30]

이대용의 회고는 '트로이카 시스템' 혹은 '협조 사무실' 체제를 이훈섭이 적극적으로 추진했다는 점에서 이훈섭의 회고와 일맥상통한다. 또한 2차 파병 교섭 때는 '윗선'의 지시로 미군에게 작전권을 넘기기 위해 '비밀 합의'까지 했다가, 3차 파병에 이르러서는 한국군의 '독자적 작전권'을 추진했다고 설명했다. 그런데 1991년에 출간된 이훈섭의 회고록은 이 과정을 매우 상세히 서술하면서 이대용의 구술이 사실에 부합함을 보여준다.[31]

이훈섭은 2차 선발대장으로 파견된 지 3일 후인 1965년 1월 초, 웨스트모어랜드(William Westmoreland) 사령관을 만나 "앞으로 증파될 한국군 부대의 지휘권은 베트남주둔 한국군 지휘관에게 있으나 작전통제권은 미군사령관에게 위임한다."는 한국정부의 방침을 전달하였다. 이에 웨스트모어랜드 사령관은 "미측이 증파부대에 대한 작전통제를 한다는 방향으로 추진하고는 있으나 월남군 측에서 극력 반대하고 있다"고

---

30) 이대용, 5차 구술, 2012.12.1.
31) 이훈섭, 앞의 책, 179-222쪽.

답변했다.[32] 결국 건설지원단(비둘기부대) 파병시 한국 정부의 방침은 지휘권과 작전권을 분리하여, 전자를 한국군에 후자를 미군에 두고자 하는 것이었다. 이는 작전통제권을 미군에게 둠으로써 위기 상황에서 약 2천 명 규모의 비전투부대인 건설지원단의 안전을 확보하고자 하는 실리적 입장을 고려했기 때문일 것이다.

문제는 건설지원단의 주둔 지역이 사이공 주변의 남베트남군 3군단 관할 지역이어서 오히려 남베트남군이 한국군에 대한 작전통제권을 행사하겠다는 입장을 고수하면서 발생했다. MAC-V 참모장 스틸웰(Richard G. Stilwell) 장군은 "베트남주둔 한국군은 한국군 부대장이 지휘하고 작전통제권은 어느 나라에도 부여하지 않으며 특별한 협약이나 부대 위치, 그리고 임무 등은 정책회의에서 결정하기로 하고 베트남군과의 작전지휘 관계는 '협조와 협력의 관계'로 두는" 방안을 제안했다. 그러나 남베트남군 작전참모부장 탕 장군은 "자신의 책임 하에 있는 지역의 부대에 대해서 '협조와 협력의 관계'만을 규정한다는 것은 있을 수 없는 일"이라며 반발했다. 이에 이훈섭은 "한국군을 베트남에 파견하는 근본 목적은 자유베트남을 지원하는데 있으므로 이 기본정신을 살려 협동한다면 한국군이 베트남군의 작전통제 하에 들어가지 않아도 조금도 문제될 것이 없을 것"이라며 미국 입장을 지지했는데, 그러자 탕 장군은 "한국이 우리나라를 위해 군대를 파견하고 원조해주는 것은 고마운 일이기는 하지만, 한국의 지원이 반드시 필요한 것은 아닙니다. 우리는 당신네 원조를 요청하도록 (미국으로부터) 설득되었습니다."라며 강력하게 반발했다.[33]

2차 파병시 한국군 작전통제에 대한 한-미와 남베트남의 협상이 이

---

32) 이훈섭, 위의 책, 182쪽.

33) 이훈섭, 위의 책, 195-197쪽.

처럼 교착 국면에 머물던 1965년 1월 26일, 스틸웰은 이훈섭에게 미 태평양사령부에서 제3국군의 지휘, 통제, 협조에 관한 지침이 왔다며 이를 제시했다. 그 내용은 다음과 같다.

〈제3국군의 지휘, 통제 및 협조〉

1. 베트남 주둔 제3국군의 지휘권은 해당 정부에서 임명한 군 지휘관에게 있다.

2. 베트남 주둔 제3국군의 각 구성부대에 대한 적절한 통제체제를 보장하기 위해 해당 제3국군을 위한 군사정책회의를 개설한다. 이 정책회의는 베트남군 총참모장을 의장으로 하고 미 군사원조사령부 참모장, 해당 제3국군 지휘관으로 구성되며 회의의 기본 임무는 제3국군 운영의 기본 개념을 발전시키고 이를 규정하는데 있다.

   회의가 취급할 사항은 해당 제3국군의 작업, 구체적인 임무, 부대위치, 부대이동 등이며 이 회의의 결정은 3자의 만장일치로 이루어진다. (후략)[34]

'국제군사원조 정책회의(International Military Assistance Policy Council)'라 명명된 이러한 '3자 협조 체제'에 대해 이훈섭은 "내가 제안했던 한-월-미 대표 3자로 구성한 정책회의 제도를 구체화시킨 내용"으로 평가했다. 결국 한국군의 작전통제는 2월 7~8일 맺어진 실무협정서에서 스틸웰과 이훈섭이 주장한 대로 3자의 '협조와 협력'을 통해 결정한다는 모호한 형태로 합의되었다.[35] 이로써 한국군에 대한 작전통제권

34) 이훈섭, 위의 책, 205-206쪽.

35) 이훈섭, 위의 책, 204-212쪽. 이에 대한 내용은 '한·월 군사실무자 협정서' 4항에서 "ROKMAG-V 각 부대에 대한 적절한 통제체계를 보장키 위하여 이를 위한 국제군사지원(IMA) 방침회의(Policy Council)를 설치한다. 이 회의는 월남군 참모총장(의장), USMAC-V 참모장 및 ROKMAG-V 부대장으로 구성되며 이 회의에는 각 실무자급 대표들을 포함한다. 이 회의는 월남군, US MAC-V 및 ROKMAG-V 대표 간에 상호 합의된 바에 따라

은 미군과 남베트남군 어느 쪽에도 속하지 않게 되었는데, 흥미로운 것은 그럼에도 불구하고 한국군 건설지원단의 실질적인 직전통제권을 미군에게 두는 '이면 합의'가 한미 간에 이루어졌다는 사실이다. 이훈섭과 스틸웰은 "이 사실이 제3국에 누설되면 절대 안 된다."는 조건으로 '비밀' 군사협정을 체결하였는데 물론 남베트남 정부를 의식한 것이었다. 이는 2월 8일 조인한 '일반 군사협정서'를 기본으로 하면서도 "월남공화국 내의 정치적 또는 군사적 불안정으로", "긴급사태가 발생하였을 경우에는 주월미군사지원사령관(COMUSMAC-V)은 대한민국군사지원단장(ROKMAG-V)과 그 예하 부대에 대한 작전통제권을 행사한다."는 내용이었다.[36]

이처럼 한국군 비전투부대의 작전통제권 문제에 대한 3국간 협상 과정을 통해, 한국군 고위 장성들은 작전통제권 문제가 한-미-월 간의 갈등을 야기할 수 있는 정치적 사안임을 경험했다. 특히 이훈섭은 2차 선발대장 시기부터 전투부대 파병을 예감하면서 2차 파병 교섭 당시 합의된 '3자 협조 체제'가 3차 파병 교섭에서 한국군 작전통제권 문제를 다룰 때 하나의 해결책이 될 수 있음을 경험했던 셈이다.

1965년 8월 18일, 한국군 전투부대 파병을 준비하기 위해 파견된 한국군 연락장교단도 한국군 작전권 문제로 진통을 겪었다. 2차 파병과 달리 3차 파병은 한국군 전투부대의 최초 파병이었기 때문에 이 문제에 접근하는 한국군과 미군의 접근법도 이전과는 달랐다. 2차 파병 때는 남베트남군이 한국군의 작전통제권을 적극적으로 갖고자 했고 한국군

ROKMAG-V 운영의 개념을 발전시키고 이를 규정하며 ROKMAG-V 각 부대에 여향을 미치는 일반적인 작업과 임무 및 부대 위치와 부대 이동 등을 보장하는 것을 기본 기능으로 한다."고 규정되었다. 또한 이 내용은 '한·미 군사실무자 협정서' 2항에 비슷한 취지에서 좀 더 구체적으로 규정되었다. 이훈섭, 위의 책, 485-497쪽.

36) 이훈섭, 위의 책, 223-224쪽; 498쪽; 이신재, 앞의 글, 302-304쪽.

이 미군과 남베트남군의 갈등을 이용해 작전통제권 문제를 모호한 '3자 협조 체제'로 남겨두는데 성공했다면, 3차 파병시에는 미군이 한국군 작전통제권을 확보하고자 했고 한국군은 이에 반발하여 '독자적 작전권'을 주장하는 형국이었다.

이세호 소장을 단장으로 하는 연락장교단[37]이 사이공에 도착한 후, 미군측은 브리핑에서 월남에 파병된 모든 우방군들의 지휘체계 도표를 제시하여 내용을 설명하였다. 그런데 이세호의 회고에 따르면 "도표의 내용대로라면 파월 한국군은 주월 미군사령부에 예속, 예하부대로서 우리 군 자체로서의 지휘권 내지는 통솔의 권한이 배제"되었다는 것이다. 한국군이 이의를 제기하자 미군은 "실무진이 작성한 시안에 불과하다." 고 답변하였다.[38]

그러나 이후 실무자 회의에서도 미군이 한국군의 작전통제권을 갖고 자 하는 방침은 변화하지 않았고, 이 문제는 한미 양군의 첨예한 대립 지점이 되었다. 미군의 입장은 "한국군 사단장이 주월한국군에 대한 지휘권을 갖지만, 한국군 사단은 주월미군사원조사령관의 작전 통제 하에 들어가야 한다."는 것이었다. 이에 반해 한국군은 "한·월·미 3국의 군사 대표로 정책회의를 구성"하고 "지휘체제 뿐만 아니라 군과 관련되는 중요 군사정책 문제를 상호 협의하여 군을 운영"하자고 맞섰다.[39] 미군의 주장은 2차 파병 당시 한국군의 제안을 그대로 되돌려주는 것이었고,

---

37) 연락장교단은 6명으로 구성되었으며 합참 미군고문 1명이 수행하여 총 7명으로 구성되었다. 단장은 육군소장 이세호(합참 전략정보국장), 단원은 육군준장 이훈섭(합참 비서실장), 육군준장 김용휴(육본 군수참모부 보급처장), 육군준장 이범준(육본 인사참모부 인력 관리처장), 해병준장 김연상(해병대사령부 작전교육국장), 육군중령 서영원(육본 인사참모부)이었다. 합참 수석고문인 블레웨트 미 육군대령이 수행하였다. 이훈섭, 앞의 책, 259쪽.

38) 이세호, 앞의 책, 323쪽.

39) 이훈섭, 앞의 책, 274-275쪽; 299쪽.

한국군의 반론은 2차 파병 당시의 '3자 협조 체제' 방식을 3차 파병 시에도 유사하게 적용하자는 것이었다.

전쟁원칙(Principle of War)에 비추어 볼 때 동일한 목적을 가진 작전부대가 지휘통제를 일원화해 작전에 임하는 지휘통일의 원칙(Principle of Unity of Command)은 전쟁의 원칙 중에서도 가장 기본적인 원칙이었다. 그러나 베트남전쟁은 정규전과는 전혀 다른 게릴라전이었고, 베트남 사람들은 장기간 외세에 저항하면서 외국에 대한 뿌리 깊은 불신감을 갖고 있었다. 이로 인해 미군이 전쟁을 주도했음에도 월남군은 미군의 작전 통제를 거부하고, 독자적 작전권을 행사했다.[40]

한국군도 이러한 베트남전의 특수한 성격과 남베트남군의 독자적 작전권 행사를 근거로 한국군의 '독자적 작전권'을 주장했던 것으로 보인다. 김성은 국방장관은 "베트남군의 지휘권이 독립되어 있다는 점을 들어 미군 측에 한국군의 독립적인 작전지휘권 보유를 강력히 주장했다."고 회고했다.[41] 연락장교단에서 작전과 협정 조약문 문제를 담당하여 미군측과 회의를 거듭하던 이훈섭도 9월 5일, 미군측 입장을 고수하는 참모부장 어베이(Abbey) 준장에게 "지금 베트남군은 미군의 작전통제 하에 있지 않지만 협조가 잘 되고 있지 않은가? 그런데 미국의 노력을 지원하기 위하여 파견되는 한국군을 미군 작전통제 하에 두지 않고는 믿을 수가 없다는 말인가? 베트남의 국민감정과 베트콩에 대한 베트남군의 입장은 배려할 줄 알면서 한국의 국내 사정과 '미국의 용병'이라는 모략을 받아가며 참전하고 있는 한국군의 입장은 고려할 필요도 없다는

---

40) 최용호, 앞의 책, 178–179쪽.

41) 「월남군은 독립돼 있는데 왜 우리만... 타협 못 본 주월한국군 지휘권」, 『조선일보』 7면, 1981.12.6.; 「해안 따라 병력 배치하면 희생자 줄이고 업체 안전 진출에도 큰 도움」, 『조선일보』 7면, 1981.12.8.

말인가?"라고 항변하였다.[42]

실무자 회의가 평행선을 달리자 연락장교단을 수행해 온 합참 수석고문 블레웨트 대령이 "작전통제권에 대한 문제는 별도의 약정을 체결"하되 "외부에 알려지지 않도록 양국군 대표가 비밀각서를 교환"할 것을 제의했고, 미군측 대표인 어베이 장군이 이에 동의하는 상황까지 발생했다.[43] 이는 2차 파병시 한국군이 제안했던 한-미 간 '비밀 협정'을 미군측이 역제안하는 형국이었는데 한국군도 "비밀 각서를 교환할 수 있는 권한이 없다"는 최초 미군 측의 논리로 이에 맞설 수밖에 없었다.

결국 양측의 실무자 회의는 결론을 내리지 못했다. 같은 날인 9월 5일 저녁, 웨스트모어랜드 사령관의 요청에 의해 이세호 연락장교단장과 웨스트모어랜드 사령관의 단독회담이 이루어졌지만 여기에서도 합의는 이루어지지 않았다. 당시 단독회담의 통역을 맡았던 안창화 대위에 따르면 웨스트모어랜드 사령관은 "3자회의의 기구는 존속시키되 전술적 문제는 다루지 말고 다만 정책적인 문제만 다루도록 하는 것"을 수정 제안했고, 실무자 회의에서와 마찬가지로 작전통제 문제에 대한 비밀 협정을 제안하였다. 이세호는 자신은 권한이 없으며 "신임 사령관인 채명신 장군이 도착하면 원만하게 해결 지을 수 있을 것"이라고 문제를 미루었고, 웨스트모어랜드는 "앞으로 부임할 채 장군의 거취에 크게 기대를 걸겠다."는 선에서 회담을 마무리했다.[44] 한국군 입장에서는 '3자회의 기구'의 존속

---

42) 이훈섭, 앞의 책, 317-320쪽.

43) 이훈섭, 위의 책, 321-322쪽.

44) 이훈섭, 위의 책, 328-330쪽. 이보다 이틀 전인 9월 3일, 이세호 연락장교단장은 김성은 국방장관에게 "USMAC-V측은 여전히 현 한국의 미 제8군 제도와 마찬가지로 모든 파월 한국군의 작전통제권을 USMAC-V 사령관의 직접 통제하에 둔다는 방침을 계속 주장하며 IMAO 제도를 전투사단 파월에 적용할 수 없다고 IMAO 제도 자체를 부인하고 있으므로 도저히 타협의 여지가 없음"이라고 보고하였다. "최선을 다 하겠으나 만일 합의 불가능할 시는

을 미군이 받아들인 것을 성과라고 할 수 있겠지만 '3자회의 기구'가 전술적 문제를 다루지 않는다면 '작전 통제' 문제는 여전히 해결되지 않은 것이었다.

이러한 우여곡절 끝에 9월 6일 한·미 군사실무약정서가 체결되었다. 약정서 3항은 "대한민국 정부로부터 파견된 파월 한국군의 지휘권은 대한민국 정부에서 임명한 한국군 사령관(COM ROKF-V)에게 있다. 기(旣) 파견되어 있는 한국군에 대한 ROK MAC-V 부대장에게 부여된 지휘권은 새로 설치 임명되는 한국군사령관이 월남에 도착과 동시에 통합 관장한다."고 규정하여 한국군의 지휘권은 본국과 마찬가지로 한국군이 갖는 것으로 합의하였다.

그러나 4항에서는 "한국군, 월남군, 그리고 US MAC-V 간에 긴밀한 협조를 유지하고 한국군 예하 각 부대의 적절한 통제 체제를 보장하기 위하여 현행 국제군사원조기구를 존속 운영한다.", "이 기구의 기본 기능은 한국군 각 부대의 임무 통제 및 작전 지역 등에 관한 방책을 결정하는데 있으며 이 기구에서의 결정은 각 정부 대표에게 상호 동의할 수 있는 것이어야 한다. 한국군, 월남군 및 미군의 이해관계에 관한 방침상의 문제는 필요에 따라 국제군사원조정책회의에 상정된다."고 규정하였다.[45]

이는 국제군사원조기구가 운영되지만 부대의 임무 통제 및 작전 지역을 다룰 뿐이어서 한국군의 작전통제 문제는 미결 상태로 남았음을 의

협정체결을 보류하고 정책적으로 철수할 것을 건의"했던 것이다. 이에 김성은 국방장관은 "지휘권 문제는 계속 해결토록 절충하되 해결 불가능할 시는 미결 상태로 하고 귀국할 것."이라고 회신하다. 이는 이미 본국 차원에서 이 문제를 연락장교단 수준에서 해결하는 것은 불가능하다고 인식했음을 보여준다. 이훈섭, 위의 책, 326-327쪽.

45) 「한·미 군사실무 약정서(1965.9.6.)」, 국방부 전사편찬위원회, 『파월한국군전사』 1, 서울, 국방부 전사편찬위원회, 1978, 174-179쪽.

미하는 것이었다. 미군 입장에서 보면 긴급사태 발생시 미군 사령관의 한국군 작전통제권 행사를 합의한 2차 파병시의 한미 간 '비밀' 군사협정이 여전히 유효하며 이를 한국군 전체에 확대 적용할 수 있다고 간주할 수 있었다. 그러나 한국군 입장에서는 이는 건설지원단에 해당하는 것일 뿐 전투부대 파병은 전혀 다른 문제라고 생각했다. 따라서 한국군 전투부대 파병은 한국군 작전통제권에 대한 한미 간의 합의가 이루어지지 않은 상태에서 먼저 단행되었다고 볼 수 있다.

사실 한국군의 '독자적 작전권' 추구는 한국군 전투부대가 미군 작전통제하에 있을 경우 한국군 피해가 증가할 수 있다는 실리적 배경에서 비롯된 것이기도 했지만, '청부 전쟁', '용병론' 등의 비판 여론을 불식시키고자 하는 정치적 배경이 더 중요하게 작동하였다. 따라서 이 문제는 애초부터 야전군 차원에서 합의될 수 있는 수준의 문제가 아니었다고도 할 수 있다. 그러나 전투부대 파병은 눈앞의 현실이었고, '미결 상태로 남은' 한국군의 작전통제 문제와 관련하여 이제 공은 초대 주월사령관 채명신에게 넘어간 셈이었다.

3. 한국군의 '독자적 작전권' 수립과 전장의 현실

1965년 10월 20일, 채명신 주월사 사령관을 포함한 한국군 사령부 겸 사단 사령부 요원 94명이 사이공에 도착했다. 제2해병여단(청룡부대) 본대는 10월 14일 상륙을 완료한 상태였고, 주월한국군사령부 및 수도사단(맹호부대) 본대도 10월 22일까지 상륙을 완료하였다. 본대의 출항에 앞서 참모장 정태석 대령 등 청룡부대 파병계획단 10명과 작전참모 박학선 대령 등 주월사 및 수도사단 파병계획단 23명이 9월 15일 사이공에 도착했고, 본대의 상륙계획과 주둔지 점령 및 군수지원 등의 문제

를 현지 미군과 협의했다.[46]

채명신은 선발대로 와 있던 주월사 작전참모 박학선 대령과 주월미군사원조사령부(MAC-V) 연락장교 쿡(Cook) 대령의 논의를 통해 미군이 여전히 주월한국군을 주월미군에 배속하거나, 그 작전통제권을 행사하고자 함을 알고 있었다. 당시 미군사령부는 베트남을 수개의 TAOR (Tactical Area of Responsibility, 전술책임지역)로 나누어 놓았는데, 맹호사단이 위치한 퀴논은 당시 라슨(Stanley R. Larsen) 장군이 지휘하는 TAOR II에 있었다. 따라서 동일 지역에서 라슨 장군이 군단장이라면 그 예하에 맹호사단을 두고 작전통제 한다는 것이 미군이 바라는 구도였다. 채명신의 회고에 따르면 미군 장성들은 꾸준히 그리고 짓궂게 한국군의 배속을 요구해 왔고, 웨스트모어랜드 사령관에게 "한국군에 대한 작전통제권을 갖지 않으면 작전을 않겠다."고 강력한 항의를 제기하기도 하였다.[47]

이러한 상황에서 채명신은 본인이 나서서 설득할 것을 결심하고 웨스트모어랜드 장군에게 미군 주요 지휘관 및 참모들과 베트남전의 기본 문제에 관한 의견을 교환하고 싶다며 주요 지휘관 회의에서 30분 정도의 발언 기회를 얻었다. 여기서 채명신은 베트남전을 고도의 정치적 전쟁으로 규정하고, 공산월맹이 한국군을 용병으로 모략하고 있는데 한국군이 미군에 배속되거나 직접 지휘를 받는다면 이에 활용될 뿐이라는 점, 베트남전이 미국의 이익이나 대가를 위해 싸우는 직접 또는 청부 전쟁이 아니며 자유월남공화국을 공산 침략으로부터 구출하는 것이라는 명분

---

46) 최용호, 앞의 책, 173-178쪽.

47) 채명신, 「베트남 전쟁의 특성과 연합작전」, 『베트남전쟁 연구 총서 1』 국방부 군사편찬연구소, 2002, 39-45쪽; 채명신, 『베트남 전쟁과 나』 팔복원, 2006, 146-154쪽. 한편 채명신은 이러한 미 야전사령관들의 불만이 한국군이 자신의 전술책임지역(TAOR) 내에 있으면서 작전은 할 생각 않고 훈련만 하고 있는 데에서 비롯된 것 같다고 회고하였다.

을 손상시켜서는 안 된다는 점을 들어 미군을 설득했다고 한다.

이에 그동안 강한 반대 입장을 표명해 왔던 라슨 중장이 채명신의 주장에 전적으로 공감한다며 의견을 바꾸었고, 옆에 있던 웨스트모어랜드 사령관은 권투선수 승자의 손을 올려주듯이 채명신의 오른팔을 높이 쳐들며 "나도 채장군의 의견에 공감한다. 오늘 이 시각 이후부터 나와 채장군은 월남에서 양국 군의 운용에 대한 모든 문제를 상호 협의와 협조로 해결하겠다."고 선언했다고 한다. 채명신은 이를 "한국군에 대한 작전지휘권 문제의 일단락을 가져온 순간"이라고 회고했다.[48]

이러한 채명신의 회고는 한국군의 '독자적 작전권' 수립 장면을 극적으로 보여준다. 많은 선행 연구들은 채명신의 회고를 인용했고 이를 바탕으로 한국군의 '독자적 작전권'이 한국군 전투부대 파병 초기에 수립되었다고 평가했다.[49] 그러나 한국군과 미군이 그렇게 오랜 기간 진통을 겪으면서 합의에 이르지 못한 문제가 이처럼 '명연설' 한번으로 해결되었다는 설명은 쉽게 납득이 가지 않는다. 게다가 2차 파병 논의 단계부터 이훈섭에 의해 수없이 되풀이되었던 '용병론', '청부전쟁론' 우려 논리는 미군에게도 전혀 새로운 문제나 고려 사항이 아니었다.

사실 채명신의 회고에 등장하는 라슨(Stanley R. Larsen)은 베트남전 참전 연합군에 관한 1975년의 연구를 통해 이 시기의 논의를 채명신과는 전혀 다른 방향으로 정리했다. 그는 먼저 작전통제(operational control) 문제가 혼란을 겪었던 것은 한국과 미국 정부가 한 번도 작전통제에 대한 명확한 합의를 하지 않았기 때문이라고 전제하였다. 또한 9월 6일 체결된 한·미 군사실무약정서에는 작전 통제에 대한 언급이 없

---

48) 채명신, 「베트남 전쟁의 특성과 연합작전」, 국방부 군사편찬연구소 편, 앞의 책, 2002, 45-51쪽; 채명신, 앞의 책, 154-163쪽.

49) 정수용, 앞의 글; 양창식, 「베트남 파병정책 결정 배경 및 과정」, 국방부 군사편찬연구소 편, 위의 책; 이종민, 앞의 글.

었기 때문에 국제군사원조 정책회의(policy council)에서 한국군의 작전통제를 웨스트모어랜드 사령관이 행사한다는 합농각서 초안을 작성하였고, 이 안이 1965년 10월 23일 채명신에게 전달되었다는 것이다. 이에 채명신은 한국 정부의 검토 없이는 서명할 수 없으나 그동안(in the interim) 개략적인 절차는 따르겠다고 선언했다는 것이다.

11월 20일까지 초안에 대한 양측의 검토가 이루어졌고 채명신과 추가 논의를 진행한 후 웨스트모어랜드는 샤프(Sharp) 제독에게 공식 서명 약정은 한국이 미국에게 예속된 용병이라는 인상을 줄 수 있으므로 한국인들에게 정치적으로 난감할 것이라고 보고했다. 채명신 장군이 사실상의(de facto) 작전통제에 동의했기 때문에 웨스트모어랜드는 공식 약정이 불필요해졌다고 느꼈던 것이다. 제1야전군 사령관 라슨 중장과 채명신 장군은 한국군 부대에 대한 지시가 요청의 형태로 이루어지더라도 한국군은 이것을 명령이라고 여길 것으로 이해했다고 한다.[50]

웨스트모어랜드 사령관은 라슨보다는 훨씬 더 완곡하게 당시의 상황을 회고했다. 한국군은 "외관상의 독립적 지위"를 유지했고, "광범한 지침 안에서 절반은 자치적으로 작전을 할 수 있는 위치를 부여"받았다는 것이다.

제3국 군대의 문제에서는 오스트레일리아군이, 그 뒤에는 뉴질랜드군과 태국군이 그들 군대의 작전 및 전술 등 제 권한을 나한테 이양했고, 필리핀에서 온 민간활동 그룹은 한국군과 마찬가지로 외관상의 독립적 지위를 유지했다.
한국의 박정희 대통령은 나에게 "한국군을 귀하의 지휘권 속에 놓아두는 것을 만족하게 생각한다."고 말했지만 나는 위신을 보유하려는 신생공화국 한국인의 열망

---

50) Stanley Robert Larsen and James Lawton Collis, Jr., *Allied Participation in Vietnam*, Washington D.C., Department of the Army, 1975, pp.131-135.

을 존중했고 한국 지휘관들과는 협조적인 기반 위에서 일했다.

한국군에게는 독립적인 책임전술 지역을 할애하여 광범한 지침 안에서 절반은 자치적으로 작전을 할 수 있는 위치를 부여했다. 나는 한 유능한 지휘관 채명신 장군과 아주 사이가 좋았고 하급부대에서 어려운 문제가 발생할 때마다 즉시 그리고 손쉽게 문제를 해결했다. 한국의 채명신 장군, 월남의 합참의장, 그리고 나로 구성된 비공식 위원회는 한국인과 월남인 사이에서 발생하는 문제들을 처리하기 위해서 이따금 회동하기도 했다.[51]

백마사단이 추가 파병되고 채명신 사령관이 유병현 장군에게 맹호사단장을 인계할 무렵인 1966년 8월 6일, 주월사 작전참모로 베트남전에 참전한 손장래의 회고도 채명신 장군의 회고보다는 라슨과 웨스트모어랜드의 회고에 가깝다. 손장래는 미군이 "추가로 파병되는 백마부대를 자신들이 직접 장악하여 운용함으로써 작전성과를 획득하려는 의지을 가지고" 있었고, 주월사와 미군이 "또다시 작전지휘권 문제로 갈등"을 겪었다고 회고했다. "미군들은 한국군의 부대 배치에 간섭하기 시작"했다는 것이다. 사실 손장래는 "내가 가기 전에는 I.F.F.V(주월 미 야전사령부) 아래에 맹호부대가 속해 있었어요. 맹호부대가 실질적으로는 미군의 작전 통제 하에 있었던 것이지요."라고 하여 채명신의 회고를 사실상 정면으로 반박하였다.[52]

이처럼 한국군의 독자적 작전권 수립 여부에 대해서는 한국군과 미군의 해석이 엇갈리며 심지어 한국군 고위층 내부에서도 서로 다른 기억을 갖고 있는 셈이다. 그렇다면 어느 쪽의 기억이 당시의 현실을 좀 더

---

51) 윌리엄 C. 웨스트모어랜드 저, 최종기 역, 『왜 월남은 패망했는가』, 서울, 광명출판사, 1976, 157–158쪽.

52) 주월 한국군 사령부 작전참모 손장래 구술, 1968.9.2., 국방부 군사편찬연구소, 앞의 책, 2001 『증언을 통해 본 베트남 전쟁과 한국군 1』 110–111쪽.

잘 반영하는 것일까? 이 문제와 관련된 공식 문서나 직접 경험자의 기억보다도, 어쩌면 전장의 현실이 역사적 사실을 더 분명하게 드러낼지도 모른다.[53]

청룡부대 출신 구술자들의 구술에서 어김없이 등장하며 대대본부 단위까지 파견되어 있었다는 미군 앵글리코(ANGLICO, Air-Naval Gunfire Liaison Company, 항공함포연락중대)맨의 존재는 한국군의 '독자적 작전권'이 전장의 현실과 얼마나 괴리되어 있었는가를 보여주는 중요한 증거이다. 미 해병대의 공식 전사는 "호이안 부근에서 베트남 남부의 가장 큰 앵글리코 부대가 다이어(Edwar J. Dyer) 소령의 지휘 하에 주둔하면서 한국군 제2해병여단을 지원했다. 그들은 해군의 사격지원 통제뿐만 아니라 모든 연합 항공 지원을 배치하고 통제하는 역할을 했다"고 서술하여 한국군 해병대가 사실상 미 해병대의 작전통제 하에 있었음을 암시했다.[54]

이와 관련하여 제2해병여단(청룡부대) 참모장으로 파병 선발대의 일원이기도 했던 정태석 대령은 1979년 9월 14일, 전역을 약 열흘 앞두고 제12대 해병대사령관이자 해병 중장으로서 청룡부대 작전권과 관련하여 다음의 인터뷰를 남겼다.[55]

---

53) 주월군사 작전명령 제2호(1965.10.25.). 군사실무약정서 개정본(1969.4.30.)과 같은 공식 문서들에도 한국군의 독자적 '작전권'이 명시되어 있고, 이는 미국 측의 공간사에서도 마찬가지이다.(George S. Eckhardt, *Command and Control, 1950–1969*, Washington D.C.: Department of the Army, 1974, pp. 82–84.) 그러나 라슨 중장과 같은 미군 측 참전 당사자의 회고는 공식 역사와는 다른 현실을 드러낸다.

54) Melson, Charles D. *U.S. Marines In Vietnam: The War That Would Not End, 1971–1973*, History and Museums Division Headquarters, U.S. Marine Corps, Washington, D.C., 1991, p.14.

55) 제2해병여단 여단본부 참모장 정태석 구술, 1979.9.14., 국방부 편, 앞의 책, 2003, 13쪽.

질문 4: 청룡부대의 작전지휘권은 주월 한국군사령부에 있었는가? 아니면 미 제1야 전사령관에게 있었는가?

답변 4: 그 문제가 상당히 애매하게 되어 있습니다. 맹호부대의 작전지휘권과 관련하여 주월 미사령관 웨스트모랜드 장군과 주월한국군 사령관 채명신 장군이 최종적으로 "주월 한국군의 작전지휘권은 주월 한국군사령부에 있다"고 합의하였습니다. 그러나 청룡부대의 경우는 해병대 고유의 영역이 있었기 때문에 미 해병대로부터 많은 지원을 받고 있었습니다. 뿐만 아니라 최초에 청룡부대를 편성할 때부터 연대를 여단으로 승격시킨 이유가 "독립작전이 가능하도록 편성하는 것"이었기 때문에 맹호부대나 백마부대의 작전과는 다소 차이가 있었습니다.

이 같은 이유로 청룡부대의 작전에 대해서는 주월한국군 사령부보다는 미 제1야전사령부와 긴밀히 협조하여 수행하고 있었으며, 주월한국군 사령부에는 미 제1야전군 사령부의 작전지시를 통보하여 형식상으로 추인을 받는 방식이었습니다. 따라서 우리는 대부분의 작전에 대해 미 제1야전군사령관의 작전지휘를 받았습니다.

이 같은 내용은 우리가 주월한국군 사령부에 보고하기도 하지만, 상급기관에서 서로 협조하여 수행하는 경우도 있었습니다. 따라서 우리는 상급부대에서 사전 협조가 이루어진 것으로 알고 출동준비를 했는데, 우리가 출동하려는 순간 협조가 이루어지지 않는 사실을 발견하고 당황했던 적도 있었습니다. 그러나 양국 사령관들의 관계가 좋았기 때문에 큰 문제는 야기되지 않았습니다.

파병 선발대의 일원으로 작전권 협상을 지켜보았음에도 정태석은 현장의 상황을 경험하면서 작전권 문제가 "애매한" 상태에 있었고, 오히려 "대부분의 작전에 대해 미 제1야전군사령관의 작전지휘를 받았다"고 회고했다. 물론 이는 한미동맹 관계를 바탕으로 한 양국 군의 신뢰에 기반한 것이기도 했지만 적어도 청룡부대는 "해병대 고유의 영역"에서 미 해병대의 지원을 받았고, 그것은 협상 결과나 문서상의 합의와는 다른 전장의 현실이 존재했기 때문이었다.[56] 이밖에도 정태석은 채명신 사령관이 청룡부대에 하달한 구체적인 작전 개념이 없었으며, 그것은 청룡부대가 맹호부대나 주월사령부보다 1개월 먼저 현지에 도착하여 처음부터 미 제1야전군사령부로부터 임무를 부여받았기 때문이라고 구술하였다.[57]

이처럼 한국군의 '독자적 작전권'은 모호한 합의 속에서 전장의 현실에 따라 유동성을 갖게 되었고, 실질적으로 '독자성'을 가질 수 없었다. 1965년 9월 6일 체결된 한·미 군사실무약정서 3항에서 "파월한국군의 지휘권은 대한민국 정부에서 임명한 주월한국군사령관에게 있다."고 규

---

56) 이는 베트남전쟁의 특성과도 관련이 있었다. 베트남전은 각 부대가 일정한 전술책임지역(Tactical Area of Responsibility, TAOR)을 부여받고, 해당지역의 '평정'을 추구하는 양상으로 전개되었다. 청룡부대의 작전이 "맹호부대나 백마부대의 작전과는 다소 차이"가 있었던 것도 다낭을 중심으로 한 청룡부대의 전술책임지역이 퀴논을 중심으로 한 맹호부대나 나트랑을 중심으로 한 백마부대의 전술책임지역과 구별되기 때문이기도 했다. 이신재, 앞의 글, 316-317쪽.

57) 제2해병여단 여단본부 참모장 정태석 구술, 1979.9.14., 국방부 편, 앞의 책, 2003, 13쪽. 구체적인 구술 내용은 아래와 같다.
   질문 5: 청룡부대가 10월 9일 깜라인항에 상륙한 이후 판랑과 뚜이호아 등의 지역에서 작전이 계속되었는데, 채명신 사령관이 청룡부대에 하달한 작전 개념은?
   답변 5: 작전에 앞서 특별히 "무엇을 어떻게 해야 한다"는 식의 작전 개념은 없었습니다. 예를 들어 "한국군은 게릴라전을 해야 한다" 또는 "중대 단위 거점 방어를 한다" 등의 구체적인 작전지침은 없었습니다. 왜냐하면 우리가 먼저 갔기 때문이지요. 채명신 사령관은 맹호부대장 겸 주월 한국군사령관으로 왔지만, 그 분보다 우리가 1개월이나 먼저 갔기 때문에 그 분들이 도착해서 어떠한 구체적인 작전 지시를 내릴 수 있는 여건이 되지 못하였던 것입니다. 따라서 청룡부대 작전은 최초 미 제1야전군사령부로부터 임무를 부여받았으며, 구체적인 작전은 우리가 스스로 판단하여 그때의 상황과 그때의 전세에 알맞도록 작전한 것입니다. 채명신 사령관이 도착한 후 우리의 여단장인 이봉출 장군에게 어떠한 지침을 부여하여 간접 지휘한 것인지는 알 수 없으나, 우리는 여단장의 지침을 받아 작전에 임했으며, 채 장군으로부터 직접적인 지휘를 받은 것은 없습니다.

정하였지만, 지휘권(Command Authority)은 한국에서도 명목상으로는 군 통수권자인 대통령에 의해 임명된 한국군 사령관이 갖고 있었던 것이다. 따라서 실무약정서 3항의 내용은 전혀 새로운 내용도, 작전권 협상의 결과도 아니었다. 진짜 문제는 인사, 정보, 작전, 군수, 민사 등 지휘권을 구성하는 여러 권한 중 한미합의의사록 체결을 통해 한국에서는 유엔군사령관이 보유하고 있는 한국군의 작전통제권, 즉 '작전권'을 한국군이 베트남에서는 독자적으로 행사할 수 있는가였고, 결과적으로 이는 실패로 판명되었다.

4. 맺음말

베트남전에서 나타난 한국군의 '독자적 작전권'에 대한 미군과 한국군의 지루한 줄다리기는 한국군 전투병 파병 이후 모호한 형태로 '정리'되었다. 물론 그것은 명확한 문서적 합의나 명쾌한 지휘체계의 탄생을 의미하는 것은 아니었다. 라슨(Stanley R. Larsen) 중장이 지적한 것처럼 한국과 미국 정부가 한 번도 작전통제에 대한 명확한 합의를 하지 않았던 것이 문제의 근본적 원인이었을지도 모른다. 그러나 만약 이 문제가 정부 차원에서 논의되었다고 상상해 본다면 어떨까?

베트남에서 드러난 양측의 논의 과정에서 볼 수 있듯이 본국과 마찬가지로 지휘권은 한국군이, 작전권은 미군이 갖는 방식은 그것이 한국 측의 제안이든 미국 측의 제안이든 현실적으로 반대하기 어려운 방안이었다. 이는 1954년 11월 17일 체결된 한미합의의사록의 합의, 즉 유엔군 사령관이 한국군의 작전통제권을 보유한다는 조약 수준의 국제법적 근거를 갖기 때문이었다.[58] 게다가 양국과 양군의 관계는 형식적으로는 대등한 동맹과 동맹군의 형식을 띠고 있었지만, 여전히 본국의 한국군은 미국의 군사원조 없이는 존속하기 어려운 상황이었고, 베트남전에 참전한 한국군 역시 군수물자의 보급과 수당 등을 사실상 전적으로 미군에 의존하고 있었다. 다시 말해 한국군의 '작전권' 문제는 애초부터 한미군사동맹 관계, 한미동맹 관계의 틀을 벗어나기 어려운 문제였다는 것이다.[59]

따라서 정부 수준에서도 이루어지기 힘든 모종의 합의가 현지 야전군 사령관의 선의와 공감에 의해 일시적으로 가능했다 하더라도 이는 매우 유동적이고 불안정한 성격을 가질 수밖에 없었다. 결국 전장의 현실 속에서 한국군의 '독자적 작전권'은 허상임이 드러났다. 이처럼 한국군의 '독자적 작전권' 논의는 한미상호방위조약을 기반으로 한 최초의 한미 군사동맹 '실천 사례'라 할 수 있는 베트남전의 열전 속에서 이루어진 것이었지만 차가운 한미동맹의 현실, 즉 한미상호방위조약과 한미합의의사록의 틀을 벗어날 수 없었다. 이후 이와 관련된 실질적 변화는 한미연합사령부(ROK-US Combined Forces Command)가 구성된 1978년에 이르러서야 시작될 수 있었다.

---

58) 이동원, 「이승만 정권기 '한미합의의사록'의 체결과 개정」, 『역사와 현실』 107, 2018.

59) 이와 관련하여 손장래도 작전권 갈등의 기원을 한국전쟁 시기부터 유래한 것으로 이해했다. "당시 맥브이(MAC-V)의 작전참모 틸슨 소장은 6.25전쟁에도 참전한 역전의 용사였는데, 장창국 장군이 육군본부 작전국장을 할 때에 KMAG(한국 군사고문단)의 작전수석 고문관이었습니다. 이 때문에 틸슨 소장은 한국군에 대해 너무나 잘 알고 있었어요. 그래서 그는 한국군의 작전을 자기들 마음대로 움직일 수 있을 것이라고 생각했고, 그 결과 우리가 미군하고 맨 처음부터 충돌했던 문제가 바로 작전권이었어요."(주월 한국군 사령부 작전참모 손장래 구술, 1968.9.2., 국방부 편, 앞의 책, 2001, 113쪽.

제2장

한국군 구술을 통해 본 한국기업의 베트남 진출과 활동

김 수 향

머리말

베트남전과 그로 인한 "월남 특수"는 한국경제가 고도성장을 달성하는데 중요한 밑거름이 되었다. 1965년부터 1972년까지 한국이 베트남전을 통해 거둔 10억 달러의 수익은 만성적인 외화 부족에 시달리던 한국 경제에게는 가뭄의 단비와도 같았다. 제2차 경제개발5개년계획의 성공이나 1969년 GDP 성장률이 10%를 능가할 수 있었던 것 또한 "월남 특수"가 있기에 가능했다. 한편, 일반적으로도 베트남전은 그 경제적 효과와 함께 기억된다. 익숙지 않은 밀림 속에서 싸운 한국군과 위험에 굴하지 않는 한국 기업, 성실한 노동자들이 벌어 온 외화 덕분에 한국이 이만큼 성장했다는 것이다. 베트남전과 "월남 특수"에 대한 일반적인 인식을 가장 잘 보여주는 예로 영화 『국제시장』을 들 수 있다. 주인공 덕수는 생계를 위해 베트남으로 간다. "대한상사"에 기술자로 취직한 그는 수송 업무를 담당한다. 덕수가 죽을 고비를 넘기며 벌어 온 돈은 여동생의 결혼자금 등으로 유용히 쓰인다.

베트남전이 한국사회에 미친 경제적 효과는 '10억 달러'와 같은 거시적인 지표 혹은 개인과 기업의 '외화 획득'이라는 추상적인 수준에서 논의된다. 베트남전을 경제적 측면에서 조망한 연구에서 그려내는 상도 크게 다르진 않다. 선행연구들은 참전 군인들의 수당이나 기업 활동을 통해 한국이 어느 정도의 경제적 이익을 거두었는지 밝혔다. 하지만 그 같은 월남특수를 만들어낸 구조와 배경에 관한 연구는 아직 미진하다.[1] 특히 월남 진출을 통해 급격히 성장한 기업, 소위 "월남 재벌"에 대한 연구는 거의 공백으로 남아있다. 기업의 성장 서사를 보여주는 경영학계의 연구나 기업주들의 회고록 외에 역사학계에서는 구체적인 연구가 진행되지 않았다. 그렇기 때문에 여전히 기업들이 누린 베트남 특수는 "기업가 정신" 혹은 "XX(기업)맨이 이룩한 신화"로 표현된다.

『국제시장』의 덕수가 보여줬듯이 베트남에서의 기업 활동은 절대 쉽지 않았다. 그럼에도 불구하고 경제적 이익이 발생할 수 있었던 데에는 그것을 가능하게 한 특정한 구조가 있었을 것이다. 또한 기본적으로 이윤을 쫓는 속성을 가진 기업 혹은 자본이 베트남으로의 진출을 타진할 수 있게 한 前史가 있었을 것이다. 본고는 이러한 문제의식을 바탕으로 기업이 경험한 베트남특수에 역사성을 부여하고자 한다. 즉 기업이 베트남특수로 성장하는 과정을 검토해보려고 한다.

상술한 대로 기업의 베트남특수에 대한 연구는 매우 제한적으로 이루어졌다.[2] 이것은 활용할 수 있는 자료의 부족에서 기인하는 바가 크다고 생각된다. 앞으로 베트남특수에 대한 구체적인 연구를 위해서는 본격적인 자료발굴이 요구되나, 본고에서는 '서울대 규장각한국학연구원 한국현대사와 군 구술사업단'이 2012년부터 2014년까지 3년간 채록한 33명의 베트남참전 군

---

1) 기미야 다다시, 『박정희 정부의 선택: 1960년대 수출지향형 공업화와 냉전체제』 서울, 후마니타스, 2008; 김경희, 「베트남파병의 경제효과」 경북대학교 사학과 석사학위논문, 2008; 나종삼, 『월남파병과 국가발전』, 서울, 국방군사연구소, 1996; 대한상공회의소 한국경제연구센터, 『월남휴전과 한국경제』 서울, 대한상공회의소 한국경제연구센터, 1969; 최동주, 「베트남 파병이 한국경제의 성장과정에 미친 영향」, 『동남아시아 연구 제11호』, 2001. 박태균, 『베트남 전쟁』, 한겨레출판, 2015; 윤충로, 『 베트남전쟁의 한국 사회사』, 푸른역사, 2015.

2) 한국기업과 베트남특수의 관계에 대해서는 본격적인 연구는 부재하며 한진그룹 성장사 혹은 한진기술자에 관한 연구에서 부수적으로 검토되었다. 이한구, 「한진그룹 형성과정 연구」, 『경영사학』 11, 1995; 윤충로, 「베트남전쟁 시기 '베트남재벌'의 형성과 파월(派越)기술자의 저항 −한진그룹의 사례를 중심으로−」, 『사회와 역사』 79, 2008.

인들의 구술자료를 통해 한국 기업의 베트남 진출 과정에 군이 미친 영향을 살펴보고자 한다. 참전 군인들의 구술자료는 향후 정부 및 기업문서의 발굴을 통해 교차 검토할 필요가 있으나, 문서상에서 나타나지 않는 세부적인 정황을 담고 있기에 구체적 자료의 부재로 인한 연구의 공백을 조금이나마 메울 수 있으리라 기대해본다.

1. 한국군 1·2차 파병과 초창기 한국기업의 베트남진출

한진, 현대 등의 한국기업이 베트남특수를 통해 막대한 이윤을 축적했다는 점은 주지의 사실이다. 그런데 한국군 파병 이후부터 한국기업이 베트남에 진출했다는 일반적인 인식과 달리 파병 이전부터 한국기업은 베트남에 진출했으며, 전쟁 특수를 경험하기도 했다. 현대건설과 삼환기업은 미군 용역 사업 참여를 목표로 1963년도 남베트남에 진출한 바 있다.[3] 그러나 이들 기업의 진출 시기를 전후해 남베트남은 군부 쿠데타와 응오딘디엠(Ngo Dinh Diem) 대통령의 실각 등으로 인해 사회·정치적 불안이 고조되었고, 그런 상황에서 현대와 삼환이 실질적인 성과를 거두기는 어려웠다.

한국기업이 경험한 최초의 베트남특수는 1964년 경남기업이 주월미군 사령부로부터 얻은 PX 관리권이었다. 이는 두 가지 측면에서 주목할 필요가 있다. 우선 경남이 한국정부를 우회하지 않고 미군사령부와 직접 계약을 체결했다는 점이다. 다음으로 베트남에서 한국기업의 경제적 활동을 보장해주는 브라운각서가 체결되기도 전에 한국기업과 미군간의 경제관계가 형성되었다는 점이다. 그렇다면 이들은 어떻게 한국정부의

---

3) 앞으로 회사명이 처음 등장할 때를 빼고는 건설, 기업 등의 일반적 호칭은 생략한다.

개입 없이 미군과 계약을 체결할 수 있었을까? 이에 대한 답은 1940~50년대 경남의 활동에서 찾을 수 있다.

1960년대 경남기업을 이끈 이들은 정원상, 정원성 형제였다.[4] 이들의 부친인 정대호는 식민지기 상해를 거쳐 싱가포르로 이주했는데, 그는 상해에 있을 당시 임시정부에서 활동했고 안중근 및 최덕신과 인연을 맺었다고 한다. 아버지를 따라 싱가포르에 정착한 정원상은 싱가포르 한국교민회를 창설하여 활동하였다. 해방이 되자 그는 이전의 경험과 인맥을 토대로 싱가포르에 한성무역을 설립하여 한국의 쌀과 한천 등을 동남아에서 판매하는 일을 시작했다. 한편 동생인 정원성은 해방 이후 이시영의 비서를 지냈으며 미군정에서 회계국장을 역임했다.[5] 정원성은 한국정부 수립이후 군정기에 쌓은 미군 인맥을 토대로 주한미군의 건설 및 용역사업에 참가하였다. 1949년 당시 정원성은 合衆器工의 사장을 맡았고, 1954년에는 경남을 창립했다. 경남은 건설회사였지만 1950년대~60년대 초반에는 주로 군납용역에 참여해 이윤을 획득했다.

이처럼 1940~50년대 정원상-정원성 형제의 활동은 對동남아무역과 미군용역사업이었다. 형제의 사업영역은 해방 전후 이들의 경험에 더해 그 당시 만든 인맥과 밀접하게 관련된 것이었다. 경남은 1950년대 미태평양사령부에도 군수물자를 납품할 정도로 미군과 연결고리가 있었고 동남아진출 경험도 있었기 때문에 한국군 파병-브라운 각서체결로 한국

---

4) 이상 경남기업의 정씨 일가에 대한 설명은 아산사회복지사업재단, 『한국의 해외취업』, 1988을 참고로 작성한 것이다.

5) 정원성도 가족과 함께 싱가포르에 있다가 해방 이후에 귀국을 한 것인지 혹은 식민지기에도 계속 국내에 있었던 것인지를 확인하기 어려웠다. 또한 미군정기 정원성이 회계국장이었다는 기록과 간련된 세부사항도 확인하지 못했다. 정원상의 이력을 확인할 수 있는 최초의 신문기사는 『동아일보』 1949년 4월 20일자 기사이다. 기사에 따르면 미군관계 某기관에 종사하고 있는 정원상이 서울시 신설동의 적산가옥 400호중 90호를 소유하고 있어 관계당국이 조사에 착수했다고 한다.

기업의 베트남 진출이 성문화되는 1966년 이전부터 베트남에서 경제활동을 힐 수 있었다.

1964년 존슨 정부가 통킹만 사건 이후 베트남전쟁에 전면적으로 개입하면서 베트남에는 막대한 미군 병력이 투입되었고, 부수적으로 용역군납과 건설군납, 물품군납의 규모 또한 확대되었다. 이는 전쟁과 관련된 '베트남시장'을 활성화시키는 결과를 낳았다. 1964년 9월 미국의 파병 요청에 화답하여 한국은 이동외과병원, 태권도 교관으로 구성된 비전투병을 1차적으로 파병했는데 파병에 앞서 현지 사정을 시찰하기 위한 선발대가 베트남으로 향했다. 당시 선발대장으로 베트남에 갔던 이훈섭은 베트남 시장의 활성화를 기대했고, 그곳에 한국기업의 참여를 증진시켜야겠다고 생각했다고 한다.

내가 교섭하고 그 전투부대 주둔지 설정하고 비행기 타고 올라오면서 딴 사람한테 얘기한 게 아니라 내가 혼자 공상했어. 이거 앞으로 이렇게 된다 할 거 같으면 거기 한국군이 거기서 지켜줄 거고 그러면 도로를 건설해야 하고 항만을 이따 또 개량해야 할 거고 또 그럴 거 같으면 보급시설도 만들어야 되고. 거 일하는 거야 미국사람들이 돈 내가지고 일을 하지만 그렇다고 해서 미국사람들이 자기네가 냈다고 해서 미국사람의 인건비도, 미국사람의 인건비하고 한국 사람 인건비 다르니까. 미국사람들 쓰는 거 보다는 우리 한국의 사람 이왕이면 하는 게 좋겠다. 뭐 이런 식의 이야기 되니까 아, 일할 자리가 이렇게 많이 되구나. 그러면 그 중에서 어떻게 돼? 그 중 기술원이 나는 그런 가능성이 보일 땐 그러한 식으로 접근시키죠. 어떻게 접근시킬 것이냐 할 것 같으면 항만 준설을 안 하면 배가 들어오고 나가고 할 수 없어. 그런 항만 준설을 갖다 해야 되지 않겠냐 하는 건 미국사람이라든가 이런 사람들이 먼저 걱정하고 있는 거야. 항만시설, 그럼 어디에 어떻게 했음 좋겠냐? 그렇다고 해서 미국 사람 데려올 수도 없고. 그러면 우리 한국기업이 하도록, 진출하도록 하자. … 여기다 지금 우리 부대 주둔지가 있다. 그럼 여기 경계도 하지만 여기 부두니 항만시설 같이 관리해야 되지 않느냐? 근데 이왕이면 한국사람들이 와서 하면 일하기도 좋고 좋지 않겠느냐? 이런 식의 사고방식을 내가 문제제기를 한 거야.[6]

이훈섭은 1964년 선발대의 대장으로 선출되어 매우 이른 시기에 베트남을 다녀왔던 인물이다. 선발 대장을 맡기 전, 이훈섭은 국가재건최고회의 경제분과위원회에서 활동하며 1차 경제개발5개년계획 수정·보완작업에도 참여하였다. 일정기간 경제관련 직무를 맡아온 그에게 베트남전쟁의 확대는 곧 한국인 일자리의 확대로 보였다. 위의 구술에서 눈에 띄는 점 중 하나는 한국군과 한국기업을 연계시킨다는 구상이다. 그것은 한국군 주둔지가 항구 근처라는 점에 착안해 다른 분야보다도 항만 준설 및 부두 관리 분야로 한국 기업이 진출하는 것이 좋겠다는 발상이었다. 뿐만 아니라 진출한 한국기업의 보호를 근처에 주둔 중인 한국군에 맡긴다는 생각 또한 읽을 수 있다.

1964년 1차 파병에 이어 이듬해 3월에는 건설지원단(비둘기 부대)이 파병되었다. 건설지원단이 파병되었을 당시 베트남에 진출한 한국기업은 삼환, 현대, 경남이었다.[7] 구체적인 활동이 없던 삼환, 현대와 달리 경남은 서비스산업(PX)에서 건설용역·군납용역으로 분야를 확장했다. 당시 미 해군이 발주하는 모든 건설공사는 RMK-BRJ에서 담당하던 중이었다.[8] 경남은 이 회사와 계약을 맺고 건설장비 및 자재를 납품했다.

---

6) 이훈섭, 4차 구술, 2012.11.14.

7) 이들 기업 외에 중소 무역·유통업체나 자영업체가 베트남에 진출했을 것으로 추측된다. 하지만 규모나 매출의 영세성 때문인지 정확한 진출상황을 보여주는 자료를 입수하지 못했다.

8) 베트남 내 건설사업을 위해 미국 건설 회사들이(Raymond International, Morrison-Knudsen, Brown & Root, J.A. Jones Construction)이 합작해서 만든 벤처회사이다.

한국기업의 진출이 아직 활성화되지 않은 단계에서 베트남전쟁과 한국 경제는 한국기술자의 베트남 피견이리는 형태로 연결되기도 했다. 1965년 5월 주월한국경제협조단과 미국의 DOICC(Deputy Officer n Charge of Construction) 책임자, RMK-BRJ사의 베트남 현지책임자 3자가 모여 논의한 결과 총 42명의 한국기술자를 RMK-BRJ로 파견하기로 결정했다.[9] 이후 계속 기술자들이 파견되어 1965년 한 해 동안 105명의 기술자들이 베트남에 진출하였다. 파견기술자의 약 25%는 사이공에서 체재했고, 기술자들에 앞서 파병되었단 건설지원단 또한 사이공 북방 지안(Di An)에서 주둔하고 있었지만, 당시까지만 해도 한국인 기술자와 건설지원단 간의 교류는 없었다.

> 비둘기부대를 내 전임자는 출입을 안 시켰어요. 나는 출입을 시켰어요. 왜? 사이공에 한국 사람 기술자다 뭐다 모여서 굉장히 많이 우글우글 살고 있는데, 그래도 한국부대의 보위도 하고 자랑도 하고 쉬기도 해야되지 않느냐.[10]

이상은 1967년부터 건설지원단(비둘기부대) 단장을 맡았던 전자열의 구술이다. 여기에서 전자열이 부임하기 이전에는 베트남에 파견된 한국인 기술자들과 베트남 주둔 한국군 간의 교류가 활성화되지 않았다는 점을 확인할 수 있다. 이는 1967년까지 파월기술자의 수가 적었던 것은 물론 대다수 기술자들이 한국기업이 아닌 미국기업에서 근무 했던 사실과 관련이 깊을 것이다.[11]

---

9) 주월한국경제협조단은 1965년 4월 한·미·월 간의 3각경제협력과 한·월경제협력을 현지에서 조정하기 위해 국무총리령으로 사이공에 설치된 기구였다. 이는 주월대사의 지휘감독을 받았으며 초기 단장에는 국무총리실 기획조정관인 김좌겸이 내정되었다. 「사이공에 대월경제협조단」『동아일보』 1954년 4월 24일.

10) 전자열, 3차 구술, 2013.2.25.

11) 1967년 말 현재 파월 한국근로자 중 외국업체에 고용된 근로자는 10,610명

이상에서 살펴본 바와 같이, 한국군 파병 전후의 2년간 한국기업이나 한국인의 베트남 진출 상황은 경남을 제외하면 미미했고 베트남에 파견된 한국인(군인/기술자/사업가)들은 상호 연결되지 않고 개별적으로 존재했다. 하지만 1966년을 시작으로 이러한 상황은 변화를 맞이한다. 전투부대가 파병되면서 한국기업의 對베트남사업이 본격화되었고, 이들에 대한 한국군의 '보호'는 베트남특수를 위한 환경을 조성하게 된다.

2. 브라운각서 체결과 한국기업의 베트남진출 환경 조성

파병 초기 베트남전쟁은 한국 경제에 직접적인 영향을 주기 어려웠다. 이 시기 민간인 경제활동을 통해 베트남에서 한국으로 이전된 이익은 파견 기술자들의 월급 송금과 미군 PX판매권을 가진 경남기업의 송금이었다. 그러나 아직까지는 '베트남특수'라는 이름을 붙이기엔 미미한 액수였다. 이런 상황은 전투부대 파병 이후 달라지게 되었다.

미국은 1964년 '더 많은 깃발 정책(more flags)'을 표방하면서 동맹국들에게 베트남전 참전을 요청했다. 한국 정부는 파병의 대가로 몇 가지 조건을 미국정부에 요청했다. 핵심은 세 가지로 한국군 감축 중지와 확고한 안보공약, 그리고 경제적 이익 보장이었다.[12] 경제적 이익의 구체적인 내용은 한국에 대한 경제원조, 그리고 한국기업의 베트남 진출로 인한 전쟁특수였다.[13] 이에 대한 한·미간의 협상은 1966년 3월 '브라운

이고 한국업체에 고용된 근로자는 5,170명이었다. 아산사회복지사업재단, 앞의 책, 178쪽

12) 박태균, 「베트남 파병을 둘러싼 한미 협상과정-미국문서를 중심으로」, 『역사비평』74, 2006.

13) 박태균, 「한국군의 베트남전 참전」『역사비평』80, 2007, 294쪽

각서'로 명문화된다. 미국은 1966년 3월 4일, 7일, 8일 총 3차에 걸쳐 한국에 브라운 각서를 전달했다. 각서의 내용은 크게 두 가지로 1차 각서에 담긴 경제 관련 내용이 담겨 있으며 2·3차 각서는 한미방위조약 개정에 관한 내용이 주를 이룬다.[14]

특히 1차 각서에는 전투부대 파병에 따른 한국의 안보 공백을 보충하기 위한 군사원조 관련 조건과 파병에 대한 경제적 대가 즉, 미국의 대한(對韓)차관 및 기술원조 등 경제원조 관련 내용이 담겨있다. 이 중 한국기업의 베트남 진출에 관해서는 다음과 같다.

주월 한국군에 소요되는 보급물자, 용역설치장비를 실시할 수 있는 한도까지 한국에서 구매하며 주월 미군과 베트남군을 위한 물자 가운데 선정된 구매품목을 한국에 발주할 것이며 그 경우는 다음과 같다.

① 한국에 생산능력이 있을 경우 ② 한국이 규격과 납품예정기일을 맞출 수 있을 경우 ③ 한국의 물품가격이 극동의 그 밖의 공급 가능 지역 가격과 비슷하다는 것을 합리적으로 인정할 수 있을 경우 ④ 이밖에 구매가 미국 국방성의 규정과 절차에 부합할 경우.

이 같은 경우에 해당되는 보급물자, 용역 및 장비는 내추럴소스(자연 공급소)표에 기재될 것이며 그 표에 따라 비한국인 생산자의 입찰을 배제하고 한국공급소에 한하여 구매한다.

① 미국의 공급업자들하고만 경쟁하는 원칙 아래 AID(Agency for International Development, 국제 개발처)가 베트남에서 농촌건설사업 선무, 구호, 보급 등을 위한 계획사업에 사용할 목적으로 구매되는 물자의 상당량을 한국이 적절한 시기 및 가격으로 공급할 수 있는 최대한도까지는 한국에서 구매한다.

---

14) 김경희, 앞의 논문, 41~42쪽.

② 베트남 측에 의해 허가되는 범위 안에서 한국의 청부업자들이 미국 정부와 미국청부업자들이 베트남에서 실시하는 건설 사업에 참가하고 베트남에서 한국인 민간기술자 고용을 포함한 그 밖의 용역을 제공할 수 있는 기회를 늘리도록 한다.[15]

이상의 내용을 통해 한국 정부가 두 가지 부문에서 특수를 요구·기대했다는 점을 알 수 있다. 하나는 주월한국군과 AID가 베트남에서 소비하는 물자를 한국에서 조달하는 것이다. 이는 군납물품을 수출하여 무역 이익을 획득하는 것으로, 구체적인 예로 주월한국군이 소비하는 식량 및 전투 복장 등을 한국기업이 제조·가공하여 수출했던 사례를 들 수 있다. 다른 하나는 한국기업이 베트남에서 실시되는 각종 사업에 용역을 제공하는 것으로 이는 무역 외 수입의 성격을 가진다. 베트남전 당시 한국기업이 참여한 두 가지 방향은 다수의 구술자 증언을 통해 확인할 수 있다.

미군의 공사하는 거, 또는 미군들의 기지를 운영하는 거, 이 경남기업이래든가 뭐 통운이래든가, 그러한 회사들이 거기 들어와서, 그 이래 보게 되면 한진도 있었고. 한진, 경남기업, 그 다음에 대한통운. 그런 회사들이 들어와서, 그런 이제, 미국의 그런 용역을 주로 맡아서 일을 했거든. 발전기를 돌린대든가, 전기 가설하는 거. 그러한 모든 후방 지원에 필요한 용역 업무를 미국은 그걸 외국 회사들한테 이렇게 전부 다 발주를 시켜서 맡겨 버려요. 자기 군인들은 순 전쟁만 한다 이거지. 그러니깐, 시시하게 거기서 뭐 이런 저 후방에서 뭐 가는 거는 전부 그런 용역회사가 맡아서 합니다. … 우리 한국군이 먹는 식재료 가운데에 김치 통조림, 군복, 이런 것들을 미군이 전부 다 제공을 하도록 돼 있기 때문에 맨드는 건 전부 다 한국서

---

15) 동아일보사 안보통일문제조사연구회 편, 『안보통일문제기본자료집』, 서울, 안보통일문제연구소, 2006, 152-154쪽.

맨들어서, 말하자면 미군에다가 납품을 해가지고, 그 납품을 한 것을 한국군한테 줬다 이거야. … 한국군이 먹는 야전 식량을 한국 정부, 기업체가 미군에다가 납품을 하고 그걸 다시 한국군에다 준다 이거지, 사가지고.[16]

이상은 1966년부터 2년간 청룡부대 대대 작전참모, 부대대장 등으로 근무했던 차수정의 구술이다. 청룡부대는 한국기업이 활발하게 활동했던 다낭지역에 주둔했는데 그래서인지 차수정은 한국기업의 활동에 대해 상세하게 기억하고 있었다. 위의 구술을 통해 한국기업이 미군의 잡다한 용역사업에 참여했던 사실을 확인할 수 있다. 그런데 한국기업이 무역과 용역 두 부분에서 비등하게 수익을 거둔 것은 아니었다. 맹호부대 포병사령관으로 1969년부터 1년간 베트남에서 활동했던 김춘배의 구술을 보자.

구술자: 그 이제 우리가 우리 돈으로 하겠다 하는 것은 미국서 달러를 받고, 그 대신 이제 우리, 우리 기업이 맨들은 것을 일로 보내주는 거죠. 그러니까 그 군복 그 다음에 식량 일부, 그게 이제 본국에서 수송이 되서 왔습니다. (군복, 식량에 대한 구술 일부 생략)
면담자: 그게 소위 말하는 이제 한국, 베트남전쟁 때 우리 한국이 누렸던 베트남특수죠?
구술자: 그, 그거의 극히 일부, 그거의 극히 일부겠죠.[17]

김춘배는 군복과 식량을 한국기업이 제조해서 납품하는 것이 베트남특수의 극히 일부임을 지적했다. 아래의 〈표 1〉을 보면 전체 베트남전쟁

---

16) 차수정, 2차 구술, 2013.10.30.
17) 김춘배, 3차 구술, 2013.9.2.

수익 중 무역 군납은 18.5%, 용역군납은 22.8%을 차지한다. 따라서 물품군납이 '극히 일부'였던 것은 아니지만 전투병 파병 이후 베트남 내의 경제활동은 용역군납이 더 중심적인 부분을 차지하게 된다. 1965년 중반까지도 한국정부의 계획은 두 가지 활동 중 전자, 즉 군납물품을 중심으로 무역 이익을 극대화하는 것이었지만 이러한 방향은 몇 가지 계기를 통해 변화한다.

〈표 1〉 대 베트남 경제활동 수익 단위

(100만 달러)

	1965	1966	1967	1968	1969	1970	1971	1972	누계액	비중(%)
경상수입	17.7	23.8	23.2	38.0	47.1	70.1	35.7	27.5	283.1	27.7
수출	14.8	13.9	7.3	5.6	12.9	12.8	14.5	12.5	92.3	9.2
무역군납	2.8	9.9	15.9	32.4	34.2	57.3	21.2	15.0	188.8	18.5
무역외수입	1.8	37.3	128.1	130.6	153.3	134.5	97.6	55.7	738.9	72.3
용역군납		8.3	35.5	46.1	55.3	52.3	26.5	9.2	233.2	22.8
건설군납		3.3	14.5	10.3	6.4	7.4	8.3	3.1	53.3	5.2
군인송금	1.8	15.5	31.4	31.4	33.9	30.6	32.3	26.8	201.5	19.7
기술자송금		9.1	33.6	33.6	43.1	26.9	15.3	3.9	166.2	16.3
특별보상 지원/보험금		1.1	9.2	9.2	14.6	17.3	15.2	12.7	84.7	8.3
합계	19.5	61.1	151.3	168.6	200.4	204.6	133.3	83.2	1,002.0	100.0%

출처: 林根好, 1993, 『韓國の經濟發展とベトナアム戰爭』, 東京: 御茶の水書房; 윤충로, 「베트남전쟁 시기 '베트남재벌'의 형성과 파월(派越)기술자의 저항 -한진그룹의 사례를 중심으로-」, 『사회와 역사』 79, 2008, 97쪽에서 재인용.

1965년 4월 사이공에 파견된 주월한국경제협조단이나 1965년 12월 정부의 지원 하에 파견된 동남아시찰단(단장: 조중훈)은 전쟁 확대와 함께 비약적으로 팽창하고 있었던 미군의 규모를 한국 정부에 보고했다. 이를 통해 한국정부는 용역사업의 가능성을 확인할 수 있었고, 이후 기업들이 베트남에서 진행되는 미군이 발주하는 용역사업을 입찰받아 외화를 획득하도록 장려하였다. 여기서 가장 혜택을 본 것이 바로 한진이었다.

> 그게 그런데 그 때에 우리 정부에서 굉장히 그 한진을 뒤에서 후원을 많이 한 모양이에요. … 근데 그것도 저걸 했고 고담에 그 때 우리 경제부 총리가 장기영씨가 했는데. 그 분이 엄청나게 그 지원을 했다고 그래. 물론 박 대통령 이제 아이디어(idea)겠지. 저걸 보내가지고 우리가 외화를 벌자, 그랬겠지.[18]

1965년 맹호부대 보급중대장으로 파월된 윤찬중이 언급한 '엄청난 지원'이란 한진이 미군과 용역계약을 할 당시 한국 정부가 600만 달러에 대한 정부지불보증을 승인한 것은 물론 백지신용장[19]을 발행한 것을 말한다.[20]

브라운각서 이후 체결 이후 베트남에서의 경제활동을 미국이 보증하고, 한국 정부도 적극적으로 지원해줬지만 미군 용역에 참가하고자 했던 한국기업들의 앞은 '첩첩산중'이었다. 한국기업이 당면한 과제는 안정성 확보와 부족한 장비 및 시설의 확보였다. 우선 안전문제를 보자. 전선이 명확하지 않은 베트남전쟁의 특성상 기업이 위치한 곳이 어디건 안전이 확실하게 보장될 수 없었다. 더군다나 한국기업의 활동이 전쟁 수행과 밀접한 관련을 가졌기 때문에 언제든지 적의 표적이 될 수 있었다. 이러한 위험으로부터 벗어나기 위해 한국기업들은 미군 용역사업에 참가하면서도 한국군이 주둔한 지역을 중심으로 활동하였다.

---

18) 윤찬중, 5차 구술, 2014.11.21.
19) 백지신용장은 액면 금액만이 정해져있고, 그 범위 안에서는 어떤 물건을 구매해도 결제가 가능한 특수 신용장이다.
20) 이한구, 앞의 논문, 48쪽.

면담자: 혹시 한진 직원들이 자체적으로 무장을 해서 뭐 그 베트콩 지역들을 다니
거나 하는 경우도 있었나요?

구술자: 아, 그렇지는 않았어요. … 근데 그 때는요. 벌써 그 지역이 안전이 보장된
후야. 왜 그러냐면 그 지역을 우리 맹호 부대가 인수했잖아요. … (미군으
로부터) 전술 책임 지역을 인수를 하면서 비호 작전을 했고. 비호 작전을
뭐 상당 기간 했어요. 그 비호 작전이란 건 뭐냐면 지역에서 준동하는 어,
베트콩을 평정하는 작업이거든. 그러니까 그것이 벌써 주보급로 상에는
완전히 그건 뭐 안전이 확보 된 상태에 한진이 들어왔기 때문에 그렇게 위
험하진 않았어요.[21]

윤찬중의 구술에서 볼 수 있듯이 전투부대 파병 이후 한국군이 주둔
한 지역은 안전을 어느 정도 확보할 수 있게 되었다. 기업 활동의 가능
성은 확인했지만 안전문제로 인해 베트남 진출을 주저하던 조중훈은
"맹호부대가 있어서 안심"하며 퀴논지역으로 진출 할 수 있었다.[22] 이는
한진 뿐만 아니라 대다수 한국기업도 마찬가지였다. 맹호부대가 주둔한
퀴논에는 한진을 비롯해 삼환, 대림, 부흥사(후에 현대가 인수)등이 있
었고, 청룡부대의 주둔지였던 다낭지구에는 경남통운과 공영건업이, 백
마부대가 주둔한 캄란지구에는 삼환기업, 현대 등이 있었다. 이들 기업
은 멀게는 16km, 가깝게는 2km 반경에 있는 한국군으로부터 보호를
받았다.[23]

물론 한국군이 주둔한 지역에서도 전투가 발생하는 경우가 있었다.
그럴 때면 한국군 부대는 기업들의 피난처가 되었다. "예를 들어서 내가

21) 윤찬중, 5차 구술, 2014.11.21.
22) 조중훈, 『내가 걸어 온 길』, 파주, 나남출판사, 1988.
23) 아산사회복지사업재단, 앞의 책, 183쪽.

도와준 거이 뭐이냐면은 … 구정공세가 있었어. 그때 이제 군부대에 이제 기업들이 다 와서 피난을 했어."[24] 백마부대에서 1968년부터 1969년까지 1년간 연대장으로 복무한 양창식은 구정공세 당시 현대를 비롯한 수많은 한국기업들이 군 부대로 피난한 상황을 구술했다. 이처럼 한국기업들에게 인근 지역의 한국군은 진출을 가능하게 하는 토대이자 진출 이후의 위험을 막아주는 중요한 안전장치였다.

한국군에 의해서 안정적인 기업 활동이 보장되었지만, 그것만으로 문제는 끝나지 않았다. 용역사업을 하기 위한 시설과 장비가 모두 충분치 않은 상태에서 사업을 진행해야했기 때문이다.

1) 한진

한진은 직접 미국과 계약을 했다고 그러더라고. 그런데 그 사람들 다른 사람은 모르겠고 운전수들이 그 때 280명인데. … 3교대를 하거든. 그럼 그 사람들은 낮에도 와 잔다고. 그래서 우리가 숙영 시설, 취사 시설을 다 우리가 지원했어.[25]

처음에 내가 들어갔을 때는 겨우 한진이 왔었는데 천막 빌려줬지. 모포 지원해줬지. 쌀도 지원해줬어.[26]

2) 현대

기술력이 아니라 장비문제지. 예를 들어서 지금 현대건설이 퀴논인가 어디에 항만 준설했어요. 준설할 때 대림인가 현댄가?[27] 이 사람들이 그걸 장비를 쓸 줄 몰랐어. 그런데 그 장비는 어디서 가져왔느냐 할 거 같으면 사와야 되는데 마침 미국

---

24) 양창식, 3차 구술, 2013.1.21..
25) 윤찬중, 5차 구술, 2014.11.21.
26) 유병현, 1차 구술, 2013.10.2.
27) 당시 퀴논 항만 준설 사업에 참여한 것은 대림산업이다.

사람들이 쓰던 거 있어서 그걸 갖다가 활용하도록 했어요. 그래 거기서 장비가 좀 정비가 필요해서 그거 다 미국 사람들이 도와줘가지고 하면서 그 사람들이 저기 저 정주영 씨가 자기 회고록에도 그런 말 써있어요. 우린 거기에 대해서 아무 능력도 없었는데 미국 사람이 빌려줘서 또 부족되는 기술은 가르쳐줘서 그렇게 해가지고.[28]

이상의 구술에서 확인할 수 있듯이 미군과의 용역계약에 성공한 한국 기업들은 막상 사업을 진행할 준비가 돼 있지 않아 도리어 계약을 체결해준 미국(군)이나 사업장 근처에 주둔한 한국군의 도움을 받아야 했다. 베트남에서 한국기업의 성공은 기업가의 모험심이나 능력보다는 미군과 한국군이 조성해줬던 환경에서 기인하는 것이었다.

이처럼 전투병 파병과 브라운각서 체결을 전후로 해서 한국기업들은 베트남으로 새롭게 진출하거나, 기존의 사업영역을 확장할 수 있었다. 기업의 활동 폭이 넓어진 배경은 무엇보다 한국군-특히 전투부대-의 존재 그 자체였다. 군과 기업이 개별적으로 존재하던 시기 이전 시기와 비교해본다면, 1965년 이후 군과 기업의 관계는 운명공동체와 유사한 형태로 변화했다고 볼 수 있다. 즉 한국기업은 한국군이 필요로 하는 식량과 전투복을 생산·공급하고, 베트남 현지에서는 각종 군수물자를 미군과 한국군에게 수송하는 역할을 담당했다. 기업은 전쟁이라는 상황 속에서도 군을 통해 안전을 보장받고 사업에 필요한 지원을 받을 수 있었다. 이제 남은 것은 '진정한' 베트남 특수였다. 이하에서는 한진의 사례를 중심으로 한국군-기업-미군 간의 관계를 좀 더 구체적으로 살펴보도록 하겠다.

---

28) 이훈섭, 4차 구술, 2012.11.14.

3. 퀴논의 삼각공동체와 베트남특수의 종결: 한진의 사례를 중심으로

한국기업은 베트남에 진출하는 과정과 이후 정찰, 활동하는 과정에서 한국군과 밀접한 관계를 가졌고 이러한 관계 속에서 베트남특수를 누릴 수 있었다. 양자 간의 관계를 보여주는 대표적인 예가 맹호부대와 한진의 관계이다. 한진은 베트남전쟁기 '월남 재벌'로 불릴만큼 베트남특수의 덕을 톡톡히 본 기업이었다.[29] 1966년부터 1971년 말까지 한진이 베트남에서 올린 사업실적은 116,463,185달러였다. 이는 전체 베트남특수액 10억 달러의 10%에 달하는 금액이었다(〈표 1〉참조). 1960년대까지 10대 재벌에 이름을 올리지 못했던 한진은 베트남전쟁을 통해 1960년대 말엔 10개의 방계회사를 거느릴만큼 성장했다.[30] 그렇기에 당시 신문에서는 한진(상사)을 '월남상사'라고 불렀고, 한진이 '돈더미 위에 올라앉았다'고 표현할 정도였다.

한진의 성장은 단순히 조중훈으로 대표되는 '한진맨'의 모험가적 기질이나 성실성만으로 가능한 것이 아니었다. 한진이 얻은 베트남특수는 한국군은 물론 미군과의 관계까지 시야에 넣었을 때 보다 정확히 파악할 수 있다. 아래의 그림은 3자의 관계를 도식화 한 것이다.

---

29) 윤충로, 「베트남전쟁 시기 '월남재벌의 형성과 파월가술자의 저항」, 『사회와 역사』 79, 2008, 96쪽.

30) 「7억불의 기수-군납 최고상 한진상사」, 『매일경제』, 1969년 12월 2일.

그림 1 베트남특수를 둘러싼 메커니즘

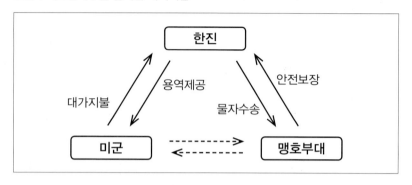

한진과 미군은 서로 용역을 제공하고 대가를 지불받는 관계에 있었는
데 한진이 수행하는 용역제공에는 미군은 물론 한국군-맹호부대에게
미군으로부터 인계받은 물자를 수송하는 일이 포함되어 있었다. 한편 맹
호부대는 한진이 물자를 수송하는 과정을 보호하는 역할을 수행했다.[31]
이 과정에 대해서 보다 자세히 살펴보자.

조중훈의 회고에 따르면 한진그룹이 베트남에 진출하게 된 배경은 두
가지였다.[32] 우선 한진은 1950년대에 이미 주한미군의 수송용역에 참가
한 경험이 있었다. 조중훈은 1956년 7만불 규모의 용역계약을 체결한
이래 57년에는 10만 달러, 58년 30만 달러로 점차 그 규모를 늘려갔
다.[33] 당시 조중훈은 주한미군 관계자와 친분을 쌓는 데 주력하는 동시

---

31) 기업문제에 한정한다면 미군과 맹호부대가 직접적으로 관계를 맺진 않지만 군
    사작전, 군수물자지원 등이 얽혀있기에 점선으로 처리했다.

32) 조중훈, 앞의 책 참조.

33) 한진이 주한미군 군수물자 수송권을 획득하게 된 경위는 일반적으로 다음
    과 같이 알려져 있다. 1955년 여름 조중훈이 부평 근처에서 고장이 나서 멈
    춰 있는 세단 하나를 발견하고 차를 고쳐주었다. 이후 세단에 타고 있던 미군
    고위층의 부인이 조중훈을 남편에게 소개해 주었는데, 이를 계기로 조중훈은
    미군 고위층과 인연을 맺게 되었다. 인천항 부근에서 한진상사를 운영하면서

에 미군의 신뢰를 얻기 위해 상당한 노력을 기울였다.[34] 주한미군의 군수물자 수송권은 그 자체로 한진의 성장 발판이 되었다. 1957년 당시 자체트럭 4대, 전세트럭 15대를 보유했던 한진의 기업규모는 1960년에 이르면 자체트럭 130대, 전세트럭 900대를 보유할 정도로 확장되었다. 1950년대 미군에 대한 군수물자수송을 통해 기업을 성장시켰던 한진-조중훈에게 베트남전쟁은 또 다른 기회의 장이었다.

한진이 베트남 진출을 모색하게 된 다른 하나의 배경은 장기영(부총리)의 조언이었다. 장기영은 조중훈을 사석에서 만나 차후 한국과 베트남 간의 경제협력이 본격화될 경우 한진이 베트남에 진출해 보는 것이 어떻겠냐고 제의했다.[35] 당시 한국 정부는 파병의 대가로 미국정부에게 한국기업의 베트남 진출을 포함한 각종 경제적 이권을 요구하고 있었다. 한국정부에게 미군을 상대로 오랫동안 사업을 진행해 온 한진은 베트남 진출의 적격자로 보였을 것이다.

이 같은 배경 위에서 한진은 베트남 진출을 본격화했다. 가장 먼저 한 일은 활동지역을 퀴논으로 정한 것이었다. 당시 퀴논항은 항구 시설이 빈약하여 물자 하역·수송이 어려운 상태였지만, 맹호부대가 주둔하여 다른 지역보다 안전하다는 점이 최대 이점이었다. 1966년 1월부터 조중훈은 미군의 수송관계자 및 퀴논지구 책임자들과 본격적인 협상에 들어갔고, 3월 퀴논지구로 입하되는 물자의 하역과 수송을 책임지는 용역계

막대한 규모의 미군 군수물자를 봐왔던 조중훈은 지속적으로 그를 찾아가 군수물자 수송권을 맡겨달라고 교섭을 했다고 한다. 특히 조중훈은 운송 도중에 발생하는 일체의 사고에 대해서는 이유를 불문하고 한진상사가 변상하겠다는 제의를 하여 미8군의 관심을 끌었고 각종 심사와 신용보증 등을 거친 후에 미군물자 수송권을 획득했다.(조중훈, 앞의 책).

34) 1950년대 후반 조중훈의 집에 초대되는 미군의 수는 연평균 5천명에 달했다고 한다. 이한구, 앞의 책, 8쪽.

35) 이종재, 『재벌이력서』, 서울, 한국일보사, 1993, 179~180쪽

약을 체결하는 데 성공했다.[36)]

　조중훈의 회고록과 한진에 관한 기존 연구는 한진이 계약 체결에 성공한 요인으로 주한미군 수송용역을 하면서 형성된 인적연결망과 한국 정부의 지원을 꼽는다. 당시 퀴논지구의 수송을 담당한 미군들 중에는 이미 1950년대 한국에서 한진과 용역체결을 했던 사람들이 있어 한진 계약을 체결하는데 많은 도움을 주었고, 한편으로는 한국 정부가 지불 보증, 백지신용장과 같은 지원 사격에 나섰다는 것이다.[37)] 여기에 동생 조중건의 역할을 덧붙일 필요가 있다. 아래는 이와 관련된 윤찬중의 구술이다.

　　응. 근데 그 사람(조중건)이 통역 장교, 통역 장교 출신이야. … 어, 중위 출신인데 영어를 무지하게 잘해. 그래서 미국에서 공부했는진 모르겠어. 그래 거기 가서 대미, 미군하고의 관계는 그 사람이 다~. 내가 사이공에 출장을 갔는데 거기에 연락 장교가 하나 나가있어요. 이 사람이 가끔 거기(연락장교숙소) 들려서 자고 가기도 해.[38)]

　조중건은 1951년 육군중위로 임관한 뒤 6년간 통역장교로 근무하였

---

36) 미군 사령부와 한진의 계약액은 천만 달러였는데, 계약금액이 무조건적으로 지불되는 것이 아니라 하역·수송 작업량에 따라 지급되었다.

37) 정부의 지원은 모든 기업에게 동일하게 적용된 것은 아니었다는 점을 유념할 필요가 있다. 『한국의 해외취업』에 따르면 한진에 대한 한국정부의 대우는 특혜에 가까운 것이었다. 원래 베트남에 먼저 진출했던 경남기업이 퀴논지구 용역사업 입찰에 응해 수주를 받았다고 한다. 하지만 한국정부의 압력으로 경남은 수주를 포기했고 이후의 재입찰에서 한진이 사업권을 따냈다고 한다. 1절에서 본 대로 경남기업 또한 미군과의 유대가 두터웠지만, 한국이나 월남의 정부 인사와는 친분이 두텁지 못했다. 반면 한진은 미군과의 연결망은 물론 한국정부 인사와의 유대도 깊었다. 이러한 상황에서 경남기업은 베트남에서의 주도권을 잃어나갔다. 아산사회복지사업재단, 앞의 책, 489쪽.

38) 윤창중, 5차구술, 2014.11.21.

다. 통역장교를 하면서 쌓은 미군과의 친분은 한진의 베트남 진출과 이후 베트남에서의 활동에 어느 정도 두움을 주었던 것으로 보인다.

한진은 1966년 5월 20일 퀴논에 베트남 지사를 설치하면서 본격적인 수송사업에 나섰다. 주요 사업은 퀴논지구에 입하된 미군물자의 하역과 그것을 육상으로 운송하는 것이었다. 구체적으로 전자는 퀴논항의 롱비치(Long beach), 엘에스티 비치(LST beach), 캔독(Can dock)등의 부두로 들어오는 전략물자들을 하역하는 것이었고, 후자는 하역한 물자를 한국군(맹호사단)과 2개 미군사단에 수송하는 것이었다.[39] 퀴논항은 1번 국도와 중북부 고원지대의 중요한 군사도시인 플레이크로 연결되는 19번 도로가 교차하는 교통의 중심지로 퀴논항은 플레이쿠(Pleiku), 안케(An Khe), 뚜이호아(Tuy Hoa) 지역의 병참 지원을 담당했다. 하지만 한진이 수송 업무를 시작하기 전까지 퀴논항의 수송능력은 상당히 낮았다.

면담자: 근데 (퀴논항에서) 하역이 안 되는 이유는 뭐에요? 항만 시설이 좁아서?

구술자: 그렇죠. 항만시설의 하역 능력이 부족한 거야, 원래가. 캐페시티(capacity)가 없어.

면담자: 아~ 그럼 배가 아예 이제 들어오질 못하니까.

구술자: 그렇지. 접안하는 시설도 적고. (중략)

구술자: 크레인 같은 거도 없지. 그런 거를 준비하는 데 하여간 한진이 와서부터 해결된 거야. 그것이 해결될 때까지 한 6~7개월 걸린 거지. 반년은 걸린 거야. (중략)

면담자: 항만 시설 자체를 확충했다?

구술자: 확충 했을 거야. 시설 자체를 확충한 게 아니라 하역 장비하고 인력을 많이.[40]

---

39) 윤충로, 앞의 글, 103쪽.

40) 윤찬중, 5차 구술, 2014.11.21.

이상의 구술에서 볼 수 있듯이 맹호부대가 처음 퀴논지구에 주둔했을 때에는 항만시설의 부족으로 인해 물자를 하역하는 일 자체가 불가능한 상황이었다. 한진은 경비행기 1대와 1,000톤급 선박 2척을 하역에 활용하는 것은 물론 항만시설을 정비하여 퀴논항의 하역 능력 자체를 끌어 올렸다.[41]

한편 육상 수송의 경우 초기에는 퀴논항 반경 40km 이내로 수송하는 단거리 수송이 주를 이루었는데 1968년부터는 안케에서 중부고원지대의 플레이쿠를 경유하여 득꺼(DueCo)까지 수송하는 장거리 수송이 시작되었다. 그런데 육상수상은 베트콩의 표적이 될 가능성이 높았고, 문제가 발생해 수송이 중단되는 경우도 있었다.

> 면담자: 위험한데 우리 뭐 군이 뭐 호위를 해준다든지 이런 건 없었나요?
> 구술자: 아, 물론 19번 도로… 그 주 보급로거든. 주 보급로에서 가끔 가다 문제가 생겨서 그 못 가기도 하고.[42]

실제로 한진이 육상수송을 시작한지 12일 만에 베트콩의 습격을 받아 수송을 하던 노동자 3명이 사망하고 5명이 부상을 입는 일이 발생했다.[43] '적진돌파'라고도 불린 장거리 수송은 더욱 위험했다. 기본적으로 수송을 담당한 한국기업들은 무장을 하지 않았기 때문에 이들을 보호하는 일은 맹호부대의 몫이었다.

> 우린 저 한진이 수송할 때에는 그 수송을 갖다가 경비 서줬어, 도로. 도로 경비를.

---

41) 아산사회복지사업재단, 앞의 책, 202쪽.
42) 윤찬중, 5차 구술, 2014.11.21.
43) 김교식, 『한국재벌』, 서울, 삼성문화사, 1984, 222쪽.

자동차 지나갈 때까지 우리 부대가 나가서 우리 부대, 그러니까 부대 내에 통과할 때에는 전부 다 병력이 나가서 도로 경비 섰어. … 한진 그 수송대가 몇날 몇시에 어데를 통과한다, 하면은 이제 그거 했는데. 그거 한진에서는 우리 한국군 부대의 수송도 있고. 또 미군 부대 수송도 있고. 여러 가지 수송이 많았죠. 그런데 그 수송대에 통과할 때까지는. 그거 무장이 없으니까. 우리 한국군 나가 가지고서 부대 나가서 도로 경비를 했지.[44]

기업활동을 하는데 편의제공은 많이. 예를 들면 이제 그 군수물자를 이제 육로수송을, 육로수송뿐만 아닐 겁니다. 한진이 맡아서 하는데, 우리 포병부대에 소용되는 물자도 한진에서 많이 수송을 해줘요. 아주 제일 대표적인 게 탄약입니다. 탄약은 굉장히 수송비가 비싸요. 음, 그러면 그 탄약을 싣고 어, 미군에서 탄약을 받아다가 우리 포, 포진지에 갖다 날라주는 한진 그 사람들 우리가 보호를 해야죠. 그러니깐 어떤 때는 아마 경계병이 따라나갈 때가 있기도 했었을 겁니다. … 포탄을 날라오는 그런 운전기사들이 포진지에 와서 이렇게 다 하역을 하고 쉬고 밥 먹고 그런 걸 여러 번 목격을 했어요. 그래서 이제 늘 하는 말이 저 사람들 그 보호 잘 해줘라 저거 가다가 뭐 기습당하면 그건 어떻게 되느냐. 그런 얘기들 주고 받으면서 이제 보호할 것을 지시를 하고 그랬는데.[45]

1967년부터 1969년까지 맹호부대 연대장으로 근무했던 라동원은 한국군과 미군에게 수송을 했던 한진이 비무장상태이기 때문에 한국군이 도로 경비를 해줬다는 점을 구술하였다. 이러한 정황은 김춘배의 구술에서도 드러난다. 맹호부대 포병사령관이었던 김춘배는 사병들에게 직접 수송작업을 하고 있는 한진 노동자들을 보호하라고 지시했다. 그렇다고

---

44) 라동원, 3차 구술, 2013.12.6.
45) 김춘배, 3차 구술, 2013.9.2.

해서 주월한국군 사령부에서 공식적으로 군이 한국기업을 보호하라는 지시를 내린 것은 아니었다.

> 면담자: 아까 잠깐 언급하셨지만 뭐 당시 이제 한국기업들 한진이라든지 현대라든
> 지 그 베트남전 계기로 큰 기업들이 있지 않습니까? 그 해군수송문제랑
> 관련해서는 그런 기업들을 지원한다든지 이런 역할은 하지 않으셨나요?
> 구술자: 공식으로 지원을 안 했지만 가령 어… 우리에 그 국가이익을 위해서는 모
> 든 걸 지원해라 하는 것이 사실 내부적으로
> 면담자: 주월사령부 내부적으로?
> 구술자: 어 내부적으로 군인이 어떻게 민간인 지원할 수, 저거를, 대민사업 하는
> 기분으로 하는 걸로 해서 지원해준 것도 사실이야. 왜 그러냐면 수송, 수
> 송방법이 없는데. 육로로 갈 수도 없고.[46]

1967년부터 백마부대 군수송전대장이었던 홍기경은 군 내부적으로 한국기업을 보호하라는 지침이 공유되었음을 밝히고 있다. 이렇게 주월 한국군 사령부가 기업활동에 공식적으로 관여하지 않은 이유는 베트남 에 진출한 한국기업과 관련한 문제는 기본적으로 대사관에서 담당했기 때문이었다.[47] 그렇지만 한진과 계약을 맺은 당사자가 미국정부가 아닌 주월미군 사령부였기 때문에, 사업 진행에 차질이 생기거나 여러 가지 문제가 발생할 때에는 한국군사령부가 미군사령부와 한진 사이를 중재 하는 활동을 하기도 했다.

지금까지 살펴본 내용을 통해 한국군과 베트남특수의 관계 혹은 베트 남특수의 성격을 확인할 수 있다. 한진이 누린 베트남특수는 미군(과 한

---

46) 홍기경, 3차 구술, 2012.11.23.
47) 홍대식, 1차 구술, 2013.2.6.

국군)이 군사작전을 수행하는 데 필요한 시설·물자를 제공·취급하는 것에서 발생했다. 이는 한진에게만 국한된 것은 아니고 베트남에서 활동한 한국기업의 활동 전체에 적용될 수 있다. 그렇기에 베트남 현지에서 한국기업의 활동은 한국군의 보호 아래 미군의 군수산업에 참여하면서 획득되었다고 보는 것이 정확할 것이다.[48] 따라서 미군에게 전황이 불리해짐에 따라 특수 또한 줄어들 수밖에 없었다.

〈표 2〉 한진의 베트남 사업 실적 (천달러)

계약기간	66. 5~ 67. 5.	67. 5~ 68. 6.	68. 7~ 69. 6.	69. 7~ 70. 6.	70. 7~ 71. 6.	71. 7~ 71. 12.	합 계
계약금액	8,532	33,885	28,635	22,997	15,998	6,416	116,463

출처: 한진그룹, (미간), 『한진50년사』, 73쪽(윤충로, 2008, 앞의 글, 104쪽에서 재인용)

위의 표는 한진이 베트남에서 올린 사업실적을 계약 기간별로 나타낸 것이다. 한진은 미 국방성 회계년도(전년도 7월 1일부터 내년도 6월 30일)에 맞춰 1년 단위로 계약을 갱신했다. 66년 8백만 달러를 획득한 한진은 다음 해 3천만 달러를 벌었다. 1년 만에 4배나 뛴 것을 볼 수 있다. 하지만 '특수'는 오래가지 못하고 다음 해인 1968년부터 줄어들기 시작했다. 1969년 후반기부터는 베트남 주둔 미군이 부분적으로 철수하고 군비절감정책이 강력히 추진되어, 항만하역과 육상수송분야의 규모가 15% 축소되었는데 이에 따라 한진의 베트남 사업실적 또한 빠른 속도로 줄어들기 시작했다.[49]

1969년이 지나면서 한진 뿐만 아니라 베트남에 진출한 한국기업은 모두 불경기를 겪게 되었다. '특수의 소멸' 속에서 한국기업들의 반응은 모두

---

48) 아산사회복지사업재단, 앞의 책, 487쪽.

49) 앞의 책, 205쪽.

달랐다. 한진의 경우 실제 철수는 1971년 12월부터 시작했지만 1970년 6월 11일 7월 1일부터 철수를 하겠다고 선언하면서 철수를 준비하기 시작했다.[50] 건설 부문에 진출했던 현대는 1970년 중반에 이미 철수를 시작했고 또 다른 기회의 땅인 중동으로 떠났다.[51] 이후 한진은 베트남에서 획득한 달러로 국내에서 여러 기업체를 인수하여 한국 내에서 재벌로서의 입지를 다져갔고 1970년대에는 10대 재벌에 올라설 수 있었다.[52] 따라서 두 회사는 베트남 특수의 덕을 톡톡히 봤지만, 베트남 전쟁이 끝났을 때 큰 손실을 입지 않을 수 있었다.

삼환, 공영, 대림, 한양, 경남 등 건설작업에 참여하고 있던 회사들은 1975년까지도 베트남에서의 활동을 멈추지 않았다. 결국 미군이 베트남에서 철수하면서 미군과 맺은 1,272만 달러의 건설계약이 물거품이 되었고 이들은 10만 달러의 직접적인 손실을 입었다.[53] 미군과의 관계를 바탕으로 하고 한국정부와 한국군의 지원 및 보호로 베트남에서 가장 크게 성장할 수 있었던 한진은 다른 기업에 비해 철수시기를 잘 잡게 되면서 커다란 손실 없이 특수로 인한 성장세를 그대로 가져갈 수 있었다. 현재적 관점에서 본다면, 베트남특수를 경험한 방식과 그 특수가 종결되는 방식은 베트남에 진출한 기업들의 이후 행로를 결정했다고 할 수 있다.

---

50) 「한진의 대월남 용역 철수선언의 안팎」, 『경향신문』, 1970년 6월 11일. 1970년 중순까지만 해도 아직 베트남에서의 경제적 이익이 상당했기 때문에 한진의 갑작스런 철수선언은 안팎의 의구심을 낳았다; 「한진 월남철수 시작」, 『동아일보』 1971년 12월 29일.

51) 「건설업 해외진출의 채점」, 『동아일보』 1970년 3월 11일; 「월남경기 크게 후퇴」, 『동아일보』 1970년 6월 11일.

52) 이한구, 앞의 책, 181쪽.

53) 아산사회복지사업재단, 앞의 책, 212쪽.

4. 맺음말

본고에서는 베트남 전쟁에 참전한 군인들의 구술을 토대로 한국의 민간기업이 획득한 베트남 특수에 대해서 알아보았다. 우선 민간기업의 특수를 가능케 한 것은 단순히 모험가적인 기업가 정신, 시대적 흐름을 예견한 선구적 안목이 아니었다. 단지 한미간의 브라운 각서만이 아니더라도, 베트남 현지에서 민간기업이 특수를 만들어 내기 위해서 필요한 물적 토대의 대부분을 미군과 한국군이 제공했다. 이는 자본의 성공을 가능하게 한 구조적 조건이 자본 외부에 있었다는 것을 보여준다는 점에서 의미가 있다. 다음으로 다양한 민간기업 중에서도 한진이 성공할 수 있었던 이유를 구체적으로 파악할 수 있었다. 한진의 성공은 과거 미군과의 공사체결 경험에서 비롯한 것이었고, 베트남에서는 한국군의 군사적 지원에 힘입은 것이었다.

결과적으로 베트남 특수는 한국군과 민간기업 그리고 미국군 간의 삼각관계 안에서 가능했으며, 각 기업이 특수를 얻는 방식은 마치 군사작전과 같은 것이었다. 따라서 이 특수는 삼각관계의 해체 혹은 삼각관계의 비틀림에 큰 영향을 받을 수밖에 없었다. 미국의 베트남전 패망과 황급한 한국군의 철수는 특수를 누렸던 기업들에게도 같은 영향을 미쳤다. 특히 베트남에서의 영업을 지속했던 한진은 해가 갈수록 영업이익이 줄어들었으며, 노동자들의 임금을 체불하여 이 손해를 지연시키고자 했다. 그 끝은 1971년 발생한 KAL 빌딩 방화사건이었다.

제3장

파월(派越) 한국군의 일상생활
- 전투부대 위관장교의 구술을 중심으로 -

김 도 민

머리말

1964년 9월 11일 제7후송병원(130명)과 태권도교관단(10명)의 비전투부대와 1965년 10월 3일 전투부대로서 청룡부대 파병을 시작으로 한국군은 베트남에 쏟아져 들어갔다. 한국은 베트남에서 1966년부터 1973년까지 약 매년 5만여 명을 유지하며 연인원 32만여명의 한국군을 베트남전장으로 보냈다. 파월 한국군 연인원 32만여명 중 2만 6천명이 장교였고 이중 육군장교의 위관급 장교는 약 만 9천명이었다.[1] 당시 한국군 무장병력이 60만 명이고 약 3년 내외의 복무기간임을 고려하면 현역 군인 중 상당수가 베트남전쟁에 참전했다고 볼 수 있다.[2]

---

1) 2회 이상 파병된 인원도 숫자에 포함됐기 때문에 실제 베트남에 갔다온 연인원은 조금 줄어들 것으로 보인다. 최용호, 『통계로 본 베트남전쟁과 한국군』, 서울, 국방부 군사편찬연구소, 2007, 39쪽.

2) 「미관변 소식통 국군감축 가능성 협의」, 『경향신문』 1971년 7월 8일자 1면. "한국은 현재 약 60만 명의 무장병력을 유지하고 있다. 한국은 월남에 근 5만 명의 병력을 주둔시키고 있다." 1969년부터 3년으로 병역복무 기간이 연장됐다. 따라서 계산의 편의상 60만명이 3년간 근무했다고 치면 3년간 약 15만명이 베트남에 갔다고 볼 수 있겠다. 즉 4명 중 1명은 베트남을 경험했다. 파월전사편찬위원회, 『(월남참전, 33년사) 월남전과 고엽제 2』, 서울, 전우신문사 1997, 304~320쪽; 곽태양, 「한국의 베트남전쟁 참전 재평가」, 『역사비평』 107, 2014, 207쪽에서 재인용.

베트남전쟁에 대한 정치외교, 군사, 경제적 연구들은 꾸준히 이뤄졌다. 그런데 당시 파월 한국군의 일상생활을 본격적으로 다룬 연구들은 거의 없었다. 다만 문학과 영화에서 파월 한국군의 일상이 파편적으로 묘사되었다.[3] 그런데 이들의 일상생활도 대부분 일반 병사의 경험을 토대로 한 묘사였고 에피소드 차원에 머물기 십상이었다.

파월한국군의 일상생활을 간접적으로 파악할 수 있는 군수지원의 항목과 내역, 휴양, 휴가, 위문공연의 실시횟수 등은 일찍부터 문서자료로 일부 확인 가능하지만 그 구체적 모습을 숫자와 문서자료만으로 이해하는 데는 한계가 존재했다. 이후 1960, 70년대 파병 당시와 그 직후 파월 한국군을 상대로 이뤄진 구술자료가 『증언을 통해 본 베트남전쟁과 한국군』(1, 2, 3권)으로 존재하지만 이 역시 일부 한국군의 일상생활이 짧게 드러날 뿐, 실제 구술 내용이 거의 군사작전에 대한 질문과 답변에 집중됐을 뿐 아니라 구술시간이 짧아 구체적인 일상을 이해하기에는 역부족이었다.[4]

본고에서는 파월 한국군의 일상생활을 전투부대 장교, 특히 위관급 장교의 구술을 중심으로 재구성하는 데 일차적 목표를 두었다.[5] 하루 일과는 어땠으며 무엇을 먹고 마셨으며 어디서 잤으며, 휴식은 어떻게 취했는지를 서울대 규장각 구술사팀이 2012~14년까지 수집한 구술자료, 특히 주로 전투부대의 위관장교 구술을 활용하여 정리했다.[6] 이를 통해 문서와 수치로 제시된 파월장병의 일상생활이 실제 어떻게 이뤄졌는지 생생하게 확인할

---

3) 베트남전쟁을 다룬 영화 및 드라마는 『하얀전쟁』(1992) 『머나먼 쏭바강』(1995) 『알포인트』(2004) 『님은 먼곳에』(2008) 등이 있다.

4) 국방부 군사편찬연구소, 『증언을 통해 본 베트남 전쟁과 한국군』 1-3권, 국방부 군사편찬연구소, 2002.

5) 위관급은 아니지만 전투부대 일상생활을 드러내는 구술을 해준 일부 영관급 장교 구술도 활용했다.

6) 본고에서 주로 활용한 구술자는 다음과 같다. 영관급 장교의 구술도 일부 활용했다.
   (1) 위관급 장교: 전일구(맹호부대 소대장), 서경석(맹호부대 소,중대장), 최상범(청룡부대 소대장) 이승일(청룡부대 소중대장), 최우식(청룡부대 소대장), 구문굉(청룡부대 소대장, 헌병대 수사과장)
   (2) 영관급 장교: 송진원(맹호부대, 항공참모)

수 있을 것이다. 나아가 규정과 통계에서 언급조차 되지 않은 다른 이야기도 일부 확인 가능했다.[7]

물론 위관장교들의 구술자료에 기반한 정리이기 때문에 파월장병의 약 80퍼센트를 차지하는 사병들의 목소리를 직접 듣지 못한 한계는 존재할 것이다. 그렇지만 전투부대 현장에서 책임자 역할을 했던 위관장교의 시야는 사병 개인들 차원에서 이해하기 힘든 일상생활을 종합적으로 파악하는 데 도움이 되리라 생각한다.

1. 베트남 전장(戰場)으로 가는 길

파월되는 장교들은 장성들과 비행기 조종사, 일부 군의관과 간호장교 등이 비행기로 이동하는 것을 제외하고 모두 미군이 제공한 수송선을 타고 약 1주일이 걸려 베트남에 도착했다.

본격적인 베트남 생활이 시작되기 전, 이 배 안에서의 생활은 파월장교들의 기억에 강하게 남아 있었다. 사병들은 배 아래 칸에 머물렀기에 뱃멀미가 심하고 힘들어했지만 위 칸에 탄 장교들은 멀미 없이 바다를 구경하는 여유를 누렸다. 마치 영화 『설국열차』의 엄격한 계급 차이가 존재하는 열차 칸처럼 사병과 장교의 배 안 생활은 지옥과 천국처럼 매우 달랐다. 특히 장교들은 모두 배 안에서의 식사는 매우 풍족했으며 전장으로 출발하는 당시 한국군 장교들은 미국의 '발전'을 부러워했다.

일주일 간 거 같아. (…) 그 배를 타고 간다는 게 (…) 막 파도가 심해요, (…) 사병하고 장교의 차이가 그렇게 참 엄해. (…) 그러니까. 이 배는 밑으로 내려갈수록 흔들

---

7) 기초적인 통계 수치는 최용호의 앞의 책을 활용했다.

어. (…) 이게 밑으로 내려 갈수록 이게 힘든 거야. (…) 막. 내려가는 순간에 거기는 공기도 안통하고 막, 꿉꿉한, 그 사람 그 땀내. 막 이런, 크으, 하고 그냥 구토가 나가지고 다 토해. 근데 이 갑판 위로 올라가면 얼마나 공기가 신선하냐. (…) 장교 침실은 좋고. (…) 또 밥 먹는 것도 아주 고급 (…) 레스토랑보다 더 잘해. 그 장교들 식당. 아주, 난 촌사람이 처음 거기 가서 양식을 먹어 본거야. 야, 미국 사람들 이렇게 먹고 사는구나. (…) 그렇게 좋더라고. 일주일 동안. 뱃멀미 하나도 안했어. (…) 난. 위에 타고 가니까 뭐, 에어컨 잘 나오지. 공기 좋지 뭐. 밖에 내다보면 바다 다 보이고, 심심하면 나가서 갑판 위에 한번 또 산책도 하지. 근데 밑에는 사병들은 오히려 갑판 위에로 올 수가 없어, 그건. 일주일 동안 못 올라와, 그건. 위를. 밑에 살아야지. 어. 설국열차 같은.[8]

식사 나오는데. 잘 나오더라고. 뭐 오렌지에다가 커피가 냄새가 진동을 하고. 막 잘라서 주는 고기에다가 그냥 차 야 이게 천국이야. 우리는 보리밥에다 무슨 뭐 그런 거 그렇게 식사라는 게 별 볼 일 없었잖아 (…) 육십 몇 년도에는 시골에 굶는 애들도 많았어.[9](밑줄은 인용자)

파월 한국군은 배 안에서 제공되는 미국의 풍족한 먹거리에 놀라워했고 음식을 나르는 필리핀 노동자들을 이야기하면서 필리핀이 영어가 되고 한국보다 당시에는 더 잘 살았다는 언급을 하는 정도였다. 그런데 흥미롭게도 한 위관장교는 한국 장교에게 음식을 날라주는 "필리핀 영감"들을 보고 "어리둥절"해하는 반응을 보였다.

필리핀 이제 영감들이 흰 가운을 입고 전부 서버(sever)를 하고, 상당히 그 좀 뭐

---

8) 전일구, 1차 구술, 2014.3.19
9) 정규호, 2차 구술, 2014.3.17.

라 그럴까? 우리로 봐서는 뭐 어리둥절했죠.[10]

불론 이 "어리둥절"이 미국이 고용한 필리핀 노동자의 삶에서 파월 한국군 자신과 동병상련을 느껴서라기보다 단지 나이 지긋한 필리핀 영감이 시중을 드는 것을 보고 유교문화권에 익숙한 파월장병에게 어색했을 것이다. 그럼에도 베트남전장으로 떠나는 배 안의 행복한 일상생활은 '고용주 미국과 피고용인 필리핀'이라는 구조가 있기에 가능했다.

대체로 대학을 나온 엘리트 장교들이었음에도 1960년대 한국 생활과 대비되는 배 안에서의 풍족하고 편안한 생활은 그들이 미국을 동경하게 만들었다. 베트남전쟁으로 가는 배 안에서의 파월장교들의 첫 일주일간의 일상생활은 자유세계를 지키기 위한 공산세력 침투를 막아내야 한다는 '국가적' 목표보다 실제 장교들에게 제공된 풍족한 먹거리는 미국의 발전에 대한 부러움을 강하게 심어줬다.

2. 전투부대의 일상생활

베트남에 도착해서 전투부대 소속의 위관장교 중 소대장과 중대장들은 대부분 월남에서 한국군이 게릴라전에 대비한 중대기지전술에 따라 만들어진 '중대기지'라는 공간에 배치되었다. 동서남북을 철조망으로 뼁 둘러쳐서 둘레가 약 800미터 내외의 공간에 '중대방석'(防塞, 일종의 방어진지)을 설치하여 일개 중대 300명 내외가 분산 주둔했다.[11]

---

10) 구문꿍, 2차 구술, 2013.3.20.

11) 차수정, 1차 구술, 2013.10.22. "한, 400 미터, 뭐 이 둘레가 전부 해서 800 내지 뭐, 한 이 정도, 이 정도 되믄 여기다가 철조망을 뼁 둘러치고 이 안에 주둔하고 있는 게 중대방석이란 말이에요."

〈그림 1〉 중대전술기지 평면도

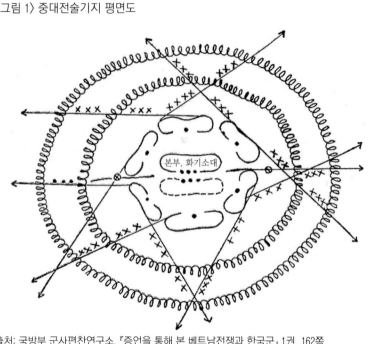

본부, 화기소대

출처: 국방부 군사편찬연구소, 『증언을 통해 본 베트남전쟁과 한국군』 1권, 162쪽

중대기지의 전투부대원은 6시 30분에 기상하여 점호를 취한 후 중대장의 지시를 받는 것으로 하루를 시작했다. 팬티만 입은 채 태권도를 3,40분 한 후 아침 식사를 했다. 이때 매복 나갔던 병력은 돌아왔고 이들은 야간 보초를 섰던 병력과 함께 부족한 잠을 오전에 잤다. 오후에는 사전에 작전 나갈 매복지역의 지형지물 분석이나 예행연습을 했다. 때로는 중대장 판단에 따라 상급부대에서 내려오는 회보 내용을 부대원에게 교육하기도 했다.[12)]

중대기지의 부대원들에게 제공되는 식사는 열량 자체로 따졌을 때는

___
12) 서경석, 3차 구술, 2014.2.4.

상당히 풍족한 편이었다. 주월한국군에 보급된 식단의 열량은 5500내외 칼로리였는데, 이는 주월미군이 4600칼로리, 남베트남군이 3천여 칼로리, 한국 내 군이 3800칼로리인 것에 비해 꽤 높았다. 보급되는 열량이 높았던 이유는 파월 한국군에게는 미군의 기본 식단(A, B, C-ration)에 추가해 남베트남군으로부터 백미(1인 1일 800g, 기준 3끼 분량)와 식염뿐 아니라 한국군의 기호를 고려한 K-ration이 추가됐기 때문이었다.[13] 그리고 중대기지에서 식사는 밥을 해 먹었으며 김치를 넣어 찌개도 끓여먹었다.

> 월남 쌀을 지원을 받았기 때문에 한국 사람들은 미국에서 주는 그 식대 플러스 월남 쌀, (…) 음식은 식사는 잘 했다고 보는데 (…) 그 작전 행동을 할 때는 주로 이제 그, C-Ration을 가서 까 먹지만은, 부대 안에 주둔하고 있을 때는 한국군은 거의 다 밥을 해서 어 한국식 반찬을 맨들어서 먹었어요, (…) 기지 안에서 국 끓여 먹고, 국 끓여서 뭐, 김치랑 거 담궈 먹고 다 했다고.[14]

> K-ration은 K-ration대로 오고. 월남 정부로부터 쌀은 쌀대로 받고 이래가 먹는 것을 굉장히 풍부하게 먹은 경우가 됐죠. (…) 작전 나갈 때는 C-ration만 가지고 나갑니다. 그 다음에 인제 작전 나가지 않고 인제 소위 진지, 우리가 방석이라 그

---

13) 최용호, 앞의 책, 122쪽. 일반적으로 군수지원에서 식량 중 A-ration은 주둔 지역에서 냉장시설이 완비된 부대에 한해 보급되며 신선한 식품을 다양한 기호를 고려해 조리해 급식하는 식단이었다. B-ration은 취사장비는 갖추고 있으나 냉장시설이 없는 부대에 적합하도록 부패성 식품을 변질되지 않게 캔에 포장한 식단이었다. C-ration은 작전 또는 이동이 빈번하여 취사를 할 수 없는 야전에서 별도의 조리과정 없이 바로 취식할 수 있도록 통조림으로 만들어진 식단이었다. K-ration은 한국군의 기호를 고려해 한국에서 만들어진 식단으로 밥을 제외한 부식으로 K-1~K6까지 6가지 메뉴로 구성되어 있다. 최용호 앞의 책, 121쪽.

14) 차수정, 2차 구술, 2013.10.30.

러는데 거기 들어와서는 밥을 해 가지고 그다음에 국을 갖다 끓여요. 인제 찌개, 뭐 국 비슷하게 물을 부어 갖고 뭘 넣냐 하는 것 같으면 C-ration의 고기를 좀 넣고, 그 다음에 인제 K-ration의 파래무침이나 멸치무침이나 뭐 이런 걸 집어 넣어가지고 먹으면 아주, 아주 맛있어요. 그러니까 (…) 국적이 세 가지인 걸 다 넣어서 그렇게 먹죠.[15]

<u>보급 끝내주지 뭐. 우리 미군한테서 씨레이션(C-ration) 나오고, 한국에선 케이레이션(k-ration)이래는 게 나왔어.</u> (…) 고추장, 뭐 인제 그 돼지고기, 고추 뭐 이렇게 넣은 거, 멸치, 그래가지고 김치, (…) 요만해 납작하게. 고게 나오면 고걸 그냥 꺼내먹기도 하고 한꺼번에 집어넣어가지고 그걸 가지고 인제 찌게 같은, 국 같은 거 끓여먹으면 맛있지. 씨레이션(C-ration) 고기 넣어가지고 끓이면 아주 맛있다고. (…) 부대찌개지.[16](밑줄은 인용자)

상대적으로 많이 보급된 물자를 활용해서 한국군 중대는 월남으로부터 지급받은 백미 대부분을 잉여물자로 전환하여 대민지원을 위한 구호물자로 사용하기도 했다.[17] 심지어 전투식량인 C-ration을 대민사업이라는 명목하에 마을에 제공하거나 때로는 몰래 대민사업을 빙자하여 시장에 내다 팔기도 했다.[18]

전투를 갖다 늘 당기는데 씨레이션(C-ration)이 모지래요, (…) 자연히 마을 부락 사람들하고 그 민사, 대민사업을 합니다. 그러니까 이제 <u>뭐 쌀 같은 것도 주고 (…) C-ration도 주고 대민사업을 이제 하게 돼요.</u> (…) 게릴라전이니까 인심을 얻기 위

---

15) 구문꿩, 2차 구술, 2013.3.20.
16) 서경석, 2차 구술, 2014.1.21.
17) 최용호 앞의 책, 122쪽.
18) 최규순, 3차 구술, 2013.2.7.

해서. (…) 그걸 빙자해가지고 팔아먹었다 하는 이런 또 정보가 들어와요.[19](밑줄은 인용자)

그러나 대대급에 제공되던 A-ration이 중대에는 보급되지 않았기 때문에 군인들한테 열량은 충분했을지언정 신선한 음식에 대한 욕구는 줄어들지 않았다. 결국 신선한 고기를 얻기 위해 주변 베트남 마을에 들어가서 몰래 소를 잡아 오는 경우도 있었다.

밤에 가가지고 이놈들이 소를 더듬더듬해서 큰 놈으로 끌고 온다고 보니까 새끼 밴 소를 끌고 온 거야. 더듬더듬해서 크니까. 큰 줄 알고 끌고 왔어. (…) 기냥 솥에 다 대고 삶어서 먹었겠지. 근데 이걸 처리를 잘해야 하는데, 묻던가 해야 하는데 부대 바깥에 갖다 (…) 소 다리, 이런 것 갖다 쓰레기통에 내빈(버린) 모양이야. 그러니 마을 사람들이 와서 돌아다니다 그걸 발견했으니 난리가 난 거지. 거 뭐, 소 값 뭐 쳐서 물어줬는데 소 값 그건 몇 푼도 안 해. 돼지 값이 더 비싸지, 쌀 서너 포만 갖다주면 끝나.(…) 전투부대는 그런 게[A-ration, 인용자] 없잖아? 그께 가끔 애들이 그런 게 먹고 싶은 거야.[20](밑줄은 인용자)

무더운 월남에서 식량보다 더 중요한 것은 식수(食水)였다. 식량은 일정량 휴대가 가능했다지만 매복이나 대작전을 하러 나가면 들고 갈 수 있는 수통의 갯수가 한정되어 있었다. 한여름이 되어갈수록 일인당 필요한 물은 많았음에도 신선한 물을 확보하기 어려웠다. 즉 식수는 곧 생명수였다. 따라서 전투지역서 장약통에 헬기가 물을 실어 날라 주는 것을 받아먹으려다 죽는 일도 있었다. 심지어 같은 부대원이 물을 훔쳐가는

---

19) 구문꾕, 2차 구술, 2013.3.20.
20) 전일구, 2차 구술, 2014.3.24.

것을 방지하기 위해 크레모어에 자신의 식수통을 갖다 놓기까지 했다.

대작전 하면 이제 식수를 어디로 가져가느냐. 155mm 장약통이라는 게 있어. 장약통. 쇠로 된 이런 큰 통이 있어. (…) 다 쓰고 난 그 빈 통에다 물을 거기다 다 넣어서 식수를 헬기로 공급을 해. 그 장약통에. 그 인제 헬기들이 위에서 착륙을 못하고 위에서 막 던진다고. <u>그게 제일 귀한 게 물이거든. 정글 속에서 제일 한 게. 식량보다 물이야.</u> (…) 쫓아가다가 장약통에 맞아 죽는 놈도 있고 그래. (…) <u>장기매복 나가면 물이 제일 중요하거든.</u> (…) 요놈들이 크레모아(claymore) 인제 저녁에 설치할 적에 지 식수통을 크레모아 앞에다 놓고 와. 저녁에. 밤에. 누가 못 훔쳐 먹게.[21](밑줄은 인용자)

헬기가 물을 제공해주지 못하는 전투 중에는 밀림 속 계곡에서 흐르는 물을 그냥 마시거나 팬텀기가 떨어뜨린 폭탄이 만들어내는 물웅덩이에 각자 휴대한 소독약을 풀어 넣고 마시기도 했다. 그런데 이 물에는 폭탄의 화약 냄새뿐 아니라 심지어 그곳에는 물에 스며든 고엽제가 함께 들어 있었다.

장거리 정찰 같은 거나, 밀림에 들어가잖아? 그러면 물이라는 걸 늘 지원해줄 수가 없잖아? 식량은 가져가지만. 그러니까 <u>계곡에 흐르는 물을 먹을 수밖에 없다고. 그때 고엽제에 오염된 물을 먹으면, 그게 그냥 몸 안에서 다 흡수가 되어 버리잖아.</u>[22]

근데 한참 건기철이 극에 달했을 때는 35도 이상 올라가죠. 그래 작전을 다니죠.

---

21) 전일구, 1차 구술, 2014.3.19.
22) 서경석, 3차 구술, 2014.2.4.

이래 되는 것 같으면 마 물이 굉장히 많이 필요합니다. (…) 위에서 팬텀(phantom)기가, (…) 폭탄을 한꺼번에 떨어트리는 경우가 있어요. 그렇게 한 번 떨어질 것 같으면 웬만한 데 물웅덩이 생겨버려요, 물웅덩이. (…) 그럼 거기 물을 갖다 떠 가지고 그때에 소독약이 다 지급이 됩니다. 쥐고 흔듭니다. 그 흔들어서 마시는데 물론 인체에는 상관이 없겠지만은 화약 냄새가 엄청 많이 납니다. 화약 냄새가. 소독약 냄새도 안 좋지만은 그것보다는 화약 냄새가 납니다. (…) 떨어진 지 얼마 안 되니까. 그래 그 물도 먹곤 했는데 문제는 뭐냐 하면 <u>고엽제 지역에 고엽제를 뿌린 데 그 물들이 지하로다 인제 고이고 인제 안 흐르겠습니까. 물에서 고엽제 환자가 많이 생긴다 하는 것도 뭐 최근에 하는 얘기가 맞는 얘깁니다.</u>[23](밑줄은 인용자)

3. 일상의 이탈: 휴양과 휴가, 위문공연

주월한국군은 전장의 피로회복을 위해 연대 단위로 총 아홉 곳의 휴양소를 운영했다. 각 부대는 부대 단위로 4박 5일씩 집단휴양을 실시했다. 해변가에서 부대 단위로 놀았으며 때로는 근처 상점에서 사 먹기도 하고 바다에 수류탄을 넣어 물고기를 잡아먹기도 했다. 전투유공 장병은 연간 천명 단위로 3박 4일씩 휴양소에 입소해 사이공 관광 기회를 가졌다.[24] 특히 연대 단위의 휴양소는 단순한 휴양의 차원을 넘어 군인들의 상한 피부를 회복시켜주는 치료제이기도 했다. 물론 급박한 전투상황이 펼쳐지면 계획된 휴양도 취소되곤 했다.[25]

---

23) 구문핑, 2차 구술, 2013.3.20.

24) 최용호, 앞의 책, 50쪽. 휴양소는 붕따우, 안민당, 안꽝, 송까우, 뚜이호아, 닌호아, 깜란, 쭈라이, 냐짱 등 9곳에 설치됐다.

25) 구문핑, 4차 구술, 2013.4.3.

여름에 인제 하계휴양이라고 해가지고 중대별로 인자, 어, 반개 중대씩 인자, 그 휴양소를 만들어 놓고. (…) 일주일씩 놀다와 (…) 안꽝(Ahn Quang)휴양소라고 해서. (…) 해변인데 (…) 불란서 식민시 시절에, 불란서 그, 그 아주 관광지였던 모양이야. 전부 불란서 옛날 그 고급주택들 있잖아 (…) 그 안에. 그 휴양소인가 봐. (…) 임시 막사, 뭐 이렇게 텐트 치고. 거기서 중대별로 한 번씩 가서 쉬는 거지. 한 번 그, 가 본 기억 있고 (…) 가서, 해변가에서 그냥 뭐, 바닷물 가서 놀고, 배구하고 모래사장에서 배구하고 (…) 그러고 노는 거지.

좋은 거는 작전을 나가면은 말이야 늪지대가 많고 날씨가 덥고 말이야 비가 오거나 그럴 때에는 늘 축축하잖아. 그러니까 제일 망가지는 게 어디냐면 이 사타구니 밑에 있잖아. 이게 헐어. 이 사타구니 밑에가 헐고, 그 다음에 발가락 있잖아. 발가락이 헌다고. (…) 무좀 (…) 허옇게 헐어버려. (…) 매복을 하고. 그러면 그냥 24시간 물구덩이에서 사는 거지 뭐. 거기 며칠만 있어봐. 이 사타구니 여기는 말이야 한 삼일 지나면 헐어버려. 그런데 참 좋은 게, 우리는 하늘, 태양한테 감사할 줄 알아야돼. 바닷물하고. 그 바닷가에다 집어넣어놓고 어? 빤스만 입혀가지고 물속에다 집어 넣어놓으면은 그게 한 이삼일 있으면 그게 다 없어져버려. 깨끗이 나아버려. 소금, 바닷물, 햇빛, 모래사장. (…) 최고라고. 치료제로.[26](밑줄은 인용자)

주월한국군은 파월 6개월 이상 영관장교와 전투 및 근무유공 대위급 장교를 대상으로 태국의 방콕 또는 대만의 타이페이를 방문하는 7박 8일 간의 국외 휴양을 실시했다. 그중 대령급 이상은 동남아시아 각국을 순방하는 기회를 부여했다.[27]

주월한국군은 정기휴가를 시행하지 않았으나 특별휴가와 청원휴가를

---

26) 서경석, 2차 구술, 2014.1.21.
27) 최용호, 앞의 책, 51쪽.

시행했다. 그중 특별휴가는 1년 이상 복무연장자, 소총중대 사병으로 무공포상 이상 수훈자, 기타 표창 2회 이상 수훈자, 100군수사 엉현수집소 세척병과 화약병에 한해 선별 허용했다. 청원휴가는 직계 존비속 사망 및 위급시, 처 무단가출, 본인 결혼, 기타 천재지변의 경우에 한해 허용했는데 특별휴가는 약 44,000여명 청원휴가는 22,000여명이었다.[28] 그러나 사이공에 휴가를 나가더라도 언제든지 베트콩과 맞닥뜨릴 수 있다는 위험이 존재했기 때문에 편안한 휴가이기는 어려웠다.

> "사이공은, 사이공은, 사이공은 뭐 그냥 휘황찬란하지 뭐. (…) 나가면은, 저격 받아 죽을 수도 있고 말이야. 그러니까 권총을 차고 다니고.[29]

위문공연은 1968년부터 시작하여 1972년까지 약 4,300여회가 진행됐다. 관람인원은 한국군은 약 200여만명이었다.[30] 위문공연은 연대나 대대본부에서 이뤄졌고 실제 소총중대까지 방문한 경우는 없었다. 중대원들은 대대본부에서 하는 위문공연을 보러 작전 투입이 안 되는 일부 병력들이 가서 보고 오기도 했다. 구술에 등장하는 연예인은 김세레나, 김추자, 조미미, 패티김, 남보원 등이었다.

월남에 도착한 한국의 위문단은 사이공의 주월사령부, 나트랑의 백마부대, 맹호부대 그리고 청룡부대 순으로 위문공연을 펼쳤다. 따라서 마지막 순서인 제일 북쪽에 위치한 청룡부대에 도착한 위문단은 매우 피로했고 청룡부대의 환영파티에도 별다른 참석을 못하자 이에 청룡부대는 불만을 가지기도 했다.

---

28) 최용호 앞의 책, 51쪽.

29) 서경석, 2차 구술, 2014.1.21.

30) 최용호 앞의 책, 52쪽.

"위문단이 월남을 오면은 통상 사이공(Saigon)에 도착해서, 주월사령부 먼저 한 번 공연하고, 그러면 인제 올라오면서 해요. 나트랑(Nha Trang)에 들려서 백마부대하고, 그 다음에 맹호부대하고, 청룡부대가 제일 북쪽에 있으니까 항상 맨 마지막에 온다고. 그래서 우리 청룡부대가 그거에 대해서 좀 불만을 하고 그런 일이 있어. 왜 그러냐. 그게 이미 월남에 와서 말이야 그 동안 저 수십 번 공연을 하고 마지막에 오니까 연예인들이 피로하잖아, 굉장히 피로하거든. 피로하고 그러니까, 그 모처럼 고국에서 위, 저 위문단이 오면은, 저녁에 파티라도 한번 또 하고 그런 단 말이야, 위문공연 하는 거 외에. (…) 그니까 파티에 뭐 늦게까지 술도 한잔 씩 먹고 뭐 이렇게 하게 되는 거 아니야. (…) 근데 그런 피로를 쌓고, 쌓이고, 쌓이고 와서 청룡부대 오니까, 청룡부대 오면은 기진맥진 하는 거야."[31](밑줄은 인용자)

4. 맺음말: 전후방 없는 전장에서의 일상생활

본고에서는 파월 한국군 중 전투부대 위관장교들의 일상생활을 구술 자료를 기초로 하여 재구성했다. 이를 통해 기존에 파편적이던 파월장병의 일상과 휴양 등을 종합적으로 이해할 뿐 아니라 문헌자료에 나오는 군수지원과 휴양, 휴가, 위문공연의 내용을 구술을 통해 좀 더 생생하게 드러낼 수 있었다. 나아가 군수지원 항목에는 존재하지 않았던 식수문제가 당시 전장에서 매우 중요했으며 이 식수가 현재 베트남전쟁의 고엽제 피해자 문제를 낳는 원인이었음을 확인할 수 있었다.

다음으로 전투부대의 일상생활은 중대기지 안에 있든 휴가차 '후방'인 사이공에 나가든 언제 있을지 모를 베트콩의 위협에 둘러싸여 있었다. 특히 전후방이 없는 게릴라전 형태이던 베트남전쟁에서 한국군들은 한

---

31) 차수정, 2차 구술, 2013.10.30.

순간도 편안한 일상을 누리기 어려웠다. 사이공에 나가더라도 권총을 차야 했으며 같은 편의 남베트남군도 신뢰하지 못했다. 중대기지 주변의 마을사람들은 베트콩 정보원이거나 베트콩으로 언제 한국군을 공격할지 모르는 공포의 존재였다.

후방이 부재한 베트남전장에서 중대기지 안에서의 전투준비와 근처 매복작전은 언제나 긴장의 연속이었다. 중대기지는 800미터 내외였고 모여 있으면 적의 공격에 몰살당할 위협이 있었기 때문에 분산배치됐다. 작전을 나가더라도 보이지 않는 베트콩도 두려웠지만 베트콩을 막기 위해 설치한 아군의 부비트랩이나 지뢰를 더욱 조심해야 했다. 전시는 언제나 적의 공포가 상존하는 시기이지만 한국전쟁과 달리 베트남전쟁은 모든 곳이 전선인 새로운 전쟁이었다. 그곳에서 안전한 곳은 부재했다. 따라서 베트남전에 두 차례 갔던 위관장교 구문꿩은 자신의 소원을 넓은 평지에서 마음껏 뛰어보는 것이었다고 다음과 같이 이야기했다.

> 꼭 한 가지 말씀을 드리고 싶은 우스운 얘기는 그 당시에 저 소원이 뭐였냐 하면 뭐 한국을 뭐 가고 어쩌고 그런 것 보담은, 어데 넓은 평지에서 내가 맘대로 한 번, 달리기를 한 번 해볼 수 있으면 가장 좋겠다 싶은 게 내 소망이었어요. 이 들에 나가, 필드에서. 항상 그 전투할 때는 지뢰, 지뢰나 부비트랩(booby trap)을 갖다 의식을 해야 되기 때문에 뭐 수색 정찰 나가면 자세를 낮추고 한발, 한발 그냥 조심해서 다니기 때문에 이거 맘 놓고 한번 뛰어봤으면 하는 게 소원이었다니까요. 그만치 부비트랩이나 지뢰에, 듣는 바에 대하면, 통계에 대해서는 뭐 확실한지 모르지만 80프로는 부비트랩이나 지뢰에 우리 아군이 희생을 당하고 있다고 하는 소문이 있었어요.[32]

---

32) 구문꿩, 2차 구술, 2013.3.20.

구술한 위관장교들은 대부분 베트남전쟁에서 주월한국군 사령관인 채명신의 "백명의 베트콩을 놓치는 한이 있더라도 한명의 양민을 보호하라"는 명령을 기억하며 이를 이행하려고 노력했다고 회상했다. 그런데 모든 곳이 지뢰밭인 전후방 없는 베트남전장에서의 일상생활은 극심한 긴장감의 연속이었다. 극도의 긴장감으로 반복되는 일상생활의 구조 하에서 파월한국군들은 채명신의 명령을 지키기 쉽지 않았을 것이다.

섣부른 일반화는 조심해야겠지만, 파월 한국군 중 위관장교가 경험한 1년간의 반복적인 일상의 구조는 당시 파월장병들의 인식과 행동에 상당한 영향력을 미쳤을 것이다. 특히 현재 파월장병들이 가지는 반공주의와 발전주의, 국가주의 같은 지배이데올로기와의 친연성뿐 아니라 가해자이기보다 스스로를 피해자로 규정하는 이들의 집단적 정체성과 베트남 전장에서의 일상생활의 경험이 어떻게 연관되는지 추후 좀 더 면밀히 분석할 필요가 있을 것이다.

또한 비록 전체 파월한국군에 비하면 소수이지만 상대적으로 안전한 주월사나 병원에 근무한 위관장교들의 경험과도 비교해보는 것도 필요할 것이다. 나아가 생애사를 기반으로 구축된 서울대 구술사팀의 구술자료를 적극적으로 활용한다면, 1950년대 한국전쟁과 1960년대 베트남전쟁 그리고 2000년대 아프가니스탄 파병에 대한 1940년 전후 태생의 영관장교의 인식의 연속과 변화에 대한 탐구도 가능하리라 기대한다.[33]

---

33) 윤충로는 베트남전쟁 참전군인들이 피해자임에도 "반전평화운동과는 거리가 멀고, 반공주의, 발전주의, 국가주의 등과 같은 보수 이데올로기와 강력한 친화력을 보여"준다고 평가했다. 윤충로, 「베트남전쟁 참전군인의 집합적 정체성 형성과 지배이데올로기의 재생산」, 『경제와사회』76, 2007.

제4장

주월한국군의 대민관계
―참전 군인들의 구술 증언을 중심으로[1] ―

류 기 현

머리말

한국군이 1964년-1973년 참전한 베트남전쟁은 주로 비정규전 형태로 치러졌다. 주월한국군은 경우에 따라 북베트남군과 정규전 형태의 교전도 했지만 남베트남 각지에서 게릴라로 활동하는 베트남민족해방전선(속칭 '베트콩')과 산발적으로 유격전을 벌이는데 대부분의 시간을 할애했다.[2] 주월한국군 각급 부대의 주된 임무는 북베트남이나 베트콩으로부터 새로운 영토를 탈취해 오는 것이 아니라 각자에게 주어진 전술책임지역(TAOR; Tactical Area of Responsibility)을 사수하며 해당 지역에 대한 평정작전을 전개하는 것이었다. 따라서 주월한국군에게는 전·후방의 명확한 구분이 없었고, 베트콩은 다양한 방식으로 자신의 존재를 숨긴 채 주로 소규모 기습 공격이나 부비트랩 등을 이용해 한국군을 공격했다.

---

1) 이 글은 같은 제목으로 『구술사연구』 제11권 1호(2020.3)에 게재됐다.

2) '베트콩'이라는 호칭에 멸시적 의미가 담겨 있다는 지적도 있다. 그러나 베트남전쟁 당시 한국군이 베트콩이라는 호칭을 광범위하게 사용한 점, 현재까지도 한국 사회에서 민족해방전선이라는 명칭 보다는 베트콩이라는 명칭을 흔하게 사용하고 있다는 것을 감안하여 본고에서는 '역사 용어'로서 베트콩이라는 명칭을 사용하겠다.

이러한 상황에 놓인 주월한국군이 성공적으로 작전을 수행하기 위해서는 무엇보다 베트남 현지 민간 사회와 우호적인 관계를 유지해야 했다. 베트콩이 "남베트남 사람들이 물이라면 베트콩은 물고기"인 마오쩌둥(毛澤東)식의 게릴라 전략을 채택했다는 점을 감안할 때, 주월한국군은 무엇보다 베트콩과 남베트남 주민들을 분리시켜 작전에 유리한 환경을 조성해야 했다.[3] 또한 현지 주민들은 베트콩과 관련해 군사적으로 중요한 첩보를 제공하는 원천이었으며, 전투의 무대가 된 남베트남은 정글과 늪지대가 많은 지형적 특수성을 지니고 있었기에 주월한국군에게 우호적인 대민관계의 수립은 더욱 중요했다.

이러한 점을 감안할 때, 주월한국군이 현지 민간사회와 구체적으로 어떤 양상의 관계를 맺었는지 살펴보는 것은 한국의 베트남 파병이 갖는 역사적 의의를 검토하는데 중요한 의미를 지닌다고 할 수 있다. 주월한국군 대민관계에 대한 한국 사회의 '전통주의적' 해석에 따르면 한국군은 "100명의 베트콩을 놓치는 한이 있어도 한 명의 양민을 보호하라"는 슬로건에 따라 민간인 보호·구호에 많은 노력을 기울였으며 민간인 희생을 "어느 전쟁, 어느 전투에 비해 최소화"함으로써 성공적인 대민관계를 이룩했다고 한다.[4] 1973년 베트남에서 철군을 완료한 주월한국군사령부가 한국군의 참전 경험을 총정리하며 편찬한 『월남전 종합연구』는 한국군의 "성공적인 작전"은 "성실한 민사심리전을 통해 … 전 장병이 민사심리전 요원이 되어 적과 양민을 분리하는 동시에 평화를 사랑하여 정의를 숭상하는 십자정신과 감투정신을 발휘" 했기 때문에 가능했다고 평가했다.[5]

그러나 1990년대 후반부터 베트남 현지인들의 증언이 언론을 통해 알려지고 베트남전에 대한 본격적 역사 연구가 시작되면서 '수정주의적' 해석이 등장했다. 서구가 동양에 대해 열등한 타자의 상을 그려낸 것처럼 한국군은

---

3) 박태균, 『베트남전쟁: 잊혀진 전쟁, 반쪽의 기억』, 서울, 한겨레출판, 2015, 134쪽.

4) 채명신, 『채명신 회고록: 베트남전쟁과 나』, 서울, 팔복원, 2006, 191-193쪽. 초대 주월사령관 채명신뿐만 아니라 다수의 베트남전 참전자들이 주월한국군의 성공적인 대민작전, 우호적인 대민관계를 강조한 바 있다.

5) 주월한국군사령부 편, 『월남전 종합연구』, 주월한국군사령부, 1973, 959쪽.

베트남인을 타자로 대상화하고, 후진적이고 열등한 존재로 정형화하는 일종의 '아류 오리엔탈리즘'적 태도를 보였으며, 심지어는 무고한 민간인들을 학살하는데 가담했다는 것이다.[6] 특히 1999년 『한겨레 21』의 베트남 통신원 구수정이 민간인 학살에 대한 베트남 현지의 기록·증언을 소개하며 이 문제는 한국 사회의 공론장에서 중요 의제가 되었고, 이에 대해 참전자 단체나 보수 성향의 인사들이 공개적으로 반론을 제기하거나 폭력을 동반한 시위를 벌이면서 격론이 벌어지기도 했다.[7] 최근에는 한국 시민단체들이 베트남 민간인 학살 진상규명을 위한 시민평화법정을 개최하며 이 문제를 다시금 제기한 바 있다.[8]

이처럼 주월한국군의 대민관계는 한국의 베트남 참전이 갖는 역사적 성격을 규명하는데 중요한 소재이지만 관련 연구가 충분하지는 않다. 최용호는 일련의 연구를 통해 주월한국군 대민활동 및 민사작전과 관련한 기초적 사실 관계와 통계자료를 정리했으나, 한국군 공식 자료들을 비판적 검토 없이 그대로 전제하는 등 객관적이지 못한 면이 있다.[9] 허은은 1960년대 초 미군의 대민활동(civil action) 개념을 한국군이 학습하고 이를 베트남에서 대유격전(counterinsurgency) 교리 및 민사작전에 반영하며, 그것이 1960년

---

6) 윤충로, 『베트남전쟁의 한국 사회사: 잊힌 전쟁, 오래된 현재』, 서울, 푸른역사, 2015, 102–131쪽. 윤충로는 파월 한국군의 베트남 인식을 식민주의, 인종주의, 아류오리엔탈리즘 등의 개념을 매개로 분석하였다.

7) 구수정, 「아! 몸서리쳐지는 한국군! – 베트남전 24돌에 돌아보는 우리의 치부, 베트남 전범조사위의 끔찍한 기록들」, 『한겨레 21』(1999.5.6.). 한베평화재단 웹사이트(http://kovietpeace.org/)는 베트남 현지에서 채록한 한국군 민간인 학살 관련 증언·기록을 제공한다.

8) 「베트남전 민간인 학살 생존자들 "사과있어야 용서도 가능"」, 『경향신문』 2018년 4월 19일자.(http://news.khan.co.kr/kh_news/khan_art_view.html?artid=201804191500001&code=910100)

9) 최용호, 『통계로 본 베트남전쟁과 한국군』, 서울, 국방부 군사편찬연구소, 2007; 「베트남전 한국군 민사작전과 해외파병 교훈」, 『군사』, 50, 2003, 1–56쪽; 「베트남전쟁에서 한국군의 작전 및 민사심리전 수행방법과 결과」, 경기대학교 정치전문대학원 박사학위 논문, 2005.

대 말~70년대 초의 농촌 재편정책으로 이어지는 연쇄적 과정에 주목했다.[10] 박태균은 베트남전의 전반적인 배경과 전개과정을 다루면서 한국군의 현지 사회와의 관계 및 민간인 학살과 관련된 논란을 개략적으로 정리했다.[11]

본고는 참전 군인들의 구술 증언을 중심 자료로 삼아 주월한국군이 현지에서의 대민관계를 위해 어떠한 준비를 했고, 구체적으로 어떤 활동을 했으며, 그 과정에서 발생한 현지 사회와의 갈등·충돌 양상 등을 살펴본다. 이를 위해 2000년대 초반 국방부 군사편찬연구소가 발간한 『증언을 통해 본 베트남전쟁과 한국군』(이하『증언』) 1-3권에서 대민관계에 대해 비교적 자세한 증언을 남긴 52인의 회고담, 2013-2019년 필자가 연구보조원으로 참여한 서울대학교 규장각한국학연구원 '한국현대사와 군' 연구팀에서 접촉한 구술자 중 베트남전 대민관계에 대해 증언을 남긴 27인의 구술을 분석했다.[12] 그 밖에 『파월육군 종합전사』, 『파월전사』, 『월남전종합연구』 등 한국군에서 남긴 공식 문헌 및 보고서를 활용했다.

『증언』 1-3권은 베트남전 참전 군인, 참전 군인의 가족, 베트남 파병 정책 관련자 등 총 692명을 국방부 군사편찬연구소(전사편찬위원회)가 1대 1로 인터뷰한 내용을 정리한 자료집이다. 증언 청취 시기는 베트남 전쟁 당시(1965-72)이거나 참전자가 귀국한 직후인 1966년부터 1980년대 초반까지인 경우가 대부분이다. 『증언』 1-3권은 전쟁을 경험한 시점과 증언을 채록한 시점이 시간적으로 그리 멀지 않아 구술자들의 기억이 상대적으로 또

---

10) 허은, 「냉전분단시대 "對遊擊隊國家"의 등장」, 『한국사학보』 65, 2016, 427-480쪽; 「한국군의 남베트남 '농촌 平定'개입과 동아시아 냉전의 연쇄」, 『한국사학보』 69, 449-487쪽; 「'밑으로부터의 냉전'그 연쇄와 환류: 1957-1963년 미국의 동아시아 냉전 전략 전환과 한국 군부의 '대민활동'(civic action) 시행」, 『역사문제연구』 41, 2019, 417-456쪽.

11) 박태균, 앞의 2015 책.

12) 해당 구술자들의 명단은 〈부표 1〉과 〈부표 2〉를 참조. 서울대 규장각 구술 자료는 한국학중앙연구원 현대한국구술자료관(https://mkoha.aks.ac.kr/IndexMain.do)에서 온라인으로 이용 가능하며, 각 구술자 별로 영상, 녹취문, 상세목록 등을 제공한다.

렷하고 생생하다는 강점을 지닌다. 그렇지만 구술자들의 발언 내용을 그대로 실은 것이 아니라 요약·편집했다는 점, 편찬 기관인 한국군 당국(국방부)의 시각에 의해 면담자의 질문 사항과 구술자들의 답변 내용이 취사선택 되었을 수 있다는 점에서 객관성에 다소 의문을 제기할 수도 있다. 그럼에도 『증언』 1-3권은 한국의 베트남 참전 군인들의 증언을 담은 자료집으로서는 현재까지 가장 방대한 것으로, 연구자가 비판적 시각으로 다룬다는 전제 하에 유용한 자료원이 될 수 있다.

서울대학교 규장각 구술 자료는 2009-2018년 기간 채록되었다. 규장각 구술 자료는 『증언』과 달리 구술자들의 진술 내용 그대로를 영상·녹취록을 통해 확인할 수 있다. 또한 군 당국이 아닌 민간 연구 기관에서 생산한 자료이니만큼, 구술자들이 폭력 사건·학살 문제 등 민감한 사안에 대해서도 상대적으로 자유롭게 자신의 생각을 술회하는 경우도 드물게나마 발견할 수 있다. 그러나 구술 채록 시점이 참전 후 40-50년이 지난 시점이므로 증언 내용의 구체성·정확성이 떨어지는 경우도 있다. 또한 규장각 구술에서 베트남전쟁은 구술자들의 생애사 구술의 일부분으로 다루어졌기 때문에 일부 구술에 따라서는 전쟁에 대한 회고가 단편적인 경우도 있다.

본고가 목표하는 바는 다음과 같다. 첫째, 주월한국군 대민관계 준비·실행의 전체 과정을 살펴본다. 최용호, 허은, 박태균 등의 선행 연구는 파월 이후 한국군의 대민관계가 실현되는 양상은 검토하였으나 그러한 '결과'를 이끌어 낸 파월 전의 '준비 과정'에 대해서는 충분히 주목하지 않았다. 본고는 파월 직전의 특수 훈련 등 주월한국군 대민관계의 준비-실행의 전체 과정을 보다 넓은 시야에서 분석해보고자 한다. 둘째, 대민관계가 이루어진 '현장'의 실제 인식과 목소리를 드러내보고자 한다. 민사작전에 대한 군의 공식 보고서·통계자료 등이 담지 못하는 대민관계의 복합적 양상을 참전 군인들의 증언을 토대로 재구성함으로써 한국군이 현지에서 벌인 활동의 성격·의미를 판단하는데 하나의 근거를 제공하고자 한다. 셋째, '아래'로부터의 베트남전쟁 연구 가능성을 탐색한다. 실제 전쟁에 참가한 미시적 개인들의 목소리와 인식을 드러내고, 이들의 경험을 역사화 함으로써 정치·외교 등 거시적 구조를 중심에 놓는 '위'로부터의 베트남전쟁 연구가 지닐 수 있는 한계를 보완해보려 한다.

군이 대민관계를 수립·유지하는 작업은 민사작전(civil affairs operations)을 매개로 하여 이루어진다. 민사작전은 "군이 주둔하거나 작전을 수행하고 있는 지역에서 군부대와 정부행정기관 및 주민간의 상호 관계를 다루는 제반 활동"을 의미한다.[13] 주월한국군 각급 부대들이 민간 사회를 접촉해 벌인 각종 구호, 지원 활동은 이러한 민사작전(또는 민사심리전)의 일환으로 수행된 것이다.[14] 본고에서는 주월한국군 각급 부대가 수행한 민사작전 뿐만 아니라 작전의 범주 밖에 있는 한국군과 베트남 민간인들과의 접촉 사례도 함께 검토한다.

1. 파월 훈련 기간 대민관계 관련 교육

한국군의 대민관계 준비는 파월 직전의 특수교육에서부터 시작되었다. 맹호부대와 백마부대는 강원도 홍천 또는 화천 오음리에서, 청룡부대는 포항에 마련된 특수교육대에서 베트남에서의 작전에 대비한 훈련

---

13) 이태규, 『군사용어사전』, 서울, 일월서각, 2012. https://terms.naver.com/entry.nhn?docId=1535416&cid=50307&categoryId=50307 참조.

14) 주월한국군은 '민사작전'이라는 개념 외에 '민사심리전'이라는 개념도 많이 사용했다. 심리전(psychological war)은 "국가정책의 효과적인 달성을 지원하기 위하여 아측이 아닌 기타 모든 국가 및 집단의 견해, 감정, 태도, 행동을 아측에 유리하게 유도하는 선전 및 기타 모든 활동의 계획적인 사용"을 의미한다. (이태규, 앞의 책) 민사작전이 주로 주둔지의 주민들을 대상으로 한다면, 심리전은 적과 주민 모두를 대상으로 한다. 베트남전쟁 당시 한국군 "야전교범 101-5"에 따르면 심리전은 작전참모의 소관으로 되어 있었다. 그러나 주월한국군은 민사와 심리가 통합된 계획 아래 이루어져야 한다는 견해에 따라 민사와 심리를 통합, '민사심리전'이라는 개념을 많이 사용했으며, 민사참모가 작전참모의 임무로 규정되어 있던 심리전까지도 담당하게 되었다. 육군본부, 『파월전사』 제2집, 서울, 육군본부, 1967, 121-122쪽; 국방부 군사편찬연구소 편, 『증언을 통해 본 베트남전쟁과 한국군』 제1권, 서울, 국방부 군사편찬연구소, 2001, 150-151쪽 참조.

을 진행했다. 파병이 장기화되고 체계적인 교육의 중요성이 대두하면서 화친 오음리 제7보충대에 마련된 '월남 파병훈련징'이[15] 파월훈련의 중심지가 되었다.[16] 1965년 맹호부대가 처음 파월될 때의 교육 기간은 약 1개월 정도였으나, 1966년 파월된 백마부대의 경우는 약 2개월 내외의 특수교육을 실시했다.[17] 베트남 현지에서의 경험이 축적되면서 파월 특수교육의 중요성이 부각된 결과라고 볼 수 있을 것이다.

맹호부대가 베트남으로 향하기 직전인 1965년 9-10월에 홍천에서 실시한 특수교육의 내용을 표로 정리하면 아래 〈표 1〉과 같다.[18]

〈표 1〉 1965년 맹호부대의 파월 대비 훈련 과목

	일반학	화기학	전술학	기타
세부과목	월남소개 및 교훈 독도법 함상 생활 헬리콥터 탑승 훈련 예방의학	사격술 예비 훈련 실탄사격 수류탄 및 총류탄 지뢰 및 부비트랩	진중근무 각개전투 열대지역 특성 및 작전 유격전 및 대유격전 수색정찰 부대이동 및 숙영지 설치, 소대전투 중대전투 및 중대시험 대대 및 RCT시험 포병실탄사격	정훈 군대예절 내무교육 안전교육 태권도 정보 및 방첩 경계생활 보급관리 군법 화력지원

---

15) 현재 화천 오음리 파병훈련장 터에는 '베트남 참전 용사 만남의 장'이 조성되었다.

16) 이신재, 「파월한국군의 베트남어 교육과 활용」, 『군사』 106, 2018, 171-205쪽.

17) 육군본부, 『파월 육군 종합전사』 제1권, 서울, 육군본부, 1969, 81-91쪽.

18) 육군본부, 앞의 1969 책, 82쪽.

	일반학	화기학	전술학	기타
보병	20시간	38시간	112시간	
포병	24시간	26시간	120시간	
기술 행정 부대	54시간	28시간	88시간	

1966년 처음 파월된 백마부대는 1965년 맹호부대에서 교육한 일반학, 화기학, 전술학 이외에도 유격훈련, 태권도, 게릴라 훈련, 침투훈련 등에 중점을 둔 교육을 실시했다. 특히 백마부대는 유격훈련을 중시하여 용문산 기슭에 21개의 유격 코스를 갖추고 2박 3일 동안의 강도 높은 훈련을 실시했다.[19] 청룡부대도 포항 특수교육대에 베트남과 유사한 지형을 만들어 놓고 암벽 레펠 훈련, 사격 훈련, 유격 훈련 등을 진행했다.[20] 해병이라는 특수성을 지니고 있기는 하지만 청룡부대도 전반적으로 맹호·백마부대와 유사한 내용의 훈련을 진행했을 것으로 보인다.

파월 특수교육의 초점은 유격전에 대비한 전투기술의 함양에 맞추어졌다. 〈표 1〉에 따르면 맹호부대 소속 보병은 일반학 교육을 20시간 받는데 반해 유격전, 수색정찰, 각개전투 등의 내용으로 이루어진 전술학 교육은 일반학 교육 시간의 다섯 배가 넘는 112시간에 걸쳐 받게 되어있었다. 1967-68년 청룡부대 소대장으로 참전한 전도봉은 포항 특수교육대에서 교육받은 것 중 가장 중요하게 다뤄진 것은 매복작전이었다고 회고했다.[21] 또한 복수의 구술자들이 파월 직전 교육에서 부비트랩에 대비한 전술 훈련이 많이 이루어졌다고 회고했다.[22]

---

19) 육군본부, 앞의 1969 책, 91쪽.
20) 김세창, 1차 구술, 2013.2.28.; 차수정, 1차 구술, 2013.10.22.
21) 전도봉, 2차 구술, 2014.9.23.
22) 구문꽝, 3차 구술, 2013.3.27.; 전일구, 1차 구술, 2014.3.19.

이렇듯 파월 특수교육에서는 유격전 대비 훈련이 주로 이루어지는 가운데 대민관계에 관련한 교육도 일정 부분 이루어졌다. 〈표 1〉에 나타난 일반학 교육 중 '월남 소개 및 교훈'이나 기타 분야 중 '정훈' 교육에 베트남의 사회·문화적 배경에 대한 기본적 교육과 더불어 대민관계 구축에 관한 내용도 포함되어 있었을 것이다. 1968년 청룡부대 소대장으로 참전한 구문꿩은 특수교육대에서 받은 대민관계 관련 교육을 다음과 같이 회고했다.

> 다음에 인제 한 가지 특수한 인제 현지에서의 적응훈련은 뭐냐 하면, 뭐 훈련이
> 아니죠. 소위 그 지뢰하고 특히 부비트랩 … 그 다음에 심리전에서는 이제 뭐 대
> 민사업을 어떻게 해야 되고 어 그래야 우리 편이 된다. 민, 민중들이. 그 다음에
> 인제 그게 되면 대민사업을 위해선 뭐 기브 앤 테이크(give and take)니까 항상
> 인제 어떻게 친절하게 해야 된다, 이런 기타 등등 얘기를, 이제 많이 들었죠.[23]

이처럼 한국군은 베트남 현지에서 민간인들을 접촉하게 될 상황을 대비, 베트남에 대한 기초적인 사회·문화적 정보, 민간인들과의 관계 구축 기술 등을 교육하기는 했지만 그 내용은 빈약하거나 부정확한 경우가 많았다. 구문꿩은 파월 직전에 받은 교육에도 불구하고 베트남의 문화나 사회에 대해서는 들은 바가 없었기에 구정공세(tet offensive)가 벌어진 1968년 1월말 당시 베트남이 한국과 마찬가지로 구정을 센다는 사실도 전혀 알지 못했다.[24] 맹호부대 기갑연대 작전주임으로 참전한 이효

---

23) 구문꿩, 3차 구술, 2013.3.27.
24) "… 그런데 이제 듣기로는 그 당시에 1968년 1월 31일이 구정이었어요. 이제 저 사람들도 난 구정을 센다는 걸 거 가서 처음 알았는데 그니까 그런 이제 문화적인, 뭐 사회적인 이런 정치적인 이런 걸 우리가 교육을 못 받았기 때문에, 아 구정인갑다 했는데 휴전을 했대요." 구문꿩, 3차 구술, 2013.3.27.

는 한국군의 파월 과정에서의 준비 부족, 베트남 사회에 대한 피상적인 이해를 다음과 같이 지적했다.[25]

월남에 첫발을 들여놓은 다음, 즉 파월 초기에는 적지 않은 시행착오가 있었다. 그 원인은 우리가 홍천에서 교육받을 때까지 거슬러 올라가 생각할 필요가 있다고 본다. 그 당시 홍천에서 월남을 소개할 때의 일례로서 "그곳에서는 여자는 모두 삿갓 같은 모자를 쓰고 다닌다."고 하였는데, 퀴논(Quy Nhon)항에 도착하여 상륙 전에 부두에 모인 인파를 바라보니 모두가 삿갓을 쓰고 있기에 "과연 오랜 전투로 말미암아 남자는 드물고 여자가 많은가 보다"라고 생각했다. 그러나 남녀 모두가 삿갓을 상용하고 있음을 상륙 직후에 알게 됨으로써, 교육 기간에 월남에 관한 작전상황과 문화, 풍습 등이 올바르게 전파되지 않았구나 하는 점을 깨달은 바가 있었다. 이는 곧 실전에서도 나타난 바, 내 생각에는 파병에 앞서 월남을 시찰한 분들이 제각기 깊이 파고들지 않고 피상적인 사항을 단편적으로 우리에게 알려주었기 때문에 이 같은 결과를 초래했다고 생각된다.

1969년부터 1973년까지 주월사의 다양한 직책을 역임한 전제현도 파월 교육에서 베트남의 문화, 국민성 등에 관한 교육은 별로 이루어지지 않았고, 주로 '생존'과 관련된 교육이 이루어졌다고 증언했다.[26] 전제현은 당시 파월 장병을 대상으로 한 정훈교육에서 베트남전쟁이 한국전쟁 때 우리를 도운 미국에 대한 보은 차원에서 중요하며, 또한 도미노 이론(domino theory)의 맥락에서 베트남이 공산화되면 주변 국가들도 공산화되어 그 여파가 한국에까지 미칠 것이라는 내용은 있었지만 베트남이라는 국가 자체에 대한 정보의 전달은 체계적으로 이루어지지 않았다고

---

25) 국방부 군사편찬연구소 편, 앞의 2001 책, 186쪽.
26) 전제현, 5차 구술, 2014.6.24.

회고했다.

또한 해외 파병에서 효율적인 대민관계를 위해서는 현지 언어 습득이 필수적이었지만, 특수교육 기간 베트남어 교육은 제대로 이루어지지 못했다. 육군 정훈감실에서 『월남어 회화집』을 장병 1인당 1부씩 공급하는 것 외에는 체계적인 교육이 없었다.[27] 의사소통을 돕기 위해 남베트남군에서 한국군 각급 부대에 통역병을 파견하였고, 현지에서 한국군 자체적으로 베트남어 교육대를 운영하거나 위탁 교육을 실시하기도 했으나 재정·인력의 한계로 교육의 범위는 제한적이었다.[28]

한국군의 베트남에 대한 '무지'는 파병이 장기화되고 참전 경험자들이 귀국함에 따라 파병 인원에 대한 교육의 개선을 통해 변화될 가능성도 없지는 않았다. 그러나 베트남 참전 후반기까지 상황은 크게 나아지지 않은 것으로 보인다. 1970-73년 29연대에서 복무한 김천수에 따르면 베트남에 다녀온 장교들이 오음리에서 파월 교육을 담당했지만 교육 내용은 주로 "장교들의 작전 무용담"을 들려주는 것이었다.[29] 오히려 어떤 경우에는 기간요원들과 피교육자들의 '합의'에 따라 파월 훈련의 일부가 자의적으로 축소되기도 했다.[30]

이렇듯 파월 교육이 베트남 현지를 이해하는데 필요한 지식과 정보를 제대로 전달하지 않는 상황에서 군인들이 이러한 '무지'를 극복하는 유일한 방법은 스스로 학습하는 것뿐이었다. 청룡부대 소대장으로 복무한 최우식은 파월훈련을 받는 동안 베트남 상황에 대한 정보를 아무도 가

---

27) 이신재, 앞의 글, 177쪽.

28) 이신재의 앞의 글에 따르면 파월장병에 대한 가장 수준 높은 베트남어 교육은 남베트남군 언어학교 위탁과정이었으나, 이 교육을 받을 수 있는 기회는 소수의 베트남어 필수직위에서 근무하는 인력들에게 우선적으로 주어졌다.

29) 국방부 군사편찬연구소 편, 『증언을 통해 본 베트남전쟁과 한국군』 제2권, 서울, 국방부 군사편찬연구소, 2002, 920-923쪽.

30) 국방부 군사편찬연구소 편, 앞의 2002 책, 168쪽.

르쳐주지 않아 "너무 깜깜한" 나머지 신문을 찾아가며 베트남에 관한 기사를 모두 스크랩해서 스크랩북을 만들고, 이를 바탕으로 베트남에 대한 기본적인 지식을 소대원들에게 교육했다.[31] 파월 군인들은 최소한 1년 이상 베트남에서 현지의 민간인들을 상대하며 작전을 펼쳐야 했지만 군 당국은 현지 사회의 상황과 문화를 참전 군인들에게 이해시키는 데는 관심을 두지 않았고, 그에 대해 문제의식을 가진 개인은 '알아서' 공부를 해야 했던 것이다.

이와 같이 한국군은 베트남의 현지 상황에 대해 부정확하거나 피상적인 이해를 가진 채 파병되었다. 채명신을 비롯한 한국군 지휘관들은 참전 기간 내내 "전 장병이 대민지원 요원으로 활동해야 한다"며 우호적인 대민관계의 수립을 강조했다. 주월사는 파월 초기 군사작전과 민사작전의 비중을 70대 30으로 설정했던 것을 1967년 중반부터는 양자의 비중을 50대 50으로 조정했다고 공언할 정도로 한국군 작전에서 대민관계는 중요한 위상을 차지했다.[32] 그러나 한국군이 베트남 현지에서 민간인과 적절한 관계를 수립하기 위해 필요한 지식·정보의 전달은 제대로 이루어지지 않았다.

물론 군인의 기본적 임무는 전투이므로 실전에 투입될 한국군이 파월 교육에서 전투기술 향상에 초점을 맞춘 훈련을 진행한 것에는 불가피한 면도 있다. 그럼에도 불구하고 한국군이 대민관계·민사작전의 중요성을 외부에 공언한 바에 비해 그것을 위한 한국군 내부적인 준비가 취약했음을 부정하기는 어려워 보인다. 1966-67년 청룡부대 관측장교로 참전한 김세창의 다음과 같은 발언은 한국군 파월교육이 지닌 성격과 한계를 압축적으로 보여준다.

---

31) 최우식, 1차 구술, 2013.1.9.
32) 주월한국군사령부 편, 앞의 책, 868쪽.

면담자: 그, 뭐, 떠나시기 전에 선생님 혹시 뭐 그 배 안에서든 아니면 타긴 전, 전 이든 이 월남에 대한 어떤 정보, 뭐 월남 현재 상태는 어떻고 월남이 왜 이 렇게 싸우고 있고 뭐 월남의 뭐 사람들은 어떤 문화를 가지고 있고. 이런 어떤 정보를…

구술자: 있어요. 그 특수교육대라고 그래서 가기 한 달 전에.

면담자: 네.

구술자: 한 달 전에 그 2주인가? 좀 교육 받았어요. … 베트콩 모형 만들어놓고 뭐 사격도 많이 하고.

면담자: 아. 그거 말고 또 뭐 월남에 대한 어떤 정보 같은 거는 별로 없었나요?

구술자: 건 교육은 있었죠. 있었는데 뭐 기억은 잘 안 나고. 뭐 관심도 없어요. 뭐 가서 총 들고 싸우는 거지 뭐 월남의 역사도 어떻고 뭐, 관심 없었어요.[33]

2. 민사작전의 조직 체계와 내용

주월한국군에서 민사작전을 관할하는 최고위 부서는 주월사 민사심리처(민심처, J-5)였다. 민심처의 장(長)에는 1968-69년 한 번을 제외하고는 계속 해군 대령이 보직되었으며, 민심처장을 보좌하는 인력으로 보좌관(중령), 민사장교(중령), 기획장교(소령), 원조기획하사관(중사·하사 2명), 타자병 등 장교 4명, 하사관 3명, 병 1명이 배치되었다.[34] 민심처는 대민관계와 관련된 "사업 및 활동을 위한 방침 수립, 계획작성과 예산편성", "예하 부대의 사업 및 활동을 지원하고 시행상태를 감독"하고 "주월한국군을 대표하여 월남군사령부, 미국의 베트남군사원조사령

33) 김세창, 1차 구술, 2013.2.28.
34) 최용호, 앞의 2007 책, 130쪽.

부(MACV), 국제개발처(AID), 주월 미국 합동 공공사업처(JUSPAO) 등의 대외기관과 협조"하는 등의 업무를 수행했으며, 한국군이 현지 베트남인에게 신체·재산상의 피해를 입힌 경우 그에 대한 보상을 제공하는 업무에도 관여했다.[35)]

1966년 6월 주월사는 민사심리전의 기술적 측면을 지원하기 위해 사령부 직속으로 민사심리전중대(민심중대)를 창설했다. 민심중대는 대민지원 관련 업무도 수행하지만 주된 임무는 확성기 방송, 전단 살포 등을 통해 대민·대적 선무심리전을 수행하는 것이었다.[36)] 민심중대 예하 1, 2, 3소대는 각각 맹호부대, 백마부대, 청룡부대에 파견되어 대민선전방송, 대적방송, 전단 살포 등의 업무를 수행했다.[37)]

주월사 민심처, 민심중대 등 민사심리전 전담 기관뿐만 아니라 사단으로부터 중대에 이르는 주월사 예하 전 부대가 민사작전을 수행했다. 사단급 부대인 맹호부대와 백마부대, 여단급 부대인 청룡부대 본부에는 각각 민사참모부가 설치되었고, 연대·대대에서는 통상 정보장교가 민사참모 임무를 겸임했다.[38)] 정보장교가 민사업무를 수행한 것은 민사작전이 적과 관련한 첩보를 수집하는 중요한 수단 중 하나였기 때문이었을 것이다.

중대에는 민사작전을 전담하는 장교가 고정적으로 배치되지는 않았다. 1968-1970년 맹호부대 소대장·중대장을 지낸 서경석의 증언에 따르면 중대에서 민사 담당 요원이 필요하면 대대의 지시에 따라 소대장들

---

35) 육군본부, 앞의 1967 책, 116쪽; 앞의 1969 책, 488쪽.

36) 최용호, 앞의 2003 글, 26쪽.

37) 육군본부, 앞의 1967 책, 117쪽.

38) 최용호, 앞의 2003 글, 27쪽. 청룡부대의 경우 파월 초기 예하 대대에서는 본부중대 부중대장이나 106mm 소대장이 민사장교를 겸직하기도 했다. 국방부 군사편찬연구소, 『증언을 통해 본 베트남전쟁과 한국군』 제3권, 서울, 국방부 군사편찬연구소, 2003 참조.

이 해당 역할을 수행했고, 각 중대마다 배치된 베트남어 통역병들이 대민요원의 역할을 맡는 경우도 있있다.[39] 각급 부대의 민사작전은 기본석으로 주월사 민심처 및 사단·여단 민사참모부의 지시를 받으면서도 각 부대가 주둔한 지역의 상황에 따라 다양한 방식으로 진행되었다.

한국군 민사작전에 소요되는 물자와 자금은 대부분 미국에서 공급했다. 물자·자금이 필요한 경우 주월사는 미국의 베트남 군사원조사령부를 직접 접촉했고, 사단·여단·연대 등 주월사 예하 부대들은 주둔한 성(省) 또는 군(郡)에 파견된 미국 고문관을 접촉해 필요한 사항을 요청했다.[40] 미국 군사원조사령부가 한국의 물자·자금 요청을 승인하면 베트남 주재 국제개발처(AID)가 해당 부대에 승인된 물자·자금을 공급했다. 민사작전의 실제 수행은 한국군이 할지라도 작전의 배후에 있는 '물주'는 미국이었던 셈이다.

주월한국군이 벌인 대민활동은 베트남인들의 생활환경을 개선하는데 초점이 맞추어졌다. 한국군의 대민활동은 크게 구호사업, 진료활동, 건설지원, 농경지원, 자조사업 등으로 나눌 수 있다.[41] 그 중에서도 통계 자료 및 참전 군인들의 증언을 종합해보았을 때 민사작전에서 한국군이 주력한 사업은 구호활동, 건설지원, 의료지원이었다. 특히 참전 경험자들이 민사작전 사례로 가장 많이 언급한 것은 쌀 공급을 중심으로 한 구호활동이었다. 실제로 통계에 따르면 1965–72년 기간 한국군이 베트남 주민들에게 제공한 밀, 옥수수, 밀가루의 양을 합치면 약 2,911톤인데 반해 백미 제공량은 16,220톤에 달한다.[42] 1966–68년 청룡부대 부대대장 및 여단 봉사참모를 지낸 차수정은 당시 이루어진 한국군 구호

---

39) 서경석, 2차 구술, 2014.1.21.; 서경석, 3차 구술, 2014.2.4.

40) 주월한국군사령부 편, 앞의 책, 869쪽.

41) 주월한국군사령부 편, 앞의 책, 870쪽.

42) 주월한국군사령부 편, 앞의 책, 877쪽.

사업을 다음과 같이 회고했다.

> 대민지원이라고 하는 것은 자기 작전 지역에, 작전 지역에 있는 민간인들을 우리 편으로 끌어들이기 위해서 그러한 민간인들 부락 이런 데를, 군청 이런 데를 상대로 해서 … 부락에 가서는 주로 식량, 쌀, 쌀을 우리가 많이 지원을 하는 게, 월남 정부로부터 한국군은 별도로 식량을 지원받았기 때문에, 그럼 우린 미군으로부터 모든 레이션(ration)을 지원받고, 월남정부로부터 쌀도 지원 받고 그러기 때문에 그 식량을 절약을 해서 일부 대민지원을 하는데 우리가 쌀을 가서 노나 주기도 하고 그랬어요. 내가 그래서 저 대민 지원하는 사진도 하나 봤지만은, 그래서 그 사람들한테 우리 편에 들게끔 하고, 당신네 베트콩이 여기 뭐 있으면은 우리한테 알려 달라, 그런 것도 하고 그러는 게 일반적인 대민지원 사업이고.[43]

둘째로 건설지원 또한 민사작전에서 중요한 비중을 차지했다. 한국군은 남베트남 정부의 농촌 지역 평정계획인 '지역사회 방어 및 지역개발 계획'에 호응하는 차원에서 각종 공공시설의 건축과 보수에 나섰다. 1965-72년 기간 한국군은 연인원 581,916명을 동원하여 베트남에 1,740동의 가옥, 357동의 교실, 132개의 교량, 130동의 사무실, 총연장 393,8km의 도로를 신축했고, 903동의 가옥, 280동의 교실, 216동의 교량에 보수공사를 실시하는 등 다수의 건설지원 활동을 했다.[44] 1968-69년 백마부대 30연대장을 지낸 양창식은 30연대 예하에 사단 공병 1개 중대가 배속되어 있어, 이 공병중대를 통해 학교, 교회, 도로를 신축하는 사업을 빈번하게 벌였다고 증언했다.[45]

---

43) 차수정, 2차 구술, 2013.10.30.
44) 주월한국군사령부 편, 앞의 책, 890-895쪽.
45) 양창식, 4차 구술, 2013.2.4.

셋째로 의료지원도 자주 이루어졌다. 한국군이 현지에 설립한 야전병원들은 한국군 부상자들뿐만 아니라 현지인들을 치료해주기노 했다. 1964–1965년 붕따우(Vung Tau) 제1야전병원에서 간호장교로 근무한 안상정은 대민진료를 다음과 같이 회고했다.

그 우리 주로 갔을 때는 대민진료가 먼저 시작 됐어요. 어, 이제 전상환자는 뭐 전쟁 일어났을 때 이제 후송 오면은 받았지마는, 대민진료가 굉장히 많이들 와가지고 어, 처음에는 많이 거부감을 느끼고 우리도 또 어떻게 할까 했는데, 뭐 받아보니까 상처도 쉽게 낫고, 또 친밀감도 있고, 신뢰도 가고 하니까 굉장히 우리를 좋아해요. 우리를 이제 의사를 박시(Bác sī)라 그러거든? 따이한 박씨(Đại Hàn Bác sī), 따이한, 깜언(Cảm ơn). 깜언은 이제 고맙단 말이고.[46]

야전병원뿐만 아니라 일선 부대도 의료 활동을 했다. 대대급 이상 부대에서는 고정진료소를 운영했고, 고정진료소를 이용할 수 없는 주민들을 위해 중대급 부대에서는 이동진료반을 운영했다.[47] 1965년–72년 기간 한국군은 매년 평균적으로 30–40개의 고정진료소와 200개 내외의 이동진료소를 운영했다.[48] 다수의 참전 군인들은 군의관이나 위생병이 마을에 내려가서 외상에 소독제를 발라주거나 언청이 수술을 해주는 등의 활동이 있었음을 증언했다.[49]

농경지원은 부족한 일손을 돕고 베트남 농촌에 한국식 농업 기술과 농기구를 전파하려는 의도에서 시작되었으나, 현지 설문조사 결과 한국

---

46) 안상정, 1차 구술, 2014.10.12.
47) 주월한국군사령부 편, 앞의 책, 880쪽.
48) 최용호, 앞의 2007 책, 137쪽.
49) 서경석, 2차 구술, 2014.1.21.; 라동원, 3차 구술, 2013.12.6.; 전일구, 2차 구술, 2014.3.24.; 전제현, 5차 구술, 2014.6.24.

군의 농경 지원으로 오히려 피해를 입었다는 응답이 40%에 이르는 등 긍정적인 결과를 얻지는 못했다.[50] 자조사업은 주로 농사에 의존해서 살아가는 현지 주민들에게 일종의 직업교육을 제공하는 것으로, 맹호부대, 청룡부대, 건설지원단, 100군수사령부가 주둔 지역에 직원보도소를 설치하여 양재반, 타자반, 가사반, 기계기술반 등을 운영했다.[51] 1968-72년 기간 총 1,553명의 베트남인이 한국군이 실시한 직업교육을 수료했다.[52]

이처럼 한국군의 민사작전이 구호, 의료, 건설, 직업교육 등 베트남인들의 '환경개선'에 초점을 맞춘 것은 당시 한국군이 막 수용하기 시작한 미국식 대유격전 개념과 관련이 있다고 볼 수 있다. 베트남전쟁 이전까지 한국군의 대유격전 수행은 철저한 비민(匪民)분리 원칙에 기반을 두었다.[53] 일례로 1949년 초 지리산 일대에서 벌어진 빨치산 토벌 작전에서 정일권의 지리산지구전투사령부는 병력과 행정기관을 동원, 비민분리공작을 통해 빨치산의 양도(糧道)와 정보원을 차단하며 주변 가옥과 부락을 강제 철거하는 등의 조치를 취했다.[54] 주민들에 대해 유화적인 '선무공작'이 없었던 것은 아니지만, 해방 직후부터 1950년대에 이르기까지 한국군의 대유격전 수행은 주민에 대한 강경한 감시·통제를 기반으로 반군에 대한 외부원조 차단 → 민간인과 적의 고립 → 격멸로 이어지

---

50) 주월한국군사령부 편, 앞의 책, 872-873쪽.

51) 주월한국군사령부 편, 앞의 책, 887쪽.

52) 최용호, 앞의 2007 책, 139쪽.

53) 한국군의 이러한 대유격전 이해는 일반적으로 만주국에서 일본군이 벌인 '치안숙정공작' 및 집단부락 건설의 역사적 경험에서 유래한 것으로 설명된다. 노영기, 「여순 사건과 구례: 여순사건 직후 군대의 주둔과 진압을 중심으로」, 『사회와 역사』 68, 2005, 37-67쪽; 허은, 앞의 2017 글, 459-460쪽.

54) 임송자, 「여순사건 이후 선무공작을 중심으로 본 지리산 지구의 빨치산 진압」, 『한국근현대사연구』 81, 2017, 183-213쪽.

는 작업을 수행하는데서 크게 벗어나지 않았다.[55]

그러나 1960년대 초반부터 한국군이 수용하기 시작한 미국의 내유격전 교리는 이와는 다른 이해방식에 기초했다. 미국은 유격전을 단순히 군사작전으로 간주하지 않고 근대화 도상에 있는 국가들이 겪는 문제의 일부로 인식했다. 로스토우(Walt W. Rostow)와 코머(Robert Komer)를 비롯한 케네디·존슨 정부의 대외정책 관계자들은 근대화론(modernization theory)적 사고방식에 입각, 베트남 주민들이 공산당·유격대에 가담하는 것은 이데올로기 때문이 아니라 전통사회가 근대사회로 이행하는 과정에서 발생하는 사회적 소속감과 불안의 문제를 해결하기 위해서라고 보았다.[56] 따라서 개발 프로젝트를 통해 주민들이 처한 정치·경제·사회적 환경을 개선함으로써 베트콩의 활동을 잠재울 필요가 있다고 보았다. 이에 미국은 남베트남에서 1961년에 전략촌 프로그램(Strategic Hamlet Program), 1963년 신생활촌 프로그램(New Life Hamlet Program), 1967년부터는 민사 및 혁명개발지원(CORDS: Civil Operations and Revolutionary Development) 프로그램을 실시했다. 각 프로그램의 구체적 수행 방식은 다소 차이가 있으나, 공통적으로 '수색·격멸'(search and destroy) 위주의 대유격전을 지양하고 비

---

55) 허은(앞의 2016 글, 2017 글)에 따르면 1962년 5.16 군사정권은 베트남에서 벌어지는 유격전을 조사하고 파병에 대비할 목적으로 5월에는 심흥선 사절단(M21계획단)을, 11월에는 조재미 사절단을 파견했다. 이 때 심흥선 사절단에서 '유격'에 관한 조사를 책임진 박창암은 만주국 간도특설대 및 해방 후 제주도의 공비토벌 작전에 참여한 바 있었고, 조재미는 여순사건 직후 전라남도 구례에서 강경한 토벌을 벌여 지역 주민들에게 악명을 떨친 바 있었다(노영기, 앞의 2005 글, 55쪽 참조). 한국 정부가 '유격전 전문가'로 선발해 파견된 인물들의 이러한 이력은 당시 한국군의 대유격전 이해 방식을 간접적으로 보여준다.

56) Micheal E. Latham, *Modernization as Ideology: American Social Science and "Nation Building"in the Kennedy Era*, University of North Carolina Press, 2000, pp.151-207.

료 및 농기구 공급, 학교 및 수리시설 건설, 의료 지원 등을 통해 지역개발 프로젝트와 군사작전을 통합, 주민들의 태도를 변화시켜 남베트남 정부를 지지하게 만들고자 했다.[57]

이렇게 군사작전과 '개발'의 결합을 강조하는 미국의 대유격전 개념을 수용하기 시작하면서 한국군의 대유격전·민사작전 수행방식도 변화를 겪었다. 한국군은 1963년 미군의 유격전 교범을 번역한『작전요무령』을 발간했다.[58]『작전요무령』은 주민들이 반란군에 동조하는 것은 '생활환경'에 대한 불만 때문이며, 이러한 불만을 잠재우기 위해서는 기본 생활 필수품 제공, 사회·경제적 자립협동계획 수립 등 '환경개선'을 매개로 한 민사심리전이 필요하다고 강조했다.[59] 1964년 국방부 특수전 기획단장을 지낸 유준형도 육군대학에서 발간하는『군사평론』을 통해『작전요무령』과 유사한 주장을 내놓았다. 유준형은 폭동의 근원인 주민의 불만을 잠재우기 위해서는 주민들의 욕구를 실현시킬 수 있는 공공사업, 공공행정, 공업, 교통 등의 '국가발전계획'이 필요하다고 주장했다.[60]

또한 이 시기부터 한국군 장교들이 미육군 특수전학교(U.S. Army Special Warfare School) 유학을 통해 미국식 대유격전 교리를 습득하기 시작한 점도 주목된다.[61] 특히 주월한국군 장교들 중에는 특수전

---

57) Micheal E. Latham, *The Right Kind of Revolution: Modernization, Development, and U.S. Foreign Policy From the Cold War to the Present*, Cornell University Press, 2011, pp.139-140.

58) 신상구, 「1960년대 한국군의 베트남전 참전과 대반란전 이해: 군사교리의 개편을 중심으로」, 고려대학교 한국사학과 석사학위 논문, 2018, 11쪽.

59) 신상구, 앞의 글, 11-12쪽.

60) 허은, 앞의 2016 글, 466쪽.

61) 1962년 특수전학교 유학을 다녀온 후 맹호부대 전사장교로 참전(1966-67)한 문영일의 증언에 따르면 당시 특수전학교는 노스캐롤라이나(North Carolina) 주 포트 브랙(Fort Bragg)에 위치했으며, 심리전반, 비정규전반, 대유격전반의 3개 반으로 나누어져 있었으나 실제 교육을 받을 때는 3개 반

학교 교육을 수료하고 파월된 경우가 상당수 있었으며, 특수전학교 유학 경험 때문에 베트남에서 민사참모 업무를 담당한 경우도 있었다.[62] 낭시 경제적으로 풍족하지 못했던 한국군 장교들에게 반란진압을 위해 '개발'과 '환경개선'을 강조하는 미국의 유격전 개념은 비현실적인 것으로 인식되기도 했지만, 베트남전쟁은 한국군이 그러한 유격전 교리의 '현실성'을 실제 전장에서 검증해볼 수 있는 실험장이기도 했다.[63]

이러한 맥락을 고려할 때, 주월한국군이 민사작전에서 보인 '적극성'이나 대대적인 대민지원 활동은 한국 사회 일각의 인식처럼 채명신을 비롯한 한국군의 지휘관들이 대민지원과 '양민보호'에 대한 특별한 경험이나 감각을 지니고 있었기 때문이라기보다는 베트남에서 함께 싸운 미국의

의 학습 내용을 통합적으로 배웠다고 한다. 문영일, 5차 구술, 2015.2.24.

62) 1965-66년 맹호부대 1연대 3대대 정보장교로 복무한 권준택은 1963년에 특수전학교 비정규전반을 수료한 후 맹호부대에서 민사관련 업무를 수행했다. 그는 특수전학교에서 배운 가장 핵심적인 내용이 "비정규전에서의 승리는 군사작전과 대민작전 및 심리전의 combination에 달려 있다"는 것이었다고 회고했다. 채명신은 회고록에서 파월 초기 권준택이 민사작전의 일환으로 의료활동을 벌인 에피소드를 한국군의 "첫 대민지원 성과"로 특별히 언급하면서 그가 자신의 "대 게릴라전 원칙을 제일 먼저 이해하고 발벗고 나섰다"고 술회했다. (국방부 군사편찬연구소 편, 앞의 2001 책, 289쪽; 채명신, 앞의 2006 책, 204-205쪽)

63) 문영일의 다음 회고는 1960년대 초반 한국군 장교들이 미국의 대유격전 교리를 처음 접했을 때의 인식이 어때했는지를 보여준다. "특히 요르단 친구 … 이 친구하고 나하고 인저 죽이 맞아가지고 야 말이야 미국 사람 저렇게 완전히 뭐, 미국 이제, 하, 아까도 얘기했지만은 카운터인설전시(counterinsurgency) 하는데 아, 환경을 조성해주고, 뭐, 뭘 개선해주고 수돗물도 나오게 해 주고 뭐, 밥도 많이 줘야 되고, 뭐, 뭐 어쩌고 말이야 위생도 잘 해야 되고 이런 거 가리키는데, 야 지금 우리 형편에 말이야 그런 게 어디 있냐 말이야. 그런 게. 그런 거 없이 폭동 진압 할수 없냐 이런 식이지 … 사실 그랬거든? 그 당시만 해도. 지금이야 다 진리고 뭐, 확실한 그 교리인건 틀림없는데 우린 어서, 당장 뭐 하고 이거 하고 수돗물 어떻게, 농촌에 말이야 전깃불은 어떻게 다 들여보내며 수돗물 어떻게 다 들여보내며 말이야." 문영일, 5차 구술, 2015.2.24.

유격전 수행방식 및 대유격전 교리에서 기인한 측면이 크다고 볼 수 있다. 참전 군인들의 증언에 따르면, 주월한국군 고위층은 파월 초기에는 오히려 민사작전에 큰 관심을 갖지 않았고, 일부 지휘관들은 "전쟁을 위해 싸우러 왔지 월남 사람 도와주러 왔느냐"며 민사작전에 대해 부정적 반응을 보이기도 했다.[64] 한국군이 벌인 대규모 민사작전에는 지휘관들의 상황 판단과 결정이라는 요인 이상으로 미국의 영향력이 강하게 작동하고 있었던 것이다. 앞서 언급한 바와 같이 베트남에서 미국이 벌인 평정정책과 대유격전이 근대화론에 이론적 근거를 두었음을 감안하면, 주월한국군의 민사작전은 한국 사회가 베트남에서 미국발 근대화론을 행동으로 실천하고, 더 나아가 그것을 내면화하는 하나의 방식이었다고도 볼 수 있을 것이다.[65]

한국군의 민사작전이 성공적이었는지에 대해서는 참전 군인들의 견해가 엇갈린다. 1968-71년 1군수지원단 보급장교로 참전한 정성길은 양민에 대한 보호와 구호를 모토로 한 한국군의 민사작전이 성공적이었기 때문에 지금까지도 한국인들이 베트남인들에게 추앙을 받고 있다고 주장했다.

우리 한국군이 … 지금도 월남인들한테 추앙을 받고 사랑을 받는 이유가 전쟁터

---

64) 국방부 군사편찬연구소 편, 앞의 2001 책, 289쪽; 채명신, 앞의 2006 책, 196-197쪽.

65) 베트남에서 미국이 진행한 메콩강 개발계획, 평정정책, 대유격전이 근대화론 및 개발이론과 갖는 관련성에 대해서는 David Ekbladh, *The Great American Mission: Modernization and the Construction of an American World Order*, Princeton University Press, 2010, pp. 190-225 참조. 박태균 또한 로스토우가 "대게릴라전과 근대화론의 결합"을 주장하여 "대게릴라 전술의 목회자"로 불렸다는 사실을 지적한 바 있다. 박태균, 『원형과 변용: 한국 경제개발계획의 기원』, 서울, 서울대학교 출판부, 2007, 140쪽.

에 우리가 그, 이, 월남인들 베트남인들을 어, 절대 학살하지 말고 보호하고 사랑하고 고담에 잘 관리히라. 이렇게 이게 하여튼 정책이었는데 그게 성공적이었어요. … 그래서 월남 사람들은 한국 사람들이 그 양민보호를 하고 어, 월남인들에 대해서 그렇게 크게 그 원한을 가지고 뭘 안한다는 걸 알고 그냥 미군에 의해서 여기 와서 우리가 참전한 것뿐이고 베트콩을 섬멸하기 위해서, 와서 돕는다.… [66]

그렇지만 상당수의 참전 군인들은 민사작전에 대한 베트남 국민들의 반응이 그렇게 긍정적이지 않았고, 민사작전이 원래 목표하던 바를 제대로 이루지 못한 것 같다고 평가했다. 특히 한국군을 대하는 베트남인들의 '무표정'한 낯빛과 배타적인 태도, 베트남 지역 전반에 흐르는 염전(厭戰) 분위기에 대한 회고가 다수 등장한다.

대민사업을 하면서 한편으로는 마을의 분위기와 베트콩의 동태 등을 파악하고, 또 이들로부터 적에 대한 많은 첩보를 듣기도 합니다만 별로 정확하지는 않습니다. 대민사업을 통하여 월남국민을 대하여 보면 민족성이 차다고 할까. 남의 일에 별 관심을 갖지 않으려 하고, 배타성이 강한 면을 볼 수 있습니다. 월남국민들은 전쟁에 만성되고 또 무표정하기도 합니다.[67]

면담자: 아, 그런 거 해주면 그런 작업들(민사작전들 – 필자 주)에 대해서 베트남 사람들의 어떤 호응이나, 요런 게 좀 있나요? 효과가 나타나나요?

구술자: 어, 효과 나타나기보다 이제 고맙게 생각을 해요. 고맙게 생각하는데, 에, 솔직히 말해서 그 민간인들은 하도 그 전쟁에 대해서 너무 염증이 있어 가지구서.

---

66) 정성길, 2차 구술, 2015.11.11.
67) 국방부 군사편찬연구소 편, 앞의 2002 책, 246쪽.

면담자: 너무 오래 됐기 때문에.

구술자: 응. 그렇게까지 뭐 감동을 받고 뭐 이렇게, 그러한 것이 좀 무표정한 것이 좀 많지 않았느냐. 그렇게 생각을 합니다. … 그리고 또 그네들은 또 거, 타 민족에 대한 거부감이 많고, 자기들의 그 자존심이 강해요, 베트남인들은 아주 자존심이 강한 민족입니다. 에, 그래서 어, 여러 가지로 그, 우리 대민 지원 많이 해주지만은 그렇게 감사하다는, 그렇게 뭐, 뭐, 머리 수 그리는 그러한 것이 없고. 단지 우리의 목적은, 단지 베트콩에서부터 양민으로 우리 자유진영으로 어, 전향할 수 있게끔 그것이 더 목적을 가지고서 대민사업 한 거예요.[68]

1971-73년 106 야전병원에서 근무한 박종숙도 이와 비슷한 증언을 남겼다. 박종숙은 부대 에서 병원 인근의 학교에 쌀을 지원하기 위해 찾아간 적이 있는데, 쌀을 받기 위해 아무도 나와 있지 않았고 별로 반가워하지도 않았다고 회고했다. 더 나아가 박종숙은 베트남 사람들이 한국군을 좋아했다는 것은 극히 일부의 사례일 것이며, 대부분 한국군에 대해 배타적인 태도를 갖고 있었다고 보았다.

갔는데 그 사람들 우리 같으면 막 뛰어나와서 뭐 왔느냐, 어쩌느냐 할 텐데 굉장히 그냥 한참 기다리니까 할 수 없이 누가 겨우 나와서 뭐 가져가는 형식. 그냥 사진 한 커트 찍고. 굉장히 배타적이에요 아주. 그러고 그런 분위기에요. 그런데 그게 그 때는 '야. 뭐 이럴 수가 있나.' 그랬는데.… 그 때 학교 갔을 때도 한 막 20분을 기다렸을 거야 아무도 안나와가지고. 그냥, 그냥 굉장히 그 사람들이 그 때 보면 낮에는 어 군인이 지배하고 밤에는 뭐 베트콩이 지배하고 한다고 이중으로 세금 내고 그런다고 그니까 그 사람들이 외국군에 대한 싫어하는 감정이 굉장히 강한

---

68) 라동원, 3차 구술, 2013.12.6.

거죠, 그 정도로 그 두 개만 봐도. 그래서 아 한국군이 거기 가서 별로 뭐 신문에 보면 뭐 지금 저기 어디도 가서 뭐 굉장히 좋아한다고 어쩌고 저쩌고 그러는데 그건 그냥 그 마을의 극히 일부 사람이 그러고 틀림없이 배타적일 거다. 그런 생각이 들어요. 전쟁터에 가면 들어온 군인에 대해서 감정이 좋질 않아요, 가보니까.[69]

현재까지도 한국군이나 베트남전 참전자 단체들은 한국군의 민사작전이 베트남의 민간인들에게 큰 호응을 이끌어냈고, 이를 통해 주민들의 적극적인 협력을 이끌어낼 수 있었다고 긍정적 평가를 내리는 경우가 많다.[70] 이에 반해 현장을 직접 경험한 참전 군인들 중 상당수가 그러한 '공식적' 해석과는 다르게 민사작전의 성공 여부와 효과에 대해 부정적 평가를 내린 것은 흥미롭다. 한국군의 '성공적인 대민관계'라는 역사적 이미지가 상당 부분 신화화된 것이 아닐지 생각해 보게 되는 대목이다.

미군이 남베트남의 평정 상황을 관리하기 위해 고안한 지역평가제도 (HES; Hamlet Evaluation System)에 따르면 미군·한국군이 철수한 1973년 시점에 남베트남 전체 인구의 89.9%, 촌락의 78.1%가 남베트남 정부의 통제 하에 들어왔으며, 주월한국군 책임지역 내의 인구 81.5%, 촌락의 72.5%가 평정되었다.[71] 그러나 고작 2년 후 대부분의 지역이 '평

---

69) 박종숙, 2차 구술, 2014.7.22.
70) 일례로 국방부 군사편찬연구소는 한국군의 베트남파병을 간략히 설명하면서 한국군이 건설사업, 자조지원 대민사업을 통해 "마을 주민들의 칭송"을 받았으며, "주민들로부터 신뢰를 받은 한국군 상(像)을 정립하는 데 크게 기여"했다고 설명한다. 국방부 군사편찬연구소 웹사이트(http://new.mnd.go.kr/user/indexSub.action?codyMenuSeq=70437&siteId=imhc&menuUIType=sub) 참조.
71) 주월한국군사령부 편, 앞의 책, 854–867쪽. 지역평가제도는 베트콩 하부 조직 유무, 적의 세금 거출 유무 등을 기준으로 남베트남 각 지역을 '확보' 지역 (A–C 등급), '경합' 지역 (D–E 등급), 베트콩 지역 (V 등급)으로 구분하였고, 이 중 A, B급 지역을 '완전확보' 지역으로 분류했다.

정'되었다던 남베트남은 북베트남의 공격에 의해 단시간에 무너졌다. 이런 결과에 대해 평가제도 자체가 졸속이었음을 지적할 수 있을 것이며, 또한 파병 준비 단계에서부터 현지 사회에 대한 정확한 이해는 결여한 채 미국의 물질적 지원에 주로 의존했던 한국군의 민사작전이 결과적으로 실패했음을 보여준다고 말할 수 있을 것이다. 더 나아가 이는 대상 국가의 사회적·문화적 맥락에 대한 세밀한 고려 없이도 개발 노선, 물질적 풍요의 제공을 통해 '자유세계' 강화가 가능하다고 전제한 근대화론의 실패이기도 했다.

3. 한국군과 베트남 민간 사회의 충돌

베트남전은 전·후방 구분이 불분명한 전쟁이었다. 한국군이 전투를 치르는 지역 주변에는 거의 항상 베트남 민간인들의 거주지가 있었다. 무장한 한국군과 베트남 주민들 사이에서는 다양한 이유로 언제라도 충돌이 발생할 가능성이 있었다. 또한 베트콩은 게릴라전의 효율적 수행을 위해 민간 사회와 긴밀히 결합하고자 했다. 동일한 지역을 낮에는 한국군이 장악했다가 밤에는 베트콩이 장악하는 일도 비일비재했다. 전장의 이러한 상황은 한국군이 비무장한 베트남 민간인들에게 재산·인명상의 피해를 입힐 수 있는 여지를 넓혔다.

참전 군인들은 자신이 목격한 각종 '대민 사고'들을 언급했다. 특히 도난 사고와 교통사고에 대한 증언이 많다. 서경석은 부하들이 민간인들을 작전 지역에서 소개시키는 과정에서 민가의 불상이나 음식을 훔쳐와 문제를 일으킨 사례를 언급했다.[72] 베트남에는 불교 신자가 많아 민가에

---

72) 서경석, 3차 구술, 2014.2.4.

들어가 보면 금으로 된 불상과 그 앞에 차려놓은 음식들이 있었는데, 병사들이 이러한 물건을 부단으로 훔치는 일이 잦았다는 것이다. 이 때문에 피해자들이 부대에 찾아와 물건을 돌려달라고 직접 요구하거나, 피해자들의 신고를 받은 지휘계통으로부터 조사를 받는 일이 몇 차례 있었다고 술회했다. 1966-1967년 맹호부대 항공참모를 지낸 송진원은 근무하던 비행장 주변에서 베트남 민간인들이 교통사고를 당하는 사례들이 있었다고 회고했다.[73]

이러한 도난 사고나 교통사고 등에 대해서는 주로 쌀을 통한 물질적 배상이 이루어졌다. 정성길은 1군수지원단에서 보급장교로 일하면서 민사 장교의 역할도 겸했는데, 교통사고를 비롯해 민간인들에게 상해를 입히는 경우에는 피해 정도에 따라 쌀 30가마나 50가마를 주는 것으로 해결했다고 한다.[74]

성범죄나 살인 사건도 발생했다. 주월사 전투발전부장 대리를 지낸 김치호는 1967년 오작교작전시 26연대가 피난민들을 통제하는 과정에서 강간 사건을 일으킨 적이 있어 문제가 되었으며, 그 밖에도 맹호부대에서 성추행이 자주 발생해 주월사령관 채명신과 맹호부대장 유병현이 갈등을 빚은 적이 있다고 회고했다.[75] 1966-67년 백마부대 대대장을 지낸 이영우의 증언을 통해서도 "백마에서도 작은 강간 사건은 자주 있었으며" 병사들의 성문제를 해결하기 위해 포로 학대로 지목될만한 일을 벌인 경우가 있다는 것도 확인할 수 있다.[76]

---

73) 송진원, 3차 구술, 2013.12.4.

74) 정성길, 2차 구술, 2015.11.11.

75) 국방부 군사편찬연구소 편, 앞의 2001 책, 141-142쪽.

76) 국방부 군사편찬연구소 편, 앞의 2002 책, 147쪽. 이영우는 다음과 같은 증언을 남겼다. "사단장님의 지휘 방침은 "여자관계는 죽음을 의미한다"라고 강조하여 일체의 성행위를 못하게 하였습니다. 그래서 여자 베트콩을 잡으면 옷을 벗기고, 목욕을 시키면서 그것을 보는 것으로 충분하였지요. "전쟁터에서

양창식은 휘하 병사 1명이 방고이(Banh goi)시의 유흥가에 나갔다가 베트남 여성을 강간 후 살해하고, 사건 현장을 목격한 것으로 오해한 몽타나(Montagnard)족 소년들을 살해한 사건을 언급했다.[77] 해당 병사는 방고이시에서 베트남 여성 1인을 주변의 산 속으로 끌고 가서 성폭행한 후 살해했다. 가해 병사는 여성을 살해한 후 산을 내려오는 과정에서 만난 몽타나 족 소년 6명을 사건 발각을 우려해 소총을 난사해 살해했으나, 이 중 생존자가 있어 범죄 사실이 드러나게 되었다. 양창식은 베트남 방고이 시장과 협의를 통해 이 사건을 "전쟁공포증 환자가 작전 후유증으로 인한 정신이상으로 벌인 사건"으로 '정리'하고 가해자를 처형한 후, 피해를 입은 몽타냐족 마을에 피해 정도에 따라 쌀을 나누어 주며 선무공작을 벌였다고 회고했다. 무력을 사용할 수 있는 한국 군인이 베트남 민간인들을 상대로 언제라도 신체적 폭력을 가할 수 위치에 있었음을 보여주는 사례라고 할 수 있다.

특히 다수의 참전 군인들은 파월 초기 청룡부대가 '대민사고'를 일으킨 경우가 많았다고 증언한다. 그 중에서도 1966년 파월되면서 청룡부대의 작전지역을 인수한 백마부대 참전 군인들의 증언에 이러한 내용들이 상당수 발견된다. 1966-67년 28연대 2대대장을 지낸 김기택은 주둔 지역 주민들의 "눈초리가 약간 다른 것"을 느꼈는데, 이는 조사 결과 백마부대 이전에 같은 지역에 주둔한 "해병대에 의해 석연치 않은 사실들"이 있었기 때문이었다.[78] 28연대 3대대 정보장교를 지낸 김상호와 29연대 정보주임을 지낸 탁용호도 청룡부대가 "한번 휩쓸고 지나간 탓에" 대부분의 주민들이 한국군을 무서워했다고 증언했다.[79] 주월한국군에 의

여자 관계는 곧 죽음을 뜻한다"는 말을 깊이 심으려 했기 때문입니다."

77) 양창식, 4차 구술, 2013.2.4.
78) 국방부 군사편찬연구소 편, 앞의 2002 책, 52쪽.
79) 국방부 군사편찬연구소 편, 앞의 2002 책, 34쪽.

한 가혹행위의 존재를 상당 부분 부정하는 채명신조차도 "파월 초기의 해병내"에는 나을을 공격하면서 민간인에게 입히는 피해를 "전과"로 생각하는 경향이 있었음을 시인했다.[80]

주월 한국군의 대민관계와 관련하여 가장 민감한 사안은 민간인 학살 문제다. 대부분의 참전 군인들은 민간인 학살에 대한 이야기가 과장되었고, 베트콩과 민간인의 구별이 어려운 베트남의 전장에서 일부 민간인들이 억울하게 희생당하는 경우가 있을 수는 있지만 고의적인 학살 행위는 없었으며, 작전 과정에서 '어쩔 수 없이' 벌어진 민간인 희생을 '학살'로 지칭해서는 안 된다고 주장했다. 1969~70년 맹호부대 포병사령관을 지낸 김춘배는 한국군 부대가 고의로 민간인 부락을 공격하는 등의 행위는 없었다고 증언한다.

사령관의 주요 지침 중의 하나가 음, 100명의 베트콩을 놓친, 놓치는 한이 있더라도 한 명의 그 선량한 그 사람들은 희생시켜선 안 된다, 그러는 게 이제 윗사람의 생각이에요. 그러니까 그 적군이 굉장히 그 어렵죠. 내가 적이라고 그러질 않는 게 그 뭐, 본질이니까. 그런데 제가 있는 동안에 무슨 부락을, 그런 게 염려스러워서 이렇게 멀쩡한 데를 공격을 해서 무력화시켰대든지 그런 기억은 난 지금 없어요.[81]

차수정의 다음과 같은 발언은 민간인 학살의 존재를 부정하는 참전 군인들의 생각을 압축적으로 보여준다. 한국군은 베트콩에 의해 먼저 공격을 받을 경우 그에 대한 '정당방위'를 했을 뿐이며, 그 과정에서 민

---

80) 국방부 군사편찬연구소 편, 앞의 2001 책, 88-89쪽. 채명신의 증언은 『증언』 1-3권에 걸쳐 여러 차례 등장하는데, 해당 증언은 그가 주월사령관에서 물러난 직후인 1969-70년에 채록된 것이다.

81) 김춘배, 3차 구술, 2013.9.2.

간인 희생자가 발생한다고 해도 그것은 하나의 부수적 피해(collateral damage)이지 '학살'이라고 볼 수는 없다는 것이다.

전쟁을 그 사람들하고 이렇게 맞붙어서 싸우는 게 아니잖아. 앞에다 놓고서 얼굴 쳐다보면서 쏘는 게 아니잖아. 몇 100미터 떨어진데서 총알이 날라 오니까 대고 쏘고 자기네들도 쏘고 갔다 이거야. 나중에 가 보면은 우리도 죽고 그 놈들도 죽은 게 있는데, 그 죽은 놈들이 그 주변에 주민들이 나중에 뭐, 뭐 기자들 만나서 뭐 이렇게 허다 보면 자기 아버지는 양민인데, 응? 베트콩도 아닌데 죽였다, 이렇게 말할 수가 있거든. 그러나 실질적으로 우리가 봤을 때는 그게 양민인지 베트콩인지 어떻게 알고 뭐 어디서 총을 주고 받고 쏘는 걸 어떻게 식별할 수 있냐 이거야. … 응? 모르지 뭐 그 안에 섞여서 진짜 베트콩이 아닌데도 죽을 수도 있겠지, 그 안에 있었으니까. 그런 경우가 상당히 비일비재한데 그거를 이 저~ 이전에 한 겨레신문에 있는 무신 기자인가 그 놈들이 무슨 양민을 학살했다, 그 당시 중대장을 뭐 면담을 해가지고 뭐 양민을 학살했다고 진술을 받았다 이렇게 거짓말을 하는데, 중대장이 그 양민을 학살했다고 진술을 할 리가 없는 거고, 할 수도 없고, 사실도 그게 아니고. 내가 실지 그냥 월남에서 내가 직접 야전에서 전투를 해 본 사람이지만, 그럴 수가 없는 거예요.[82]

반면 한국군에 의한 민간인 학살의 존재를 완전히 부정하지 않는 참전 군인들도 있었다. 1967-68년 청룡부대 소대장을 지낸 최상범은 청룡부대 주둔 지역 근방에서 미군에 의한 미라이(My Lai) 학살 사건이 벌어졌다고 설명하면서, 청룡부대도 미라이 학살과 같은 대규모는 아니더라도 민간인 학살을 저지른 적이 있음을 시인했다.[83]

---

82) 차수정, 2차 구술, 2013.10.30.
83) 한국군에 의한 학살 사건으로 가장 잘 알려진 '퐁니·퐁넛 마을 사건'도 1968년 2월 청룡부대에 1중대에 의해 발생했다. 미라이 학살은 퐁니·퐁넛 사건 약

그러니까 이 미군 병사들이 들어와 가지고 이 마을의 촌락 노인, 애들, 이런 사람들을 상당히 많이 죽인 게 미라이(My Lai) 학살 사건이지. … 그런데 인제 어, 지금 뭐 이 청룡부대에도 이런 일이 종종 있었어요. 이렇게 다량 학살은 안 했더래도. … 근데 이제 어 미라이 학살 사건 같은 경우도 물론 베트콩이 아닌 사람도 죽을 수가 있었지. 베트콩만 죽은 게 아니고. 그래서 인제 이런 큰 사건이 났었는데, 우리 청룡지역에서도 크던 적던 이런 비슷한 형태는 많이 있었다는 것을 얘기하지.[84]

최상범은 한국군에 의한 민간인 학살의 존재를 인정하면서도, 베트남의 한국군이 베트콩과 양민을 구분할 수 없는 상황에 놓여있었고, 전쟁에서는 그러한 민간인 피해가 어쩔 수 없이 발생한다고 보는 점에서는 민간인 학살을 부정하는 구술자들과 의견을 같이했다.

구술자: 그래서 우리 청룡부대나 백마부대 이런 그 맹호부대에서도 양민학살을 많이 했다고 했는데. 어, 우리가 볼 때는 그게 양민이다, 아니다라고 구분을 할 수가 없다. 그리고 전쟁터에서는 아무렇게도 그런 피해가 발생할 수 있다 하는 거를 내가 이야기하는 거지.
면담자: 네. 어쨌든 그게 게릴라전은 더 그럴텐데. 내전이나 이런 것들이 장기화될수록 민간인에 대한 피해는 워낙에 커질 수밖에 없는 게 전쟁의 성격상,
구술자: 그렇지, 그렇지.
면담자: 나타날 수밖에 없는 일이긴 한데.[85]

한 달 뒤에 발생했다. 퐁니·퐁넛 마을 사건에 대한 전반적인 사항은 고경태, 『1968년 2월 12일: 베트남 퐁니·퐁넛 학살 그리고 세계』, 서울, 한겨레출판, 2015 참조.
84) 최상범, 4차 구술, 2013.9.6.
85) 최상범, 4차 구술, 2013.9.6.

민간인 학살 문제는 한국의 베트남전 참전에 대한 역사적 평가와 직결되는 가연성 있는 사안인 만큼, 다른 사안에 비해 참전 군인들의 자세하고 진실한 답변을 듣기 어려운 주제임이 분명하다. 전일구의 다음과 같은 발언은 이 문제에 대해 발화하는 것 자체에 부담을 갖는 참전 군인들의 심정을 잘 보여준다고 할 수 있을 것이다.

(베트남전과 관련한-필자 주) 에피소드는 공식적으로 얘기 못 할 얘기들이 많아요, 얘기, 얘기해서도 안 되고. 죽을 때까지 내 가져가야 하는 얘기들이고. 그건 뭐 어느 전쟁이나 에, 그런 그 참 말 못할 에피소드들은 항상 있는 거야. 우리가 일본소설 『인간의 조건』이나 이런 거 보면 일본 군대들이 얼마나 그 만행을 저질렀어? 그거 보면 참 우리가 상상 못할 그런 일들이 있잖아? 근데 뭐 어느 전쟁이고 그건 내가 고의로 할 수도 없는 거지만 어떤 상황에서는 자신도 모르게 그런 일이 일어날 수가 있는 거야. 월남전에 뭐 미군들 그런 사례들 뭐, 나오잖아? 양민들 학살하고, 뭐. 할 수 없는 거, 그런. 그건 상황이 어쩔 수 없는 상황도 있다고. 뭐 피치 못할 사정.[86]

4. 맺음말

베트남전에서는 비정규전이라는 특성상 우호적인 대민관계 유지가 중요했고, 한국군은 파월 특수교육대를 통해 전투 기술과 더불어 대민관계 관련 교육도 일부 실시했다. 그러나 한국군이 대민관계의 중요성을 외부적으로 공언한 데 비해 실제 교육 내용은 빈약했다. 대다수 한국군은 베트남 민간사회의 문화, 습속 등을 이해하는데 필요한 기본적인 지

---

86) 전일구, 2차 구술, 2014.3.24.

식과 정보를 제대로 갖추지 못한 채 '무지한' 상태로 베트남으로 가는 배에 몸을 실었다.

베트남에서 한국군의 대민관계는 주로 민사심리전을 매개로 이루어졌다. 한국군이 민사심리전에서 주력한 부문은 구호사업, 건설사업, 의료사업, 농경지원, 자조사업 등이었다. 민사심리전에서 필요한 물자와 자금은 대부분 미국의 군·원조 계통을 통해서 지급되었으므로 한국군은 물질적으로 윤택한 환경에서 사업을 전개할 수 있었다.

한국군이 이렇게 베트남인들의 생활환경개선 및 사회개발에 초점을 맞춘 민사작전을 전개한 배경에는 미국의 대유격전 교리가 있었다. 1950년대까지 한국군의 대유격전 교리는 철저한 비민분리 원칙에 근거했으나, 1960년대 초부터 미국 대유격전 교범의 번역, 한국군 장교들의 특수전학교 유학 등을 통해 군사작전과 개발의 긴밀한 결합을 중시하는 미국식 교리를 수용했다. 1960년대 미국의 대유격전 개념은 근대화 이론과 밀접한 관련을 지녔고, 그러한 대유격전 개념을 베트남에서 수용·실천한 한국군은 의도하건 의도하지 않았건 작전을 통해 근대화론의 수행자가 되었다.

다만 참전 군인들의 증언에서 드러나듯, 한국군 민사작전이 실제로 유의미한 성과를 거뒀다고 보기에는 어려운 부분이 많다. 상당수의 참전 군인들이 베트남 민간인들에게 다양한 물질적 혜택을 공급했음에도 불구하고 그들의 반응이 긍정적이지 않았다고 증언했다. 이는 해당 사회가 처한 역사적·문화적 맥락에 대한 고려 없이 '개발'과 '환경개선'을 통해 성공적으로 대유격전을 수행할 수 있다고 본 미국발 근대화론의 피상성, 베트남 현지 사회·문화에 대한 적절한 이해와 충분한 사전 준비 없이 미국의 물질적 지원에 편승하는데 치중한 한국군의 작전 방식이 결합해 거둔 실패였다.

민사작전을 통한 긍정적 성과를 잘 이끌어내지 못하는 가운데 주월

한국군은 도난사건, 교통사고, 살인, 성범죄 등의 사건에 연루되며 베트남 민간 사회와 충돌했다. 민간인 학살 문제에 대해서 참전 군인들의 증언은 엇갈린다. 대체로 학살의 존재를 부정하지만 미약하게나마 관련 사실을 인정하는 경우, 그리고 연구자가 증언의 이면을 분석함으로써 간접적으로나마 학살·가혹행위의 존재를 읽어낼 수 있는 경우가 있었다. 연구자들과 시민단체의 노력으로 주월한국군의 학살 문제에 대한 증언과 자료가 계속 발굴되는 중이다. 연구의 진전에 따라 이 문제에 대한 참전 군인들의 증언 내용도 한층 더 풍부해질 수 있을 것이다.

베트남전 당시 한국군은 대민관계를 중시하고 양민을 보호하겠다고 공개적으로 선언했고, 전후에는 비록 베트남의 공산화는 막지 못했으나 베트남에서 이룩한 대민관계는 무척 성공적이었다고 선전했다. 그러나 참전 군인들의 증언을 검토해보면 한국군은 베트남 현지 사회에 대한 이해가 깊지 못했고, 대민관계를 위해 쏟은 노력이 전후 선전된 만큼의 성과를 거두지 못했으며, 오히려 한국군과 베트남 현지 사회와의 충돌 사례도 적지 않았음을 알 수 있다.

이 글은 참전 군인들의 증언을 토대로 주월한국군 대민관계의 실체를 규명하고자 하였으나, 분석 대상으로 삼은 구술자들이 대부분 영관·위관급 출신 남성이라는 점에서 한계를 갖는다. 군대 지휘체계의 말단에 위치한 병사나 하사관 출신, 남성과 더불어 베트남전에 참전한 여성들의 대민관계 경험이나 인식은 남성 장교들의 그것과 다를 수 있기 때문이다. 그간의 베트남전 관련 구술 자료들은 주로 장교·남성들의 경험을 토대로 만들어졌는데, 향후 다양한 수행 주체들의 목소리를 발굴하고 그들의 경험을 역사화하면 더욱 풍부한 베트남전사 서술이 가능할 것이다.[87]

---

87) 일례로 『증언』 1–3권 구술자 총 692명중 병사·하사관 출신은 49명에 불과하다.

그 밖에도 미국이 베트남에서 벌인 각종 평정작전과 한국군 민사작전의 상호관계, 베트남전 시기의 민사작전 경험이 전후 한국의 민군관계 인식에 끼친 영향, 한국군 민사작전에 대한 당대 베트남인들의 인식 등 보다 세밀하게 규명해야 할 부분이 많다. 이는 후속 연구 과제로 남겨두고자 한다.

〈부표 1〉 베트남전 관련 서울대 규장각 구술자 명단

이름	파월시 계급	파월시 소속부대	파월시 보직	파월 기간
배상호	대령	주월사	주월사령관 특별보좌관	1967–1968
이승일	중위	청룡부대	소대장, 중대장	1967–1968 1971
최우식	중위	청룡부대	소대장	1967–1968
양창식	대령	백마부대	연대장	1968–1969
신위영	대령	주월사	주월사 군사정보대장	1967–1968
김세창	중위	청룡부대	관측장교	1966–1967
홍기경	대령	백구부대	해군수송전대장	1967–1968
전자열	준장	백마부대, 건설지원단	부사단장, 건설지원단장	1967–1969
구문굉	중위	청룡부대	소대장, 헌병대 수사과장	1968–1969
최상범	중위	청룡부대	소대장	1967–1968
전일구	소위, 중위	맹호부대	소대장	1969–1971
송진원	중령	맹호부대	항공참모	1966–1967
김춘배	대령	맹호부대	포병사령관	1969–1970
라동원	대령	맹호부대	전투발전부장, 연대장	1967–1969
서경석	중위, 대위	맹호부대	소대장, 중대장	1968–1970
정규호	중위	청룡부대	항공장교	1968–1969
차수정	소령	청룡부대	대대 작전참모, 여단 봉사참모	1966–1968

이름	파월시 계급	파월시 소속부대	파월시 보직	파월 기간
전제현	대령	주월사	주월사령관 특별보좌관, 정보참모, 작전참모, 기획참모, 전투능력평가단장	1969-1973
최갑석	대령	주월사	인사참모	1969-1970
현광언	소위, 중위	백마부대	포병 관측장교, 연락장교	1966-1968
윤찬중	대위, 소령	맹호부대	보급중대장	1965-1966
전도봉	소위	청룡부대	소대장	1967-1968
박종숙	소위	맹호부대	간호장교	1971-1973
안상정	대위, 소령	붕따우 제1야전병원	간호장교	1964-1965
채대석	중위	주월사	태권도 교관	1970-1971
문영일	대위	맹호부대	전사장교	1966-1967
정성길	대위	1군수지원단	보급장교	1968-1971
최평욱	대위	백마부대	중대장	1966-1967
용영일	대위	맹호부대	중대장	1965-1966

〈부표 2〉『증언』 1~3권 구술자 중 대민관계 관련 증언자 명단

이름	파월시 계급	파월시 소속부대	파월시 보직	파월 기간
채명신	소장 → 중장	주월사	주월사령관	1965-69
탁용호	소령	백마 29연대	정보주임	1966-67
진흥수	중위	백마 29연대	소대장	1966-67
김기택	중령	백마 28연대	대대장	1966-67
전학봉	대위	백마 28연대	정보장교	1966-67
김상호	대위	백마 28연대	정보장교	1966-68
이수희	대위	백마 28연대	중대장	1966-67
김용석	하사	백마 30연대	분대장	1966-67
이영우	중령	백마 28연대	대대장	1966-67
이일희	병장	백마 28연대	전령	1966-67

이름	파월시 계급	파월시 소속부대	파월시 보직	파월 기간
지만원	중위	백마 30포병대대	관측장교	1967-69
양창식	대령	백마 30연대	연대장	1968-69
오근제	중령	백마 30연대	대대장	1968-69
정찬모	소령	주월사	전투평가반장	1966-69
이재희	대령	백마 28연대	연대장	1968-70
김원채	대위	백마 28연대	중대장	1969-70
이성수	대령	백마 28연대	연대장	1970-71
오위영	대위	백마 28연대	중대장	1971
박종원	대위	백마 29연대	중대장	1970-71
김용호	병장	백마 966포병대	병장	1970-71
이옥호	중위	백마 30연대	소대장	1970-71
김천수	병장	백마 29연대	인사과 상훈담당병	1970-73
김응세	소령	청룡	여단본부 인사처 보좌관	1965-66
박순기	중위	청룡	부중대장	1965-67
오윤진	중령	청룡 2대대	대대장	1965
전정남	중령	청룡 3대대	대대장	1965-66
성병문	대위	청룡	중대장	1965-66
고기원	대위	청룡 2대대	군수장교	1965-66
차지문	중위	청룡	공병중대장	1966-67
유진종	소령	청룡	여단본부 화학참모	1965-66
문낙용	소령	청룡 1대대	부대대장	1965-66
양영구	대위	청룡 3대대	민사장교	1965-67
정두경	대위	주월사	민사심리전 중대 정보장교	1967
김창원	중령	청룡	여단 인사참모	1965-66
이정윤	중위	청룡	소대장	1966-67
조성국	중위	청룡	소대장	1967-68
이영희	대위	청룡	중대장	1967
임대복	대위	청룡	여단 민사장교	1969-70
이영주	소령	청룡	여단 민사참모	1968-70
이덕길	대위	청룡 5대대	중대장	1970-71

이름	파월시 계급	파월시 소속부대	파월시 보직	파월 기간
신완식	병장	청룡	통신병	1970-71
장창규	대위	맹호 1연대	중대장	1966-67
박완식	대령	맹호 26연대	연대장	1966-67
신정	중위	맹호 1연대	소대장	1965-66
권준택	대위	맹호 1연대	대대 정보장교	1965-66
박동원	대위	맹호 1연대	중대장	1965-66
배국종	중령	맹호	사령부 인사참모	1965-67
이만진	대위	맹호 1연대	중대장	1965-67
이태일	대위	맹호 기갑연대	중대장	1965-66
신현수	대령	맹호 기갑연대	연대장	1965-66
이효	소령	맹호 기갑연대	작전주임	1965-66
이상연	대위	주월사	민사심리처 보좌관	1965-66

제 IV 부

한국군과 정치·사회변동

제1장

구술로 본 1973년 '윤필용 사건'과 하나회

김 보 영

머리말

1960년대 이후 한국 정치변동에서 군은 주도세력이자 정치의 주체였다. 군인이 정치의 전면에 등장한 5.16군사정변과 신군부가 등장한 12.12군 사쿠데타는 인적 측면에서 서로 긴밀하게 연결되어 있었다. 5.16을 주도한 구군부의 비호 아래 군내에서 인사와 정보를 장악한 신군부가 또다시 군사정변을 주도하고 권력을 장악하는 과정에서 군내 사조직인 '하나회'가 주요한 축으로 등장했다. 하나회는 12.12쿠데타를 주도한 신군부의 핵심 세력이었다.

하나회가 세간에 처음 알려진 것이 1973년 이른바 '윤필용 사건'이다. 수도경비사령관 윤필용이 술자리에서 중앙정보부장 이후락에게 "각하의 후계자는 형님이십니다"라고 말한 것이 발단이 되었고, 이 사건을 수사하는 과정에서 윤필용이 하나회의 후원자 역할을 한 것으로 알려졌다. 조사 과정에서 군내 사조직인 하나회의 실체가 일부 노출되었다.

한국 현대정치사의 대표적인 권력스캔들이라 할 이 사건으로 당시 수도 경비사령관 윤필용과 그 부하들이 쿠데타 모의 혐의로 군법회의에 넘겨졌다. 윤필용 수경사령관의 참모장이었던 손영길(육사 11기, 준장)은 이 사건으로 구속되고 강제로 예편 당했다. 흔히 '윤필용 사건'으로 알려져 있지만, 최근에는 '윤필용 손영길 장군 쿠데타 음모사건'으로 불리기도 한다.[1] 조사 결과 쿠데타 음모는 없는 것으로 드러났지만, 윤필용과 손영길 등 관련자들이 직권남용과 공금 착복 및 횡령 등 파렴치범으로 처벌되었다. 당시 이 사건은 군내 경상도 세력과 이북 출신들의 파워게임이라는 설이 돌았고, 전두환과 노태우 등은 가까스로 살아남아 결국 12.12사건을 넘어 신군부의 집권 주체가 되었다고 보기도 한다.[2]

흔히 윤필용 사건은 박정희 후계체제를 둘러싼 권력 암투로 이해된다. 유신체제의 성립과정에서 발생한 이 사건은 박정희가 결코 2인자를 허락하지 않는 성격이고, 박정희의 퇴임이나 후계 체제를 논하는 것 자체가 최고의 불경죄임을 보여주는 사건이라는 것이다.[3] 육사 8기 중 처음으로 별을 달고 소장으로 진급한 윤필용은 맹호부대장으로 베트남에 갔다가 돌아와 1970년 1월 수도경비사령관에 임명되었다. 이때 중앙정보부장은 이후락, 청와대 경호실장은 박종규, 보안사령관은 김재규로, 수도경비사령관 윤필용까지 4인이 박정희 체제를 물리력으로 떠받치고 있었다. 박정희는 이들 네 측근을 적당히 경쟁시키고 서로 견제하게 하면서 권력을 관리했다. 김종필은 이러한 박정희의 용인술을, 부하들끼리 수평적으로 뭉치는 것을 경계하는 소위 '디바이드 앤드 룰(divide and rule, 분할통치)'이라고 칭했다. 이후락과 윤필용이 결합하는 것을 용인하지 않았고, 오랜 심복인 윤필용도 가차 없이 제거했다는 것이다. 당시 수경사령관에 오른 윤필용은 박정희의 총애를 믿고 상당한 권력을 행사했다. 군의 주요 보직과 장성급 인사까지 관여하면서 '참모총장 대리' 역할을 하는 게 아니냐는 비난을 받기도 했다. 중장·대장급 군 선배 상당수가 설날이면 윤필용의 집에 세배를 다녀갈 지경이었다. 윤필용의 수경사가 있는 곳을 가리켜 '필동 육군본부'라 칭하는 소리까지 나왔다.[4]

1) 김충립 전 수경사 보안반장 육필수기, 「음모와 암투」, 『신동아』, 2016.5.12.

2) 권정달, 『5共비화』, 일요서울, 2013.11.18. 권정달은 하나회의 뿌리가 윤필용, 유학성, 차규헌, 김진구 등 육사 8기생을 중심으로 모이는 가운데 정규 육사 출신(11기)들이 들어간 것으로 알고 있다.

3) 한홍구, 「박정희 죽음의 전조 '윤필용 사건'」, 『한겨레』, 2012.5.18.

4) 「김종필 증언록, 소이부답(笑而不答)」, 『미주중앙일보』, 2015.7.6.

강창성 보안사령관은 윤필용 등을 조사하는 과정에서 육사 11기 이하의 장교들로 하나회라는 비밀 사조직이 있다는 사실을 밝혀내고 사건을 확대하여 하나회에 대한 본격적인 수사를 준비했다. 이때 하나회 소속 장교들 상당수가 수사 대상에 올랐다. 그런데 박종규와 서종철(국방장관), 진종채(박정희의 대구사범 후배로 전두환의 전임 보안사령관) 등 영남 출신 장성들이 나서서 이들을 구해주었다. 그들은 박정희에게 강창성을 보안사령관에 그대로 두면 "경상도 장교의 씨가 마르겠다"며 박정희 자신이 군대 내의 친위대로 육성한 하나회가 초토화되는 것을 막아줄 것을 요청했다고 한다. 강창성은 이들의 반격으로 보안사령관에서 밀려난 얼마 후 예편했고, 전두환 등 신군부가 집권한 뒤 부정축재 혐의로 감옥에 가고, 삼청교육을 받기도 했다. 강창성은 군에서 물러난 후 일본과 한국의 군벌 정치를 비교한 책을 출간하기도 했다.[5]

하나회는 1963년 육사 11기 장교들을 중심으로 결성된 군내 비밀사조직으로서, 핵심인물은 전두환, 노태우, 정호용, 김복동, 권익현 등으로, 이들이 제5공화국 창출에 결정적 기여를 했다고 알려져 있다.[6] 그러나 하나회 결성 초기 전두환 보다 더 박정희와 친밀하고, 하나회에서도 주도적인 역할을 했던 핵심 인물이 손영길이다. 군내 사조직(파벌)에는 반드시 리더가 존재하며 이 리더가 갖는 목적의식에 따라 그 조직의 성격이 좌우된다. 리더가 정치지향적인 목적의식을 가지고 활동하게 되면 그 조직은 정치군인집단 또는 세력으로 변모한다는 것이다.[7]

이 사건으로 감옥에 가고 불명예스럽게 군을 떠나야했던 손영길은 이 사건이 권력 실세들의 이해관계만이 아니라 육사 11기 동기생의 시기심도 작용했다고 보았다. 청와대 경호실장 박종규, 중앙정보부장 이후락, 보안사령관 강창성 간의 권력투쟁에, 전두환과 노태우가 뒤에서 박종규를 사주하여 사건을 꾸몄다는 것이다. 즉 권력투쟁, 시기심, 음모가 이 사건의 본질이라는 것이 그의 주장이다.

---

5) 강창성, 『일본, 한국 군벌정치』, 해동문화사, 1991.

6) 서창녕, 「한국정치의 후견인－수혜자 관계: 제5공화국의 하나회 인맥에 관한 연구」, 서울대 정치학과 석사논문, 1993.

7) 대한민국재향군인회 호국정신선양운동본부, 『12·12, 5·18실록』, 1997, 28쪽.

본고에서는 하나회 초기 핵심인사이자 '윤필용 사건'의 최대 피해자인 손영길(육사 11기)의 구술을 중심으로, 윤필용 사건과 하나회를 되짚어 보고자 한다. 하나회의 실체 파악에 일조할 수 있을 것으로 기대한다.

1. 5·16군사정변과 육사생도 시가행진

1961년 5월 16일, 박정희 소장을 비롯한 한국군 육군 장교들이 쿠데타를 감행했다. 이로 인해 제2공화국이 무너지고 약 30년간 박정희-전두환-노태우로 이어지는 군사정권이 시작되었다. 박정희와 김종필을 비롯한 육사 8기생을 중심으로 한 쿠데타 세력들은 예비사단 병력과 포병단, 해병대와 공수특전단 등을 동원하여 1961년 5월 16일 새벽 서울을 비롯한 대구, 부산 등의 방송국 등 주요 시설을 무력으로 점령했다. 이들은 육군참모총장과 대통령을 회유하여 국무총리 장면을 사퇴시키고 쿠데타 감행 60여 시간 만에 제2공화국을 무너뜨리고 군사혁명위원회를 설치하여 정권을 장악했다.

5.16군사정변 초기 각 군의 지지선언을 이끌어내는 것이 쿠데타 성공에 대단히 중요했다. 5.16 쿠데타가 발발하자 해군, 공군, 해병대는 지지선언을 하지 않았다. 박정희가 사령관으로 있던 부산 군수기지사령부에서도 지지와 반대 입장이 엇갈렸다. 김용순을 비롯한 지지 세력은 쿠데타 다음날인 5월 17일 모임을 갖고 부산지역에서 '혁명지지 시위'를 벌일 계획을 세웠다. 육사 11기로 전두환과 동기이며, 박정희와 각별히 가까웠던 손영길은 당시 부산 군수기지사령부에 있었다. 박정희가 그를 작전처 작전편제장교로 데려간 것이다. 그는 군수기지사령관 김용순(육사 3기)과 항만사령관 김현옥(육사 3기) 등의 명령에 따라 부산지역 부대를

동원해서 '혁명지지 퍼레이드'를 벌일 계획이었다.

그때 서울에서 전두환이 부산의 손영길에게 전화를 걸어왔다. 육사 생도들이 혁명군에 잡혀갔으니, 빨리 서울로 올라오라는 것이었다. 당시 만주군 출신 박창암이 군인들을 이끌고 육사로 가서 5.16 지지를 강요 했는데, 이를 거부한 육사 교장 강영훈은 체포되고 육사 생도들은 숙소 에 감금되어 있었다. 당시 서울대 학군단(ROTC) 교관으로 근무하고 있 던 전두환이 육사 선후배와 육사생도들을 설득하여 육사생도 시가행진 을 이끌어냈다고 알려져 있다.

16일 날, 우리 부산은 어떻게 부대를 얼마를 동원해가지고 퍼레이드를 어떻게 하 겠다는 거 말이야, 그 다음에 퍼레이드 하는 거리는 어디에서 어디까지 한다든가, 내 동기들한테 전화하면서 몰두하고 있는데, 서울에서 전화가 왔어. 서울에서 전 두환 대위한테 전화가 왔어. 전두환 대위는 그때 서울대 학군단의 교관할 때야. 딱 받아 보니까, 큰일났다는 거야. "야, 지금 육사에 있는 우리 동기들 있잖아. 전 부 다 말이야, 다 혁명군에 붙잡혀 들어갔다"는 거야. 반혁명 분자로 다 들어갔대. (중략)
지금 혁명정부에 아는 사람도 없고, 해명할 사람도 없고 큰일났다. 그러니 박정희 장군이 지금 혁명의 총책임자고 그러니, 니가 박장군 모셨지 않느냐 말이야. 그래 니가 올라와가지고 박장군한테 해명해야겠으니 빨리 올라오라는 거야.[8]

다음날 서둘러 서울로 올라온 손영길은 서울역에서 전두환 대위를 만 났고, 육사생도들이 이날 아침 혁명지지 시가행진을 한 후 모두 풀려났 다는 이야기를 들었다. 육사생도 시가행진은 비록 강압적 분위기에서 회 유와 설득을 통해 이루어졌지만, 육사 내에서는 군이 저지른 이왕에 일

---

8) 손영길, 2차구술, 2016.1.25.

어난 쿠데타에 대해 어쩔 수 없다는 정서도 있었다고 한다.

그날 손영길은 전두환과 함께 서울시의회 자리에 설치된 군사혁명위원회에 박정희에게 인사차 들렀다가 그날로 전속부관이 되어 군정 기간 내내 박정희의 곁을 지켰다. 박정희는 5.16쿠데타 당시 군사혁명위원회를 설치하면서 당시 육군참모총장이던 장도영을 의장으로 하고, 자신은 부의장으로 취임했다. 박정희는 5월 18일 군사혁명위원회를 국가재건최고회의로 개칭한 후, 군부 내 반대세력을 숙청하고 스스로 최고회의 의장이 되었다.

최고회의는 쿠데타 한 달이 지난 즈음 비서실 진용을 갖추었는데, 윤필용 대령이 비서실장, 대위급의 육사 11기생들이 비서실과 경호실에 들어갔다. 후에 하나회를 만드는 핵심 인물들이 거의 모두 최고회의를 거쳐 갔다. 박정희는 5사단장 시절에 만난 윤필용을 총애하여 7사단장, 1군 참모장, 군수기지 사령관, 1관구 사령관 등 새로운 보직을 맡을 때 대부분 윤필용을 데리고 갔다. 윤필용은 이른바 '혁명주체'가 아니었지만, 박정희와의 개인적인 인연 덕분에 최고회의 의장 비서실장 또는 비서실장 대리로, 육군방첩대장, 수경사령관으로 20년간 최측근에서 박정희를 보좌했다.

2. 1963년 '정규육사출신 반혁명사건'과 하나회 결성

1963년 3월 '정규육사출신 반혁명 사건'이 있었다. 중앙정보부장 김재춘 등이 모의한 것으로, 육사 11기 전두환, 정호용 등이 여기에 연루되어 체포되었다가 풀려났다. 이들은 공화당 창당을 주도하던 김종필 등 육사 8기 그룹을 연금하는 일종의 중정쿠데타를 논의했던 것으로 알려져 있다. 그러나 손영길은 이것이 실제 쿠데타 모의라기보다는 일종의

'음모'라고 판단하고 육사 동기들을 적극 비호하여 사건을 무마시켰다. 손영길은 이 사건을 '징규육사출신 반혁명사건'이라고 칭했는데, 이들이 7월 6일을 거사일로 정했다 해서 '7.6 쿠데타' 혹은 '7.6 거사설'이라고도 불린다.

1963년 3월 손영길은 박정희 최고회의 의장과 제주도 출장에서 돌아오는 승용차 안에서 박종규 경호실장의 보고를 듣고 이 사건을 처음 알았다.

"각하! 각하 부재 중에 육사출신 장교들의 반혁명사건이, 반혁명사건이 있었습니다. 그래서 보안사령관이 조사를 해서 지금 각하께 보고 드리려고 청와대에서 대기하고 있습니다." 각하가 있다가, "그거 누구야, 걔들?" 이러니까 "정호용 대위하고 전두환..." 이렇게 나와. 이게 말이야. 내가 딱 보니깐 내 친구인데, 내 절친한 친구들이고 각하를 과거에 최고회의에서 모신 적도 있고. "야, 이거 또 누가 모략하는 구나" 싶었다고. 내가 말이야, 이거 또 모략이다 해서, 그래 내가 다짜고짜 뒤를 딱 돌아봤어. 경호실장 박종규 보고, "각하! 경호실장이 보고 드린 거, 거짓말입니다. 어떻게 젊은 육사 출신들이 계급이 대위, 소령 밖에 안됐는데 뭔 쿠데타를 합니까? 그거 다 모략입니다. 그리고 지금 부르는 애들 보니까, 과거 각하를 모셨고 각하 밑에 비서실에서 일한 친구들입니다. 아닙니까?" 내가 그랬어.[9]

청와대로 돌아온 박정희는 이 사건에 대한 보고를 듣는 자리에서 이들에 대해 선처하라고 지시했다.

"그 애들 전부다 육사출신, 정규육사출신들인데, 앞으로 군을 다 짊어질 애들이요. 선배들이 잘 좀 교육하시오. 걔들 좀 격분해가지고 이야기 좀 했는 모양인데,

9) 손영길, 2차구술, 2016.1.25.

이런 거 가지고 하지 말고 이 다음에 우리 군에서 잘 육성할 수 있도록 선배가 지도 좀 해주시오." 이렇게 말하니까, 어 뭐라고 말하나, 이 사람들… 그래 말하는데.[10]

이즈음에 하나회를 만들자는 이야기가 나오기 시작했다. 민정 이양 전 군정시기인 1963년이었다. 그리고 민정 이양 이후 육사 11기 선두주자인 손영길, 전두환 등이 중심이 되어 정식으로 하나회가 결성되었다. 손영길은 하나회가 친구들끼리 모여서 의리 있게 부정하지 말고 참신한 군인이 되자는 뜻에서 시작한 것이라고 말했다.

> 구술자: 우리가 각하의 정신을 떠받들어 참된 군인이 되자, 그래서 우리 군을 완전히 정군 육성하고..
>
> 면담자: 63년 쯤이예요? 하나회 이야기하던 시기가?
>
> 구술자: 63년. 그때 뭐 하나회를 정식 뭐 만드는 거 보다 하나의 모임이었지, 그것이. '회(會)'를 만드는 거 보다는 모임이었어. 모임에서 한마음 한뜻으로 우리 국가에 충성을 다하자, 참된 군인이 돼 가지고 올바른 군인이 되어서 국가에 충성을 다하자.
>
> 면담자: 그러면 그게 동기생들, 육사 11기들 열 명인가요?
>
> 구술자: 우리 동기생밖에 없었지. 그래 열 명 정도지. 우리 애들. 12기도 없었고. 그때까지는 그랬어. 최고회의 때까지는 말이야. 그리고 내가 대위 달았을 때 그때 후배들도 같이 우리가 모집하고. 후배들이 14기인가, 15기까지 되는가 그랬어.[11]

---

10) 손영길, 2차구술, 2016.1.25.
11) 손영길, 2차구술, 2016.1.25.

이들은 민정 이양 후 군에 복귀하고 나서 하나회를 확장하기 시작했다. 당시 군 내부에는 정규육사출신과 육군종합학교출신 간에 갈등이 있어 처신하기 어려운 분위기가 있었다. 정규육사 졸업생들에 대한 군의 기대가 컸던 만큼 견제도 심했다.

"저놈들은 전쟁도 안 해 봤는데 뭘 알아?" 하고 이렇게 경시할 때야. 하니까 우리가 굉장히 어렵지, 처신하기도 말이야. 그러니까 그 사람들한테 약점 안 잡히고 또 군에서 기대하는 만큼 우리가 기대에 어긋나지 않게끔 말이야 우리가 행동하자는 이야기야. 해야 만이 앞으로 후배들이 계속해서 따라올 것 아니야, 그지? 그런 취지에서 우리가 처음 했던 거야. 동기 중에 제일 우수한 애들 앞세우고 해가지고 앞에서 길을 뚫어 줄 것 같으면 후배들이 그 길을 따라올 것 아니야? 그 첨예, 첨예가 되기 위해서 우리가 하나회를 만들은 거야. 해가지고 하나회는 몸조심하고 남보다 더 노력해야 하고 말이야, 더 참신해야지. 그렇게, 정치군인 되선 안되지. 나중에 그건 잘못됐는데. 그리고 애들 서로가 다 봐주고 했다는 데 그거 다 거짓말이야. 하나회 말이야. 얘들이 우수하기 때문에 잘 올라갔지, 하나회 때문에 올라간 것 없어.[12]

참신한 군인이 되려했던 것이지 정치군인이 되려던 것이 아니었다는 손영길의 주장과는 달리 주위에서는 하나회를 '정치에 관심을 갖는 비밀조직'으로 보는 견해가 다수 있었다. 그 중 대표적 그룹이 반(反) 하나회로 알려져 있는 육사 교수부이다. 특히 육사교수 모임인 청죽회(靑竹會)는 동창회보인 『북극성회보』에 논문도 발표하는 등 군의 정치개입에 반대하는 입장인 것이 알려지면서 반하나회로 인식되었다. 그러나 1961년부터 육사 교수로 있었던 임동원(육사 13기)은 청죽회는 반하나회 모임

---

12) 손영길, 2차구술, 2016.1.25.

이 아니라 실제로는 사회과학계통의 경제학·정치학·법학·전사학·역사학 하는 사람들의 학구적 모임이었다고 구술했다. 청죽회는 공개적인 토론 모임인데 반해, 하나회는 비밀조직이라는 점이 달랐다는 것이다.

면담자: 육사교수부에 청죽회가 있었나요?

구술자: (그때 육사에서는-인용자) 우리 군대가 앞으로 어떻게 발전해야 될 것인가. 외국에선 어땠는가 이런 연구를 하고, 이집트의 나세르가 어떻게 혁명을 해서 나라를 저렇게 바꿔가고 있는가. 그때가 그 무렵이기 때문에 관심 갖고 연구하고. 전체 동창생들을 위한 『북극성회보』라는 월간지가 있는데 거기에 논문도 발표해 주고. 이런 역할을 한 것이 청죽회예요.

근데 이와는 전혀 다르게 비밀조직, (중략) 비밀조직이 있었어요. 칠성회(七星會)라고, 일곱 사람이 앞으로 이제 장군이 되겠다 하는 뜻에서 칠성회라고 해. 이게 나중에 하나회라고 이름을 바꾸는데, 이 사람들은 야전에서 주로 근무를 하고, 우수한 성적이기 때문에 육사교수부에 오거나 (하는 것과는) 여기에서 관련이 없는 사람들이죠. 그리고 경상남북도 친구들이 자연적으로 고향 친구들이 이렇게 어울리게 되니까. 어울려 가지고 "우리가 군의 중추적인 역할을 하자" 하면서 후배기수까지 조직을 만들어 나간 거예요. 이게 하나회예요.

면담자: 이 칠성회가 발전해서...

구술자: 칠성회가 발전해서. 이름을 나중에 언제쯤 바꿨는지, 얼마 안 있어서 바꿨는데, 그리고 정치 쪽에 관심을 많이 갖게 되는 거예요. 뭐 이렇게 저렇게 하다가 박정희 대통령의 또 사랑을 많이 받게 되고, 그 조직이.[13]

요컨대 하나회는 칠성회가 이름을 바꾼 비밀조직으로, 경상도 출신의

---

13) 임동원, 1차구술, 2016.2.5.

친구들이 서로 어울려 군의 중추적인 역할을 하자고 하면서 후배기수까지 소식을 만들고, 정치에 관심을 가지며, 박정희의 사랑을 받았다는 것이다. 이렇게 하나회의 전신으로 거론되는 것이 오성회(五星會)와 칠성회(七星會)이다. 오성회는 전두환을 비롯한 5명의 육사 11기생들이 생도 시절인 1954년 봄 무렵, 38이북 출신 주축의 모임인 송죽회(松竹會)에 대응하여 결성한 친목 모임으로, 하나회와 직접 연결시키지는 않는다.[14] 그러나 임관 이후인 1961년 말 결성한 칠성회(전두환·노태우·손영길·정호용·권익현·최성택·백운택)가 하나회의 모체가 된 것으로 파악된다.

민정 이양 후 하나회를 만들 때 인원은 열 명이었다. 칠성회가 열 명으로 늘어나 '텐 멤버'로 불렸다가,[15] 후에 하나회로 발전했다. 텐 멤버는 전두환, 노태우, 김복동, 최성택, 백운택, 정호용, 손영길, 권익현, 노정기, 박갑용 등이다. 하나회 회장은 전두환이 맡았고, 11기 텐 멤버를 주축으로 각 기별로 10여 명씩 선발해서 1972년 경에는 약 120명으로 늘어났다.

오성회나 칠성회 모두 전두환이 핵심적인 인물로 인식되지만, 실제로 박정희와 친분이 두텁고 승진도 빠르며, 하나회를 실질적으로 보호하는 역할을 했던 인물은 손영길이었다. 손영길은 육사 11기 선두주자로 중령 때인 1964년 11월부터 청와대 경호를 맡은 수도경비사령부(수경사) 30대 대장을 맡았다. 박정희의 직접 지시에 따른 것으로, 박정희의 신임이 두터웠다. 손영길이 육군대학에 가기 위해 수경사 30대대장을 그만 둘 때, 당시 수경사령관 최우근은 후임으로 김복동(육사 11기, 하나회)을 추천하고자 했다. 그런데 그때 전두환이 손영길을 찾아와 자기를 후임으로

---

14) 오성회는 전두환·노태우·김복동·최성택·백운택 등 5명이다. 자료에 따라서는 백운택이 아니라 박병하를 넣기도 한다(대한민국재향군인회, 『12.12, 5.18 실록』, 1997).

15) 강창성, 「전두환과 하나회 군맥」, 신동아, 1991년 2월호, 404~430쪽.

추천해달라고 부탁했다. 하나회를 보호하기 위해서 필요하다는 이유였다.

전두환이가 내한테 왔어. "야, 영길아. 너 30대대장 그만 둘 것 같으면, 우리 하나
회, 내가 어떻게 다 해? 니가 전부다 돌보고 다 보호해왔는데, 그래서 아무래도
그 후임에 내가 가면 좋겠다"는 거야. "내가 가야만 그래도 내가 우리 애들 보호할
수 있을 것 아니냐. 청와대 근무했고, 또 박종규 비서실장을 잘 알고. 그러니까 말
이야. 그러니까 너 후임에 니가 나를 추천해 달라"는 거야, 전두환이가. 전두환이
는 둘도 없는 친한 친구고, 또 전두환이 우리 최고회의 때 비서실에도 있었고, 나
하고는 절친한 친구고 말이야. 그래 나도 생각해 보니까, 우리 뭐 하나회 모임이라
든가, 그때는 우리 하나회가 만들어져 있을 때야. 후배들도 다 있고 할 때인데.[16]

당시 하나회는 육사 17기까지 후배가 들어와 있을 때였는데, 손영길은
서로 모략하고 시기할 때여서, 자기가 없을 때 전두환이 있으면 그래도
낫겠다는 생각으로 박정희에게 전두환을 후임으로 추천했다고 한다.

각하한테 올라갔어. "각하 저 요번에 육군대학교 가고 싶습니다." 이랬어. "육군대
학교는 왜 가?"이러더라고. (중략)
"만일 제가 육대(육군대학) 안 가고 대령된다 할 것 같으면 각하께 누를 끼칩니다.
제가 각하의 부관을 했기 때문에 봐줘서 대령됐다고. 그래서 지금 육대 가서 교육
받고 오는 것이 각하를 위해서 좋겠습니다." 이랬다고. 그러니까 각하가 그래. "그
럼 자네가 간다면, 그 자리는 누가 있어? 누가 보직해야 돼?" 그래. "제가 생각한
사람이 있습니다." "누구야?" 그래 전두환 중령을 말했어. "전두환 중령 있습니다.
공수사 부단장으로 있는데, 우리가 최고회의 때 비서실에 와가지고 비서실에도
있고 또 각하 사상에 대해서 가장 잘 지지하고 각하에 대해서 굉장히 존경하고,

---

16) 손영길, 2차구술, 2016.1.25.

각하께 충성을 다할 수 있는 그런 장교입니다. 저 이상 각하한테 할 수 있습니다. 그러니 제가 믿을 수 있으니까, 오히려 전 중령한테 인계해주면 안심하고 갔다 올 수 있겠습니다." 이랬어. 하니까, "그래, 전두환? 그래. 그러면 그래 믿을 수 있다면 그렇게 하고 가!" 이러더라고.

그래서 인제 육본에 각하 승인 받았다 해가지고, 그래 사령관한테는, "제 후임을 전두환 중령을 각하께서 갖다 놓으라고 합니다."하고는, 사령관한테 거짓말을 했지. 내가 추천했다고 그러지 않고. 그런데 김복동이 한테 내가 미안했지, 김복동이 말이야. 그런데, 그래서 인제 전두환이 데리고 가 가지고, 수도경비사령관이 명을 낼 것 같으면 바로 육본에 기안을 주게 되어 있어. 알았다고 말이야. 명령을 내렸어. 내려가지고 전두환 데리고 각하한테 인사시켰어. 그래서 내가 인사 시키고 (중략)

각하하고 사진도 같이 찍고 경모님(육영수 여사를 이렇게 호칭함)하고 네 사람이 사진도 같이 찍고 그러고 나서 육대 갔지.[17]

손영길은 1970년 5월 26사단 75연대장을 맡았는데, 육사 동기 중 가장 빨랐다. 전임자는 육사 8기였다. 준장 보직인 수경사 참모장도 대령 때인 1971년 8월 부임했고 역시 전임자는 육사 8기였다. 1968년 10월 육군대학을 졸업했을 때는 김형욱 중앙정보부장과 김재규 보안사령관, 윤필용 20사단장이 서로 데려가려 하기도 했다.

앞서 살펴본 것처럼 손영길은 1963년 3월 '정규육사출신 반혁명사건'에서도 동기생들을 적극 비호해서 살려내기도 했다. 그러나 승승장구하던 손영길은 윤필용 사건에 휘말려서 징역 12년 형을 선고받고 준장으로 강제 예편 당했다.

---

17) 손영길, 2차구술, 2016.1.25.

3. 1973년 '윤필용 사건'과 하나회 노출

1972년 시점에 하나회의 사실상의 대부로 거론된 것이 군내부에서는 윤필용 수경사령관, 정치권에서는 박종규 대통령 경호실장이었다. 하나회원들은 대통령 경호실, 중앙정보부, 보안사, 수경사, 특전사, 육군본부의 인사 및 작전참모부와 서부전선의 제1군단 및 제6군단 예하 사단 등 서울과 수도권의 요직을 독점하여 상호 교대 근무하면서 항상 선두로 승진하는 등 승승장구했다.

군내 사조직인 하나회가 세간에 처음 알려진 것은 1973년 4월에 터진 '윤필용 사건' 때문이었다. 1973년 초 이후락 중앙정보부장과 윤필용 수경사령관 등이 요정에서 시국담을 나누는 가운데 '박대통령의 하야와 후계자 문제'가 화제에 올랐는데, 이 사실이 박정희의 귀에 들어갔다. 윤필용이 이후락과 작당하여 박정희가 노쇠하였으니 물러나게 하고 다음은 '형님(이후락)'이 해야 한다는 불경한 소리를 하고 다닌다고 박정희에게 알린 사람이 바로 신범식이었다.

신범식은 청와대 대변인과 문공부 장관을 지낸 뒤 서울신문사 사장으로 있었다. 그러나 신범식이 골프장에서 박정희에게 윤필용 이야기를 한 것은 유신 직후인 1972년 10월 말이고, 사건이 터진 것은 이듬해 3월이었다. 그래서 이 사건이 어느 세력에 의해 숙성, 발효되는 시간을 거쳤다는 추정을 하기도 하고, 반이후락 세력이 단결하여 공동보조를 취한 것이라는 설도 있다. 김재규의 뒤를 이어 보안사령관이 된 강창성이 이후락-윤필용 구도에 맞서 경호실장 박종규와 손을 잡았다는 것이다.[18] 당시 이후락은 평양에 가서 김일성을 만나고 돌아와 7.4남북공동성명을 이끌어내자 대중적 인기가 치솟았다. 수경사 참모장이던 손영길은 이후

---

18) 한홍구, 「박정희 죽음의 전조 '윤필용 사건'」, 『한겨레』, 2012. 5. 18.

락의 울산농고 후배였다.

조사를 지휘했던 강창성은 하나회라는 비밀사조직이 있다는 사실을 밝혀내고 본격적인 수사를 준비했지만, 박종규와 서종철(국방장관), 진종채(박정희의 대구사범 후배로 전두환의 전임 보안사령관) 등 영남 출신 장성들의 반격으로 보안사령관에서 밀려났다.

이 사건 당시 윤필용은 하나회의 대부로 알려졌지만, 손영길은 윤필용이 하나회에 대해서 몰랐다고 구술했다.

> 면담자: 윤필용 사건이 하나회라는 조직이 드러나는 계기가 되는 사건이라고 이야기되는데, 실제로 윤필용 장군이 하나회에 대해 알고 있었나요?
>
> 구술자: 몰라. 윤장군하고 우린 전혀 관계없어. 윤장군은 하나회 하고 전혀 관계없어. 단지 하나회에 있는 내 친구들 다 잘 알지. 뭐 내하고 전두환이 노태우는. 노태우는 보안사 데리고 있었고, 권익현이도 보안사 자기 밑에 데리고 있던 과장이고, 전두환이는 우리 최고회의 때 자기 비서실에 비서관으로 있었고, 최고회의 있을 때 있다가 나왔고, 그것도 내가 다 소개 했고... 최성택이도 내가 소개해가지고 윤장군 알았고, 그래 근무했으니까 알지. 알지만은 윤장군이 그 애들이 하나회 요원으로 어떻게 있다는 거 전혀 몰라.[19]

개인적인 친분은 있었지만, 윤필용이 하나회와 직접적인 관련은 없었다는 것이다. 그리고 박정희의 지시를 받아 만든 것도 아니라고 주장했다.

> 면담자: 그러면 이 하나회라는 조직 자체는 아는 사람만 알고 있었던 건가요?
>
> 구술자: 우리 멤버들만 알고 있었지. 뭐 하나회가 무슨 폭력 단체가 아니야, 우리

---

19) 손영길, 4차구술, 2016.2.24.

친선단체고. (중략) 우리 한마음 한뜻으로 국가에 충성을 다하자, 그리고 다른 사람의 모범이 되면서 말이야, 절대 부정한 사업 하지 말고, 군인다운 군인이 되자 하면서 약속하면서 만든 것이 하나회야. (중략)

그래서 하나회가 뭐 박대통령이 만들고 지시고 뭐 나오는데, 나는 전혀 없어. 내가 대통령 부관 했고. 나는 각하한테 말한 적이 있어. "각하, 우리 동기 중에는 각하의 철학에 대해서 다 십분 이해하고, 각하 철학 존경하고, 각하의 애국심에 대해서 우리 전부 숭배하고 있습니다, 말이야. 그런 우리 동기들이 많습니다." 하고 말이야. 그래 말한 적이 있어. 그거 있는 거뿐이지, 대통령이 하나회 있어 갖고, 하나회가 내가 뭐 시키고 뭐 안돼. 대통령이 알게 된 것은, 내 사건 났을 때 강창성이 말해서 말이야, 하니까 하나회 조사해보라 했겠지. 그것은 도대체 하나회 만들어 가지고 누구 말대로 이후락 대통령 시킬라 했다 하니까 조사해봐라 했겠지. 뭐 그 애들이. 윤필용이를 말이야, 하나회 보스라 하고, 그렇게 했다는 거 아니야? 윤장군을 말이야. 윤장군은 뭐 우리 하나회와 전혀 관계가 없어.[20]

윤필용은 쿠데타 음모, 불경죄로 잡혀갔지만, 처벌은 파렴치한 부정축재자로 받았다. 1973년 4월 28일 군법회의 선고에 따라 윤필용, 손영길, 김성배 등 장성과 지성환, 권익현, 신재기 대령 등 장교 10명에게는 최고 15년에서 2년까지의 징역형을, 안교덕, 정동철, 배명국, 박정기, 정봉학 등 31명은 강제 예편이 내려졌다. 나머지 180여 명은 경고 또는 보직 변경되어 분산 배치되었다. 손영길은 뇌물수수 사전약속, 업무상 횡령혐의, 도망자 방조, 총기소지 위반, 대통령 긴급조치 위반 등으로 기소되었고, 육군고등군법회의에서 12년형을 언도 받고 안양교도소로 이감되었다.

그런데 하나회 핵심 리더인 전두환과 노태우는 처벌을 피했다. 이에

---

20) 손영길, 4차구술, 2016.2.24.

대해 김충립 전 수경사 보안반장은 결과적으로 윤필용 사건의 최대 수혜자는 전두환이라고 보았다.[21] 윤필용 사건 이후 청와대 권력지형에 변화가 왔고, 그것이 전두환에게 이어졌다는 것이다. 차지철이 경호실장에 발탁되고 전두환은 차지철에 의해 1979년 보안사령관이 되었다.

김충립은 윤필용 사건은 쿠데타 음모사건은 사실이 아니고, 이 사건의 가해자는 박종규 경호실장과 신범식 서울신문사 사장이며, 윤필용을 제거하는 데는 '이후락 차기 대통령' 발언 모략이 작용했지만, 손영길이 제거된 것은 청와대 '통일정사' 사건이 계기가 됐다고 보았다. 통일정사는 신범식이 "여기에 절을 지으면 박 대통령 임기 내에 통일이 된다"는 풍수쟁이(지관) 손석우의 얘기를 듣고 청와대 경내에 지었다는 절이다. 수경사 참모장이던 손영길은 출입 허가를 내준 것밖에 없었지만, 이것을 손영길을 모함하는 내용으로 만들어 박정희에게 보고하여 박정희가 손영길을 내치게 만들었던 것이다.

실제로 1973년 3월 8일 윤필용을 구속할 때 손영길은 제15사단 부사단장으로 전속돼 윤필용 사건에서 비켜난 듯 했지만, 일주일 후 구속되었다. 박종규는 그 사건 10년 후인 1983년, 손영길이 미국에서 돌아왔을 때 만나서 사과했다. 원래 윤필용만 구속해서서 혼내줄 계획이었는데, 1주일 후 전두환과 노태우가 찾아와 손영길에게 책임이 있다고 강력하게 주장해서 그렇게 되었다고 했다.

그러니까 놀 때야. 그때 인자 만났지. 만나가지고 박종규 이야기야. 내가, 노태우 전두환이가 지한테 와서 이야기하더라는 거지. 영길이가 윤장군으로 하여금 말이야. 둘이 앙숙인데, 윤장군이 형 동생 할 정도로 술마시기 좋아하면서 말이야, 딱 붙여주고, 둘이 사이좋게 해주고... 이후락하고 윤장군하고 사이좋게 해주고, 그

21) 김충립 전 수경사 보안반장 육필수기 「음모와 암투」, 『신동아』, 2016.5.12.

다음에 윤장군이 차기 대통령 다음으로, 후임으로 말이야, 이후락이를 대통령으로 가게끔, 꿈꾸게 그런 생각 만든 것이 손영길이라고, 그래서 내가 더 나쁘다는 거야. 윤장군, 좋은 사람을 그렇게 완전히 이후락 사람 만들어 놓고 말이야. 내가 더 나쁘다는 거야. 하면서 그렇게 이야기했다는 거야. 했는데 말이야, 나중에 자기가 보니까, 알아보니까 그게 아니지. 전혀 근거 없는 사실이니까 다 알았겠지. 그래, 나한테 미안하다고, 박종규는 나한테 사과하고 갔어.[22]

손영길은 안양교도소에 1년간 수감 후 건강 악화로 국립의료원에 입원하면서 형 집행정지로 나왔다가, 박정희가 죽고 최규하 대통령 시절인 1980년 2월 29일 재야 정치인 등과 함께 특별 사면되었다. 그러나 형 집행정지 중에도 가택 연금 수준으로 감시받았다. 그러다가 1974년 광복절 육영수 저격사건 후 박종규 경호실장이 물러나자 감시가 끊겼다. 윤필용은 2000년 사망 직후 그 아들의 재심 청구로 무죄판결을 받았고, 손영길 역시 2010년 이 사건에 대한 재심을 청구하여, 2015년 대법에서 최종적으로 무죄판결을 확정 받았다.

오성회에서 칠성회를 거쳐 하나회로 발전해가는 과정에서 핵심인물인 손영길과 전두환이 이 조직에 대해 구상하는 바가 달랐던 것으로도 읽힌다. 손영길은 전두환이 자신과 달리 하나회에서 따로 자기 사람을 만들어 관리했고, 그들이 주축이 되어 5공을 만들었다는 것을 나중에 알았다고 한다.

면담자: 하나회가 어떻게 굴러가는지는 들으셨어요?
구술자: 그런 거 없고. 우리 친목단체니까 만나 가지고 형 동생 하면서 말이야, 서로 격려한 거지 다른 거는 없어. 그러니 나는 그렇게 이제 그거고. 전두환

---

22) 손영길, 4차구술, 2016.2.24.

이는 그 중에서 애들 모아가지고 자기 사람 만들었던 거지. 올라가면 부르면서 밥도 사주고, 뭐하고 말이야 했다고 그러데...

면담자: 그러니까 하나회라는 이름 안에서도 어떻게 보면 전두환이 따로 자기 사람들 관리를 한 거군요?

구술자: 그 중에서 관리를 했던 모양이야. 그 중에서 말이야. 나하고 김복동이, 우리는 그냥 그렇게 그런 뜻으로 우리는 열심히 군대에 복무를 열심히 하고 충실하는 것이 우리 하나회의 전부 다 우리의 할 의무라고 생각을 했지. 그런데 전두환이는 다른 마음이 있었는 모양이지. 있어 가지고 애들 불러 가지고 밥도 사주고, 뭣이고 했다는 거야. 그래서 아마 5공 할 때 그 애들이 자기 밑에 있던 애들 다 썼겠지. 당시 그런 애들 해 가지고 주축이 되어서 했겠지.[23]

4. 맺음말

하나회로 알려진 인물들이 하나회에 대해 구술한 내용들은 개별적 사례마다 약간의 차이가 있었고, 기수별로도 차이가 있었다. 육사 14기와 15기로 하나회에 선발된 구술자들은 비밀회합과 선서식을 했다고 하지만, 육사 16기 하나회 핵심 인사로 분류되는 구술자는 그러한 '의식'은 없었다고 말했다. 하나회 인사는 주요 장군들의 전속부관을 맡는 경우가 많았는데, 구술자도 위관장교 시절 육사 11기 손영길의 전속부관이었다. 하나회 주요 선배들과의 회식에 참석하는 것이 친분관계 유지에 중요한 수단이었으며, 소개나 추천 등을 통해 주요 인맥이 형성되었다. 구술자는 보안사 보안처장 당시 장세동을 전두환에게 소개한 바 있다.

---

23) 손영길, 4차구술, 2016.2.24.

하나회에 대한 여러 구술을 통해 정리해보면, 하나회 가입은 선배의 추천이나 권유로 이루어졌으며, 서로 형님 동생으로 불렀고, 특별한 서약 없이 식사를 함께 하는 것으로 가입되는 방식이었던 것으로 보인다. 매 기수마다 6~7명 정도가 선발되었다고, 36기까지 가입한 것으로 알려져 있다. 그러나 일반적으로 알려진 하나회 조직은 기수당 10명 내외로 구성된 것으로 파악되고 있다.[24]

영남출신이 대부분이지만 다른 지역 출신도 있었다. 육사 27기로 하나회 멤버였던 제정관은 선발 기준은 인간성과 인품, 리더십 등이라고 말했다. 동기생 가운데 인기 있는 사람들이 주로 선발되지만, 일부는 리더십이 약한 경우도 있고 기수별로 편차가 있었으며, 선발되었다가 문제가 있어 축출되는 경우도 있었다고 한다.

하나회 인물들은 육군본부 인사과의 주요 보직을 차지함으로써 군내 인사권을 장악했고, 주로 선후배나 동기들과의 친소관계에 따라 인맥이 형성되었다. 고위층이나 재벌로부터 활동비를 받기도 했다. 하나회 내부에 전두환과의 연결 정도에 따라 주류와 비주류로 나뉘기도 했다. 하나회 선발은 은밀하게 이루어져서 동기들이라도 알 수 없는 구조였다. 그래서 본인은 하나회가 아니지만 다른 이들이 하나회로 인식하거나 하나회로 분류되는 경우도 있다. 정만길 구술자(육사 16기)는 12.12쿠데타 이후 전두환 계에 합류하여 국보위, 청와대, 공수여단장, 사단장, 군단장으로 승승장구했다. 서울 출신으로 신군부 집권 이전에 전두환과 개인적 친분이 전혀 없었고, 보안이나 인사 계통 근무 경력은 없으며, 주로 전방사단과 작전참모 분야에 근무했다. 전형적인 '하나회'와 다른 부류라 할 수 있다.

비하나회 구술자의 경우 하나회로 인해 인사차별을 받아 승진이나 보

---

24) 「육군 4대 사조직 명단 & 진급실태」, 『신동아』, 2005.2.1.

직에서 밀려났다고 생각하며, 윤필용 사건으로 하나회가 더 뭉치게 되었다고 보았다. 육사 14기로 육사교수로 있었던 박돈서는, 1960년대 후반 동창회 기관지 『아사달』 권두언에 「정정당당히 경쟁하자」는 글을 게재하여 끼리끼리 은밀히 끌어주고 밀어주는 하나회를 비판하기도 했다. 당시 전두환이 동창회장이었고, 육사교수부는 대체로 반하나회 정서가 강했다. 하나회에 대한 반감은 일반 갑종장교들의 경우 더 심했다. 동기 중 누가 하나회인지 진급 상황을 보며 알았다는 구술도 있다.

한편 전두환이 하나회 활동 중단을 지시했다는 구술도 주목할 만하다. 1981~1983년 최평욱(육사 16기)은 보안사 보안처장 당시 전두환 대통령이 불러, "이제 내가 대통령이 되었으니 하나회는 더 이상 필요치 않다"고 하면서 활동 중단을 지시했고, 이에 따라 육사 11기부터 21기까지 각 기별 하나회원들을 만나 대통령 지시를 전달했다고 한다. 그러나 육사 21기 이후 그러한 지시를 따르지 않아 문제가 됐다고 보았다. 하나회 해체와 관련해서는 김영삼 대통령이 하나회를 척결했다는 인식은 다소 부풀려진 것이며, 이미 5공과 6공을 거치면서 정리가 됐다고 보았다. 하나회를 해체하는 과정에서 부당한 대우를 받은 사람들이 있다는 측면에서 하나회 척결과정에서 문제가 많았다는 평가이다.

하나회의 실체는 아직 명확하게 드러났다고 보기 어렵다. 관련자들과 생존자들의 진술이 엇갈리거나 조직의 운영 및 회원 규모 등 실체에 대해서도 이견이 존재한다. 후에 하나회로 지목된 당사자들조차 자신은 하나회가 아니라고 부정하기도 하며, 실제로 하나회가 아니었음에도 불구하고 마음대로 회원으로 이름이 올라가 불이익을 당한 경우도 있었다. 1973년 윤필용 사건을 계기로 군내 사조직인 하나회 문제가 드러났지만, 핵심 관련자들은 살아남았다. 당시 권력 실세들의 파벌 싸움으로 알려진 사건 이면에서 새로운 권력의 중심이 형성되고 있었던 것이다.

〈손영길 주요 약력 및 활동상황〉

시기	활동 내용
1955	육군사관학교 졸업(11기)
1956	보병제7사단 제3연대 제1대대 제1중대 제1소대장
1957	제3연대 제3대대 제9중대장
1960	육군군수기지사령부 전속작전처 편재장교
1961~1963	국가재건최고회의 의장(겸대통령권한대행 박정희) 전속부관
1964~1967	수도경비사령부 제30대대장
1968~1969	맹호사단(수도사단)작전참모/ 파월
1971	수도경비사령부 참모장 겸 부사령관
1973	수도경비사령관 윤필용장군 쿠데타음모사건
	육군고등군법회의 징역 12년, 안양교도소
1974	일시 형집행정지(가석방)
1980	사면 / 도미 후 대우실업 미주법인 이사
2011	서울고등법원 무죄판결(복권), 2014년 대법원 무죄확정판결
1982~2007	동주산업주식회사 창립, kion주식회사 회장

제2장

구술을 통해 본 1970년대 한국군의 자주 국방

김 수 향

머리말

1970년대 한국군 및 박정희 정권을 대표하는 단어로 "자주국방"을 꼽을 수 있다. 박정희가 자주국방을 최초로 언급한 것은 1968년 2월로 년 초 연달아 발생했던 1.21사태 및 푸에블로호 사건에 대한 대응이었다. 이후에도 박정희는 자주국방을 언급했지만 70년대 초반까지 자주국방은 국방부의 공식 목표로 설정되진 않았다.

국방부의 국방 목표로 자주국방이 공식적으로 자리 잡게 되는 것은 1972년이었다. 10월 유신 이후인, 1972년 12월 29일에 최초로 제정된 국방부의 국방 목표는 총 3항이다. 이 중 마지막 항이 "방위산업을 육성하여 자주국방체제를 확립한다"로 자주국방체제라는 단어를 공식적인 국방부의 목표로 제시했다.[1]

1970년을 전후로 발표된 미국의 대한(아시아)군사정책 – 닉슨독트린, 주한 미군 7사단 철수, 군사원조 감소와 FMS(Foreign Military Sale)로의 전환–에 박정희 정권은 위기를 느끼고 대응해야 했다. 이는 한미동맹과 미국의 군사원조에 의지하는 국방체계가 달라져야 함을 의미했다.

---

1) 국방부, 『'72국방기본시책』, 1972, 4쪽. 국방부는 1966년부터 연도별 군의 기본 시책을 작성했다. 1971년까지는 국방기본시책에 국가 목표만 있었고 국방 목표는 없었다.

더불어 자주국방의 슬로건이 유신 직후에 공식 목표가 되었다는 것도 주목을 요한다. 70년대 초 데땅뜨(détente)가 도래하자 박정희 정권은 북한과 접촉해 7.4남북공동성명을 발표하는 한편, 통일을 명분으로 내세워 종신집권체제인 유신을 단행했다. 남북대화를 유신체제로 이어갔던 박정희 정권이 스스로를 정당화했던 명분이 바로 "자주"였다.

자주국방을 실현하기 위해서는 크게 세 가지 부문에서 변화가 필요했다. ① 군을 운영·유지하기 위한 군사전략에 있어서 미군의 전략개념에서 벗어나는 것, ② 자력으로 군사력을 건설하는 것, 즉 한국의 재원과 기술로 무기를 구매하거나 생산, ③ 자율적인 작전 지휘가 그것이다.[2] 이 중에서도 ②번과 연관된 방위산업 육성 문제는 미국의 대한군사원조 감축과 맞물려 절실한 문제였다. 70년대 초까지 한국군을 지탱했던 미국의 군사원조의 대부분이 무기였고, 당시 한국 내엔 소총이나 수류탄 같은 기본적인 무기 생산 업체·기관이 없었기 때문이다.[3] 한 구술자의 표현대로 한국군은 "소총 탄알까지도" 미국의 군사원조에 의존해야만 했다.[4] 하지만 경공업 중심의 산업구조를 취했던 한국에서 갑작스레 방위산업을 육성하기 위해서는 무엇보다 관련 기술의 습득, 연구, 개발이 요구됐다.

1970년 대통령령 제 5267호에 의해 창설된 국방과학연구소(ADD, 이하 연구소)는 자주국방을 구현한다는 대전제 하에 방위산업 육성을 전담하는 기구였다. 연구소는 자주국방의 대명사인 율곡 사업이 착수되기 3년 전에 설립되었으며, 율곡 사업이 목표로 한 전력 증강의 한 축을 뒷받침하는 기반이었다. 한편 연구소의 설립은 한국과학기술연구소(KIST) 창설(1966)로 대표되는 1970년대 과학기술인력 양성정책의 연장선상에 있었

---

2) 임동원, 1차구술, 2016.2.5. 임동원은 육사 13기로, 1973년 합동참모부에서 근무하면서 율곡 사업에 깊숙이 관여했다.

3) 1968년 5월 한미 국방장관 회담을 통해 한미양국은 한국에 M-16소총 생산 공장을 설립하기로 결정했다. 하지만 M-16제작사인 콜트와 한국 간의 계약은 1971년 3월에 가서야 성사되었고, 시제품이 양산된 것은 1973년 11월이었다. 박봉수, 「1970년대 한국 자주국방정책 연구—대통령 기록관 국방·안보관련 보고 문서를 중심으로」, 『군사』 78호, 2011, 176~177쪽.

4) 안철호, 4차구술 2017.3.16

다. 그렇지만 산업기술과는 구분되는 군사기술전담 연구소라는 점에서 차별점을 가지고 있었다. 또한 군사과학기술의 대부분이 중화학공업기술이라는 점에서 1973년의 박정희 정부의 중화학공업화 선언과도 맥락을 같이한다고 볼 수 있다.

따라서 국방과학연구소의 설립과 활동을 통해 1970년대를 풍미했던 자주국방이 구호와 정책, 선언과 지시의 차원이 아니라, 군-기술-경제의 차원에서 실제로 어떻게 구현되고 있었는지 살펴볼 수 있을 것이다. 이를 위해 당대에 연구소에서 활동했거나 연구소활동과 밀접한 관련이 있는 보직을 맡았던 군인들의 경험을 살펴보는 것은 하나의 접근이 될 수 있다. 현대한국구술사연구사업단의 3단계 연구과제는 한국군과 한국의 정치사회변동으로, 30여년의 군부 통치 기간에 정부와 군의 요직을 거친 주요 인물들과 면담을 진행했다. 한국사회의 변동에 군이 미친 영향을 살펴보기 위해 국방과학연구소와 관계가 깊은 구술자 3명을 선정, 구술을 진행하였다. 이들의 약력은 아래와 같다.

이름	출생년도 육사기수/ 병과	주요 약력
안철호	1933 11기(포병)	방공사령부 사령관(1981~1983), 한미연합사 부참모장(1983~1984), 국방과학연구소장(1987~1991)
김학옥	1935 16기(포병)	육군본부 관리참모부장(1988~1989), 국방부 조달본부장(1989~1990), 국방과학연구소장(1991~1993)
안동만	1947 X	국립과학기술원 연구원(1971~1972) 국방과학연구소 연구원(1973~2000), 국방과학연구소 항공기 유도본부장(2000~2003), 국방과학연구소장(2003~2008)

본 연구는 국방과학연구소장직을 지낸 세 구술자와 1970~80년대 군에서 방위산업과 직간접적으로 관련된 국방부 및 육군본부 내 부서에서 활동한 이들의 구술을 활용했다. 이를 통해 1970년대 자주국방이 주창된 배경과 구체적인 실현 양상을 국방과학연구소를 중심으로 살펴, 자주국방에 대한 역사적 평가를 위한 단초를 제공하고자 한다.

1. 모방설계한 자주국방: 국방과학연구소 설립과 번개 사업 추진

1) 국방과학연구소의 설립과 인력 충원

1970년 6월 27일 청와대 회의에서 국방과학기술연구소(가칭)설립이 결정되었고, 8월 6일 국방과학연구소가 설립되었다. 3개월 뒤 「국방과학연구소법(이하 연구소법)」이 성안되어 70년 말 정식 공포되었다. 연구소법의 핵심은 현재 정부직할기관인 연구소를 특수법인체로 전환하는 것이었다. 따라서 71년 1월 법원에 법인 등기가 끝난 후에야 국방과학연구소는 활동에 들어갔다.

정부직할기관이나 재단법인도 아닌 특수법인체로 연구소를 정의한 데에는 미국 등과의 기술교류를 위해 官적 성격을 갖되, 정부직할기관이되면 피할 수 없는 예산·회계 관련 절차를 피하기 위해서였다.[5] 국방과학연구소의 경비는 전액 정부에서 출연했는데 1987년~91년에는 매년 3천억이었다.[6]

1년 예산이, 아, 삼천억? 삼천억인가 그랬어. 그러니까 삼천억 중에서 연구원, 기술원, 행정원, 이 사람들 봉급 주면은 그건 천오백억이 나가요. 그리고 실제 연구에 투입되는 돈은 반도 안 돼. 총예산의. 천억가지고 하는 거야, 천억 가지고. 그

---

5) 비슷한 시기에 진행된 전력증강8개년사업(율곡 사업)의 경우에도 국회에는 사업비 총액에 대해서만 보고하고 그 세부내역은 밝히지 않았다. 이에 대해서는 연구사업단에서 면담했던 다수의 구술자(이정린, 임동원, 이석복, 용영일 등)가 국가안보와 관련된 문제이기 때문에 사업의 세부내용과 금액을 밝혀서는 안됐다고 구술했다. 그런데 이처럼 불투명한 회계는 문민정부 출범 이후 율곡 감사가 시작되는 배경으로 작용했다.

6) 이시기 파독 광부와 간호사들이 보내오는 자금 또한 국방과학연구소를 창립하는데 투여되었다. 한국방위산업학회(방산학), 『방위산업 40년 끝없는 도전의 역사』, 2015, 45쪽

돈을 서로 나눠가지고 연구라고 하고 있는 거야.[7]

설립 초기 연구소장은 장관급, 부소장은 차관급, 연구관은 별정직으로 정원은 60명으로 정해져 있었다. 초대 소장으로는 포병 출신의 신응균이 임명되었다. 신응균은 박정희의 선배로 소위 '포병라인'이었다.

포병장군이고 바로 포병으로 박정희 대통령의 선배인 거라. 어, 선배다보니까 이제 이 선배면서 저기, 나중에 주독(독일)대사를 보낸 거예요. 그러니까 <u>포병 라인이라고 생각하면 돼요.</u>

신응균은 물론 구술자인 김학옥, 안철호는 모두 포병 출신으로 연구소장을 지냈다. 육군 중에서도 포병이 최신 과학기술과 친밀하다는 점이 반영된 것으로 추측된다.[8] 이들 외에는 모두 공군사관학교 교수나 공학 전공자들이 소장을 맡았다. 연구소장단에 군인이 임명되는 것은 물론 초기에는 사관학교 박사급 교관 9명이 설립 기간요원으로 파견되는 등 연구소에는 현역 군인들이 있었다.

<u>ADD에는 원래 박정희 대통령이 그, 초기에 어, 설립할 때 취지로는, 그러니까 KIST 본 따서 만들어라.</u> 그래서 민간인 소장을 두면은 그 보완하기 위해서 군 출

---

7) 안철호, 7차구술, 2017.3.29.

8) 1960년대 당시 포병은 주한미군의 무기였던 나이키 허큘리스를 운용할 정도로 육군의 다른 병과에 비해 근대화된 무기를 갖고 잇었다. 나이키 허큘리스는 지대공 유도탄地對空誘導彈이다. 지대공 미사일로도 불리며, 지상에서 허공을 향해 발사되는 미사일이다. 나이키 허큘리스는 1950년대에 개발되었으며, 핵탄두와 일반 탄두 모두 장착이 가능했다. 지대지 미사일인 어네스트 존과 함께 주한미군에 배치되어 있었으며 1960년대 후반 한국군 현대화 계획에 맞춰 한국군에게 이관되었다. 안철호, 1차구술, 2017.1.12.

신 부소장을 둬라. 또 군 출신 소장이 오면은 민간인 부소장을 만들어라 이렇게 했는데. 이게 이제 ADD 초창기에 시작하면서 심문 저기, 신응균 장군이 소장이 됐는데 부소장을 누구를 할 거냐 하다가 이제 올 사람이 없는 거예요. 키스트 (KIST)에 있는 사람들도 아무도 안 올라 그러고 그러는 와중에. … 윤응렬 씨를 새로 생기는 ADD에 부소장으로 보낸 거예요. 그래서 처음 시작할 때부터 ADD에 소장, 그러니까 민간인하고 군인하고 컴비네이션(combination)으로 하라는 저기, 박정희 대통령의 지시가 처음 시작할 때부터 이제 뭉개진 거죠.[9]

안동만의 구술에서 볼 수 있듯이, 민간인 연구자들은 군과 정부의 입 김이 강하게 들어간 연구소에 들어오는 것을 기피했다. 하지만 1972년 초 신응균 소장이 1년여 만에 사퇴서를 제출했고. 연구자 출신의 심문택 소장 체제로 바뀐 후 부터는 정반대의 상황이 나타났다.

심문택 소장이 오면서 부소장부터 군 출신들을 다 쫓아낸 거예요. 그러니까 현역 들은 군대로 돌아가라 그러고 예비역들은 전부 집에 가라고 보내 버린 거야. 그래 몇 명 남은 사람들 중에서는 박사학위 한 군인들만 남는 걸로. 어, 그렇게 이제 남 겨 놓고 이제 새로 재편을 해 버린 거지. 그래서 키스트(KIST)에서 데려 온 (중략) 그래서 ADD를 완전히 키스트(KIST) 중심으로 인제 재편을 해버린 거야.[10]

심문택 박사가 큰 문제에 부딪치지 않고 한국과학기술연구소(KIST) 의 연구원 중심으로, 국방과학연구소의 연구 인력을 재편할 수 있었던 데에는 이유가 있었다. 국방과학연구소가 설립되기 이전에는 키스트가 국방과학기술 연구를 하고 있었기 때문이다.[11] 안동만 또한 국방과학연

---

9) 안동만, 1차구술, 2017.7.26.

10) 안동만, 1차구술, 2017.7.26.

11) 한국과학기술원, 『한국과학기술원 25년사』, 1994, 153쪽.

구소로 이직하기 전의 직장이 키스트였으며, 처음 키스트와 인연을 맺게 된 계기도 무기개발과 관련된 프로젝트 때문이었다.

(자신이 서울대학교 공대-인용자) 사학년 됐을 땐데 한 분이 키스트(KIST) 프로젝트를 도와주고 있었어요. 키스트(KIST) 프로젝트가 뭐였냐면은 박격포를 이제 개량하는 그런 프로젝트가 있었어요. … 박격포는 사거리가 한 4km 정도 되는, 그런 저기 포였는데. 그 박격포를 가지고 이, 개량을 한다는 게 뭐냐면 이제 박격포는 한 4km 뒤에 이제 가서 뻥 터지면 그 근처에 있는 사람만 이제 어, 저기 뭐 다치거나 이런 거였는데, 그걸 좀 더 여러 사람들 다치게 하려면 그 속에 이제 포탄이 한 개가 펑 터지는 게 아니고 작은 탄을 여러 개 집어넣어가지고. … 좀 넓은, 넓은 면적에 뿌려져서 거기서 터지게끔 그렇게 하는 개량 연구.[12]

서울대 공대 기계항공공학과에 재학 중이던 안동만은 키스트의 박격포 개량연구를 도와주는 대학원 선배와 인연이 닿아서 개량연구에 참여했다. 무기개발에 관심을 갖게 된 안동만은 졸업 후 자연스럽게 키스트 연구원으로 취직했다.

어느 날 이제 학교 때 강사로 이제 오시던 그 홍제학 박사란 분이 있으셨는데. 공군사관학교 교수신데 … 서울공대에 이제 그, 시간강사로 나오셨어요. 그러다가 이제 이 양반이 ADD가 생기면서 그 72년도부터 이제 유도탄 개발하는 그 팀을 만들었는데 그때 이제 그쪽으로 파견이 됐어. … 내가 키스트(KIST)에 있는 거를 아시고는. "야, 저기 ADD 와라." 72년도에 이야기 되어 가지고 … 73년 3월 1일부로 ADD로 이제 정식 발령을 받아가지고 오게 됐어요. (중략) 이제 소장이 키스트(KIST) 출신으로 바뀌니까 키스트(KIST)에 있던 무기하던 사람들이 일부가 이제

---

12) 안동만, 1차구술, 2017.7.26.

<u>이쪽으로 온 거예요. ADD로.[13]</u>

이상의 과정은 국방과학연구소 설립 이전 무기관련기술이 어떤 식으로 연구·개발되고 있었는지, 키스트 연구원들이 어떻게 국방과학연구소로 이직하게 되었는지 과정을 잘 보여준다. 1970년대 연구소의 인적구성은 민간 연구원 중심이었다. 그런데 기술개발과정은 철저한 상명하복을 강조하는 등 군대 문화와 유사했다. 이는 연구소가 설립부터 군과 밀접했다는 점은 물론 유신 이후 더욱 경직된 사회 분위기, 박정희(정권)의 조급함을 잘 보여준다.

2) 모방의 자주국방: 번개 사업

국방과학연구소가 창설된 1970년 당시 한국에서 방위산업과 관련이 있는 업체는 단 세 곳뿐이었다. 동전을 제작하는 풍산금속, 공업용 화약(다이너마이트)을 제조하는 한국화약, 기계공작이 가능한 대동공업.[14] 즉, 당시 한국에는 무기를 제조할 수 있는 기술을 가진 기업체는 전무했다고 볼 수 있다. 무기 관련 기술의 부재는 국방과학연구소도 마찬가지였다. 앞서 키스트가 수행했던 프로젝트에서 볼 수 있듯이 박격포에 들어가는 탄환의 "개량"작업이나, 컴퓨터 프로그래밍을 통한 사정권 예측 정도는 가능했다. 하지만 자주국방을 뒷받침할 만한 무기 생산은 불가능했다.

연구소 설립 1년 뒤 박정희는 71년 11월 「긴급병기 개발지시」를 내린다.[15] 국산 병기 개발에 착수하여 2달 밖에 남지 않은 올해 안으로 시제

---

13) 안동만, 1차구술, 2017.7.26.

14) 한국방위산업학회(방산학), 『방위산업 40년 끝없는 도전의 역사』, 2015, 31쪽.

15) 오원철 등은 박정희가 갑작스러운 지시를 내린 배경을 1970년부터 진행한 4대 핵심공장 건설의 부진에서 찾는다. 1970년 경제기획원을 중심으로 해외차관

품을 만들어오라는 것이었다. 오원철의 회고에 따르면 당시 박정희는 "지금 안보 상황이 초비상사태"이기에 "예비군 20개 사단을 경장비 사단으로 무장시키는데 필요한 무기를 생산"하라고 지시했다. 오원철은 당시의 심정을 "완전히 군대식 명령하달이었다. 나는 직립 부동자세에서 하마터면 과거 군대생활이 되살아나 거수경례를 할 뻔했다. 다시 군대에 입대한 기분이 들었다"고 회고했다.[16]

군대식 명령은 바로 연구소로 하달되었다. 2달 만에 시제품을 만들어야 하는 상황을 반영해 생산 사업의 이름은 "번개"가 되었다.

번갯불에 콩 구워 먹는 그런 이제 개념으로 일을 해야 됐으니까. 그 남의 거 카피 (copy)하던 거기는 하지마는 그래도 빠른 시간 내에 하다보니까 이 번개같이 하라 해서 이제 자기들끼리 이제 만든 닉네임이 번개사업이 됐었어요. 그래서 번개 사업 추진 단장을 부소장이 맡고, …소총 만들고 수류탄 만들고 로켓 만드는 걸 시작을 해서. … 로켓, 박격포, 어. 그런 정도였어요.[17]

번개 사업 추진을 위해 국방과학연구소는 즉시 기존의 기구를 개편했다.[18] 181명의 운영인력을 투입해 탄약, 소화기(小火器) 등을 제작하는 작업에 착수했다. 방산업계에서 "역설계에 의한 모방개발"이라고 개념화

을 도입해 조선소, 중기계공장, 주철주물공장, 특수강공장을 설립하여 여기서 무기를 생산하려 했다는 것이다. 그런데 71년 말이 되도록 차관획득이 되질 않자 작은 것부터 만들자는 생각에 소형 병기를 개발하는 방향으로 전환을 했다고 한다. 하지만 개발 시간에 단 2달을 준다는 발상 등은 위의 설명만으로는 해명되지 않는다. 오히려 미 7사단 철수 완료, 유엔에서 대만 축출, 국가비상사태 선포로 이어지는 맥락에서 봐야할 것이다.

16) 오원철, 『한국형 경제건설』 5권, 기아경제연구소, 1996, 26쪽.

17) 안동만, 1차구술, 2017.7.26.

18) 방산학, 앞의 책, 48쪽

한 이 시기의 제작 방식은 청계천에서 미군 물자를 구입해 모두 분해 한 후, 정밀하게 치수를 재서 도면을 그려서 그대로 부품을 제작하여 조립 하는 것이었다.[19]

연구원들이 연구소에 군용 야전 침대를 들여놓고 밤샘작업으로 만든 제품은 M1소총, 카빈 소총, 기관총 등 총포류 22정, 박격포 12문, 수류 탄 300발, 지뢰 40발, 3.5인치 로켓발사기 2문이었다.

딱 한 달 만에 만들어가지고 청와대에다가 전시실에다가 전시를 하고 대통령을 초청했더니 "어이, 잘 만들었네? 한 번 쏘아봐." 그래가지고 실제 사격까지 이제. … 이제 쏘는 것을 해보니까 잘 되거든. 그러니까 "어이고 수고했다, 잘됐다" 이렇 게 하고 십이(12)월 말에 이제 대통령한테 보고를 하니까 잘됐다고 칭찬을 해주면 서 "이거 미사일 만들어야 되겠다" 하니까 오원철 씨가 "아, 그러죠" 뭐. 또 이러고 는 이제 아까 이야기한 ADD에 로켓 만드는 구상해 박사라는 사람하고, 이제 공 군에서 김중보 장군이라고 하는 사람을 불러가지고 저기, ADD는 미사일 개발하 고.[20]

1971년 12월 16일 시제품을 본 박정희는 바로 2차 번개사업을 지시 했다.

이제 또 뭐냐면은 2차 번개사업 그래가지고 1차로 이제 한 번 할 수 있다는 걸 보 여줬고. 두 번째는 그걸 가지고 양산을 할 수 있도록, 공장에서 만들어낼 수 있도 록 만들면서 이제 저기까지 그, 예비군을 그 당시에 창설했으니까 예비군을 칼빈 (carbine)소총이라도 줘가지고 무장을 할 수 있도록 만들어라. 이렇게 지시를 해

---

19) 방산학, 위의 책, 90쪽; 안동만 등, 『백곰 도전과 승리의 기록』, 플래닛 미디 어, 2016, 67~68쪽.
20) 안동만, 1차구술, 2017.7.26.

요. 그게 2차 번개사업인데 ⋯ 3개월 동안에 그 인제 예비군 양산할 수 있는 거까지 만들고 4월 초에 '보여 달라. 실제 쏴서 보여 달라,' 이렇게. 그래서 그 번개사업을 이제 하면서 사람들이 정말로 이제는 양산까지 가야 되니까, 한 개 만들어가지고 뭐 하는 거는 그래도 뭐 그 청계천 돌아다니면서 자료, 자료 구하고 미군 거 가져와서 그거를 실제로 이제 그 재고, 이래가지고

이렇게 번갯불에 콩 볶는 진행된 번개사업의 중압감으로 인해 초대 소장인 신응균은 박정희가 2차 번개사업을 지시하자마자 사표를 제출했다. 이보다 큰 문제는 3차 번개사업에서 발생했다.

번개사업을 하고 난 뒤에 이제 3차 번개사업을 또 해요. 어, 저 4월 달부터 시기가 시작해가지고 9월 달까진가 또 3차 번개사업을 하는데 그때는 정말로 양산하는 걸로 하면서 그때 또 뭐를 했냐하면은 저걸 했다고. 105mm 곡사포 그래가지고 포, 포를 이제 끌고 가는 (중략) 거를 이제 저기 처음으로 국산을 해서 만들어가지고 그게 인제 73년에 이제 물건이 나왔어. (중략) 백령도하고 연평도하고 최접적 지역인데 백령도에 먼저 배치를 하라 해가지고 보냈더니 거기서 이제 또 연습 사격을 해야 될 거 아니야. 원거리 연습하는데 두 방 만에 포신이 쫙 갈라졌어. 어, 그래서 이제 이 포신이 잘못 만들었다, 어느 놈이 만들었냐 해가지고 개발했는, ADD 실장하고 선임연구원이 그냥 가서 또 혼나고. 어, 그랬는데 이제 나중에 원인 규명을 해보니까 이게 포신에 원자재를 미국서 수입했는데 이게 이제 이따만한 쇳덩어리를 들고 오는 거예요. 그러니까 지름이, 속이 105mm니까 바깥으로는 거의 한 200mm 되는 거예요. 그 이백미리 되는 저 쇠막대기를 들고 와서 거기서 속에서 가공해서 끄집어내고 바깥에 외면 가공하고 이래서 인제 이렇게 통을, 포를 만드는 건데. 거기에 미국서 들여올 때부터 이렇게 내부 균열 있는 거를. 원자재 검사하는 기술도 없을 때였어. 그 원자재 검사하는 기술도 없다고 하다보니까

아, 이게 그냥 저기 그 사고가 터진 거라.[21]

　근본적인 기술 개발이 선행되지 않은 채, 모방·조립의 형태로 무기를 만든 과정이 빚어낸 촌극이었다. 1차 번개사업 시연회 당시 박정희는 "마음만 먹으면 이처럼 해낼 수 있다"며 연구원들을 격려했다. 하지만 단기간의 무기제조와 그 사용은 자칫 커다란 인명피해로 이어질 수 있었다.

2. 자주국방의 딜레마: 미사일 개발과 한미갈등

1) 백곰(한국형 나이키 허큘리스)의 개발

　2차 번개 사업이 진행되고 있던 1972년 심문택 소장 취임 이후 국방과학연구소는 지대지(地對地) 미사일 개발에 들어갔다. 이 또한 연구소 자체의 기획물이 아니라 대통령의 지시에 따른 것이었다. 연구소의 미사일 개발팀은 "항공공업개발계획단"으로 스스로를 명명하고, 연구소가 아닌 다른 연구 공간을 얻어 극비리에 미사일 개발에 들어갔다.[22]

　미사일을 미사일이라고 부르지 못했던 이유는 장거리 미사일 개발이 남북관계 혹은 동아시아의 긴장을 불러올 것이라 보는 미국과의 갈등을 피하기 위해서였다.

　그런데 대통령의 지시나 연구원들의 의욕과 별개로 73년도 당시 한국이 보유한 기술상황으로는 로켓 모형조차 만들기 어려웠다.

　구술자: 국내에서 그 당시에 70년, 73년도에 못 만들었어요, 파이프를. 그래서 철

---

21) 안동만, 1차구술, 2017.7.26.
22) 안동만 등, 앞의 책, 120쪽

판으로 이렇게 말아가지고 하는 파이프는 만들어지는데.

면담자: 근데 이렇게 통째로 뽑아서 나오는 건 못 만들었…

구술자: 통째로는 못 만들었어요. 아, 그거를 미국에서 다 수입을 해왔다고. 일본에서 수입 해오고. 근데 그거를 심레스 파이프(seamless pipe) 그래가지고 그러니까. 줄 없는 거. 심레스(seamless), 그 70년대 초에는. 근데 그 심레스 파이프를 어떻게 만들겠어요. 근데 그 이제 외경이 30cm 정도 되는 거를 못 만드는 거를 청계천에 가니까 있더라고. 그래서.

면담자: 아, 만들어 진 게요?

구술자: 응. 수입한 게 있더라고. 그래서 그거를 이제 주워가지고 이거를 이제 바깥 모양만 30cm에 맞게끔. 외경이 30cm인데. 맞게끔 깎았지. 깎게끔 하는데 이 깎는 공장도 서울 시내에서 못 찾겠는 거라. 그래가지고 진주 대동공업이라는 데를 이제 찾아가지고 거기까지 내려갔어요. 서울 홍릉에서 진주까지 가는데 만 하루가 걸려.[23]

기술이나 재료 등 모든 것을 국산으로 하는 미사일 개발은 어려울 수밖에 없었다. 그래서 연구소는 지대공 미사일인 나이키 허큘리스를 변형시켜 지대지 미사일을 만드는 작업에 착수했다. 동시에 연구원들을 해외로 파견하여 관련 기술을 익혀오도록 했다. 안동만은 이 기술연수에 참여한 3명 중 1인이었다. 세 사람이 연수를 간 곳은 F-5 전투기를 생산하는 미국의 노스롭社(Northrop Corporation)였다. 연수기간 중 연구원들의 생활비는 연구원에서 매달 인당 500달러를 제공하였다.

한국형으로 개조한 나이키 허큘리스의 개발이 마무리 된 것은 1978년경이었다. 안동만은 1년여 간의 기술연수 후에 한국으로 돌아와 미사일 개발팀에 다시 합류했다.

---

23) 안동만, 1차구술, 2017.7.26.

구술자: 이제는 자신 있다. 이제 국산으로 넘어가자. 이렇게 해서 인제 국산 저기 유도조정장치 뿐이 아니고 국산 기체, 국산 추진기관. 다 인제 몽땅 국산 이죠. 저걸 인제 처음으로 만들어서 실험한 게 저, 저기 칠팔공오(7805), 78년도에 하여튼 다섯 번째 실험이었었어요. 근데 그 실험을 하는데 인제 어 추진기관도 국산 처음, 유도조정은 인제 네 번째이지만 그 다음에 기 체도 처음 아니에요? 그래 인제 나는 이, 요 기체 부분에 대한 이제 총괄 담당하는 거 완전히 긴장상태에서 인제 실험을 구경하는데, 이게 (모형 하단을 가리키며) 인제 덜러덩. 촤하고 올라가는데 인제 이 부분이 불이 붙어 쫙 올라가. 아니 요놈의 게 죽 올라가더니 얼마 안 있어 가지고 이게 그냥 마 불까지 퍼퍼펑 하는 거 같더니 앞에서 바다 앞에 풍덩, 풍덩, 풍 덩하고 이것들이 막 추풍낙엽이 된 거야. 다 흩어졌어.[24]

모든 것을 국산으로 대체한 5번째 시험 미사일은 바다 속으로 흩어졌 다. 하지만 6번째 미사일은 146km를 날아가 목표물을 명중시켰다. 이 에 1978년 9월 대통령 참관 하에 한국형 나이키 허큘리스, 백곰의 사격 을 성공하게 된다.[25]

2) 미사일 개발에 대한 미국정부의 반대

한국이 최초의 지대지 미사일 백곰을 개발하는 동안 미국 정부는 총 세 번 공식적인 반대 의사를 밝혔다.

첫 번째는 미사일의 뼈대가 되는 기체(機體)설계가 진행될 때이다. 1975년 나이키 허큘리스 미사일 개발사인 맥도널 더글러스社(McDonnell

---

24) 안동만, 2차구술, 2017.8.10.

25) 원래 미사일 개발 계획의 완료 시점을 1980년이었고, 1979년 말로 한번 앞 당겨졌다. 카터 행정부 출범 이후 주한미군 철수가 구체화 됨에 따라, 정부는 1978년 국군의 날 이전에 계획을 완료하라는 지시를 내렸다.

Douglas Corporation)가 지대공 미사일을 지대지 미사일로 개조해주고, 사거리도 연장해주겠다는 제안을 연구소에 해왔다. 당시 전세계적인 군축협정으로 경영난을 겪던 미국의 방산업체들이 해외시장으로 눈을 돌린 결과였다. 연구소 또한 기체 설계 자체부터 애를 먹고 있던 터라 둘 사이의 계약은 큰 장애없이 진행되었다.

문제는 둘 사이의 계약이 미국정부의 승인을 받아야만 정식 체결된다는 데 있었다. 국방과학연구소와 맥도널 사는 ① 연구소로의 기술 이전은 절대로 없으며, ② 예비설계에는 180만 달러의 참가비를 내고 한국 연구원이 참여가 가능하고, ③ 본 설계는 맥도널 사가 **전담**한다는 점을 강조했다. 기술이전이 없다는 점과 맥도널 사의 심각한 재정난 덕에 미국 정부의 승인을 얻을 수 있었다.[26]

두 번째 반대는 추진제 획득 과정에서 벌어진 것으로 간접적이다. 맥도널 사의 예비 설계에 참여해 국방과학연구소는 미사일 기체를 만드는 기술을 파악했다. 다음 과정은 미사일이 날아가게 만드는 추진제 제조였다. 미국 정부가 이 이상의 허가를 내주지 않을 거라고 예상한 오원철이 처음부터 프랑스 회사와 접촉 했다.

구술자: <u>73년</u>이었던가? 저거를 어떻게 항공공업 하라고 해놓고 인제 어, 불란서
　　　(프랑스)를 갈 기회가 있었대요.

면담자: 아, 오원철 수석비서관실, 예.

구술자: 예. 불란서를 갔더니 거기에서 우주로켓 개발에 대해서 자기들이 도와줄
　　　수 있겠다. <u>그래서 인제 하는데 우리나라는 또 미국하고 이렇게 연관이</u>
　　　<u>돼있고 고 다음에 또 돈은 없고 이런 상황이라 가지고 결국 인제 그 불란</u>
　　　<u>서하고 하는 거를 포기를 했었는데 미국이 인제 추진제를 안 판다 카니까</u>

---

26) 안동만 등, 앞의 책. 156쪽.

인제 그쪽을 한 번 알아보자 그랬더니 (76년에는-인용자) 거기서 '팔겠다, 할 수 있겠다.' 이러는 거라. 그래가지고 어, 좋다. 그래서 인제 불란서에 그 에스엔피이(SNPE)사라는 데를 이제 마침 거기서 추진제 판다 그래서 오케이, 그럼 우리 갈 게. 이래서 인제 거기하고 또 한 이백만불 (2,000,000$)정도를 주고 계약을 해요. 그래서 그, 돈 이제 돈 그 백만불 (1,000,000$)이었다던가? 내가 정확하게 기억을 못 하겠는데 돈 주고 계약을 했어. 근데 그러면서 인제 한 쪽에는 공장 뜯어온 팀이 여기 와서 공장 설치를 하고 있는데 이제 추진제를 만드는 팀들을 또 구성을 해가지고. 추진제 만드는 기술을 가르쳐 달라, 이랬지.[27]

한편 추진제 제조를 위한 공장설비는 의외로 미국에서 획득할 수 있었다. 당시 경영난을 이유로 폐업하는 방산업체의 설비를 분해, 해체해서 한국으로 가져온 것이다.

구술자: 그래서 미 국방성의 승인을 받는데 공장은 뜯어줄 수 있지만은 그 속에 들어가 있는 각종 기술 자료들은 못 준다. 그래 공장은 뜯어가라 이거야. 그러니 뭐 장비니 뭐니 다 뜯어가라 이거야. 그 대신에.
면담자: 그거(공장)를 쓸 줄 아는 방법은 못 준다는 거잖아요?
구술자: 못 준다는 거지. 그래가지고 인제 아 그래 뭐 그거라도 좋다.[28]

세 번째는 기체 설계 기술과 추진제 제조 기술을 모두 획득한 1976년 이었다. 주한미군사령관, 주한미국대사, 미 국방부 안보담당 차관보가 직접 국방과학연구소를 방문해 미사일 개발 중단을 요구했다.[29] 이때부

---

27) 안동만, 2차구술, 2017.8.10.
28) 안동만, 2차구술, 2017.8.10.
29) 국무부에 전달된 CIA보고서에는 76년 5월 한국이 미사일 설계도 초안을 완

터 미국은 미국 기술이 들어간 미사일(유도탄)은 사거리 180km이내, 탄두 무게 454kg 이내로 제한 할 것을 강력하게 요구했다.[30]

3) 12.12이후 연구소의 미사일 개발 중단

백곰이 개발되는 동안 미국 정부는 3차례 반대의사를 밝혀왔지만, 미사일 사업의 전면적인 중단이나 연구 인력의 감원 등을 강제하진 않았다.

(백곰의 성공을 보고) 그래서 이제 (박)대통령이 "빨리 양산해." 100발을 만들라고 했는데, 만들고 있는 중에, 이제 공장도 새로 증설하고, 만들고 있는 중에 10·26이 난 거예요. 이제 10·26이 나는 상황에서 <u>이제 미사일 시대 종말이 이제 다가오는 거라.</u>

미사일 시대의 종말은 개발 과정에서 누적된 한미갈등과 신군부로의 정권교체가 얽힌 결과였다. 1987년 연구소장이 된 안철호는 연구소의 분위기를 다음과 같이 설명했다.

구술자: 대전에서 있는데 거기서 저, 오는 무슨 박사, 나하고 오늘 저녁에 같이 먹자 그래가지고 저녁을 먹으면서 물어보는 거예요. <u>왜 분위기가 이렇게 침체됐나, 왜 그런가. 봉급이 너무 적은가, 누가 압력을 넣는가?</u> 근데 그 사

성했는데, 이 미사일은 나이키 허큘리스를 대폭 개량, 재설계 한 것이라는 내용이 담겼다. 국방과학연구소는 프랑스의 도움으로 추진제 제조기술을 확보했고, 추진기관을 제작하는 데도 성공했다고 보고했다. 이는 당시 국방과학연구소의 개발상황을 정확히 파악한 것이었다. 안동만 등, 앞의 책, 211쪽.

30) 후술하겠지만 이는 박정희 정권의 핵개발에 대한 미국의 우려 때문이었다. 특히 1974년 인도의 핵실험은 미국이 한국의 핵무기 개발을 경계하는데 큰 영향을 미쳤다. 김일영 등, 『주한미군: 역사, 쟁점, 전망』, 한울아카데미, 2003, 115쪽.

람들이 얘기하는 게, 주로 그, 자기 직에 대한 그, 자신을 안 갖고 떨고 있더라고요. 그리고 불만을 가지고 있고. 그 왜 그러냐니까 한 1년 전인가, 1년 반 전인가 누가 한 3분의 1에 가까운 사람들 모가지를 쳤다, 연구원을. 그 때는.

그 사람은 누군가 국방부나 청와대의 지시를 받아서 했을 거예요, 내가 지금 생각하더라도. 자기 혼자서 700명의 인원을 어떻게 모가지를 잘라, 그건 참 힘든 일이에요. 그것도 박사, 석사. 최소한도가 학사인데. 다 가족 있는 사람이고. 그러니 얼마나 고, 고생을 했겠어, 자기도 그거 자르는데. 근데 그 사람들이 그 불만을 얘기하는 거예요. 그 어떻게 잘랐나. 그러니까 나도 언제 잘릴지 모른다 이거야. 새로 소장이 왔지만 또 저 사람이 와서 나 자르는 거 아니야? 이게 급하지, 내가 무슨 일을 하겠다는 거는 둘째라 이거야.[31]

이러한 침체를 불러왔던 사건은 1982년 12월에 있었다. 1980년 미사일(유도탄) 책임자들이 불명예 퇴직하는 사건이 일어난 가운데, 40여 명의 민간인 기술자들이 사직했다. 1982년에는 연구원의 30%가 해고되었다. 대개 미사일 개발에 관여했던 기술자였다. 당시 영국에 유학을 갔다 귀국한 안동만은 다음과 같이 회고했다.

구술자: 한국에 도착한 게 83년 1월 1일이었었어요. 1월 2일 날 바로 출근을 하니까, 82년 12월 31일 부로 이게 그 유명한 ADD 직원 3분의 1을 자르는 사건이 벌어진 거예요. 나는 밖(영국 기술유학)에 있는 동안에 사표 써내고 이런 것도 모르고 있었는데. 그 80년, 79년 10.26 이후에, 80년에 5.18 이런 거를 통해서 전두환 정부가 권력을 잡는 그런 프로세스잖아요. 그런 프로세

---

31) 안철호, 7차구술, 2017.3.29.

스 동안에 이제 ADD 내에서 심문택 소장도 잘려나가고, 그 다음에 80년 이야기입니다. 이경서 박사도 잘려나갔고,

또 하여튼 민간인 과학자들은 거의 다 잘려나갔어. 군 출신들은 거의 다 남았는데. (중략) 실제 연구원 잘린 거는, 유도탄 연구원 중심으로 한 300여 명. 그 정도 연구원들이 잘린 것이 그, 문제는 또 뭐가 되느냐. 어떤 조직에서 사람을 그만큼 잘라낸다는 것은 사람들이 일을 안 하는 걸로 만드는 거예요. 사기를 죽여 버리는 그런 상황이 벌어지는 거. 그래서 이제 이 사람들이 전부 퍼져 있는 그런 상황이 벌어진 거예요. 12월 31일 부로 사표를 받았대요. 그래 나는 1월 2일 날 가니까, 책상들이 뻥뻥 뚫려있고, 그 상황에서 전부, "잘 왔냐" 소리도, 인사도 안 하는 거예요. 하하. (중략)

면담자: 그랬던 이유가 뭔가요? 배경이.

구술자: 뭐, 저기 형식적으로는 미사일 개발 안 한다는 거였고, 두 번째는 그래서 미사일 개발 안 하는 거로 미사일 개발하고 있는 것도 다 없애라는 게 80년부터 시작해가지고, 공식적으로 정해진 게 82년이었대요. 82년에 뭐, 백곰의 개량형인 NHK-2라는 거. 그거를,[32]

명중률이 낮은 백곰의 일부 장치를 최신형으로 바꾸는 개량작업이 진행 중인 가운데 한국의 미사일 개발을 반대해온 미국 정부가 신군부를 통해 보다 강한 압력을 넣었다. 한국이 미사일 개발에 착수 한 이래, 미국이 우려한 것은 미사일 성능이 발전해 핵탄두 장착이 가능해지는 것이었다. 즉, 박정희 정권이 국방과학연구소 한편에서 진행하고 있었던 핵 개발과 미사일 개발이 합쳐지는 것을 경계했다. 관련하여 안동만은 다음과 같이 구술했다.

---

32) 안동만, 3차구술, 2017.8.30.

면담자: 그 180km에 왜 그렇게 미국은 집착을 했을까요?

구술자: 그러니까 미국은 180km, 저기 또 탄두중량 500kg. 그거를 넘기지 말라 하는데, 그 기준이 뭐냐 하면, 500kg의 탄두, 180km 이 정도면 웬만한 나라치고 핵탄두를 실을 수가 없어.

면담자: 아, 결국은 핵이 문제.

구술자: 핵탄두 능력을 제한하는데 툴(tool)로써 쓰이는 거예요, 그게.

면담자: 아. 그냥 미사일 사거리가 문제가 되는 게 아니라.

구술자: 아니고. 어, 어. 그래서 인제 180, 저기 500. 이렇게 인제 정해요. 그럼으로 해서 인제 이게 우리나라에서 미사일을 개발할 수 있는 것의 하나의 가이드라인(guide line)이 되어 버린 거예요. 인제 그런 상황에서.

면담자: 아 근데 만약에 그럼 핵탄두를 싣게되면 여기 어디다가 실어요?

구술자: [모형 윗부분을 가리키며] 요 부분이 유도조정부라 하는 데고, 요 밑부분. 요 까만 줄 쳐 놓은 요 부분. 요 부분이 인제 탄두가 들어가는데. 거기에 500kg짜리 탄두가 들어가는 거예요. 거기에 고폭탄두가 들어간다고. 다이너마이트 같은 거. 거기에 인제 그 작은 전술 핵탄두를 실으면, 얼마든지,

면담자: 핵미사일이 되는 거죠.[33]

관련하여 임동원은 다음과 같이 구술했다.

미사일 개발은 그 후에도 추진 됐지마는, 핵 개발 사업은 몇 년 안가서 박정희 대통령 돌아가신 후에는 완전히 스톱(stop)되고 말죠. 미, 미국이 그거 허용하질 않죠. 에, 불란서하고 연계해서 시작했던 거로 알고 있는데.”[34]

---

33) 안동만, 3차구술, 2017.8.30.

34) 임동원, 2차구술, 2017.8.10.

핵무장에 대한 열망은 비단 정권 차원에 그친 것은 아니었다. 아래 문영일의 구술에서는 핵무장을 당연시 여겼던 70년대 말 군의 분위기를 엿 볼 수 있다.

구술자: 그 다음에 인제 알다시피 이, 핵무장을 불사하는데 실지로 1978년 내가 국방 대학원, 국방대학원에 들어갔을 때, 졸업할 때 그, 앙케트(Enquete)를 내가지고 물어요. 여러분 말이야 '핵무장을 해야 되겠냐, 안해야 되겠냐' 말이야. 뭐, 뭐, 대부분이 그냥 핵무장 해야 된단 말이야. 다, 이, 써냈지.

면담자: 아, 그니까 장군님은, 장군, 교수로 계실 때 거.

구술자: 아, 그래. 77년도. 내가 77년도 육군 국방대학원 졸업생인데.

면담자: 그런 질문을 국방부에서 이렇게.

구술자: 아, 그럼. 아, 그럼. 정식으로, 나도 뭐, 정식으로 저, 그거 저, 핵무장 했으니까. 정식으로 뭐, 미국사람들 다 아는. 그래가지고 케도(KEDO, Korean Peninsula Energy Development Organization, 한반도에너지개발기구)도 만들고 말이야, 국방연구소도 만들고, 다, 어, 만들어가지고 막, 막 그냥 집중해서 어, 하는 거예요.[35]

3. 1970년대 국방과학연구소가 주도한 자주국방이 남긴 것

1) 대통령의 명령하달에 따른 기술개발의 문제

백곰 개발 당시 박정희 대통령 앞에서의 시현을 앞두고 발사한 미사일은 점화기 문제로 제대로 기능하지 못했다.

---

35) 문영일, 2차구술, 2015.10.13

건져와 보니까 역시 2단 로켓모터(rocket motor) 속에 불이 하나도 안 붙었어. 그러니까 불이 안 붙은 건 불쏘시개에 해당되는 점화기란 놈이 제대로 작동을 안 한 거라. 그래서 그 작동 안 한 것이 바로 이제 점화기 담당 실장이 이○○ 중령이라는 사람이 있었는데, 그 사람은 한번은 1단에서 사고가 났잖아. 지상에서. 그죠? 근데 성공을 했는데 이번엔 2단에서 불이 안 붙은 거라.

그래가지고는 그때부터 이 양반이 막 완전히 정신이 돌 정도가 돼가지고 네 번째 쏠 때도 혼자서 중얼중얼중얼중얼 그러고, 중에 이제 28일 날 행사에서 성공을 했지만, 그 이후에는 그 양반이 손 떼버리고, 육군 중령이었는데 전역을 하고 목사가 됐어요. 뭐 그 스트레스, 정말로 그만큼 말도 못할 정도의 스트레스야. 그러니까 그 자기가 담당한 것 하나 때문에 안 된 걸로 해가지고, 그 사람은 정말로 얼마나 죄책감을 느꼈어요.[36]

이처럼 군사작전보다 더한 압박 속에서 계속되는 기술개발은 창의성을 앙양하는 데 방해가 되기도 했다.

이것도 매우 수동적이더라고요. 말하자면 '나는 이것을 이렇게 왜 해야 한다. 오늘은 안 되겠지만 내년은 한다.' 이런 게 아니고 주로 자기가 했던 그 8년 동안에 했던 자랑, 그런 것만 얘기해요. 자기들이 뭐 박격포를 뭐 어떻게 만들었고 말이야. 뭐 밤을 새웠고, 응? 뭐 또 뭐할 때는 얼마나 고생을 하고 뭐, 그래 자꾸 들으니까 막 신경질이 나. 어디가도 그러니까. 이 사람들 왜 이렇게 의욕이 없나. 자기 일에 대한 프라이드(pride)도 없고, 의욕도 없고.[37]

또한 대통령 및 경제 수석 비서관의 지시에 따라, 그 때 그때 계획을

---

36) 안동만, 3차구술, 2017.8.30.
37) 안철호, 7차구술, 2017.3.29.

수립하고, 전력을 다해 결실을 내고, 또 다른 목표에 매진하는 과정 속에서, 위의 인용문이 보여주는 대로 수동적인 경향이 강화되기도 했다. 한편 대통령이 성과를 확인했던 분야 외에는 기술 개발이 진척되지 않는 경향도 나타났다.

> 난 상당히 그 기술 수준이 높은지 알았어, 왜, 그러니까 그 때가 아, 78년도? 그래요. 그러니까 생긴 지가 한 8년 됐어요, 8년. 그런데 그 얘기하는 거 보니까 어떻게 뭐, 겨우 했다는 게 소총, 기관총 뭐 박격포, 105mm 뭐 이런 종류로만 항상 얘기를 하더라고. 그 이상하다, 그렇게 생각하고 있었는데. 그래서 일반적인 지식은 조금 있었죠, 내가. 그래 이제 취임을 해서 어, 최초의 보고를 받고 또 쭉, 아래 부서들을 가서 전체적으로 보니까 일반적인 판단으로 봤을 때, 내가 이제까지 생각했던 기술 수준보다 훨씬 모자르다고. ADD가. 아이, 얘들 이거밖에 못했어? 8년 동안에? 물론 내가 아주 그 잘 몰라서 그걸 그래 오판할 수도 있지만, 난 대단한 기술을 가졌는지 알았어요. 근데 알고 보니까 그렇게 수준이 높지 않더라고요.[38]

2) 방산업체 급증이 초래한 문제

1972년 방위산업육성회의에서 총 29개의 방산업체 지정이 확정되었다.[39] 그 이후 국방과학연구소의 기술을 받아, 무기를 생산하는 방산업체는 점차 증가하게 된다. 자주국방과 중화학공업화를 함께 추진한 정부는 방위산업을 통해 군의 중화학공업 기술이 민간에 이전되는 긍정적인 효과가 나타날 것이라 판단했다. 실제 70년대 방산업체들은 지금까지도 대기업 혹은 중소기업으로 명맥을 이어가고 있다.

---

38) 안철호, 7차구술, 2017.3.29.
39) 오원철, 앞의 책, 1996, 190쪽

면담자: 70년대 그렇게 성장한 중화학공업 기업들, 저희가 잘 알고 있는 기업들은 이를테면 삼성, 현대, 대우, 선경, SK. 이런 식으로 이제 사실 상 뭐 선경은 화학을, 대우는, 아니 현대는 조선을, 대우에서는 뭐를. 뭐 이렇게 정부에서 육성을 시켰다라고 알고를, 알고 있는데. 이것과 또 무기를 만드는 중화학공업

구술자: 하고 잘 매칭이 안 되죠?

면담자: 예, 이게 좀 다른 결로 가고 있다는 느낌이 들어서 질문을 드렸습니다.

구술자: 그 저, 기계공업 차원에서 아까 인제 대포 만들고 하는 지상장비들. 이런 거 하는 데는 그 당시에 어, 대한중기란 게 있었어요. 그게 나중에 현재는 기아기공이 됐어요. 대한중기가 대포포신을 만들어서, 그게 바로 나중에는 그 당시의 기아그룹으로 하다가 그게 인제 바로 무기하고 또 지상장비 개발하는, 그러니까 그 기아기공이 기아자동차의 부품 만드는 회사였거든요? 그런 식으로 결부가 되는 거예요.

그 다음에 화약공장으로 한국화약. 대표적인 게 한국화약인데 또 다른 남해화학인가 있었는데 그 두 개 화학회사를 방위산업체로 지정을 해요. 근데 방위산업체 풍산하고 같이 1차적으로 한 게 3개 회사인데. 총탄 만들고 이런 거 때문에 그 지정을 했는데, 그 사람들이 인제 한국화약은 자기들이 다이너마이트 하고 있던 거, 민수용 다이너마이트 한 거에서 군수용 화약을 만들고, 나중에 그게 인제 한국기계를 흡수하면서 지금 한화까지 간 거예요. 어, 어. 한국기계는 나중에 대우중공업 갔다가 이리로 와버렸는데. 그렇고, 또 저거는, 남해화학은 아마 그게 SK인가 롯데인가 케미컬(Chemical)로 바뀌었을 거예요.[40]

문제는 군수산업의 과잉·중복 투자와 내수충족에 의한 시장 포화로

---

40) 안동만, 3차구술, 2017.8.30.

인해 70년대 말에 가면 방산업체의 평균 조업률이 60%였다는 점이다.[41] 이처럼 과잉 생산이 될 정도로 방산업체가 늘어난 데에는 자주국방을 내세운 정부의 방산업체 "지원" 혹은 "장려"를 하나의 문제로 삼을 수 있다.

> 구술자: 저걸 이제 접어가지고 조립하게 해야 하는데. 대한항공 보고 하라고 그러니까, 돈 안 된다고 못 한 대. 대한항공이 그 당시에 새마을공장, F-5 EF 조립공장을 가지고 있어가지고 김해공장이 그거를 목적으로 만들었는데. 정부에서 돈을 다 대줘가지고 F-5 조립공장이 된 거예요. (중략) 그러면서 이게 방위사업 쪽하고, 아까, 지금 이야기하는 유도탄은 수량이 얼마 안 되는 거라. 포는 그래도 뭐 몇 백문, 몇 천문 이래 되잖아요. 근데 유도탄은 몇 발 안 되거든? 그러니까 수량이 얼마 안 되니까 대기업들이 잘 안 붙었어. 그래가지고 기껏해야 여기 대기업 붙어 있는 게, 처음에는 아무 데도 안 붙고 내부의 추진체 만드는 것도 ADD도 만들었고, 전자장비 만드는 유도장비 만드는 것도 ADD가 만들었고. 껍데기만 방산업체를 시켰는데 그게 유일하게 대우중공업인 거예요.[42]

한국방위산업진흥회의 분석에 따르면 방위산업의 자기자본 비율은 79년에는 16.2%, 80년에는 10.6%에 불과했다.[43]

---

41) 변종무, 『한국 방위산업의 정책적 연구』, 1983, 61쪽.

42) 안동만, 2차구술, 2017.8.10.

43) 홍성민, 「한국 군수산업의 역사적 전개과정과 구조: 일본과의 비교를 중심으로」 중앙대학교 대학원, 2003, 28~31

4. 맺음말

국방과학연구소는 박정희 정권이 내건 "자주국방" 정책의 직접적인 결과물이었다. 박정희−자주국방에 대해서는 여러 가지 분석과 평가가 있다. 박정희의 지시·정책을 나열하고, 국방과학연구소가 개발한 한국형 나이키 허큘리스 미사일(백곰, 1978)이나 핵 개발을 박정희의 성과로 들어, 박정희의 리더십이나 자주국방 "의지"를 높게 평가하는 연구들이 일부 존재한다. 그런데 "의지"와 "지시", 소수의 성공사례만으로 1970년대 한국의 "자주국방"문제를 규명했다고 보긴 어렵다. 그렇기에 역으로 미사일 개발의 "성공"과 핵 개발 "시도"의 과정, 즉 국방과학연구소의 활동을 중심으로 "자주국방"을 검토하는 것이 하나의 방법이 될 수 있을 것이다.

본 고는 이 같은 문제의식에 기초하여 국방과학연구소와 깊은 관련을 맺었던 인물들의 증언을 중심으로 1970년대 추진되었던 자주국방의 성격을 파악하고자 했다. 국방과학연구소는 자주국방을 실현시키기 위한 핵심기관이었다. 관련자들의 구술을 통해서 70년대 초반 자주국방은 모방에 가까웠고 70년대 중반 이후 자체기술개발과 무기개발이 진행된 것을 알 수 있었다. 그런데 70년대 후반~80년대 초반에 이르면 한국의 자주국방정책은 한미관계, 한미동맹과 상호 충돌하며 더 이상 적극적으로 추진될 수 없었다.

한편 대통령이 주도하는 군사작전으로 진행된 자주국방은 모방, 과잉 중복, 무책임과 같은 문제점을 만들어냈다. 이는 현재 주기적으로 반복되는 군과 방산비리 문제의 기원으로 볼 수 있을 것이다. 중화학공업에 대한 기술체계와 지식이 없었던 70년대 초반만 해도 연구소가 민간업체를 대신해 각종 무기를 생산해야 했지만 이후에는 점차 기술개발과 제작이 연구소와 민간 기업으로 분리되어간다. 하지만 한국에서 둘의 완전한 분리는 이루어지지 않았다. 이것이 바관반민의 방산 업체가 지속적으로 '방산비리'에 연루되는 구조적 문제를 초래했다고 볼 수 있을 것이다.

이외에도 민간인과 군인이 혼합된 조직이라는 점에서 민군관계의 문제를, 중화학공업 등 경제와의 관련성 등 국방과학연구소를 통해 그려낼 수 있는 1970년대의 풍경은 더욱 풍부할 것이다. 이에 대해서는 추후의 과제로 남겨둔다.

했다.[4] 2017년 한국에서는 사드 사태와 관련하여 이른바 한국군 내 커다란 영향력을 가지는 조직으로서 '독일 사관학교 출신'의 의미를 가지는 '독사파(獨士派)'가 거론되기도 했다.[5]

둘째 한국군은 독일에서 유래한 '임무형 지휘'를 적용하기 위해 노력해왔다. 1970년대 후반부터 서독에서 군사교육을 받은 장교들에 의하여 '임무형 전술' 개념에 대한 한국군 내 논의를 시작으로, 1999년 '임무형 지휘'는 육군 지휘개념으로 공식 채택됐다.[6] 2006년 육군본부는 『인간중심 리더십에 기반을 둔 임무형 지휘』라는 교육회장을 발간했으며 현재 육군교육사령부 내 '리더십·임무형지휘센터'가 운영중이다.[7]

한국군의 군사유학의 행선지는 1950년대까지 미국뿐이었다. 그런데 한국군은 1965년 처음으로 서독 군사유학을 실시했다. 한국군의 서독 군사유학의 실시는 1961년부터 본격화된 한독(韓獨)관계의 변화와 맞물려 있었다. 1957년 전후 진행된 미국의 상호안전보장계획의 재검토 결과 미국의 대외원조에는 변화가 발생했고, 이후 실제 미국의 대한원조는 감소했다.[8] 줄어드는 미국의 대한원조에 대응하기 위해 한국정부는 다방면으로 원조 공여자를 찾았는데, 그 결과 1961년 12월 13일 서독과 경제원조까지 포함한 「한·독 정부간 경제 및 기술협조에 관한 협정」을 체결했다.[9]

---

4) 「金寬鎭과 독일 陸士 출신들: "실전 위주로 배워 野戰에 강하다"」 『월간조선』 2014년 7월호.

5) KBS NEWS 「홍익표 "사드 보고 누락, 독사파 개입 가능성…중심엔 김관진"」, 2017년 6월 2일자(http://news.kbs.co.kr/news/view.do?ncd=3491709&ref=A).(검색일: 2020년 4월 1일)

6) 육군사관학교 산학협력단 「임무형 지휘 활성화 방안 연구」(최종보고서), 2016, 7쪽. 이 최종 보고서는 행정안전부 '온-나라 정책연구'(http://www.prism.go.kr/homepage/ main/retrieveMain.do) 홈페이지에서 다운로드 받을 수 있다.

7) 육군본부, 『인간중심의 리더십에 기반을 둔 임무형 지휘』, 2006.

8) 이동원, 『이승만 정권기 미국의 대한 군사원조 연구』, 서울대학교국사학과 박사학위논문, 2019, 213~259쪽.

9) 진실화해를 위한 과거사정리위원회, 「파독 광부·간호사의 한국경제발전에 대한 기여의 건」, 『2008년 하반기 보고서』 제1권, 2008, 179~180쪽.

한국정부가 서독과 관계가 밀접해진 것은 미국의 대한원조 감소라는 요인뿐 아니라 1960년 4·19 이후 수립된 장면정권과 5·16 이후 등장한 군사정부의 새로운 외교전략과도 맞물려 있었다. 장면정권과 군사정부 모두 과거 이승만정권의 외교를 대미(對美) 일변도의 '고립외교'라 비판하며 외교의 다변화를 표방 및 추진했다. 즉 1960년 이후 한국정부는 외교 다변화라는 새로운 전략 하에서 서독과 더욱 긴밀한 관계를 맺어나갔다.[10] 서독도 냉전적 사고에 의해 한국이 서방에 통합되는 것이 중요하다고 인식하여 32개국 후진국 개발원조 프로그램에 한국을 포함시켰다.[11] 1963년 한국정부는 서독에 한국광부를 파견했으며, 1966년에는 민간차원에서 진행되던 간호사 파견은 정부 차원으로 확대됐다.[12] 이처럼 1960년대 초 긴밀해지는 한독관계의 변화 속에서 한국군의 서독 군사유학도 1965년부터 처음 시행될 수 있었다.[13]

기존 한국군의 해외 군사유학을 다룬 연구들은 미국에 집중되어 있었다.[14]

---

10) 장면정권과 군사정부의 이승만정권의 대미일변도 외교에 대한 비판과 다변화하는 외교정책은 다음의 논문을 참조. 김도민, 「3장 2절: 남한의 '중립국'외교 경쟁의 전개」, 『1948~1968년 남·북한의 '중립국'외교 연구』, 서울대학교국사학과 박사학위논문, 2020.

11) 진실화해를 위한 과거사정리위원회, 「파독 광부·간호사의 한국경제발전에 대한 기여의 건」, 『2008년 하반기 보고서』 제1권, 2008, 183쪽; 이유재·최선주, 「전도된 개발원조: 독일으로의 한국인 노동이주」, 『교포(Kyopo Shinmun)』 492호, 2005; 경제기획원 주재관, 「차관 상황에 관한 종합보고」(주독기 302~994호), 주독한국대사관, 1962.6.

12) 진실화해를 위한 과거사정리위원회, 「파독 광부·간호사의 한국경제발전에 대한 기여의 건」, 『2008년 하반기 보고서』 제1권, 2008, 179쪽.

13) 당시 한국군의 서독 군사유학의 군사적 동기를 확인하기 위해서는 당시 외교사료뿐 아니라 한국 국방부와 서독 국방성의 관계자료 발굴이 필요하다. 본 연구자는 외교사료관에서 당시 정부 외교사료를 확인하고자 했으나, 논문을 수정하는 현 시점까지도 2020년 2월부터 코로나19 사태로 인하여 외교사료관 방문이 불가능하여 자료를 추가로 확인하지 못했다.

14) 박수현, 본서 Ⅱ부 3장, 「한국전쟁기 한국군의 도미 군사유학 경험」; 김민식, 「1950년대 한국군의 미국 군사유학 시행과 그 영향」, 『군사지』 98, 2016.

한국군의 서독 군사유학은 육군사관학교가 유학을 떠난 사관생도들의 명단과 선발방법 등을 교사(校史)에 간략히 정리해놓았을 뿐 본격적인 학술적 연구대상으로 다뤄지지 못했다.[15]

이에 본고는 서독으로 군사유학을 갔던 초창기 한국군 장교의 경험과 그들의 경험이 한국군에 미친 영향을 살펴보고자 한다. 본고는 첫째 1965년 한국군의 서독 군사유학은 누가, 몇 명이, 몇 년도에 어떤 경로를 통해서 서독의 어떤 곳으로 유학을 했으며 그들은 거기에서 무엇을 경험했는지 규명하고자 한다. 둘째 서독을 경험한 한국군 엘리트들이 군사유학을 마치고 귀국하여 한국군에서 하급 장교에서 장성으로 전역할 때까지 활동하는 내내 한국군에 어떠한 영향을 미쳤는지를 드러내고자 한다. 서독 군사유학은 일차적으로 유학한 한국군 본인에게 영향을 미쳤을 뿐 아니라 이후 복귀하여 주요 직위에 오른 군사유학생들은 한국군에 직·간접적으로 영향을 주고자 노력했다.

본고가 다루는 한국군의 서독 군사유학이라는 주제는 한독관계사 연구에도 일정부분 기여하리라 기대한다. 기존 한독관계사 연구에서는 주로 1960년대 진행된 광부와 간호사의 파독(派獨)이 다뤄졌다.[16] 그런데 동 시기에 한국에서 독일로 간 사람들은 광부와 간호사뿐 아니라 한국 군인도 있었다. 흥미롭게도 본고가 다룬 구술자 중 한명은 1960년대 서독 군사유학 당시 만난 파독 간호사와 인연을 맺어 귀국 후 함께 결혼에 이르기도 했다. 이처럼 본고는 그동안 한독관계사 연구에서 주목받지 못했던 '파독 한국군'에 주목하고자 한다.

본고는 먼저 1965년부터 1972년까지 서독 군사유학을 경험한 군인들의 구술을 중심으로, 한국군의 서독 군사유학의 경험을 유형별로 정리할 것이다. 이 시기 한국군은 세 가지 방향에서 서독 군사유학을 진행했다. 한국군은 첫째 육군사관학교 생도들을 직접 서독 사관학교에 파견했으며, 둘째 위

---

15) 『陸軍士官學校 三十年史』, 陸軍士官學校, 1978; 陸士 五十年史 編纂委員會 編, 『(대한민국)육군사관학교 50년사: 1946-1996』, 육군사관학교, 1996.

16) 윤용선, 「1960-70년대 파독 인력송출과 차관: 원조인가 거래인가?」, 『독일연구』 26, 2013; 정현백, 「한독관계사, 회고와 성찰」, 『독일연구』 28, 2014; 나혜심, 「파독 한인여성 이주노동자의 역사」, 『서양사론』 100, 2009.

관이나 영관급 장교들을 서독 지휘참모대학에 보냈다. 마지막으로 매우 예외적인 사례이지만 서독의 일반대학에 군인이 파견되기도 했다.[17] 이에 본고는 1장에서 유형별로 서독 군사유학을 떠난 이들이 왜 서독을 선택했으며 그곳에서 어떤 경험을 했는지를 정리하고자 한다.

다음으로 2장에서는 서독 군사유학을 마치고 국내에 귀국한 이들이 한국군 내에서 장성까지 진급하여 활동하면서 서독의 경험이 어떻게 한국군에 영향을 미쳤는지를 분석하고자 한다. 1960년대 중후반 사관생도이거나 위관급 장교로서 서독 군사유학을 경험한 한국군 엘리트들은 대체로 1970년대 말부터 영관급 내지 장성으로 진급함으로써 한국군에 영향력을 미치는 주요 위치에 올랐다. 따라서 서독 군사유학을 경험한 한국 군인들이 초급장교에서 영관급 나아가 장성이 되면서 독일군 시스템을 한국군에 적용하고자 하는 시도와 좌절 혹은 성공을 정리하고자 한다. 특히 서독 군사유학을 경험한 인물들의 자세한 구술에서 미군 시스템과 독일군 시스템의 유사점과 차이점 그리고 한국군 내 적용의 구체적인 맥락을 확인할 수 있을 것이다.

본고는 서울대학교 규장각한국학연구원 현대한국구술사연구사업단이 수집한 서독 유학을 경험한 총 5명의 구술을 기본 자료로 활용했다.[18] 구술자 5명의 이력을 간략히 정리하면 다음 〈표 1〉과 같다.[19]

---

17) 실제 서독 군사유학은 세 유형 중 두 개를 경험한 사례도 다수 존재한다. 예를 들어 박영한은 서독 사관학교 졸업 후, 정영주는 서독 괴테 인스티투트를 졸업한 후, 한국에 돌아와서 한국군 내 영관급 장교로서 활동하다가 다시 서독 지휘참모대학으로 유학을 떠났다.

18) 문영일, 민병돈, 정영주, 유보선 등 4명의 구술은 현재 한국학중앙연구원 현대한국구술자료관 사업단(https://mkoha.aks.ac.kr/)에서 온라인 상으로 영상 및 구술녹취록 전문을 제공하고 있다. 본고에서 다루는 구술자 총 5명 중 4명은 한국학중앙연구원 현대한국구술자료관 사업단의 웹사이트에서 서비스를 제공하지만 2018년 구술이 진행된 박영한의 구술자료는 아직 웹서비스가 이뤄지지 않는 상태이다.

19) 이하 구술자료 인용은 구술자(성명), 구술차수, 구술년월일 순으로 표기할 것이다. 구술자의 자세한 약력은 논문 마지막에 정리한 〈부록〉을 참고할 것.

〈표 1〉 서독 군사유학을 경험한 구술자의 주요 약력

성명 출생년도	육사기수 졸업년도	독일 유학	미국 유학	주요 경력
문영일 (1935)	14기 (1958)	지휘참모대학 (1969~70)	미 특수전학교 유학 (Ft. Bragg NorthCaroline) (1962)	육군 중장 전역
민병돈 (1935)	15기 (1959)	괴테 인스티투트 (Goethe- Institut) 독어독문과 (1965~1966)	없음	육사 독일어 교수(67~69), 육군 중장 전역
정영주 (1938)	17기 (1961)	괴테 인스티투트 독어독문과 (1967~1968) 지휘참모대학 졸업 (1971~1972)	없음	육사 독일어 교수(69~71), 육군 소장 전역
유보선 (1946)	24기 (1968)	육군사관학교 (1965~1968)	미육군기교 미고군반 (1973.08~ 1974.07) 미육군대학원 연수 및 졸업 (1985.04~ 1986.06)	육군 소장 전역, 국방부 차관
박영한 (1945)	27기 (1971)	육군사관학교 (1968~1971) 지휘참모대학 졸업 (1981)	없음	주서독 한국대사관 무관 (1986~1990), 육군 준장 전역

서울대학교규장각 한국현대사구술사팀이 수집한 구술자료는 서독 군사
유학을 경험한 인물들의 생애 전체를 담은 최초의 기록이다. 이 구술자료들
덕분에 한국군의 서독 군사유학 관련하여 별다른 문헌자료가 남아 있지 않

은 상황에서 한국군의 초창기 서독 군사유학의 구체적인 진행과정을 밝혀낼 수 있었다. 나아가 서독 군사유학이 한국군에 어떻게 직·간접적으로 영향을 미쳤는지를 밝히는 데도 구술자의 생생한 기억들은 큰 도움이 됐다.

그런데 구술자료에 기반한 본 연구는 이러한 장점뿐 아니라 한계 또한 존재한다. 본고가 다루는 5명의 구술자가 당시 서독 군사유학생 전체가 아니며 그들을 대표한다고 하기도 힘들 뿐 아니라 구술자료의 성격상 구술자 개인의 회상과 기억에 의존한다는 한계가 존재한다. 구술자료의 한계를 보완하고자 본 연구자는 현재 확보가능한 문헌자료를 최대한 활용했으며 나아가 구술자들의 구술 내용의 교차를 통해 '객관성'을 확보하고자 했다.[20] 물론 앞으로도 지속적인 관련 문헌자료의 추가적인 발굴과 보완이 이뤄져야 할 것이다.[21]

1. 한국군의 서독 군사유학의 유형 및 경험

1) 서독 육군사관학교

대한민국 육군사관학교 생도 2명이 1965년 1월 29일 한국군으로는 처음으로 서독 육군사관학교로 3년간 파견 유학차 김포공항을 떠났다. 육군사관학교는 초기에는 매년 2명을, 1969년도부터는 1명의 생도만을 선발하여 서독으로 군사유학을 보냈다. 1964년 육사 24기로 입학한 생

---

20) 예를 들어 1960년대 중반 한국군이 서독 일반대학에 군사유학을 보낸 이유를 밝히는 과정에서, 민병돈과 정영주의 구술을 교차했으며 나아가 당시 한독간 군사교류의 맥락을 고려하여 판단했다.

21) 서독 군사유학생들이 서독에서 경험한 '임무형 전술'의 한국군 이식 노력이 실질적으로 한국군 내 교범과 교리발전에 어떠한 변화를 가져왔는지를 문헌자료를 통해 객관적인 성과와 사실관계를 확인할 필요가 있다. 구체적으로 미 육군의 『FM 100-5 Operations』(1976년판) 교범과 한국군 작전 교범을 비교 분석해서 증언의 내용을 보완할 필요성이 존재한다.

도를 시작으로 한국 육사생도의 독일 육군사관학교 위탁교육 프로그램
은 현재까지 이어지고 있다.[22]

『육군사관학교 30년사』및 『50년사』는 외국사관학교로의 파견교육을
"육사 발전의 도약기에 이루어진 일 중에서 빼놓을 수 없는 것"으로 높
이 평가했다. 교사(校史)는 한국 육군사생도의 서독 육군사관학교 군
사유학 결정이, "우방국과의 긴밀한 장기적인 군사교류의 필요성 제고에
따라 국방부 당국은 우선 1964년에 서독 국방성과의 접촉을 통하여 매
년 육사생도 2명씩을 서독 육사에 유학시키기로 합의"한 결과였다고 적
었다.[23] 다만 교사는 당시 한국 국방부 당국과 서독 국방성이 어떻게 접
촉을 해서 어떤 협정을 맺었는지 밝히지 않았다.

그런데 당시 신문을 보면, 1964년 8월 26일부터 민기식 육군참모총장
이 약 1개월간 서독을 포함한 여러 국가를 순방했으며[24] 그가 9월 3일
카우우베 폰 하셀 서독 국방상과 요담을 나눴다는 사실이 확인된다.[25]
이때 한국 국방부와 서독 국방성이 한국 육사생의 서독 군사유학에 서
로 합의했을 가능성이 있다. 그리고 1965년 1월 30일자 『경향신문』이
"한독교육보조협정에 의거하여" 매년 2명씩 서독 육사에 유학보내기로

---

22) 『경향신문』 1965년 1월 30일, 8면; 『(대한민국)육군사관학교 50년사: 1946-
   1996』, 육군사관학교, 1996. 345쪽. 1965~1970년 시기 서독 군사유학생
   명단은 다음과 같다. 1965년(24기): 유보선(기갑)·유홍모(보병), 1966년(25
   기): 이상선(보병)·조남국(보병), 1967년(26기): 이한홍(보병)·정채하(기갑),
   1968년(27기): 김유성(보병)·박영한(보병), 1969년(28기): 김관진(보병)·박흥
   환(보병) 1970년(29기): 김태영(보병)

23) 『陸軍士官學校 三十年史』, 陸軍士官學校, 1978, 328~330쪽; 陸士 五十年
   史 編纂委員會 編, 『(대한민국)육군사관학교 50년사: 1946-1996』, 육군사관
   학교, 1996, 344~346쪽.

24) 『경향신문』 1964년 9월 30일, 1면.

25) 『경향신문』 1964년 9월 5일, 2면.

되어 있다고 보도했다.[26] 당시 신문 보도와 교사의 내용을 모두 고려해 보면, 한국군의 서독 군사유학은 1964년 9월경 한국 국방부와 서독 국방성이 '한독교육보조협정'을 상호 체결함으로써 시행된 것으로 보인다.[27]

서독 군사유학생으로 선발되기 위해서는 모든 면에서 '뛰어나야' 했다. 교사(校史)에 따르면 1964년 육사 24기로 입교한 1학년 중에서 독일어 성적 20%, 내무성적 20%, 학업성적 20%, 환경 및 가정배경 20%, 신체검사 20% 등의 심사기준 가지고 위원장을 생도대장으로 위원을 교수부 차장, 교무부장, 인문처장, 부관부장 등으로 하는 심사위원회를 꾸려 선발했다고 한다.[28]

『경향신문』은 육군사관학교 생도 중 100명이 지원했고 이들 중에서 2명을 선발했다고 보도했다.[29] 그런데 신문 보도처럼 반드시 모든 육사 생도들이 공고문을 읽고 지원하는 방식은 아니었다. 1964년 서독 군사유학생으로 처음 선발된 유보선은 선발 공고를 보고 신청했던 기억은 없고, "신청도 안했지만은 학교에서 독일 유학 가지 않겠나"고 먼저 물어왔다고 회상했다.[30]

또한 1967년 육사 27기로 입교한 박영한은 1학년 시절 10월 달쯤 삼사관학교 체육대회 응원연습을 하러 이동하던 중, "1학년 중 30명을 호명"하면서 따로 "독일어 시험 치러" 갔다.[31] 즉 그에 따르면 서독 유학생

---

26) 『경향신문』 1965년 1월 30일, 8면.

27) 1964년 12월 박정희 대통령이 서독을 방독했는데 이때 이와 관련한 논의가 진행됐을 가능성도 있다. 현재까지 본 연구자는 외교문서를 확인하지 못했기 때문에 정확한 '협정체결일과 협정문'을 담은 자료 발굴이 필요하다.

28) 『陸軍士官學校 三十年史』, 陸軍士官學校, 1978, 328~330쪽.

29) 『경향신문』 1965년 1월 30일, 8면.

30) 유보선, 1차구술, 2017.10.26.

31) 박영한, 2차구술, 2018.8.10.

을 지원자 중에서 선발하는 것이 아니라 성적이 우수한 1학년 생도들 중에서 30명 정도를 독일어 시험을 치르게 하여 평가했다고 한다. 박영한은 본인이 추후에 자신의 독일어 시험 점수를 확인했는데 100점 만점 중 27점을 맞았다고 밝혔다. 물론 육군사관학교 1학년 교과목에는 독일어가 없었기 때문에 상대적으로 선발된 박영한의 점수가 높은 편이었다. 박영한은 독일어 시험을 치르면서도 이것이 서독 군사유학생을 뽑는 과정이라는 것을 몰랐다는 점에서 『경향신문』이 지원자 중에서 선발했다는 보도는 사실과 다를 가능성이 크다.

육군사관학교는 1968년 1월에 서독으로 떠날 최종 유학생 2명을 뽑기 위해 1967년에 후보로서 3명을 뽑았으며 이들에게 독일어 훈련을 따로 가르쳤다. 이때 육사 교수부의 독어과 교수이던 민병돈은 서독 사관학교 군사유학 준비 생도들을 가르쳤다. 민병돈은 사관생도뿐 아니라 위관급 및 영관급 장교 약 7명도 함께 독일어 교육을 했다고 한다. 1967년 12월 육군사관학교는 사관생도 후보 3명 중 1명을 탈락시키고 박영한과 김유성 두 명을 파독 군사유학생으로 최종 결정했다. 그런데 탈락한 1명은 최종적으로 선발된 2명이 서독으로 떠날 때까지 발생할지 모르는 낙오에 대비해 계속 유학 준비를 함께 했다고 한다.[32]

육군사관학교 생활과 학업 성적이 모두 뛰어났다고 해서 반드시 서독 유학생으로 선발되는 것은 아니었다. 평가항목에서 20퍼센트를 차지하는 "환경 및 가정배경"도 중요했던 것으로 보인다. 1965년 1월 첫 서독 사관학교로 군사유학을 떠나는 육군사관생도는 입교 기준 24기 유보선과 유흥모였다. 유보선은 본인의 아버지가 육사 5기생으로 6·25전쟁 중 전사했기 때문에 "집안배경도" "확고"했다. 유흥모의 아버지도 경찰로서 모두 환경과 가정배경이 '확실한' 생도생들이었다.[33]

---

32) 박영한, 2차구술, 2018.8.10.
33) 유보선, 1차구술, 2017.10.26.

흥미롭게도 1965년 서독 군사유학을 선택한 유보선은 자신이 독일유학을 결정한 이유에 한국군의 폭력적인 군사문화에 대한 거부감이 큰 영향을 미쳤다고 설명했다. 유보선은 육군사관학교 생도 1학년 시절 학업성적은 1등이었으나 개인적으로 기합을 주는 군대문화에 학교를 그만둘 생각까지 했다. 그러던 차에 학교에서 독일 유학에 대한 권유가 있었고 "하도 기합을 받다 보니까 돌파구로 그냥" 응했다고 한다.[34]

1965년 1월 29일 유보선과 유흥모는 서독으로 3년간 군사유학을 떠나기 위해 김포공항에 갔다. 서독 사관학교로 군사유학을 떠나는 첫 사례였기 때문에 언론의 관심도 높았다.[35] 『경향신문』은 두 육사생도의 사진을 실은 「사관생도판' 한·독친선」이라는 제목의 기사를 다음 〈그림 1〉과 같이 보도했다.

〈그림 1〉 한국군 최초 육사생의 서독 유학

* 출처: 『경향신문』, 1965년 1월 30일자 8면.

---

34) 유보선, 1차구술, 2017.10.26.

35) 『동아일보』 1965년 1월 27일, 3면.

이들 유학생은 독일에 도착하여 먼저 국방성 군사언어학교에서 독일어 과정을 약 6개월간 이수했다. 이후 전투병과학교에서 차량운전, 병, 분대장, 공수유격훈련 및 소대장 과정을 마쳤으며 다음으로 뮌헨에 있는 육군장교학교를 졸업하여 3년간 유학생활을 마치고 한국에 1968년 초에 귀국했다.[36]

서독 군사유학생은 6개월 어학과정을 끝낸 후 기초군사훈련을 2개월 정도 마친 다음에 병과를 선택했다. 유홍모는 보병을 유보선은 기갑을 선택했다. 한국군 시스템과 달리 서독의 사관생도는 무등병으로 시작하여 앞으로 장교가 될 사람이라는 의미에서 사관생도의 소매에다 마크 형태의 카뎃(Kadett)을 달았다. 즉 서독 사관생도들은 무등병에서 시작하여 계급이 올라가면서 병장, 하사, 중사, 상사, 그 다음에 최종적으로 소위로 임관하는 시스템이었다.

기갑을 선택한 유보선은 먼저 2개월 간 모든 장비에 대한 운전교육을 마치고 면허증을 땄다. 그다음으로 분대장 교육 및 분대장 실습을 각각 6개월 정도 받았다. 그는 한국의 육군사관학교와 달리 학내에만 머문 것이 아니라 일반 전투부대에 가서 1개 분대를 지휘통솔하는 분대장을 맡았다. 유보선은 분대장 시절 한국의 군대문화와 서독의 군대문화의 충돌을 경험했다고 다음과 같이 밝혔다.

분대를 지휘하는데 그 걔네들이 체격들이 크잖아요 우리보다. 그 걔네들 쭉 이렇게 세워놓고, 어, 군기잡고. (...) 군기 잡는 방법은 기합 주는 거밖에 몰라가지고, (...) 그런데 독일군이 창설되는 이차대전 때 패한 후에 창설되면서, 미군들에 의해서 창설되면서 앞으로 다시는, 세계대전을 (...) 일으키지, 못하도록 가장 민주화된 군대를 만들겠다, 그래가지고 정말 그, 인권에 대한 또, 이런 측면을 굉장히 강조

---

36) 『陸軍士官學校 三十年史』, 陸軍士官學校, 1978, 345쪽.

해가지고, 구타라든가 (…) 어떤, 비인간적인 기합 이런 게 하나도 없어요. 그러니까 우리는, 그런 걸 잘 모르니까, 어, 이 덩치 큰 사람들을 고분고분 말을 하게, 말을 듣게 하는 방법은 내가 육사에서 1년 동안 당했던, 그것 밖에 생각이 안 나니까 막 빵빵이도 돌리고 선착순도 시키고 막 했죠. 그리고, 거긴 어느 정도냐 하면은 이렇게, 어, 복장이 불량해도 상대방에게 당신 몸에 손을 대도 좋으냐, 하고, 존댓말을 씁니다. 거긴 이제 반말도 있고 존댓말도 있는데, 당신 몸에 손을 대도 좋습니까, 부하인데도. 그렇게 존댓말을 쓰면서, 어, 허락을 득하고 이제 복장 교정해주고 넥타이 삐뚤어진 거 이렇게 해주고 그러지 그걸 묻지 않고 그냥 했다가는 그거 폭력이에요. 그 정도로 인제 굉장히 인권이 강화됐죠. 그것도 모르고 이제 처음엔 그냥, 응? 넥타이도 그냥 이게 상태가 이게 뭐냐 그러고 탁 잡아서 해주고, 또, 이 쪼그려 뛰기도 시키고 뭐, 빵빵이 막 돌리고 막 했지. 근데, 참 그 독일 애들이 정면에서 반박을 안 하고, 그렇게 부당한 명령 지시를 하더라도 다 수용을 하고, 그 나중에 인제 중대장한테 이제 항의를 하는 거죠. 그 인제 중대장이 불러다가 당신 그런 식으로 하면 본국에 귀환시키겠다 하고 경고도 받고, 그런 기억이 나요.[37]

유보선 뿐 아니라 3년 후배인 박영한도 서독의 유학 시절 기합 없는 군대 훈련 문화에 대해 비슷한 경험을 했다고 밝혔다. 박영한은 기합을 주는 한국군의 문화가 "일제 시대 때부터" "뿌리 깊은 전통이 있어가지고" 문제가 많다고 지적했다. 그리고 박영한은 귀국하여 장교생활을 할 때는 이런 "구습 타파"를 위해 노력했지만 소수 독일 유학을 갔다 온 장교들만으로는 한국군의 고질적인 폭력적인 군대문화가 쉽게 바뀌지 않았다고 토로했다.[38]

---

37) 유보선, 1차구술, 2017.10.26.
38) 박영한, 2차구술, 2018.8.10.

요시해요. 그래서 두 달 동안 졸업하고, 6개월 졸업하고, 두 달 동안 부대에 가

지고 일반 부대, 독일 부대, 내가 간곳은 어, 알프스산 밑에 있는 (…) 산악부대에

가서 두 달 동안 여단이에요. 여단 참모를 겸해서 어, 연수를 해요. 부대도 살피

고, 그러고 난 뒤에 함부르크(Hamburg)에 가서 10개월 하고, 그러고 난 뒤에 본

과 10개월이지 하고, 그 다음에 또 나머지 한 달을 사단급, 사단급 부대 가지고

사단 참모 또 오, 연수를 해요. 그러고 인제 귀국을 하는 겁니다.[43]

　

1971년 3월 정영주는 소령 계급으로 서독 지휘참모대학으로 유학을
떠났다. 쾰른(Köln)에 있는 연방어학국에서 3개월 어학연수를 마친 후
함부르크에 위치한 지휘참모대학에 들어갔다. 본과정은 9개월이었다. 정
영주는 앞서 문영일과 달리 1970년대 초 독일 브란트 수상의 동방정책
의 분위기에서 특이한 경험을 했다. 당시 서독은 동방정책의 일환으로
동구권과 화해정책을 폈기 때문에 구주안보협력기구를 만들면서 모든
국방정책을 개방하자고 했으며 핵무기를 감축하며, 심지어 모든 훈련에
각국이 모두 공동 참관하는 정책을 펼쳤다. 따라서 정영주는 동구권 즉
공산권 국가들이 참여하는 훈련에 실제 참가했다. 특히 그는 "공산국가"
이던 "소련군대" "폴란드, 체코" "헝가리"와 함께 참관하는 경험에 큰 놀
라움을 느꼈다고 한다.[44]

3) 서독 일반대학

앞서 두 유형과 달리 일견 군사 영역과 무관해 보이는 서독 내 일반대
학에 유학을 간 사례도 있었다. 민병돈은 서울 휘문 중·고등학교를 졸업
하고 1955년 육군사관학교 15기로 입학한 후 1959년 강원도 철원군 신

---

43) 문영일, 2차구술, 2015.10.13.
44) 정영주, 2차구술, 2016.11.17.

서면 보병 제25사단 소대장으로 부임했다. 1963년 육군정보학교 교관으로 근무하던 중 1965년 2월 서독으로 유학을 떠났다. 그는 육군사관학교에서 독일어 성적이 매우 우수했을 뿐 아니라 어릴 적 실제 독일인과 대화를 해봤던 경험이 풍부하여 독일어 회화 실력이 뛰어났다고 한다. 그는 당시 군내 분위기는 해외 유학하면 으레 미국으로 가는 것이 대세였다고 한다. 그런데 정보학교에 파견 나와 있던 주한 서독무관 육군중령 알프레드 자그너(Alfred Zagner)는 그에게 서독 정부초청 장학금으로 서독 유학생을 뽑는 시험에 응시해보라고 권유했다고 한다. 그가 회상하기를 당시 서울에서 시험을 봤을 때 군인뿐 아니라 일반 대학 출신자도 함께 있었다고 한다.[45]

시험에 합격한 민병돈은 1965년 2월부터 괴테 인스티투트(Goethe-Institut) 독어독문학에서 약 2년간 유학했다. 당시 서독 대학의 지도교수는 처음으로 민병돈 같은 직업군인을 가르쳤다고 한다. 민병돈은 일반적인 군사유학과 달리 군복을 입지 않았으며 주독 한국대사관과도 전혀 관계가 없었다고 기억했다. 그는 하숙비와 학비 등을 바이에른(Bayern)주 정부 장학금으로 해결했다.

그는 독일 유학을 그것도 전투병과 장교를 2년씩이나 전혀 군대와 상관없는 공부를 하게 된 까닭을 개인적 인연에서 찾았다. 그는 당시 정보학교 교장 최내현이 마침 육군본부 육군정보참모부로 영전해 갔고, 그가 건의하여 유학을 갈 수 있었다고 회고했다.[46] 이처럼 민병돈 본인은 자신이 군사 영역과 무관한 학문을 서독에서 배우게 된 이유를 개인적 관계에서 찾았다.

그런데 민병돈 다음으로 동일한 곳에 유학을 갔다온 정영주의 설명은

---

45) 민병돈, 2차구술, 2015.1.4.
46) 민병돈, 2차구술, 2015.1.4.

달랐다. 정영주는 서울 중앙 중·고교를 졸업하고 1957년 육사 17기로 입교한 후 1961년 졸업했다. 1966년 1년간 정보학교 전략정보반 독일어반 교관을 역임했으며 이때 주한 서독대사관과 접촉했을 뿐 아니라 민병돈처럼 무관이던 자그너를 만났다. 그리고 그는 동일한 경로, 즉 서독 정부초청 장학금으로 뮌헨 괴테 인스티투트에서 어학을 배우고 교사 자격증을 받는 과정으로 1967년부터 2년간 서독에서 유학했다. 정영주는 민병돈이 개인적 관계라는 차원에서 서독 일반대학 유학을 설명한 것과 다르게 본인의 유학을 군사교류의 맥락에서 다음과 같이 설명했다.

> 박정희 대통령이 64년도에 독일에 가서 간호장교, 간호원하고 그 탄광, 어, 그 광부들 보냈잖아요. 그 뤼브케(Lübke) 대통령하고 이제 이렇게 해가지고. 그때 교류가, 군사교류까지 같이 했어요. 군사교류. 우리가 군사교류도 같이 하자, 그래서 군사교류가 되는 바람에 그 무관이 내가 군인임에도 불구하고, 어, 독일에 유학을 가서 그 소정의 과정을 배우고 올 수 있도록 해주겠다. 그래가지고 이제 제안을 받아서 독일 정부의 그 장학금 받고 이제 독일에 갔다 온 거예요.[47]

정영주는 육사 19기 김건한도 본 대학 장학금을 수령하며 독일문학을 전공하며 서독 일반대학에서 유학을 했다고 구술했다. 이렇게 1965년 민병돈을 시작으로 2년씩 독일어학 관련 유학을 보내는 과정이 한국과 독일 사이에 맺어졌던 것으로 추정된다. 민병돈(15기), 정영주(17기), 김건한(19기)은 모두 서독 유학을 마치고 바로 육군사관학교 독일어 교수를 역임했다. 실제 앞서 박영한의 구술에서 드러나듯이, 민병돈은 1967년 육사에서 독일 군사유학을 준비하는 사관생도 및 위관급, 영관급 장교들의 어학 교육을 담당했다. 민병돈과 정영주의 구술내용은 상반되지만

---

47) 정영주, 2차구술, 2016.11.17.

1965년 한독 간 군사교류가 본격화되던 시점이라는 역사적 맥락을 고려하면, 일견 군사유학과 무관해보이는 서독 일반대학으로의 한국군 파견도 한독 군사교류의 일환이었다고 봐야할 것이다. 이처럼 문헌자료상 확인하지는 못했지만 서독 일반대학으로의 군사유학은 1965년 이후 계속되는 서독 사관학교 및 지휘참모대학으로의 한국군의 군사유학에 필요한 독일어 교육 수준을 높이려는 한국과 독일 양 국가간 모종의 협의에 따라 진행됐을 것으로 추정된다.[48]

2. 서독 군사유학이 한국군에 미친 영향

1965년부터 시작된 서독 군사유학은 유형별로 세 종류가 있었으며 실제 1년에 군사유학생은 약 10명 내외 수준인 것으로 추정된다. 예를 들어 박영한은 1968년 서독 군사유학 준비를 위해 육군사관학교 독일어 교수가 가르친 학생이 사관생도와 영관급, 위관급 장교들을 포함하여 약 10명 정도로 기억했다. 또한, 앞서 살펴본 문영일도 1969년 서독으로 군사유학을 떠날 때 함께 갔던 인원이 10명 남짓이었다고 기억했다.

사실 군사유학이 이미 시행되고 있던 미국 군사유학과 비교하면 서독 군사유학생 숫자는 매우 적었다고 볼 수 있다. 그런데 서독 군사유학을 마친 사관생도나 위관급 및 영관급 장교들은 상당수 '장성'으로 진급하여 한국군 내에 주요 보직을 역임했다. 예를 들어 서독 사관학교를 졸업한 1960년대 중후반 육군사관학교 생도들이 영관급 이상의 장교가 되는 1970년대 말부터 서독 군사유학의 경험이 한국군에 본격적으로 영향을 미치기 시작했다고 볼 수 있다. 흥미롭게도 육군사관학교 산학협력

---

48) 구체적으로 언제 이런 한국과 독일 간의 교류사업이 종료됐는지 그 이유는 무엇인지 등은 외교문서 같은 문헌자료를 좀 더 조사해야 할 필요가 있다.

단이 최근 작성한 보고서도 1970년대 후반부터 서독에서 군사교육을 받은 장교들에 의하여 '임무형 전술' 개념에 대한 논의가 몇 차례 제기됐다고 밝히고 있다.[49]

그렇다면 서독 군사유학의 경험이 과연 한국군에 직·간접적으로 어떠한 영향을 미쳤을까? 서독 군사유학을 경험한 한국군 장교들은 독일군 시스템과 미군 시스템의 차이를 어떻게 평가했을까? 먼저 임무형 전술을 살펴보고자 한다.

1) 임무형 전술

통제형과 달리 임무형 전술(auftragstaktik)은 독일에서 19세기부터 태동했다.[50] 임무형 전술은 '임무에 의한 지휘 방식'으로서 모든 임무는 부하의 행동과 책임에 여유를 주기 위해 예하 부대의 지휘관의 위임하에 주도적으로 전투에 임하는 전술을 의미했다.[51] 독일은 150여년 전통의 임무형 전술을 바탕으로 하며, 1998년 임무형 지휘를 공식적인 독일군의 지휘개념으로 채택했다.[52]

서독 군사유학을 처음으로 떠났던 유보선은 일반 전투부대에서 1개 분대장을 하면서 지휘통솔을 했는데 서독 사관학교 시스템을 매우 우수하다고 평가했다. 특히 유보선은 미국식의 지시형과 독일식의 임무형을

---

49) 육군사관학교 산학협력단, 「임무형 지휘 활성화 방안 연구」(최종보고서), 2016, 7쪽.

50) 육군사관학교 산학협력단, 「임무형 지휘 활성화 방안 연구」(최종보고서), 2016, 4쪽; 노병석, 『임무형 지휘에 관한 연구』 대전대학교군사학과 석사학위논문, 2006, 5쪽. 디르크 W. 외팅 지음, 박정이 옮김, 『임무형 전술의 어제와 오늘』, 백암사, 1997, 16쪽.

51) 이한흥, 『독일군 임무형 전술에 관한 연구』, 육군사관학교 화랑대 연구소, 1995, 4쪽; 이영주 「임무형 전술 Auftragstaktik의 본질에 대한 고찰」, 『한국군사학논집』 67(1), 126쪽.

52) 육군본부, 『인간중심의 리더십에 기반을 둔 임무형 지휘』, 2006, 3-10쪽.

나눠서 후자의 장점을 높이 평가했다. 유보선은 독일식 임무형 전술을 한국군에 적용하려고 노력했다고 다음과 같이 구술했다.

어, 실질적으로 전투를 할 수 있는 군대를 만드는 거죠. 그래서, 어, 아까 말씀드린 대로 임무만 딱 주면은 저 목표를 정해주고 저거, 뭐, 따라오려면은 자기가 이제 어떻게 공격을 해서 저걸 딸 것이냐 하는 자기 스스로 알아서 판단하는 임무형이죠. 임무형. 그런데 미국식은, 일일이 이게 어디, 어디로 지나가서 어디를 거쳐서 이렇게 공격해서 따라 하는 식으로 세세하게 지시를 해주기 때문에, 이 융통성이 없고 이 저 어, 상급자의 지시 없으면은 아무것도 못하죠. 자기가 스스로 판단해서 할 수 있는 능력이 부족. 그게 인제 임무형 명령하고, 어, 우리 군대하고 좀 다른 점인데, 그래도 독일 갔다 온 사람들을 활용해가지고 우리 군대도 많이, 변화를 시켰는데, (...) 독일 사관학교에서 그런 식의 트레이닝을 받았지 않느냐, 그래서 아마 우리도 인제 그, 상당히 많이 바뀌고는 있어요, 바뀌고 있는데, 우리 군의 창설이 미군에 의해서 됐기 때문에 그게 완전히 틀이 바뀌기는 아마 어려울 겁니다.[53]

박영한도 독일의 임무형 전술 시스템을 높게 평가했다. 그는 1968년 서독 사관학교에서 마지막 과정으로 프랑스 사관학교와 합숙훈련을 했는데 여기서 프랑스는 "독일보다 더 자유스럽게 스스로 참여하도록 교육하나" 기대했는데 전혀 아니었다고 한다. 그는 프랑스뿐 아니라 미국도 당시까지 "짧은 기간에 데려다가 질서를 잡기 위해서는 비스트 트레이닝(beast training)이 필요"하다고 판단하고 강제적인 훈련 시스템을 운용했다고 설명했다. 그런데 박영한은 베트남전쟁을 겪으면서 미국도 서독의 임무형 시스템을 확실히 받아들이게 됐다고 다음과 같이 설명했다.

---

53) 유보선, 1차구술, 2017.10.26.

근데 미국이 임무형 전술을 확실히 받아들인 것은, 내가 나중에 이제 쭉 관련되는 거 연구하다 알았는데, 월남전에 당했거든. 월남전에서는 진짜 끈끈이 하나하나 지휘했단 말이야. 국방부에서 북폭 하면서, 무기 갖다 쏟아 부으면 될 줄 알고 밑에 군대들을 딱 묶어놓고, 위에서 계획한 대로 북폭하고 뭐하고 해가지고. 안되잖아. 현장에 있는 지휘관들은 손발 묶어놓고 이것도 안 돼, 저것도 안 돼. 그래놓고 그냥 폭격만 하면 될 줄 알았는데 결국 안 되거든. 월남전에서 패망한 후에 돌아와 가지고 다시 미국 사람들이 연구한 거야. 우리가 왜 이렇게 졌나? 그때 연구한 게 다시 독일의 아우프트라그스타틱(Auftragstaktik), 임무형 전술 다시 연구한 거야. 그걸 잘 연구해서 소화해가지고 교범도 많이 개량하고, 훈련 제도도 바꾸고, 이래가지고 결국 나중에 걸프전에서도 승리한다고 볼 수 있죠. 승리하고, 여러 가지에서 되잖아.[54]

박영한의 설명처럼, 미군은 베트남전 패인을 분석한 결과 화력 위주의 소모전에서 '기동전 사상'으로 전환했으며 특히 공지전투 교리 수립과정에서 서독군의 임무형 지휘를 적극적으로 검토하여 도입하기 시작했다. 실제 미군은 1990년대 걸프전 당시 이를 적용하였으며 2012년에는 『임무형 지휘 백서』를 출간하기까지 했다.[55]

유보선처럼 박영한도 자신의 부대만큼은 독일식 임무형 훈련을 실시하려고 노력했다. 박영한은 1985년 서독 지휘참모대학에 군사유학을 두 번째 다녀온 직후 육군대학 교수로서 전투위원회 교리발전부에 발령받았다. 당시 교리발전부는 한국에 기계화 부대가 창설되어 수도기계화사단도 있었지만 아직 교범이 없던 상황에서 사단 교범을 만들라는 과제를 부여받은 상태였다. 이때 박영한은 선배 교관들에게 사단 교범이 없

---

54) 박영한, 3차구술, 2018.8.14.

55) 육군사관학교 산학협력단, 「임무형 지휘 활성화 방안 연구」(최종보고서), 2016, 5쪽.

다는 것을 듣고 본인이 86년, 87년 1년 과제로 사단 교범을 제작 과제를 신청했다. 그는 1년 과제로 잡고 최소한 초안을 만들기 위해 미국·소련·독일의 관련 교범 및 일본의 『통수강령』 등을 참조했다. 특히 그는 사단 교범 초안을 작성할 때 기본적으로 미국 스타일로 큰 틀을 잡고 곳곳에 독일식 시스템을 집어넣었으며 특히 독일식 임무형 전술 개념을 적극적으로 포함시켰다고 한다. 면담자와 구술자의 대화 맥락이 중요하기 때문에 비록 구술 내용이 길지만 그대로 인용하면 다음과 같다.

면담자: 그게 그럼 만드는 과정, 실제 만들어 진 게 독일 게 주가 되는 건가요? 어떤, 어떤…

구술자: 많은 부분이, 많은 부분이 독일 껄 내가 많이 넣었어. 기동 이런 분야 하여튼 여러 가지를. 응? 음, 많이 넣고. 큰 틀은 이 무기 체계나 이런 게 미국하고 같으니까 이 장, 절 편제 같은 거는 미국 스타일로 다 하면서.

면담자: 아, 큰 틀은 일단은 미국 스타일, 시스템 그대로. 기존 시스템 그대로…

구술자: 아, 무기, 저, 교범 체제는 이런 미국 시스템, 우리 하는 시스템으로 장절 구분은 다 하되 내용, 내용에 가가지고 중요한 어떤 핵심 개념에는 이제 독일 개념을 많이 넣었지.

면담자: 그러니까 장군님이 판단하실 때 저는 되게 궁금했던 건데 그러니까 그 이제 예전에 우리나라가 이제 사실 처음에는 일본식이었다가 한국전쟁을 거치면서 이제 대개 미국화 된 시스템으로 가, 가고 있었던 거고 그 와중에 또 어쨌든 독일로도 유학을 보내서 이제 장군님 같은 분들이 오셔서 실제 또 독일적인 게 이제 적용이 되는 건데. 안에.

구술자: 그렇지 그 집어넣는 거지.

면담자: 집어넣는 거잖아요. 근데 그게 그러니까, 그러니까 말씀하신 거처럼 기본 틀은 어쨌든 미국적인 틀이 있는 거고 그 안에서 이제 요소요소를 조금 바꾼다고 하셨는데 그게, 그 바꾸는 게 그러니까 좀 많은 차이가 있는 건

지. 정말 미국하고.

구술자: 아, 그래 내가 나중에 해보니까 미국도 이미 독일 그, 임무형 지휘 전술을 이미 수용을 했더라고. 왜냐하면 월남전에서 뭐 실패하고, 했다고 보고 나왔잖아요. 군사적으로 반성을 했어. 새로 연구를 했어. 독일에 대해서 새로 연구했다고. 그래 거기에 임무형 전술 개념을 적극적으로 받아들여 가지고 이미 적용했더라고. 그래 참모 판단하는 방법. 다 알아. 임무형 전술을 적용하게 되면 항상 지휘관의 의도를 중요하게 생각하고 내가 의도에 맞춰서 이 개념을 만들어야 되고 이런 게 있단 말이야? 이게 미국에 다 반영되어 있어. 이제 조금씩만 넣어서 강조하면 되는 거야.

면담자: 요때 지금 육군대학에 계실 때 실제 이제 없던 사단 교범을 만드실 때 어쨌든 다 참고는 하셨고 특히 이제 미국이 큰 틀이지만 또 핵심적인 거는 어쨌든 독일 껄 끌어다 쓰신 건데…

구술자: 그게 이제 임무형 전술이지.

면담자: 임무형 전술 이런 건데 근데 이미 고 시점에도 독일 교범에도 아니, 미국 교범에도 많이 좀 반영되어 있었다. 그렇지만 어쨌든 실제 교범 자체는 독일 교범을 그 가장 기본 그런 요소요소에…

구술자: 많이 넣으려고 노력했지.[56]

　

이처럼 서독 군사유학을 경험한 한국군 장교는 서독의 임무형 전술 시스템을 매우 높게 평가했으며 이를 한국군에 적용하려고 노력했다. 이들은 우선 군사유학 후 자신이 지휘하는 부대에 적용하려 했으며, 박영한의 경우 수도기계화사단 교범을 만드는 데 독일식 임무형 전술 시스템을 가장 많이 집어넣었다고 회상했다. 그렇다고 미군 시스템과 독일 시스템이 충돌하는 것은 아니었다. 왜냐하면 이미 미군도 독일식 임무형

---

56) 박영한, 4차구술, 2018.8.24.

전술 체계를 적용하고 있었기 때문이었다. 그럼에도 사단 교범을 작성할 때 박영한은 서독 군사교범을 가장 많이 반영했다고 구술했다.

2) 복무규율·교육과정·기갑부대운영

사단 교범뿐 아니라 독일식 복무규율을 한국군에 적용한 사례도 있었다. 정영주는 서독 지휘참모대학을 유학한 후 육군대학 교수 생활을 하다가 1974년 4월 제6군단 제28사단 제273대대 대대장으로 부임했다. 이때 그는 군단장 이재전의 지시로 서독 복무규율을 번역하여 그것으로 군단 내 군인 복무규율을 작성했다며 다음과 같이 말했다.

[사단장이_인용자] "독일의 그 군대가 상당히 규율이 좋고 그렇다는데, 에, 독일 복무규율에 대해서 어, 거기에 대해서 뭐 책자라든가, 이런 거 가지고 있느냐," 그래서, 내가 마침 또 복무규율을 가지고 있었어요. 그랬더니 복무규율 1항부터 계속 번역을 좀 해라, 그래가지고 군단장 지휘지침 내려갈 때마다 내가 제이, 한 장부터 어? 부하는 상관에게 절대 명령복종이다. 어? 뭐 이런 것이 이제 소위 복무규율이에요. 거 참 멋있어요, 그 독일 복무규율이. 내가 다 기억을 못지만. 그래한 절씩 계속 그것을 번역을 해서 그 군단의 이배, 비서실장에게 얘기하면 비서실장이 군단장 지휘서신 때마다 그걸 딱딱 번역한 걸, 어? 거기다 쳐 넣었어. 그래가지고 번역자, 독일 지휘참모대학 몇 대대 중령 정영주. 군단장 지휘서신에 내 이름이 번역자로서 전 군단에 퍼지니까 나야 뭐 너무 좋은 거지.[57]

문영일은 1981년 1월 1일 육군대학 교수부장으로서 교육혁신위원회를 만들어서 교육과정을 서독 참모대학 교육과정처럼 개혁하고자 했다. 그는 연구단계로서 준비단계였기 때문에 시행 단계까지 가는 것을 직접 확

---

57) 정영주, 2차구술, 2016.11.17.

인하지는 못했다며 아쉬움을 다음과 같이 나타냈다.

육대 교수부장이 돼 가지고 이제 지난 번에 내가 이야기 했던 그 욕심. 독일 참모
대학에 교육과정, 개혁을 해야 되겠다. 이래가지고 이제 즉각, 즉각 말이야. 그, 육
대 교육혁신위원회. 하하하. 사실은 이게 총장이 하셔야 되는 건데, 육대 총장일
할 일을 육대 교수부장, 그런데 교수부장도 교육에 관한 건 힘이 있는 거니까. 지
난 번 얘기했지마는, 장군이 되면은 뭔가 자기 뜻을 펼 수 있다 하는 게 바로 이런
거예요. 그 육대, 그동안에 마음먹고 있던 거 육대 교육혁신위원회, 탁 만들고, 거
기에 이제. 그 당시 막 보니까 이제 벌써 나는 독일 갔다왔지마는, 많은 나라에,
외국에 참모대학을 갔다 오는 거예요. 캐나다, 미국은 말할 것도 없고 불란서, 영
국 막 이렇게 갔다 오는 거예요. 그래 그 사람들 모아서, 모아가지고 '야, 너희가
보고 듣고 온 거 말이지. 교육혁신위원회 만들어, 만들었으니까 해란 말이야. 하자
는 말이야.' 그래가지고 연구를 시켰어요, 연구를 시켜가지고 몇 '한 달 내로 우선
자료 수집하고 3개월 내로 다, 아이디어를 내가지고 이, 입안을 해서 요거 내년부
터, 내년도부터는 꼭 실천하자.' 이렇게 준비를 하고 있는데 이제 4월이 돼서 명령
이 난거지.[58]

서독 사관학교에서 기갑을 선택한 유보선은 한국에 귀국하여 군 생활
을 하면서 소대장, 기갑여단장 전속부관, 기갑학교 전출처 교관 그리고
기갑여단장을 하던 시절 내내 독일 시스템을 한국군에 적용하는 데 고
민을 했다고 한다. 그는 귀국 후 1968년 창설된 제2기갑여단 소대장으
로 근무했다. 그런데 그가 보기에 당시 한국군은 서독에서 배워온 기갑
운용체계와 완전히 다른 형태를 취하고 있었다고 평가했다. 그는 당시
1968년 1월 김신조 사태 때문에 한국군은 기갑을 서독처럼 기동전이 아

---

58) 문영일, 5차구술, 2015.12.2.

니라 진지전 형태로서 진지만을 만들고 있었다며 다음과 같이 답답해했다.

김신조 일당이 넘어오는 바람에, 그런 활동에 주력했고, 탱크도 기동전을 수행해야 되는데, 한 곳에 집중을 해서. 진지를 만들어가지고, 전방에 진지를 만들어서 거기에 고정전차로 투입을 해놓고, 북한지역에 뭐 일이 일어나면 즉각 쏠 수 있도록. 그런 식의. 그러니까 기동전과는 다른 양상의 운영을 했죠. 내가 배운 거하고는 정반대, 아주 동 떨어진[59]

그는 기갑여단장 전속부관 시절 한국군의 기갑여단의 문제점을 고치고자 했다. 그러나 그는 한국군의 장비 상황과 지리적 조건이 서독과 다른 점 그리고 자신의 계급이 낮아서 개선하지 못했다고 다음과 같이 말했다.

워낙에 우리 군이 낙후가 되어가지고. 그 당시에 최고의 지휘제대가 기갑은 기갑여단이었어요. 기갑여단. 그리고 거기에 있는 탱크들은 전부 6·25 때 사용했던 노후화된 전차고. 근데 독일은 그 뭐 군단 정도의 제대가 있고. 또 이제 기동전 위주고. 우리는 진지전 위주고. 탱크를 진지에다가 틀어박고 이렇게 사격하는 그런 위주로 사용을 했고, 보병하고 탱크하고 같이 협동작전을 하면서 탱크가 기동을 하면 보병들은 뒤따라오면서, 아니면 탱크에 올라타고 오던가. 근데 독일에서는 그런 그게 없거든요. 보병도 장갑차 타고 같이 쫓아오고, 탱크하고 같이 기동전을 하면서 하는데. 이렇게 보병하고 같이 하다 보면 탱크가 속력이 늦어질 수밖에. 그러니까 완전히 전술, 물론 지형이 달라서 그렇지만, 거기는 광활한 평야고. 우린 산악지대고 하니까. 독일전술을 옮겨오고 그걸 받아들이는 데는 한계가 있었고.

---

59) 유보선, 2차구술, 2017.11.2.

그 당시는 내 위치가 소대장으로, 전속부관으로써 영향력이 하나도 없죠. 어떤 교육기관의 고급신분이 되어가지고 거기서 전술을 개발하고 하면 몰라도, 말단부대에서 뭐 시키는 일만, 전속부관이라는 게 심부름만 하는 그건데. 그런 그거는, 그 당시 여단장도 그런 분야에 깊이 이렇게 나한테 뭐 묻고 그런 거 같지는 않아요. 기갑여단이 생겼음에도 불구하고, 기갑여단을 어떻게 운용할 것이냐, 그런 면보다는, 말씀드린 대로 인제 어떤 그, 그 기갑여단이 생겼지만 장비가 채 들어오지도 않았고. 완편이 되질 않았었기 때문에 그 장비 완편하기 바쁘고, 병력보충하기 바쁘고 그랬지, 사령부만 딱 세워놓고 밑의 부대가 아직 보충이 안 되었으니까.[60]

1973년 유보선은 기갑학교 전술학처 교관에 부임했다. 그는 여기서도 서독 군사유학 시절 배운 내용을 한국군 작전 내용에 반영하고 싶었다. 그는 교관으로서 이미 정해진 교안에다 자신이 배운 것을 일부 반영하는 형식으로 전술학처장이나 학교장 등을 설득했다고 한다. 이로써 그는 기존에 보전협동작전 위주의 개념에 전격작전 개념을 조금 가미한 교육을 시행할 수 있었다고 다음과 같이 말했다.

그 전에는 보전협동작전 위주로 되어있었지만 그런 개념의 그런 전술 위주였는데. 속도도 없고, 기동도 없고. 그냥 사람 걸어가는 속도 정도. 그리고 진지전. 방어할 때도 진지를 만들어놓고 거기에 전차를 틀어박아 놓고, 포를 쏘는. 그런 개념이었는데. 어, 내가 좀 바꾼 거는 방어할 때도 물론 그런 것도 중요하지만 이렇게 집결하고 있다가, 적이 뚫고 들어오면 이 집결하고 있는 부대가 역습을 해가지고 가서 타격을 하는, 역습작전. 그런 것들. 그러니까, 진지전에서 기동전으로 조금 바꾸고. 공격작전에서도 그런 제병협동. 그런 개념으로 좀 바꾸고. 근데 아주 크게 많이 수정할 수는 없고. 제병협동. 제 병과가 협동해서 작전하는 거죠. 항공, 포병,

---

60) 유보선, 2차구술, 2017.11.2.

392 / 구술로 본 한국현대사와 군

전차, 보병. 이렇게 여러 부대들이 다 같이 긴밀하게 협조해가면서 작전하는 그런. 독일의 이차 세계대전 때 전격전, 블리츠크리크(Blitzkrieg). 그 개념이 그런 개념인데. 그러니까 보전협동 위주의 그 속도도 없고 기동도 없는 그런 작전에서, 그런 전격작전 개념을 조금 가미한 그런 거죠.[61]

1990년 드디어 유보선은 제3군 제1기갑여단장으로 부임했다. 소대장 시절과 달리 20여년이 지나 여단장에 오른 그는 한국군의 기갑이 장비 면에서도 발달했기 때문에 이제 자신이 생각하는 기갑 부대 운영을 실현시킬 수 있었다고 다음과 같이 회고했다.

이제 우리 군 수뇌부에서도 전력 증강이 되어 가면서 기갑 부대 운영에 대해서 어, 어, 뭐 많은 어, 외국의 예를 배워오고 하니까 기갑여단이라 하면은 규모가 굉장히 큰 부대니까. 이 부대를 보병들 지원해 주, 주는데 쓰는 건 아무 의미가 없는 거죠. 그래서 군 간의 기갑 여단이 하나 정도 이렇게 지원 되가지고 군단 작전 하는데 군단 같으면은 이제 사단이 여러 갠데, 그 작전 할 때 사단이 전방작전하면은 기갑여단은 후방에서 어디가 위험한가 하는 걸 보고, 그 지역이 위험하다 하면은 그 지역에 쫓아가가지고 지원을 해주고, 또 어느 지역이 뚫렸다 하면은 쫓아가 가지고 그 지역을 다시 회복을 시켜주고. 또 이제 뭐 과감한 지휘관들은 이제 일부러 이제 유인을, 적을 유인해가지고 어느 지역을 슬슬 이제 뒤로 후퇴하면서 그 지역으로 적을 몰아넣은 다음에 기갑부대 투입해가지고 적을 섬멸하는. 그런 아주 적극적인 기동전을 많이 활용하게 된 거죠. 그건 이제 기갑 여단이 생겼기 때문에 가능한 거죠.[62]

---

61) 유보선, 2차구술, 2017.11.2.
62) 유보선, 4차구술, 2017.11.15.

이처럼 서독 군사유학을 경험한 한국군 장교들은 영관급 혹은 장성급이 됐을 때 독일군 시스템을 한국군 교육과 사단 교범 제작, 복무규율, 군사훈련에서 직접 적용하려고 노력했다. 서독 군사유학을 경험한 인물들의 개별적 노력에 의해 일부 서독군 시스템이 적용되기도 했다. 물론 기갑부대 운영 같은 군사훈련의 경우는 당시 현실적인 한국군의 장비 상 제약 때문에 독일식 시스템을 바로 적용하기 어려운 한계가 존재했다. 그런데 군사유학을 경험한 장교가 여단장으로 한국군 내에서 성장한 시점에서 마침 한국군의 장비 발달도 함께 향상되어 있었기 때문에 자신이 서독에서 배운 기갑부대의 기동전을 현실화 시킬 수 있었다.

사단 교범에 독일식 임무형 전술 개념이 포함된 것은 한국군 사단 훈련에서 하나의 표준적인 역할을 하는 중요한 변화를 만들어냈다고 볼 수 있다. 또한 서독 군사유학을 갔다 온 후 임무형 전술을 강조한 박영한은 1996년 『독일군 지휘철학』이라는 책을 발간했다. 흥미롭게도 이 문헌은 2006년 육군본부가 펴낸 『임무형 지휘』라는 교육회장의 참고문헌 중에서 가장 오래된 문헌으로 포함되어 있다는 점에서 서독 군사유학생들의 경험이 점차 한국군 내 교범에 영향을 미치는 것만은 분명해 보인다.[63]

3. 맺음말

본고는 1960년대 중반부터 서독으로 군사유학을 갔던 초창기 한국군

---

63) 육군본부, 『인간중심의 리더십에 기반을 둔 임무형 지휘』, 2006, 부1-2쪽. 물론 독일식 임무형 전술이 한국군 훈련 교범에 구체적으로 어느 시점에 명확히 어떠한 문구로 들어갔는지를 확인하기 위해서는 시계열적으로 한국군 육군 훈련 교범의 분석이 필요하다.

장교의 경험과 그들의 경험이 한국군에 미친 영향을 살펴봤다. 초창기 한국군 장교의 서독 군사유학은 육군사관학교·지휘참모대학·일반대학 등 세 곳에 10명 남짓 파견되는 형태였다. 서독 군사유학을 경험한 이들은 대체로 그곳의 군대문화가 한국과 달리 기합이 없이 자율적이며, 훈련 방식도 '임무형' 전술을 채택하고 있다는 점을 매우 높게 평가했다. 서독 군사유학을 하고 돌아온 한국군들은 1970년대 말부터 한국군 내에서 영관급 이상의 지위에 올랐기 때문에 일차적으로 휘하의 부대 내 차원에서라도 서독식 군사문화 및 임무형 전술 등을 한국군 내에 적용하고자 노력했다. 때로는 한국군의 특정 사단의 교범이나 복무규율이 작성될 때, 서독 군사유학생에 의해 서독 교범이 활용되기도 했다. 이처럼 한국군의 미국 군사유학생 숫자에 비하면 소수였지만 서독 군사유학생들이 한국군 내에서 일정한 지위에 오르게 되는 1970년대 말부터는 한국군에 독일식 군사 시스템이 일부 적용되기 시작했다고 볼 수 있다.

독일군 시스템이 한국에 적용된다고 하여 반드시 미군 시스템과 전적으로 구별되는 것은 아니었다. 앞서 살펴봤듯이, 독일에서 유래한 '임무형 전술'과 이를 한국군에 적용하고자 노력했던 서독 군사유학생들이 본격적으로 지휘관 계급에 오른 1980년대 이후 미국도 독일의 임무형 전술 시스템을 이미 흡수한 상태였기 때문이었다. 유보선은 미국식 시스템과 독일식 시스템을 구별하기보다 미국도 이미 독일식 시스템을 받아들이고 있었다며 다음과 같이 구술했다.

독일과 미국의 개념이 거의 비슷하다고 할 수 있죠. 네, 그렇죠. 단지 제대의 규모가 다를 뿐이지. 사관생도로써 배우는 제대의 규모는 소규모 제대고. 여기 미국 고등군사반에서 배울 때는 이미 대위, 또 거기 온 사람들은 소령도 있고 뭐 하니까. 그 장교들 상대로 하는 교육은 더 큰 제대니까. 개념은 같지만, 제대가 다르죠. (...) 그게 원래 독일에서 발전되어가지고 2차 세계대전 때 성공을 거둔 작전인데,

그걸 이제 미국이 받아들여가지고 더 정교화시키고 그런 거죠. (...) 독일 거하고 미국 거하고 뭐 완전히 다르다 하는 그게 아니고, 전술은 거의 같습니다.[64]

　　미군과 독일군이 한국군에 미친 영향은 군내 문화나 전술 시스템의 차원에 머물지 않았다. 군사유학을 미국으로 가느냐 서독으로 가느냐는 한국군 개인의 진급 및 정체성에도 커다란 영향을 미쳤다. 본고는 한국군의 서독 군사유학 동기와 경로 및 한국군에 미친 영향에 초점을 맞췄지만, 사실 한국군 개인의 차원에서 서독 군사유학이 군인으로서 정체성에 어떠한 영향을 미쳤는지도 연구가 필요하다. 예를 들어 서독유학 경험을 살려 한국군에서 길을 찾아나간 사람이 있는 반면, 서독유학보다는 미국유학을 더 중요시 한 사람도 있었다. 흥미롭게도 1965년 맨 처음 서독으로 군사유학을 떠났던 제1차 서독 사관학교 유학생 유보선과 유홍모는 각기 다른 길을 걸었다. 유보선은 이를 미국 쪽과 독일 쪽이라는 '두 개의 길'로서 다음과 같이 설명했다.

독일만 갔다 왔으니까. 독일말 해도 쟤네들은 못 알아듣고. 그래서 야, 이게 앞으로 영어를, 우리 군생활하려면 영어를 해야 되겠구나. 하는 그 절실함을 그때 처음 느꼈었죠. 그래가지고, 나중에 인제 그, 중대장 마치고 미국에 교육 받으러 간 것도 그것 때문에 자극이 되어가지고 그때 간 거고. 독일어는 우리나라에는 거의 사용하질 않았고. 군대에서는 더더군다나 독일어가 필요 없었고. 그래서 독일어는 완전히 죽은 언어다. 내가 직업군인으로서 생활할 때 독일어는 필요 없다. 영어를 해야 되겠다. 그래서 주로 이제 교육과정은 미국 육군대학도 갔다오고 할, 이렇게 이제 주로 미국 쪽으로 가가지고. 우리는 이제 한미동맹이니까, 미군하고 작전을 같이 해야 되니까. 그래서 이제 미국 쪽에 어떤 전술, 뭐 교리 이런 것도 받아

---

64) 유보선, 2차구술, 2017.11.2.

들여야 되고, 영어도 배워야 되고, 미국 인맥도 맺어야 되고. 이런 식으로 해서. 그 후에 나는 독일은 한 번도 안 갔고. 기회만 있으면 미국 쪽으로만 갔죠. 그 반면에 유홍모는 미국 쪽은 하나도 안 가고, 독일 쪽으로만. 정반대의 길을 걸은 거죠.[65]

이처럼 한국군 장교의 서독 군사유학의 경험이 한국군 개인의 정체성과 향후 한국군 내에서 성장하는 과정에서 어떠한 영향을 미쳤는지도 중요한 연구과제이다. 이를 위해서는 기존에 연구된 한국군의 미군 군사유학과 서독 군사유학을 종합적으로 비교 분석하는 연구가 필요하다. 또한 본고는 한국군의 서독 군사유학 유형의 또 다른 형태로서 서독 고등군사교육반 과정을 밝혀내지 못했다. 문영일의 구술에 따르면 분명히 1969년 서독의 병과학교인 고등군사교육반 과정으로 군사유학을 떠났던 두 명이 존재한다.[66] 나아가 독일식 임무형 전술이 한국군 훈련 교범에 구체적으로 어느 시점에 명확히 어떠한 문구로 들어갔는지를 확인하기 위해서는 시계열적으로 한국군 육군 훈련 교범의 분석도 필요하다.

이러한 연구과제를 해결하기 위해 새로운 구술채록이나 문헌자료 발굴에 따른 후속 연구들이 추후 계속 진행되기를 기대한다.

---

65) 유보선, 2차구술, 2017.11.2.
66) 문영일, 2차구술, 2015.10.13.

〈부록 1〉 문영일의 주요 약력 및 활동 내용

시기	활동 내용
1935	부산 동래 출생
1958	육군사관학교 졸업(14기), 육군보병소위 임관
1962	미 특수전학교 유학(Ft. Bragg NorthCaroline)
1963	보병학교 유격학부 교관
1966	주월 맹호부대 전사(戰史)장교
1970	독일군 참모대학 유학
1971	육군대학 교관
1972	수도기계화사단 창설요원, 제102 기계화대대 창설
1976	공수특전사령부 정보참모, 모로코 파견 군사지원사절단장
1979	국방대학원 군인교수 (사우디 아라비아파견 군사사절단, 비공식)
1980	육군대학교수부장
1981	제7공수여단장
1983	육군 제8사단장
1985	육군본부 작전참모장(副長)
1988	제1야전군 부사령관, 육군중장 예편.
1993	국가안보회의 국가비상기획위원회 부위원장(차관급)
1995	미국 Ball 대학(인디아나 주립) 군사학부(ROTC) 방문교수
1999	국방대학원 초빙교수
2006	군사연구원 연구위원

〈부록 2〉 민병돈의 주요 약력 및 활동 내용

시기	활동 내용
1935	서울 마포 출생
1948	휘문중학교 입학
1950.09.	육군 1사단 15연대 이등병으로 자원입대
1952	휘문고등학교 1학년으로 복학
1955	육군사관학교 15기로 입학
1959.05.	강원도 철원군 신서면 보병 제25사단 소대장으로 부임

시기	활동 내용
1963	육군정보학교 교관 부임
1965~1966	독일 괴테 인스티투트(Goethe-Institut) 독어독문과 유학
1966	육군사관학교 독일어 강사 교관
1969.10.01.	베트남 파병. 육군 보병제9사단 제28연대.
1970.10.	육군본부 인사운영감실 보병장교 과장
1971~1972	육군대학 단기과정 수료
1972	제1공수특전단 제2대대장
1974	백마부대 작전참모
1974	제2군수사령부 정보작전처장
1975	국방대학원 군사전략기획 과정 수료
1975	육군대학 교수부 특수학 및 지휘학 처장
1978	제33보병사단 102연대장
1980.01.01.	육군본부 교육참모부 교육훈련처 교육과장
1980.06.	국가보위비상대책위원회 상임위원회 내무분과위원회 위원 겸 간사
1981.06.	제3공수여단장
1983.06.	제20기계화보병사단장
1985.06.	육군 정보참모부 차장
1987.01.	육군 특전사령관
1988.07.01.	육군사관학교 교장(1989년 4월 10일까지 역임)
1989.05.30.	육군 중장으로 예편

〈부록 3〉 정영주의 주요 약력 및 활동 내용

시기	활동 내용
1938	서울 출생
1950~1956	서울 중앙중, 고교 졸업
1957~1961	육군사관학교 졸업(17기)
1968~1970	독일 뮌헨 괴테 어학원 졸업
1971~1972	독일 지휘참모대학 졸업
1972~1974	28사단 273대대 대대장

시기	활동 내용
1974~1978	육군전력증강위 연구위원 및 간사장
1978~1979	국방대학원 안보과정 졸업
1980~1982	수도기계화 사단 포병여단장
1983~1984	한미연합군 사령부 작전과장
1984	보병36사단 부사단장(준장)
1984~1988	한미연합사 작전처장(준장), 작전차장(소장)
1988~1990	유엔사 정정위 한국 측 수석대표 및 한미연합사 부참모장
1990	육군소장 예편

〈부록 4〉 유보선의 주요 약력 및 활동 내용

시기	활동 내용
1946	서울 출생
1961	서울중학교 졸업
1964	서울고등학교 졸업
1964	육군사관학교 입학(24기)
1965~1968	독일육군사관학교 군사유학 후 졸업
1968.02.22.	육군 소위 임관(해외)
1969.11.~1970.11.	한미계획단 전속부관
1972.02.~1973.02.	8사전차중대 중대장
1973.08.~1974.07.	미육군기교 미고군반
1977.07.~1979.03.	국방부장관실 장관육군부관
1979.08.~1981.09.	국방부합참벨지움 무관보좌관
1981.11.~1983.07.	2기갑제16전차대대 대대장
1985.04.~1986.06.	미육군대학원 연수 및 졸업
1989.02.~1990.06.	국방부 정책기획실 국외정책담당관
1990.06.~1991.12.	5군단 1기갑여단 여단장
1991.12.~1993.01.	한미연합사 작전참모부 작전처장
1993.01.~1993.07.	합참 작전기획본부 작전차장
1993.07.~1994.11.	국방대학원 교수부장

시기	활동 내용
1995.04.~1995.10.	합참작전참모부 소요검증처장
1995.10.~1997.11.	국방부 군비통제관, 육군 소장 전역
2001.05.~2003.03.	국방부 기획관리실장
2003.03.~2004.08.	국방부 차관

〈부록 5〉 박영한의 주요 약력 및 활동 내용

시기	활동 내용
1945	경북 봉화 출생
1957	안동 중앙국민학교 졸업
1960	부산 배정중학교 졸업
1963	예천 대천고등학교 졸업
1964	대구 계명대학교 입학
1967	육군사관학교 입학(27기)
1968~1971	독일육군사관학교 군사유학 후 졸업
1971	육군 소위 임관 (소대장)
1973	연세대학교 학군단 교관
1974.04.~1978.06.	3공수여단 13대대 중대장
1977~1978	서강대 독문과 위탁교육
1979	합동참모본부 연구개발국 무기체계과
1981	독일 지휘참모대학 군사유학
1986~1990	주서독한국대사관 무관
1994	합동참모본부 대북전략과장
1995	합동참모본부 군사전략과장
1995.12.	삼사관학교 교수부장
1996	준장 진급
1997	삼군사령부 관리처장, 교육사 교리부 차장
1999	합참 대학 교수부장, 국방대학원 합참 대학 학장
2000~2002	65사단장(동원사단)
2002	육군 준장 예편

제4장

1950-1970년대 한국군의 도미 군사유학 시행
- 구술자료를 중심으로 -

송 재 경

머리말

한국군의 도미유학은 그것이 친미 군 엘리트를 형성하고, 한국군과 미군 사이의 네트워크를 만들었으며, 한국군의 미군 시스템 및 무기도입과 연관되어 있다는 점에서 중요한 연구주제이다. 도미유학은 한미군사관계의 중요한 부분이자 한국군의 발전방향에 영향을 주는 요소이기도 하다.

그런데 한국군의 도미유학을 본격적으로 다룬 연구는 많지 않다. 박수현[1]은 6명의 구술자료를 활용하여 한국전쟁 시기 도미유학을 부분적으로 정리했다. 김민식[2]의 경우 미 국립문서기록관리청(NARA)의 미 육군 관련 자료들과 대통령기록관 소장문서, 그리고 구술자료를 활용했다. 김민식의 연구는 1950년대에 한하여 한국군의 도미유학 시행이 한국군 교육체제의 재편을 가져왔다고 논증했다.

위의 두 연구는 1950년대에 한정되어 있을 뿐만 아니라, 1950년대 도미유학의 전체적인 상을 밝혀내지도 못했다. 이처럼 한국군의 도미유학은 연구 자체가 부족할 뿐만 아니라, 자료확보도 많이 필요한 분야이다.

---

1) 본서 Ⅱ부 3장, 「한국전쟁기 한국군의 도미 군사유학 경험」 참조.
2) 김민식, 「1950년대 한국군의 미국 군사유학 시행과 군사교육 체제의 재편」, 고려대학교 한국사학과 석사학위논문, 2015.

따라서 본고에서는 규장각한국학연구원 '한국현대사와 군' 구술사업단이 수집한 구술자료를 기반으로 하여 1950-1970년대 한국군의 도미 군사유학 시행을 정리하는 것을 목표로 했다. 관련 문서자료를 확보하지 못한 대신, 여러 사람들의 구술을 교차검증하여 최대한 사실을 밝혀내고, 전반적인 흐름을 추정하고자 노력했다. 이는 한국군의 도미유학 연구를 위한 기초가 될 것이다. 먼저 본고에서 다룰 도미유학 구술자 명단(39명)은 다음과 같다.[3]

〈표1〉 도미유학 구술자 명단(출생 순)

이름	출생	유학1	유학내용	유학2	유학내용	유학3	유학내용	출신
김창규	1920	1952	공군대학 FOC(영관)					일본육군 항공대
김계원	1923	1953	포병 고등군사반	1957	지휘 참모대학			군사영어 학교
황의선	1924	1952	보병 초등군사반					육사 특임 7기
김사열	1924	1957	병참 초등군사반					육사 3기
유병현	1924	연도 미상	기갑학교	연도 미상	지휘참모 대학			육사 7기 특별
이대용	1925	1952	보병 초등군사반	1960	지휘참모 대학			육사 7기
전자열	1925	1954	보병 고등군사반					육사 7기
장우주	1927	1952	보병 고등군사반	1955	지휘참모 대학			육사 3기
라동원	1927	1952	보병 초등군사반	1955	보병 고등군사반			육사 9기
박영온	1929	1953	해군종합학교	1958	미 해군대학원			해사 4기
배상호	1929	1957	항공정보학교	1961	미 공군대학			공군 병

---

3) 39명 이외에도 도미유학을 경험한 구술자들이 있을 수 있다. 이 경우 구술과정에서 유학 관련 내용을 아예 언급하지 않았거나 구술자이력에도 유학 기록이 없어서 누락된 것이다.

이름	출생	유학 1	유학 내용	유학 2	유학 내용	유학 3	유학 내용	출신
홍기경	1929	1958	해군 지휘참모대학					해사 4기
김춘배	1929	1951	포병 초등군사반	1955	포병 고등군사반			육종 13기
최규순	1929	1955	공군정보학교					공사 1기
전제현	1929	1952	보병 초등군사반					육군종합 학교 3기
최갑석	1929	1954	포병 초등군사반					남조선국 방경비대 4기
양창식	1930	1953	보병 초등군사반					육사 10기, 생도 1기
신위영	1930	1952	보병 초등군사반					육사 10기
차수정	1930	1962	해병대 수송학교					해병학교 12기
김영동	1930	1953	보병 초등군사반					1950년 현지임관
김운용	1931	1953	보병 초등군사반	1955	고사포 유도탄			전시입대 (장교)
송진원	1931	1969	항공학교					갑종 21기
김동호	1931	1955	공군 GCI					공사 2기
백행걸	1932	1951	보병 초등군사반	1955	보병 고등군사반	1958	지휘참모 대학	육사 10기
윤찬중	1932	1959	병참학교 낙하산 포장					육사 13기
장정열	1933	1954	보병 초등군사반					육사 생도2기
이동희	1933	연도 미상	이스트웨스트센터	1978	풀브라이트 스칼라			육사 11기
안철호	1933	연도 미상	고사포학교	연도 미상	지휘참모 대학	1978	해군대학	육사 11기

이름	출생	유학 1	유학 내용	유학 2	유학 내용	유학 3	유학 내용	출신
임동원	1934	1964	특수전학교					육사 13기
문영일	1935	1962	특수전학교					육사 14기
김학옥	1935	1962	일리노이 공대 도학					육사 16기
정만길	1936	1970	보병 고등군사반					육사 16기
김재창	1940	연도 미상	해군대학원 ORSA					육사 18기
정성길	1943	1983	지휘참모대학					갑종간부 후보생 195기
이석복	1943	1966	포병학교 호크과정	1977	프로젝트 매니지먼트			육사 21기
유보선	1946	1972	기갑 고등군사반	1985	육군대학원			육사 24기
제정관	1949	1980	지휘참모대학					육사 27기

'한국현대사와 군' 구술사업단에서 다룬 구술자는 총 106명이며 이 가운데 도미유학에 한 번이라도 참여했던 구술자는 총 39명이다. 따라서 전체 구술자 대비 도미유학 비율은 약 36.7% 정도이다.

구술자들은 1920년~1949년생들로 대부분 6.25전쟁 시기를 전후로 하여 입대했다. 세대를 구분하자면 대략 육사 13기(1934년생)를 기준으로 잡을 수 있다. 이하에서 자세히 살펴보겠지만, 육사 13기 이전 기수들은 1950년대 대규모로 시행된 초등군사반/고등군사반 도미유학 혜택을 입었다.

특히 이들은 1회 이상 도미유학을 가는 경우가 상당히 있었다. 1951~1953년 사이 초등군사반이나 고등군사반 유학을 갔다 온 경우, 전후인 1950년대 중후반에 고등군사반/지휘참모대학 유학을 다시 갈 기회를 얻을 수 있었다.

가장 대표적인 경우는 백행걸(1932년생, 육사 10기)이다. 백행걸은 육사 졸업 당시 1등을 했고 이후 소위 '엘리트'코스를 밟았다. 백행걸은 임관하지 얼마 안 된 1951년 초등군사반을, 전쟁이 끝난 뒤에는 고등군사반(1955)과 지휘참모대학(1958)을 유학했다.

그밖에도 장우주, 김계원, 김운용, 박영온, 이대용, 김춘배, 라동원 등 총 8명이 1950년대에 2회 이상의 유학을 경험했다. 이는 1950년대 도미유학이 다소 특수했음을 보여준다. 전쟁 발발 후 한국군 증강과 발맞추어 많은 인원이 군사유학을 갔던 것으로 추정된다.

그러나 1950년대 후반부터는 이와 같은 대규모 유학이 중지되었던 것으로 보인다. 육사 11기 밑으로는 도미유학 2회 이상이 이석복, 유보선의 2명만 확인된다. 대략 1924~33년 사이 출생자들, 육사 기수로는 2기~11기들이 1950년대 초중반 대규모 군사유학 덕분에 도미유학을 2회 이상 경험할 기회를 얻은 것으로 추정된다.

아울러 1950년대 후반부터는 초등군사반이나 고등군사반 유학을 경험한 구술자 자체가 별로 없는 것을 볼 수 있다. 1970년에 보병 고등군사반을 유학한 정만길 정도뿐이다. 관련 정책문서를 확보할 필요가 있지만, 1950년대 후반부터는 초등군사반/고등군사반은 대개 한국에서 모두 교육하는 방향으로 간 듯하다.

특히 주목해야 할 것은 1950년대 중후반부터 다양한 병과학교 및 교육과정으로 유학이 이뤄졌다는 점이다. 1950년대 초중반 유학이 보병/포병 초등군사반, 고등군사반 위주로 협소하게 했던 반면, 중후반부터는 고사포 및 유도탄 학교, 병참학교 낙하산 포장, 특수전학교, 포병학교 호크과정 등으로 유학 대상 과정의 폭이 급격히 늘어나는 것을 볼 수 있다.

이상에서 구술자료로 확인할 수 있는 도미유학의 경향성을 간단하게 정리했다. 이하 본문에서는 기존연구 및 구술자료를 활용하여 시기별 도미유학의 경향성과 그 내용을 상세하게 다룰 것이다.

1. 1950년대 초중반 한국군 증강과 지휘관 양성을 위한 대규모 도미유학

한국정부 수립부터 6.25전쟁에 이르기까지, 미국의 대한정책은 기본적으로 한국군의 임무와 병력 숫자를 상당히 제한하는 방향으로 짜여졌다. 1948년 4월에 수립된 NSC8 '한국에 관한 미국의 입장(The Position of United States With Respect to Korea)'(1948.4.2.)은 한국군의 임무를 '북한이나 다른 세력의 공공연한 침략'을 제외하고 남한의 안보를 효율적으로 보호하는 것으로 한정지었다.[4] 이는 한국군의 병력숫자와 장비수준을 제한했다. 이러한 기조는 1949년까지도 계속 이어졌는데, NSC8의 수정안이었던 NSC8/2(1949.3.22.) 또한 한국군 65,000명, 해안경비대(해군) 4,000명 수준으로 병력을 제한했다.[5]

이에 발맞춰서 한국군의 도미 군사유학 또한 매우 제한적이고 일시적으로만 행해졌다. 현재까지 알려진 바로는 1948년~1949년 사이 육군에 한하여 3회에 걸쳐 12명이 도미유학을 경험했다.[6] 최초의 도미유학으로 1948년 7월 이형근, 민기식, 이한림, 장창국 등 6명이 미 보병학교 고등군사반에 파견되어 10개월 간 교육을 받고 돌아왔다. 이후 1949년 7월 최덕신, 최홍희 대령이 미 보병학교 고등군사반에, 심흥선 소령 등 4명은 미 포병학교 고등군사반에 입교했다.

그런데 1950년 6.25전쟁 발발로부터 1년이 지난 시점부터 미국은 한국군 증강을 검토하기 시작했고, 이는 한국군 교육체계의 설립·확충으로 이어졌다. 1951년 7월 휴전회담을 시작하면서 미국은 주한미군사고문단(KMAG, Military Advisory Group to the Republic of Korea)을 통해 한국군의 군사교육 확충을 지원했다.[7] 한국군은 군사고문단의 지

---

4) 『Foreign Relations of United States』 1948 Vol.5, 문서 776번.

5) 『Foreign Relations of United States』 1949 Vol.7, 문서 209번.

6) 전쟁 발발 전 도미 군사유학과 관련하여, 김민식, 앞의 논문, 11~12쪽; 조성훈, 『한미군사관계의 형성과 발전』, 국방부 군사편찬연구소, 2008, 157~158쪽; 국방부 군사편찬연구소, 『한미동맹 60년사』, 국방부 군사편찬연구소, 2013.

7) 주한미군사고문단의 구성 및 역할과 관련하여, 박동찬, 『주한미군사고문단

원을 받아서 1951년 7월 1일 교육훈련사령부를 창설하여 군사교육기관을 감독·통제하도록 시스템을 구축했다. 교육사령부는 각 군사교육기관에서 사용할 훈련 교재와 교범을 발행하여, 각 병과학교별로 진행되던 임관교육, 기초교육, 보수교육을 통일할 기반을 마련했다.[8] 아울러 1951년 10월 30일에는 진해에서 육군사관학교를 창설했고, 1951년 10월에는 미 지휘참모대학과 동일한 교과과정을 적용한 지휘참모대학을 재설립했다.[9]

이러한 배경 속에서 한국군의 도미 군사유학 또한 급속도로 증가하기 시작했다. 한국전쟁 당시 미 8군은 한국 육군을 증강하고 전투효율성을 향상시켜서 빠른 시일 내에 전과를 달성하고자 했으며, 한국군 장교의 군사유학을 하나의 방책으로 검토했다.[10] 이에 따라 1951년 10월부터 미 보병학교에 150명, 포병학교에 100명씩 대규모로 미 초등군사반 유학을 시행하였는데, 유학단의 횟수는 1955년 10월까지 8회에 이르렀다.[11]

이러한 대규모 유학단 편성이 정확히 언제까지, 몇 차례 시행되었는지는 확실하지 않다. 최갑석의 구술에 따르면 9차까지 이뤄졌다고 한다. 실제 유학단이 9차까지 편성되었다면, 이전 유학단의 유학시기를 감안했을 때 9차 유학단은 1956년 4월부터 9월까지 유학을 했을 것이다. 또 김사열은 1957년 병참학교 초등군사반 유학을 가면서, 자신이 약

KMAG』, 한양대학교 출판부, 2016 참고.

8) 나종남, 「한국전쟁 중 한국 육군의 재편성과 증강, 1951-53」, 『군사』 63, 2007, 229~230쪽.

9) 전쟁기 한국군의 교육체제 확충과 관련하여, 국방부 군사편찬연구소, 앞의 책, 138~142쪽.

10) 한국전쟁 시기 한국군 장교의 군사유학 프로그램 논의와 관련하여, 김민식, 앞의 논문, 13~17쪽 참고.

11) 김민식, 위의 글, 18쪽. 미 포병학교 초등군사반이 8차까지 이뤄졌다. 포병학교와 보병학교 유학이 동시에 이뤄졌음을 감안하면, 보병학교 유학 또한 8차까지 이뤄진 것으로 추정할 수 있다.

40~50명 정도의 보병, 병참장교들을 인솔했다고 구술했다. 이때부터는 250명에 달하는 보병·포병 유학단이 구성되지 않은 것이다. 최갑석과 김사열의 기억이 정확하다면, 보병·포병 총 250명씩 유학단을 파견하는 것은 총 9차로 1956년까지 시행된 것으로 추정할 수 있다.

〈표 2〉 한국전쟁기 대규모 초등군사반 유학단의 유학시기와 참여 구술자 명단

유학차수	유학시기	참여 구술자
1차	51년 10월~52년 3월	백행걸(보병), 신위영(보병), 김춘배(포병)
2차	52년 4월~52년 9월	라동원(보병)
3차	52년 9월~53년 4월	이대용(보병), 전제현(보병), 황의선(보병)
4차	53년 3월~53년 9월	양창식(보병), 김영동(보병), 김운용(보병)
5차	53년 11월~54년 4월	최갑석(포병)
6차	54년 4월~54년 8월	장정열(보병)
8차	55년 10월~56년 3월	없음
9차	시기불명	없음

유학대상자 선발은 미 군사고문단의 권한이었으나, 실제로는 육군본부가 부분적으로 권한을 위임받았다.[12] 선발은 보통 시험으로 행해졌으나, 전부 그런 건 아니었다. 김영동은 1차와 2차 유학의 경우 시험자격을 제한했는데, 육사 출신들만 대상으로 했다고 구술했다. 3차 유학부터 육군종합학교 등 비육사 출신들이 지원 가능했다. 장정열은 1950년 6월 육군사관학교가 4년제 과정을 시작하여 학생을 모집할 때 도미 유학의 우선권을 준다고 광고했다고 기억했다. 이대용의 구술에 따르면 1차 때는 사단마다 면접관이 와서 1대1 면접을 하고 3~4명 정도를 뽑았다. 이들 구술을 종합하면, 1차 유학은 육사 출신만 대상으로 하여 제한적

---

12) 김민식, 위의 글, 19쪽.

으로 선발했던 것으로 추정할 수 있다.[13]

1차 유학단에 선발이 된 경우에도 영어시험은 봐야 했다. 신위영과 김춘배는 영어시험을 쳤다고 기억했다. 이후 2차부터는 영어 이외에 다른 시험들이 추가되었다. 2차의 경우 국어, 영어, 전술학 시험을 봤다는 구술(라동원)이 있고, 3차는 영어, 수학, 국사와 전술학(황의선, 이대용), 4차는 영어시험 없이 군사학만 시험을 보았다고 한다(양창식, 김운용). 매 기수마다 시험과목과 내용이 바뀌었음을 볼 수 있다. 4차 시험에서 영어과목이 빠진 것을 주목할 만한데, 매 기수마다 통역장교가 배속하여 강의 및 교재를 통·번역한다는 점을 감안한 듯하다.

이 시기 대규모 유학단의 선발 후 경험은 대부분 동일했다. 선발자들은 대구에서 미국문화와 에티켓 등 사전교육을 한 달 가량 받았고, 선박으로 부산을 출발하여 일본을 경유, 샌프란시스코에 도착하는데 14일이 걸렸다. 해당 선박은 한국이나 일본에 주둔한 미군, 미군가족이 본국으로 돌아가기 위해 운영하는 선박이었다. 샌프란시스코에서 다시 기차로 이동했는데, 보병은 조지아의 포트 베닝으로, 포병은 오클라호마의 포트 씰로 이동했다. 교육과정은 4개월이었고, 이동시간 및 공휴일(크리스마스 휴가)을 포함하면 대체로 5개월 정도 기간이 걸렸다.

이때 숙식비용은 모두 미국의 군사원조 자금에서 나왔다. 구술자들의 기억을 종합하면, 일비(per dium)가 5달러씩이었고 따라서 월 150달러 정도 지급받았다. 일비는 숙소비(BOQ)를 제외한 것으로, 숙소비는 월 90달러였다. 지급 받은 일비는 식사 및 세탁비로 주로 사용했는데 하루 2달러 남짓이면 해결이 되었기 때문에 대개 월 60~70달러 정도는 돈이 남았다. 남는 돈은 여행에 사용하거나 아껴서 저축했다.

---

13) 이는 보병에 한한 것일 수 있다. 포병이었던 김춘배의 경우 육군종합학교 13기 출신임에도 불구하고 1차 도미유학에 응시하여 합격했다.

초등군사반의 교육내용은 미군에서는 위관급을 위한 것이었다.[14] 일선에서 소대장, 중대장으로 부대를 지휘할 지휘관들에게 전투기초를 가르치는 것이 주된 내용이었다. 구술자들은 교육내용에 대해서는 자세히 언급하지 않는데, 일반행정 및 화기학, 전술(중대, 대대, 연대의 공격/방어) 등을 배운 것으로 기억했다. 총기 실습과 자동차 운전이 포함된 것을 제외하면 한국에서 시행되던 초등군사반과 내용이 동일하다고 구술했다.

초등군사반 유학에서 돌아오면, 대개 교관이나 작전 쪽으로 보직이 나오는 경향이 있었다. 김운용은 초등군사반 유학 자체가 훈련시켜서 작전장교, 정보장교와 같은 '머리 쓰는 쪽'에 보내는 것이라고 증언했다. 전제현은 3차 유학을 갔다와서 53년 4월에 귀국했는데, 같이 유학을 갔다온 사람 중 대대 작전주임 같은 보직을 나간 사람들이 7.13전투에서 상당히 사망했다고 구술했다. 라동원은 유학 갔다 온 사람들이 모두 보병학교 교관으로 보직이 났고, 후배를 양성했다고 했다. 실제 대부분의 구술자들이 귀국 후 핵심보직인 작전 계열로 가거나, 각종 교육기관의 교관으로 명령이 났다.[15]

〈표 3〉 한국전쟁기 대규모 유학 후 보직배정

구술자	유학 시기	귀국 후 보직
백행걸	1차	7사단 작전처 작전과장 겸 교육과장
신위영	1차	수도사단 1연대 작전참모

---

14) 초창기 한국군의 미국 군사유학은 계급이 높은 장교들이 낮은 단계의 학교를 가는 것이 빈번했다. 예컨대 영관급이 초등군사반을 간다거나, 장성이 영관급 과정인 고등군사반을 가는 경우였다. 때로 한국군 장교들은 실제 자신의 계급보다 낮은 계급장을 달고 유학을 가기도 했다.

15) 주한미군사고문단이 유학 이수자를 교육 및 야전(작전)에 적절히 배치할 수 있게 구상했다고 한다. 김민식, 위의 글, 22쪽.

구술자	유학 시기	귀국 후 보직
김춘배	1차(포병)	50포병대대 작전주임
라동원	2차	보병학교 교관
이대용	3차	육군사관학교 교관
전제현	3차	논산훈련소 작전처 교육과 교육장교
황의선	3차	보병학교
양창식	4차	제주도 제1훈련소 화기학과 부과장
김영동	4차	사단 증편 작업
김운용	4차	27사단 작전처
최갑석	5차(포병)	12사단 66대대 대대장

　고등군사반 또한 약간의 시차를 두고 대규모 유학반을 편성하기 시작했다. 1951년부터 미 초등군사반에 대규모 유학반을 편성했던 반면, 고등군사반은 대규모 유학을 조금 뒤늦게 시작했다. 1952년의 장우주(보병 고등군사반), 1953년 김계원(포병 고등군사반)의 구술은 당시까지 대규모 유학이 시행되지 않았음을 보여준다. 장우주는 영어시험, 신체검사, 구두시험 합격자 총 9명에 포함되어 미군과 함께 교육을 받았다. 김계원은 다소 특이한 경우였는데 이미 포병학교 교장으로 준장에 진급한 상황에서 유학을 떠나게 되었다. 당시 대령이었던 이희태(육사 3기)가 영어를 잘해서 함께 유학했다고 한다. 김계원의 경우 미군 클래스에 합류한 것이 아니라, 외국군 고위장교들만을 대상으로 편성한 고등군사반 특별반에서 교육을 받았다.

　전자열, 김춘배, 라동원, 백행걸의 고등군사반 유학은 휴전 후 1950년대 중반부터 정책적으로 고등군사반에도 대규모 유학이 시행되었을 가능성을 시사한다. 이들은 모두 1954년과 1955년에 고등군사반 유학을 경험했는데, 이 시기 고등군사반 유학은 초등군사반 대상 대규모 유학과 양상이 매우 유사했다. 영어시험 없이 전술학 시험을 쳐서 선발했고 선발인원은 50명 정도였다. 선박으로 인천에서 일본을 경유하여 샌프란시스코에 들어갔고, 다시 기차로 보병학교가 위치한 포트 베닝까지 이동했다. 대규모 초등군사반 유학 때와 마찬가지로 통역장교가 붙었고 월 150달러를 지급받았다.

고등군사반 대규모 유학이 몇 차에 걸쳐 언제까지 시행되었었는지는 확인할 수 없다. 다만 1950년대 후반부터는 초등군사반이나 고등군사반 모두 대규모 유학이 중단되면서 도미유학의 기회가 급격히 줄었들었던 것으로 보인다. 육사 14기 문영일은 1958년 임관했는데 이때부터 이미 도미유학 기회가 줄어들었다고 구술했다. 문영일에 따르면 초등군사반이나 고등군사반 모두 전속부관들이 차지했다고 한다.

> 근데 이제 그거는 보병 오비씨(OBC-초등군사반), 오에이씨(OAC-고등군사반) 같은 것은 주로, 저, 자리가 몇 자리 안 되고 주로 그거 저 전속부관 하던 사람들, 이런 사람들이 어, 막 빽이라고 그러면 이상하지만은 그렇게 마치고, 얘기해서 이제 가기도 하고 그렇게 했어요.[16]

초등군사반이나 고등군사반 유학은 1960년대에도 계속 매우 제한적으로 이뤄졌고, 선발인원이 적었던 것을 구술로 확인할 수 있다. 1970년 고등군사반 유학을 경험했던 정만길(육사 16기) 구술에 따르면 시험을 잘 쳐도 유학을 가기 어려웠다고 한다. 참모총장, 참모차장, 국방부장관 등의 전속부관들이 '낙하산'으로 내려왔기 때문에 시험은 형식적인 것이었다고 구술했다.[17]

고등군사반 유학은 전시 초등군사반 유학과는 달리 귀국 후 특정한

---

16) 문영일, 5차구술, 2015.2.24.
17) 정만길, 3차구술, 2016.11.23.

보직을 받게 되지 않았다. 육군본부 작전교육국 기획과(전자열), 포병대대 부대장(김춘배), 보병 대대장(라동원, 백행걸), 기갑학교 전술학처 교관(유보선) 등 참모·지휘관·교관으로 다양한 보직을 받았다.

이상에서 살펴본 초등군사반/고등군사반 유학은 일반적인 교육이 아니라, 한국군 장교들만 대상으로 하는 특별 교육반을 편성한 것이었다. 기간 또한 일반적인 편성보다 짧았다. 1970년에 미 보병 고등군사반을 경험했던 정만길은 몇 명 정도만 함께 갔고 미군장교 및 외국군장교들과 함께 하는 반에 들어갔다.[18] 1972년 기갑 고등군사반 유학을 갔던 유보선은 해병대 장교 1명만 같이 유학했다고 증언했다.[19] 아울러 유보선이 미국에 체류한 기간은 6개월이었다. 대규모 유학단은 총 기간이 4~5개월 수준이었고, 이는 배를 타고 이동하는 시간까지 포함하는 기간이었다. 따라서 대규모 유학단은 일반적인 유학이 아니라 짧은 시간 동안 한국군 장교들의 집중육성을 위해 미국 측이 준비한 특별한 경우였다.

마지막으로 1950년대 지휘참모대학 유학은 대규모로 시행되었는지, 또 시행되었다면 몇 차례나 했는지를 구술자료로 확인할 수 없었다. 다만 육사 3기 장우주가 유학했던 1955년의 지휘참모대학 유학은 김종오 대장 등 장군 6명, 대령 6명으로 총 12명이 함께 유학했다.[20] 이는 확실히 규모가 컸다고 볼 수 있는데, 1980년대에 유학한 제정관과 정성길은 유학인원이 3~4명밖에 되지 않는다고 구술했기 때문이다.

계급의 측면에서도 1950년대 지휘참모대학 유학은 특수한 경우였다. 미군은 당시 대위에서 소령급이 지휘참모대학에 입학했으나, 장우주나 김계원(1957년)의 유학 때는 한국군 장성들이 함께 했기 때문이다.

---

18) 정만길, 3차구술, 2016.11.23.

19) 유보선, 2차구술, 2017.11.2.

20) 장우주, 2차구술, 2009.9.24.

이상에서 살펴본 1950년대 초중반 도미유학의 특징을 정리하면 다음과 같다. 먼저 이 시기 유학은 한국군의 급격한 증원과 그에 따라 필요한 장교교육의 제공 차원에서 이뤄졌다. 육군의 보병, 포병 병과를 대상으로 초등군사반/고등군사반 대규모 유학을 시행했는데, 이는 당시 한국군이 다양한 병기와 병과를 가지지 못했음을 반영한 것이었다. 아울러 초등군사반/고등군사반 위주로 유학이 진행된 이유는 우선 초/중/고급 장교들을 대상으로 각급부대의 지휘관 교육을 시켜야 한다고 판단했기 때문으로 추정된다. 지휘참모대학 또한 대규모까지는 아니어도 한 번에 12명이나 되는 인원을 파견한 바 있다. 초등군사반/고등군사반 유학과 같이 지휘관 교육을 육성하려는 정책의 연장선상에 있었던 것으로 보인다. 앞서 살펴본 바 1950년대 초중반부터 한국군의 교육체계가 확장된 것도 이 때문이었다.

무엇보다도 한국군 교육체계 내에서 교관을 맡을 인재를 육성할 필요가 있었다. 따라서 초등군사반/고등군사반 유학을 경험한 인재들은 군의 작전계통을 맡거나, 각종 교육기관의 교관으로 부임했다.

그러나 대규모 유학방식은 1950년대 후반에 이르러 중지되었다. 아울러 1950년대 중반부터 도미유학 대상 코스를 다양화하는 경향이 등장하기 시작했다. 이는 한국군에 새로운 무기가 도입되고, 새로운 병과가 창설되는 과정과 깊은 연관을 맺고 있었다.

2. 1950년대 후반~1960년대 한국군 병과 확장과 군사유학

앞서 살펴본 것처럼, 1950년대 후반이 되면 보병과 포병을 대상으로 미국 초등군사반/고등군사반에 대규모 유학을 보내는 정책이 더 이상 시행되지 않은 것으로 추정된다. 정확한 시점을 특정할 수 없지만 대략

1957~58년일 것이다.

그러나 그 후에도 고등군사반(1970년 정만길)이나 지휘참모대학(1980년 제정관, 1983년 정성길)의 경우 소규모 유학이 계속 이뤄졌음을 구술자료로 확인할 수 있다. 특히 지휘참모대학 유학은 매우 중요한 경우였다. 한국육군대학은 진급을 위해 반드시 거쳐 가야 하는 과정이었는데 육군대학 대신 미 지휘참모대학을 유학하면 훨씬 더 엘리트 코스를 밟은 것으로 인정받았기 때문이었다.

1980년대에 지휘참모대학 유학을 경험한 제정관과 정성길은 특히 유학을 가고 싶은 의지가 매우 강했고, 유학에 성공한 사례이다. 정성길은 한국에서 육군대학을 마쳤지만, 육사 출신이 아니었기 때문에 지휘참모대학을 가야겠다는 의지가 확고했다. 이 대학을 갔다 와야 "최고의 엘리트"이자, "최우수 A급"으로 쳐줬기 때문이었다. 당시 중령부터는 거의 지휘참모대학 유학이 불가능했는데, 정성길은 운이 좋게 중령일 때 유학을 갈 수 있었다. 제정관은 육사 출신이었지만 육군대학이나 지휘참모대학은 반드시 가야하는 곳이라고 강조했다. 1980년대에는 진급을 위해서 필수적으로 거쳐야 하는 교육기관이었다. 관련하여 정성길은 다음과 같이 구술했다.

육군대학이 그 때 이제 치열했던 것이 몇 년 동안 안 나오면 안 되게 돼 있고 나올라 그러니까 그 시기적으로 인원은 조정되고 그래가지고 한동안 육군대학에 들어가는 것이 뭐 우리 대입 과정처럼 치열했어요. (중략) 경력 상의 분포가 육군대학에 저 상대평가인데, A급 이상 들어가야, 교육성적 A로 되가지고 진급에 영향을 미치고. B나 C 받으면 안 되는 걸로 되어 있으니까 결국에 그거 동기생 중에서, 어, A라는 것이 10프로 이내니까, 상대평가니까, 그게 C를 줄 수밖에 없어. (중략) 내가 거길[육군대학 졸업 후 석사과정] 안 갔기 때문에 미 참모대학을, 기 쓰고 가야 되겠다 그리고 이제 내가, 아주 저기 시험을, 거기다 전력질주를 했지. 거기 갔다 오면 특혜가 많아. 우선 뭐, 최고의 엘리트에다가, 육사에 뭐 육대에 과정도 미 참모대학 갔다 오면 A급, 최우수로 나온 걸로 쳐줘. 자동적으로 미 참모대학은.[21]

관련하여 제정관은 다음과 같이 구술했다.

나도 개인적으로 6월 달에 인제 미국 지휘참모대학을 가게 되어 있었는데. (중략) 그 간 것도 이제 그, 그거, 육군대학 대신에, 육군대학을 꼭 졸업해야 되는데 육군 대학, 한국육군대학을 졸업하지 않으면 미국 지휘참모대학이나 다른 참모대학을 나오는 거거든요? 그래서 대신 하는 건데. 어, 육군대학 나오는 것보다는 미국 지 휘참모대학을 나오는 거를 훨씬 알아줬죠. 그 뭐 서너 명 뽑아서 보내는 거니까.[22]

지휘참모교육과정 또한 특수한 부분이 있었다. 기간은 단기 6개월, 정규 1년 과정으로 긴 편이고, 핵심 교육내용은 사단·군단의 대부대 전 술·전략과 지휘, 참모업무 등이었다. 그런데 특이하게 미국역사도 교육 과정에 있었다고 하며, 세계문제를 정치·외교의 측면에서 다뤘다는 증 언도 있다. 해군 출신으로 1958년 해군 지휘참모대학 유학을 경험한 홍 기경은 항해술, 조타술, 기관실 등의 교과 이외에도 정치학 수업이 있었 다고 구술했다.[23]

또 1980년대 미 지휘참모대학은 '군사외교'라고 부를 만한 특이한 프 로그램을 가지고 있었다. 외국인장교들에게는 1인 당 미군장교가 1명씩 붙어서 함께 친구처럼 지내도록 했다. 이를 군 스폰서(Military Sponsor) 라고 불렀다. 또 국가별로 미국 민간인이 1명씩 붙어서 같이 여행과 같

21) 정성길, 3차구술, 2015.11.28.
22) 제정관, 3차구술, 2015.11.30.
23) 홍기경, 2차구술, 2012.11.16.

은 문화체험을 하도록 했는데, 민간 스폰서(Civilian Sponsor) 프로그램이었다. 오후 2시나 3시쯤 교육과정이 끝나면 스포츠 활동이 이어졌는데, 미군 및 외국군 장교들이 함께 어울리는 자리가 되었다. 다른 한편으로 본국의 문화를 다른 국가 장교들 및 미군장교들에게 소개하는 행사도 시행했다. 정성길은 대사관을 통해서 지원을 받아서 파티를 열었고, 제정관도 파티를 개최한 후 파티비용을 국가에 청구했다. 제정관의 경우 교포들 지원을 받아서 파티장 앞에서 한복을 입고 환영하고, 태권도 시범과 전통무용 소개를 진행했다.[24] 일련의 과정을 통해 지휘참모대학 과정 중 한국인장교들과 미국, 외국장교들 사이 교류가 이뤄졌다. 정성길은 지휘참모대학에 외국군 장교들을 유학시키는 것이 '친미엘리트'로 관리하기 위한 것이라고 표현했다.

네. 그래서 아, 이 미 참모대학이, 왜 미국이 중요한 그 이 국가의 우방국의 엘리트들을 뽑아가지고 공부를 시키면서 이렇게 하느냐 하는 것에 대해서 내가, 어 젤 처음에 의아심을 가졌는데, 가보니까 그렇게 하고. 그리고 숨은 뜻은 뭐냐면 나중에 내가 깨달았는데. 아 이게 각국의 엘리트들을 데리고 와가지고 친미파(親美派)로 관리를 해 주는 거야. 힘을 보여주는. 결국엔 그 사람들이 들어가 가지고, 친일, 미 서방 위주의 정책을 하도록 군부에 영향력 있는 사람들을 전부 다 길러내는 거야. 그래가지고 거기 미 참모대학에 가면, 미 지휘참모대학 출신들에 대한 관리를 잠정적으로 하고 있어요. 그리고 분석을 하고. 그, 그걸 왜 그러냐면 우리가 있을 때도 수단(Sudan)에 있던 중령이, 가가지고 졸업하자마자 쿠데타를 일으켜서 대통령이 됐거든. 그 당시에 보면, 아프리카 이쪽에는 미 참모대학 나온 애들이 대위, 소령, 중령들이 가가지고 그냥 바로 이거, 이거 해가지고 그냥 쿠데타를 일으키고 정권을 잡고 이러다 보니까 완전히 거기 미국에서 배운 사람들이 친미파

---

24) 제정관, 3차구술, 2015.11.30.

들이 되는 거야.[25]

다소 특수했던 지휘참모대학 유학을 제외하고, 1950년대 중후반부터는 새로운 흐름이 등장하기 시작했다. 바로 한국군의 병기·병과 도입에 발맞추어 도미유학을 시행하는 것이었다. 방공포병, 공수부대, 헬리콥터 도입(육군항공)과 관련한 구술자료들이 이를 보여준다.

나아가 1970년대에 이르면 지휘참모대학보다 더 고등교육이라고 할 수 있는 특수유학이 이뤄졌다. 군대 내의 병참 운영/관리라든가, 신무기 개발 및 도입관리를 다루는 특수과정 유학이 그것이다. 해당 내용은 이하 4절에서 다뤘다.

1) 방공포병 도입과 고사포 및 유도탄학교 유학

포병병과의 도미유학 가운데 일부는 방공포병의 창설 및 호크 미사일 도입과 연관이 있었다. 고사포 및 유도탄학교(방공학교)에 유학한 구술자로 김운용(1955년), 안철호(1956년 추정), 이석복(1966년)이 있다.[26]

안철호와 김운용의 유학은 한국군에 방공부대를 처음으로 창설하는 것과 직접 연관이 있다. 안철호는 포병 초등군사반 시험이 있다고 해서 시험을 쳐서 합격했으나, 육군본부에서 포병학교는 갈 수 없고 방공부대를 만들어야 하니까 고사포학교를 가야한다는 이야기를 들었다. 그래서 총 4명이 고사포학교를 갔다고 한다. 김운용은 보병 병과였으나 미국 유학을 한 번 더 가고 싶은 마음에 고사포 및 유도탄학교 선발시험에 응시했다. 김운용이 간 과정은 무인비행기(RCA, Radio-controlled Air-craft) 과정이었는데, 고사포 및 유도탄으로 격추시킬 가상의 적기로 무

---

25) 정성길, 3차구술, 2015.11.28.
26) 김운용, 2차구술, 2012.2.24.; 안철호, 1차구술, 2017.1.12.; 이석복, 2차구술, 2017.7.20.

인비행기를 활용하는 것이 교육내용이었다. 이때 무려 15명이 함께 유학을 했다. 유학 후 김운용은 고사포병과로의 전환을 피했으나, 안철호는 방공포대 포대장으로 근무했다.

이석복의 유학은 방공포병의 증원 및 호크 미사일 도입과 연관이 있다.[27] 이석복은 임관 직후 막 설립된 부산의 육군 방공학교에 입교하라는 명령(입학 자격—학사)을 받아서 몇 개월 간 교육을 받았다. 이후 111대대 1포대에서 부소대장[28]으로 잠시 근무하다가 미국유학시험을 받으라는 지시를 제1방공여단으로부터 받았다. 이석복은 시험에 떨어졌지만, 이석복을 포함하여 떨어진 사람들 일부는 부관학교에 입교하여 영어교육을 받았다. 영어교육을 받는 중 다시 호크과정 시험을 보라는 지시를 받았다. 당시 호크 과정에 보낼 4명 가운데 2명이 미달되자, 떨어진 사람들에게 재차 시험을 보도록 했다. 이석복은 여기에 합격하여 텍사스 엘파소에 위치한 고사포 및 유도탄 학교 호크포대 과정에서 3개월 간 교육을 받았다.

이석복의 유학은 명령에 의해서 이뤄졌다는 점을 주목할 필요가 있다. 한국육군의 방공학교 입교와 방공부대 근무부터도 구술자 본인의 의지가 아닌 상급부대의 지시사항이었고, 그 후의 유학 또한 지시에 의한 것이었다. 또 영어시험에 떨어져 유학자격을 상실하자, 다시 부관학교에서 집중적으로 영어교육을 시켜서 결국 미달된 유학인원을 채웠다. 호크 미사일을 다룰 인력이 필요했기 때문에 정책적으로 인원을 선발했음을 알 수 있다. 호크미사일 자체가 미국에서 들어오는 무기체계였기 때문에, 이를 다룰 인력 또한 도미유학을 거치는 것이 필수적이었을 것이다.

1958년에 임관한 문영일의 구술에 따르면 당시 보병들은 이미 초등군

---

27) 한국군의 호크미사일 도입은 1964년으로 알려져 있다.

28) 이때 소대장들은 모두 미국유학을 갔다 온 4~6년 정도 윗 기수의 선배들이었다.

사반이나 고등군사반 같은 유학을 가기 어려웠다. 그런데 동기생들 중 포병들은 미국유학을 할 수 있었는데, 미사일 개념이 들어와서라고 했다. 1950년대 후반~1960년대 초반부터는 초등군사반/고등군사반과 같은 기초교육 유학을 줄어든 반면, 특정병과나 무기가 도입될 경우 이를 위주로 유학이 시행된 것으로 볼 수 있다.

2) 공수여단 창설과 도미유학

공수여단 창설과 관련된 도미유학도 있었다. 윤찬중(1959년), 문영일(1962년), 임동원(1964년)의 유학경험이 이에 해당된다.[29]

윤찬중은 육사 13기로 보병병과를 받고 육사 졸업 후 광주 보병학교를 거쳐 12사단의 소대장으로 갔다. 그런데 육군본부에서 공수부대를 창설하니 지원하라는 공문이 내려왔고, 윤찬중은 중대장의 권유로 이에 지원했다. 육군본부에서는 윤찬중과 전두환 등 육사 출신 33명의 장교를 선발하여 공수부대 창설요원으로 선정했다. 이들은 차지철 대위에게 공수교육을 한 달 간 이수한 후(낙하산 강하 5회), 다시 특수전 교육을 받았다. 이때 미국 특수전학교 공문이 나왔고 윤찬중은 이에 응시하여 최돈분과 함께 합격했다. 두 사람은 유학선발자들을 대상으로 3개월 간 영어를 가르치는 군사영어반에 입교했는데, 그 사이 미 육군의 교육계획이 바뀌면서 특수전학교 대신 병참학교 낙하산 포장정비 공수보급과정을 가게 되었다.

윤찬중이 이수한 낙하산 포장정비 공수보급과정은 미군이 공수보급중대(Aerial Supply Company)를 만들기 위해 신설한 과정이었다. 한국장교 2명, 인도네시아장교 1명, 태국장교 3~4명을 제외하면 나머지 이수자들은 모두 미군이었다. 미군은 추후 소대장을 맡을 중위 2명과

---

29) 윤찬중, 3차구술, 2014.11.15.; 윤찬중, 4차구술, 2014.11.18.; 문영일, 4차구술, 2015.2.17.; 문영일, 5차구술, 2015.2.24.; 임동원, 1차구술, 2016.2.5.

부사관, 사병들로 구성되었다. 교육과정은 낙하산을 포장하여 직접 점프를 뛰는 것과 각종 물자(105미리 포, 군용차량 등)를 화물용 낙하산으로 낙하하는 것을 주로 다루었다. 윤찬중이 이 과정을 가게 된 것은 한국군 공수부대가 사용하는 낙하산의 포장정비를 미군 시설에서만 할 수 있었는데, 한국군이 독자적으로 포장정비를 할 수 있게 하기 위해서였다. 윤찬중과 최돈분은 귀국 후 대전의 낙하산 정비 지원대 창설요원으로 발령이 났고, 윤찬중의 경우 중간에 병참감실에서 호출하여 낙하산 보급장교로 활동하게 되었다.

임동원과 문영일은 각각 육사 13, 14기로 미 특수전학교 유학에 지원했다. 문영일의 기억에 따르면 케네디 정부 때 쿠바미사일 사태가 벌어진 후 존 에프 케네디 특수전센터가 노스캐롤라이나의 포트 브랙 안에 설립되었다고 한다. 문영일은 심리전 요원으로 교육을 받는 줄 알았으나, 실제 교육과정은 심리전(Psychological Warfare)과 비정규전(Unconventional Warfare), 진압(Counter Insurgency)의 세 가지를 모두 종합적으로 포함했다. 귀국 후 임동원은 육사의 신설 비교사회과학과에서 교수를 맡았고, 공산주의와 북한을 비판적으로 가르치는 강의를 했다. 문영일은 보병학교 유격학부 교관으로 명령이 나서 장기하, 박준병, 신우식, 이성주, 박병관과 함께 유격학부를 창설했다. 동복유격대의 시초였다.

이상 윤찬중, 임동원, 문영일의 유학은 모두 공수병과, 더 정확하게는 특수전병과의 확충을 위한 것이었다. 윤찬중은 공수부대를 지원하면서, 이것이 미군이 운용하는 공수부대와 같은 성격의 조직일 것이라고 생각했다. 그러나 실제 한국군이 창설한 공수부대는 미군식 공수부대(Airborne, Air trooper)가 아니라 특수부대(Special Force)였다. 한국에서 공수교육이 끝나자마자 특수전교육이 이어졌던 것에서 드러난다. 또 임동원, 문영일이 공수 관련 유학 대신 특수전학교를 유학한 것도 같은 맥락에 있다. 관련하여 윤찬중은 다음과 같이 구술했다.

> 거기서 내가 특수전 교육을 이렇게 좀 받으면서 아, 내가 잘못 왔구나 하는 생각
> 이 나더라고. 왜 그러냐면 나는 그 부대가 공수부대로 알았다고. 그러니까 공수부
> 대, 내가 생각하는 공수부대는 보병부대하고 똑같아요. 다만 수송수단이 낙하산
> 을 타고, 전장에 투입되는 거란 말이에요. 임무는 똑같아요. (중략) 이건 아니야.
> 이건 특수부대야. 그 특수전 교육. 임무 자체가 달라, 특수전 교육을 하는데 보니
> 까 폭탄, 그 다음에 뭐 북한으로 침투해가지고 말이야, 무슨 공작하고 말이야. 어,
> 테러하고 뭐 이런 거야. (중략) 미군도 똑같지. 두 가지가 다 있지. 이거는 스페셜
> 포스(Special Force)야. 이건 에어본(Airborne)이고.[30]

한국군의 공수여단(특수부대) 창설정책과 이와 관련된 도미유학은 좀
더 자료를 확보할 필요가 있다. 한국군 공수부대가 특수부대의 성격을
띠도록 한 것이 미국의 정책인지 한국이 추진한 정책인지 또한 확인이
필요한 부분이다.

3) 헬리콥터 도입과 육군항공 유학

송진원은 육군항공 관련 유학을 구술했다.[31] 유학 전 육군본부 항공
감실 기획과에 근무하고 있었는데, 울진/삼척 무장공비침투사건(1968년
11월) 이후 UH-1 헬리콥터 도입사업을 계획하는 업무를 주관했다.
1969년 3월 미 항공학교에 유학을 떠났는데, 헬리콥터(OH-13, UH-1)
조종을 배우는 6개월 코스였다. 이때 월남전으로 인하여 항공학교 수요
가 많아서 많은 인원이 교육을 받았다고 한다. 이란, 남미, 베트남, 대

---

30) 윤찬중, 3차구술, 2014.11.15.

31) 송진원, 3차구술, 2013.12.4.; 송진원, 4차구술, 2013.12.12.

만, 일본 등에서 온 장교들이 함께 했다. 송진원은 귀국 후 육군본부 작전참모 항공처 기획장교로 근무했고, 이후 항공학교 행정부장과 교수부장을 했다. 이때 한국 항공학교에 헬리콥터 과정도 생겼다고 구술했다. 송진원의 유학은 월남전, 한반도 안보위기 고조(울진/삼척 사건, 1.21사태)에 따라 한국 육군이 헬리콥터를 도입하게 되면서 정책적으로 추진된 유학으로 추정된다.

4) 해군대학원 등 특수한 유학사례

국방정책을 수립하고 관리하는 인재를 키우는 유학과정도 있었는데, 1970년대부터 본격적으로 시행된 것으로 추정된다. 구술자 가운데 유보선, 김재창, 박영온, 안철호, 이석복, 이동희가 갔다 온 과정들은 정책을 다루는 방식을 가르쳤다.[32]

박영온은 1958년 미 해군대학원(US Naval Postgraduate School)을 유학했는데, 교육내용에 대해 자세히 설명하지는 않았다. 화학, 물리, 수학, 전자, 전기 등의 과목들이 있다고 설명했다. 귀국 후 다시 해군대학에 입교했고, 졸업 후에는 해군대학의 교관이 되었다.

유보선 또한 대학원 과정의 교육내용을 거의 언급하지 않았다. 1985년 미 육군대학원에 유학했는데, 주로 정책을 수립하는 내용들을 다뤘다고 기억했다. 한국에는 적용하기 어려운 내용들이었다. 사우디, 예멘, 핀란드, 스웨덴, 노르웨이, 일본, 태국 등 다양한 국가의 영관급/준장 장교들이 참석했고, 미 국방장관, 육군참모총장, NATO사령관 등이 특강을 하곤 했다. 유보선은 귀국 후 3군사령부 인사처 장교보직과장으로 갔다.

---

32) 유보선, 2차구술, 2017.11.2.; 유보선, 3차구술, 2017.11.7.; 김재창, 1차구술, 2018.2.9.; 박영온, 1차구술, 2012.2.7.; 안철호, 1차구술, 2017.1.12.; 안철호, 6차구술, 2017.3.24.; 이석복, 4차구술, 2017.8.3.; 이동희, 2차구술, 2016.11.21.; 이동희, 3차구술, 2016.11.28.

김재창(1974년 추정), 이석복(1977년), 안철호(1978년)가 유학한 과정은 대령에서 준장 정도의 계급이 배우는 교육과정이었다. 김재창은 소령이었던 72년 국방부 인사과 보임담당이었고, 인력관리와 보직결정, 장군인사 등이 업무였다. 계급별 인원구조를 파악하여 몇 명을 어느 계급으로 진급시킬지 결정하는 정책판단도 했다. 김재창은 본인이 유학을 떠나게 된 것이 1974년 한국의 국방정책이 예산·기획·운용에서 자주화의 길을 걷기 시작한 것과 연관이 있는 것으로 이해했다. 김재창은 미 해군대학원의 ORSA(Operation Research and System Analysis)과정을 이수하고 국방대학원 교수로 가도록 임무를 받았다.

ORSA과정은 군을 운용하는 방식에 경영학적 효율성을 도입하기 위한 교육과정이었다. 예를 들면 부산의 병참기지에 보관하는 물자를 전국에 보낼 때 어떻게 하면 가장 효율적이고 저렴하게 할 수 있는지를 계산하는 것 같은 내용이었다. 따라서 교육내용에 주로 수학, 그 중에서 통계학이 많이 들어가 있었다. 귀국 후 당시 보고를 하기 위해 만난 육군본부의 인사책임자는 김재창이 다녀온 유학과정의 내용을 이해하지 못했고, 해군 관련 교육을 받은 것으로 인식하고는 울산경비사령부에 배치하려고 했다. 실제로는 전방 대대장 자리가 하나 급하게 나서 대대장으로 발령났다.

안철호의 미 해군대학 고급관리국방경영과정(Military Management)도 예산의 효율성과 관련된 과정이었다. 국방부의 예산은 어떻게 따고, 분류와 우선순위는 어떻게 하며, 무기도입 등의 건의가 들어왔을 때 어떻게 저렴한 방식으로 해결할 것인지 가르쳐주었다고 했다. 또 페이스 게임(Pace game)이라는 교육방법이 있었는데, 두 팀이 동일한 예산을 가지고 전쟁을 하여 효율적인 지출을 한 팀이 승리하는 게임이었다.

이석복의 미 국방대학원(National War College) 프로젝트 매니지먼트 과정은 무기개발 프로젝트 전반을 관리하는 관리자를 육성하기 위한 것이었다. 이석복은 유학 전 육군 참모총장실 산하 사업조정관실에서 방공 담당 사업조정관을 맡고 있었다. 당시 미합동군사고문단(JUSMAG)에서 한국장교를 프로젝트 매니지먼트 코스에 보내고 싶다고 하여 이석복이 선발되었다.

이석복의 구술에 따르면, 프로젝트 매니지먼트는 싸드와 같은 신무기를 개발할 때 관계된 개발, 교육, 정비 등 계획을 승인하고, 예산을 관리하는 등 전반적인 관리를 하는 것이다. 미국에서는 프로젝트 매니저가 방위산업체, 국방부, 의회, 합참 사이의 중간다리 역할을 해야 했다.

이동희의 유학경험은 특수한 경우에 속한다. 군 교육이 아닌 민간장학금을 타서 유학했다. 육사 교수부에 근무하다가, 당시 공과계통은 모두 상호방위원조로 도미유학을 하는데 사회과학 계열은 한 명도 없어서 유학을 결심했다. 당시 풀브라이트와 이스트-웨스트센터(East-West Center) 유학만 자리가 있었고, 1963년(추정) 이스트-웨스트센터의 2년제 유학에 합격했다. 700명이 응시하여 17명을 선발했다(7~8명은 1년 코스). 이스트-웨스트센터는 하와이에 있는 대학으로 동양연구를 진흥시키기 위한 교육기관이었다. 이동희는 장성 진급 전인 1978년에 풀브라이트 스칼라로 프린스턴대에 다시 유학했다. 육사 교수는 학자이기도 하기에 이런 식의 유학을 경험했던 것으로 추정된다.

김학옥도 독특한 경우이다. 포병대대 교육장교를 하다가, 1962년 일리노이 공대 도학과 석사 위탁교육에 합격하여 유학했다. 당시 김성진 교수부장(육사 11기)과 동기생(16기) 5명이 함께 유학을 떠났다. 구술자만 일리노이로 갔고, 나머지는 인디애나폴리스, 콜로라도, 어바나 등으로 흩어졌다. 김학옥의 기억에 따르면 유학비는 AID(Agency for International Development) 자금에서 나온 것이었다. 그리고 김학옥을 포함하여 위탁교육을 갔던 동기들은 모두 귀국 후 육사 교수로 발령났다.

5) 공군 유학

구술자 가운데 소수의 인원으로 공군이나 육군항공 유학을 갔다 온 사례가 있었다. 김창규, 최규순, 김동호, 배상호가 해당된다.[33]

김창규는 전쟁 중이었던 1952년 김정렬 참모총장의 지시로 앨라배마에 위치한 공군대학의 FOC과정(Field Officers Course: 영관급 장교 교육과정)으로 유학했다. 이때 김창규는 준장이었으나 대령 계급장으로 유학했고, 총 10명의 장교(영관급 7개월 과정 3명, 위관급 3개월 과정 7명)가 함께 유학했다. 교육내용은 영관급을 위한 지휘, 행정관리에 관한 것이었다.

최규순은 1955년 미 공군정보학교로 유학을 갔는데, 항공사진첩보를 수집하고 조종사들에게 전파하는 것을 가르치는 과정이었다. 비슷한 시기인 1955년 말 김동호는 랙랜드 공군학교의 GCI코스(Ground Control Interception)로 유학했는데, 지상레이더를 다루는 코스였다. 지상레이더로 적기를 추적하고 요격할 수 있게 항공기나 유도무기를 통제하는 것이었다.

배상호는 1957년 미 항공정보학교, 그리고 1961년 미 공군대학으로 유학했다. 공군대학 유학의 경우 당시 중령이었으나 소령계급장을 달고 갔다. 지휘관의 대민관계 관련 공부를 많이 시켰는데, 과정은 한국 공군 대학과 동일했다. 1년에 2명밖에 뽑지 않는 과정이었고, 진급에 큰 도움이 되었다고 인식했다.

공군 유학은 구술자의 숫자가 적고 서로 다른 과정을 갔기 때문에 내용을 일반화하기 어렵다. 다만 김창규가 전쟁 중에 갔던 공군대학 FOC 과정은 육군의 지휘참모대학 유학과 유사한 듯하다. 육군에 비하면 적은 숫자였지만, 이 또한 대규모로 장교의 질을 높이기 위한 도미유학이

---

33) 김창규, 2차구술, 2013.8.6.; 김창규, 3차구술, 2013.10.16.; 최규순, 2차구술, 2013.1.19.; 김동호, 3차구술, 2013.12.27.; 배상호, 1차구술, 2012.11.2.

었다고 할 수 있다.

이상에서 구술자료로 살펴본 1950년대 중후반과 그 후의 도미유학과 관련하여, 특징을 다음과 같이 정리할 수 있다. 먼저 이 시기부터는 한국군의 병과/병기 도입에 맞추어 도미유학을 시행하기 시작했다. 전쟁 중이었던 1950년대 초반 급하게 한국군의 증강을 위해 대규모 초등군사반/고등군사반 유학을 운영했다면, 전후부터는 한국군의 발전에 필요한 도미유학 시행을 추진하고자 했다. 구술자료들을 통해 방공포병, 공수부대, 육군항공(헬리콥터 도입)의 사례를 확인할 수 있었다. 해당 구술자들은 자신이 병과/병기 도입정책에 따라 유학을 가게 되었음을 명확히 인지했고, 김운용을 제외하고는 유학 후 유학코스에 맞게 보직을 받았다.

두 번째로, 1970년대에 이르면 국방정책의 수립 및 관리와 관련된 유학이 시행되기 시작했다. 여기에 참여한 구술자들은 대학/대학원 단계에서 경영학, 통계학 등을 국방정책 수립에 연결시키는 고급과정을 경험할 수 있었다. 1950년대 초등군사반/고등군사반 대규모 유학을 통해 지휘관 일반교육에 급급했던 것에 비하면 한국군이 상당히 성장했기에 가능한 유학이었을 것이다.

3. 맺음말

구술증언을 기반으로 1950~70년대 한국군의 도미 군사유학 시행을 살펴보았다. 전반적인 흐름을 간략히 요약하면 다음과 같다. 한국전쟁 발발부터 1950년대 초반까지는 육군보병/포병장교들을 대상으로 지휘관 양성을 위한 유학이 대규모로 시행되었다. 초등군사반, 고등군사반을 대상으로 250명씩 보내는 도미유학이 이뤄졌다. 그러나 1957~8년부터는 대규모 군사유학을 중지했다. 대신 1950년대 중반부터는 병과/병기도 입과 관련하여 도미유학의 새로운 흐름이 나타나기 시작했다.

　50년대 이후 도미유학을 갈 수 있는 기회는 국방정책의 변화에 따라 종종 나타났다. 방공여단 창설과 호크 미사일 도입, 공수여단 창설, 육군항공과 헬리콥터 도입이 그런 기회였다. 정책적으로 특정 병과를 키우거나 무기를 도입할 경우, 관련된 고사포 및 유도탄학교, 특수전학교, 항공학교 등으로 유학대상자를 선발하는 공문이 나왔다. 때로는 구술자 본인의 의지가 아니라 상급자 또는 상급기관의 명령으로 유학을 가게 되는 경우도 있었다.

　국방정책을 계획하고 담당할 장교의 교육을 위한 유학도 있었다. 해군대학, 해군대학원, 육군대학원, 국방대학원의 과정들이었다. 이 또한 소수의 대령 내지 준장급 장교들만 갈 수 있는 유학이었다.

　본고는 구술증언을 위주로 내용을 구성했고, 따라서 분석내용의 많은 부분은 추정으로 이뤄져 있다. 또 구술인터뷰를 진행할 때 도미유학에만 특별히 초점을 맞춰서 구술을 받은 것이 아니었기 때문에 구술자 별로 유학 관련 증언내용의 편차가 심하다는 한계가 있었다. 따라서 구술 간의 교차검증도 제한적으로만 수행할 수 있었다. 그럼에도 39명에 달하는 구술자들의 구술내용을 검토했기에 어느 정도는 경향성을 분석할 수 있었다. 문서자료를 확보하여 교차검증한다면 더 정확한 한국군 도미유학 시행의 상을 그려낼 수 있을 것이다.

　무엇보다 도미유학과 관련하여 정책에 대한 기본연구가 필요하다. 기존연구와 구술자료로는 미국이 한국군의 도미유학과 관련하여 어떤 구상과 집행을 했는지, 또 한국정부는 어떤 부분에서 주도권을 가질 수 있었는지 등을 확인할 수 없다. 이상에서 살펴봤듯이 병과/병기 도입과 도미유학이 일정한 연관성을 가졌던 것은 분명하다. 그렇다면 미국이 도미유학 정책을 통해 한국군의 발전방향에 영향력을 발휘했다고 해석할 수 있다. 불본 이는 문서자료를 통해 연구해야 할 부분이다. 이는 추후 연구과제로 남기고자 한다.

〈부록 1〉 구술자 명단

1단계 2009.4.1. ~ 2012.3.31.	1차년도	강신항, 김재춘, 박윤진, 안동준, 예철수, 이세호, 장우주, 황헌친
	2차년도	강제승, 곽병을, 김계원, 김봉호, 김사열, 김영환, 김점곤, 김제민, 문인순, 박정인, 배상호, 서영훈, 안명호, 이서근, 임상빈, 장경순, 장익열, 장정렬, 정규섭, 최경일, 현재복, 홍대식, 황의선
	3차년도	강흥건, 김제민, 김종설, 박기반, 박정인, 손장래, 연상, 유재완, 이돈석, 이서근, 이재룡, 장익열, 최순창
2단계 2012.4.1. ~ 2015.3.31.	4차년도	구문굉, 김세창, 배상호, 신위영, 양창식, 이대용, 이승일, 이훈섭, 전자열, 채명신, 최규순, 최우식, 홍기경, 홍대식
	5차년도	김동호, 김종면, 김창규, 김춘배, 노영서, 라동원, 백재수, 백행걸, 서경석, 송진원, 유병현, 전일구, 정규호, 차수정, 채명신, 최상범
	6차년도	김영균, 문영일, 박종숙, 안상정, 윤찬중, 전도봉, 전제현, 정규호, 채대석, 최갑석, 현광언
3단계 2015.4.1. ~ 2019.3.31.	7차년도	문영일, 민병돈, 손영길, 이정린, 이진삼, 정성길, 제정관, 한용원
	8차년도	김학옥, 박돈서, 안철호, 용영일, 이동희, 이정린, 정만길, 정영주, 최평욱, 한용원
	9차년도	김영동, 김재창, 박수환, 안동만, 유보선, 이석복, 이한억
	10차년도	김재창, 박영한, 표명렬

〈부록 2〉 연구참여자 명단

1단계 2009.4.1.~ 2012.3.31.	연구책임자	정용욱
	일반공동연구원	정용욱, 홍두승, 나종남, 김경록, 김병조, 노영구, 박태균
	전임연구원	노영기, 김태우
	박사급연구원	오제연, 이동원
	연구보조원	권혁은, 김도민, 박수현, 김수향, 신승욱, 신재준, 임나영, 임찬혁, 전길수, 정무용
2단계 2012.4.1.~ 2015.3.31.	연구책임자	정용욱
	일반공동연구원	정용욱, 홍두승, 나종남
	전임연구원	노영기, 오제연
	박사급연구원	이동원
	연구보조원	권혁은, 김도민, 김수향, 류기현, 신승욱, 송재경, 신재준, 이소라, 우동현, 전길수, 최병근, 최혜린
3단계 2015.4.1.~ 2019.3.31.	연구책임자	정용욱
	일반공동연구원	정용욱, 홍두승, 나종남, 노영기
	전임연구원	김보영
	박사급연구원	이동원
	연구보조원	김도민, 김수향, 류기현, 송재경, 이소라, 임다은, 전길수, 최혜린